중국의 문화와 현대화

임반석 지음

도서출판 해남

중국의 문화와 현대화

초판1쇄 인쇄 2022년 4월 11일
초판1쇄 발행 2022년 4월 18일

저　자 임반석
발행인 노현철
발행처 도서출판 해남

출판등록 1995. 5. 10 제 1-1885호
주　　소 서울특별시 마포구 마포대로8길 9 영명빌딩 405호
전　　화 739-4822 **팩스** 720-4823
이 메 일 haenamin30@naver.com
홈페이지 www.hpub.co.kr

ISBN 978-89-6238-165-8 93320

지은이의 말

'문화와 경제발전'이라는 주제에 대한 관심은 1986년 석사 과정을 시작하면서부터 시작되었다. 정치적으로 여전히 암울하였지만 경제는 1985년 플라자합의로 일본 제조업의 경쟁력이 약화되면서 상대적으로 한국을 포함한 동아시아 신흥공업 경제는 호경기로 접어들고 있었다. 그 무렵 세계적으로 동아시아 4마리 용의 경제 성과에 대한 관심이 높았고 국내에서도 경제발전의 요인을 설명하려는 노력들이 경제학뿐 아니라 철학, 윤리학, 사회학, 정치학 등 다양한 분야에서 뜨거웠다. 1980년대 초부터 중국이 사회주의 중앙계획 경제로부터 개혁개방 시대로 본격적인 전환을 시작한 뒤 놀라운 경제 성과를 시연하던 때였기 때문에 토론의 대상이 중국으로까지 확장되었다.

시대적 관심에 맞추어 저자가 공부하던 기관에서는 일 년에 한두 차례 대규모 국내 및 국제 학술대회를 열었었다. 중국의 전통사상과 문화, 한국 사상과 문화, 한국 문화의 현재 같은 소주제와 함께 '문화와 경제발전'에 관한 토론의 장도 빠짐없이 포함되었고, 국내외의 내로라하는 학자들이 초대되었다. 주요 신문사가 주최하는 학술대회가 아닌 한 대규모 국제 학술대회가 흔하지 않았던 시절이었는데, 국내, 일본, 서양, 타이완의 유수의 연구자들이 참석하였다. 저자는 관련 분야의 이름 있는 유수의 학자들이 모인 학술대회에서, 전공 분야의 학술 수준이 어느 정도인지는 판단할 수 없었지만, 명망 있던 학자들의 발표와 토론을 들을 수 있었다. 석사·박사 과정에서 주로 경제발전, 경제사상, 경제사, 경제 체제, 한국을 포함한 동아시아(일본, 타이완, 중국) 경제에 집중해서 국내외 연구 성과와 주요국 언어를 함께 공부하고 있던 저자는 유명한 인사들을 볼 수 있다는 사실만으로도 기뻤고 배운 바도 많았다. 학위 과정 중에서 배운 관련 과목과 대형 학술회의에서의 학습 덕분에 자본주의의 발흥과 발전, 경제발전 현상에 대한 평균 이상의 이해는 하고 있었으나, 여전히 남에게 일목요연하게 설명해 줄 만큼 명쾌하게 이해하지는 못하였다.

저자는 대학원 과정 동안 당대 최고 수준의 한국 사상 전문가로부터 한국 사상사를 배울 기회가 있었을 뿐 아니라 중국 고전인 논맹(論孟)과 역사서 일부, 우리 고전인 위당 선생 문집과 여유당전서 일부를 맛볼 기회도 있었다. 서당 배경을 가진 선생님과 현대식 교육 배경을 가진 교수님들로부터 다양한 해석과 견해를 들을 기회도 있었다. 당시는 학비, 숙비, 생활비 걱정 없이 마음껏 읽고 토론할 수 있었고, 여러 분야의 저명한 학자들로부터 방계 지식을 흡수하는 행복한 시간이었다. 한문 실력 부족으로 깊은 이해는 하지 못하였지만 당시의 경험은 중국 전통 사상문화, 한국의 전통문화에 대한 논의를 따라가는 데 많은 도움이 되었다.

저자는 20대 말부터 30대 초반까지 적지 않은 관련 학술대회에 참석하였다. 하지만 안타깝게도 발표자들이 이름만큼 저자의 궁금증을 시원하게 해소해 주지는 못하였다. 국제학술대회에서 이 책에도 등장하는 하버드대 두웨이밍 교수를 몇 차례 보았는데, 그는 매번 중국 전통문화와 경제발전이라는 주제를 다루었다. 사실 그의 영문 논문, 학술대회 발표문 다수를 접한 바 있던 저자는 그의 글에 새로운 내용이 별로 없다는 사실에 놀랐다. 발표 내용 중 중국 사상에 대한 나름의 해석까지는 참신하고 흥미로웠지만 전통문화(유교)와 경제발전의 관계에 대한 부분은 답답하였고, 다른 중국 철학 및 사상 연구자들도 별반 다르지 않았다. 발표자와 토론자들 중에서 사회학, 정치학, 경제학 등 사회과학 전문가는 드물었는데, 저자가 목격한 일부 사회과학 연구자들조차도 유교문화가 동아시아 경제발전에 매우 중요한 영향을 미쳤다는 주장에 동조하는 정도일 뿐 설득력 있는 근거나 진일보한 설명을 하지는 못하였다.

오랜 중국 고전의 영향, 강력한 성리학의 세례 전통, 일본 식민지 교육이라는 교육 배경 때문인지, 개인적 성향인지는 모르겠다. 꽤 이름 있던 한 학자는 "일본은 한자와 세로 글을 사용하였기 때문에 독서 속도도 빠르고 이해도 쉬워서 다독을 할 수 있다. 그래서 그들은 학습능력이 뛰어나고 이런 점들이 일본 경제발전에 크게 기여하였다. 우리도 한자교육을 강화해야 한다"는 식의 당황스러운 주장을 하기도 하였고, 유사한 내용의 글이 주요 일간지에 게재되기도 하였다. 무슨 말을 하고자 하는지는 쉽게 이해할 수 있었지만, "이게 학술인가? 어떤 근거가 있고 무슨 논리가 있는가? 이 주장에 얼마나 객관성이 있는가?" 도무지 이해할 수 없었다. 대학원이 소속된 기관에서 생활하는 8년 동안 신문광고를 보고 외부의 관련 주제를 다룬 학술대회에도 자주 참석하였지만 의문을 해소할 수는 없었다. 석사·박사 과정을 마친 뒤 중국에 머물며 '중국 경제 발전', '동아시아 경제협력과 발전'이라는 두 주제에 집중하던 기간 내내 풀리지 않던 궁금증은 현재까지도 관련 자료를 찾고 공부하고 정리하는 습관을 갖게 하였다. 1990년대 초중반 베이징과 상하이에 머무는 5년 동안에도 이 주제에 대한 관심을 버리지 않았고, 유사한 주제의 토론회에 참석하였으며, 때로는 중국 연구자들을 만나 대화하였다. 귀국 후 중국 경제를 집중적으로 공부하는 동안에도 이 주제에 대한 고민과 공부는 계속되었다.

이 책은 바로 관련 주제에 관한 저자 나름의 공부와 사색의 결과라고 할 수 있다. 시간이 흐르면서 저자의 이해도가 처음보다는 나아졌지만, 여전히 답답하기는 마찬가지이다. 그렇기 때문에 의문을 풀기 위해 공부하고 고민하는 게 연구자의 숙명이 아닌가 싶다. 어쩌면 이 주제에 대한 정답은 없을 수도 있으며, 끊임없이 설득력 있는 논리를 개발하고 주장의 타당한 근거를 찾는 일이 연구자의 길인지도 모른다.

어쩌면 우리는 모르는 사이에 딱 부러진 해답을 찾으려는 습성을 갖게 되고, 정답이 있어야 한다는 강박에 젖어 있는지도 모르겠다. 하지만 인간의 문제, 사회 문제에는 사실상 명쾌한 답이 있을 리 없다. 그저 더 설득력 있는 설명을 내놓기 위해 공부하고 사색할 뿐이다. 혹시라도 이 책에서 시원한 답을 기대한다면 정답을 향한 성급함을 버리고 생각을 바꾸는 편이 바르리라 생각한다. 이 책을 읽고 독자가 그동안 정답이라고 믿었던 설명방식, 누군가에게 들었거나 독서를 통해 선택한 가설에 대한 의문을 품게 된다면, 그것만으로도 이 책의 역할은 하는 셈이다. 따라서 저자는 독자들에게 어떤 '주의'나 고정관념, 통념은 잠시 뒤로 하고 최대한 객관적인 눈으로 읽고 고민해 보기를 권한다. 처음부터 끝까지 저자가 완벽하게 객관적인 관점을 견지하였다고 말할 자신은 없다. 이 책에서 저자는 주요 연구 성과를 정리·논평하면서 필요한 곳에서 저자의 견해를 제시하고자 하였다.

이 글에 실린 글 대부분은 학술논문집에 실린 글을 기본으로 삼고 있다. 제1장 「중국사회 정체가설에 대한 비교검토」는 『중국학연구』(2009)에 실린 글로서 중국학 연구자들 모두의 오랜 관심사인 니담 퍼즐을 중심으로 중국 사회의 정체 현상을 설명하는 다양한 관점을 비교·분석한다.

제2장 「중국 사회의 발전과 정체를 보는 한 관점」은 『역사문화연구』(2012)에 게재되었다. 여기에서는 현대 중국 경제학계를 대표하는 학자 중 한 명인 린이푸의 좀 색다른 관점과 주장을 비평한다. 그는 관련 주제와 관련한 몇 편의 글을 발표하였는데, 모두는 아니지만 설득력 있는 부분이 많다.

제3장 「문화와 경제발전」은 이 책의 구성에 맞추어 문화와 자본주의 발전, 경제발전, 현대화의 관계에 대한 주요 연구 성과를 정리하고 유형화한 뒤 문제점과 학술적 의미를 평가한다. 이 장은 1990년대 말 한 강연의 원고를 모태로 해서, 이후 『동향과 전망』에 실린 「아시아적 가치와 유교자본주의 담론의 함정」(1999), 『정신문화연구』에 발표한 「유학과 경제발전의 관계에 관한 약간의 사색」(1998) 두 편을 결합한 뒤 대폭 수정 보완하였다. 다른 글들도 역시 문화와 자본주의 발전, 문화와 경제발전 등 '문화'라는 핵심어를 통한 경제 현상 해석과 관련이 있지만, 저자의 관점은 이 장에 담겨 있다.

제4장 「중국의 현대화와 문화논쟁」은 『역사문화연구』(2022. 2)에 실린 글로서, 현대 중국의 문화논쟁을 비판적 관점에서 비교·분석하고 평가한다.

제5장 「근현대 중국의 현대화 모형의 변천과 정치문화」는 처음에 『중국경제의 개혁과 발전』(2005)에 실린 글을 기반으로 해서, 근대 혼란과 모색의 시기부터 공산당 집권 이후의 사회주의식 현대화에 이르기까지 시기별로 경제적 현대화, 경제발전을 위한 시도의 유사성과 차별성, 그리고 그 가운데 끈질긴 연속성을 보이는 중국적 정치문화의 특성인 국가 우위성의 지속 현상을 논증한다. 처음 발표할 때의 내용과는 상당히 다른 글이 되었다.

제6장 「관계중심 문화와 경제성장과 사회경제 발전」은 『역사문화연구』(2008)에 게재되었는데, 객관적 규범보다 사적 관계망인 연줄망이 강한 영향을 미치는 사회와 사회경제적 현상을 비판적으로 성찰하고 있다. 여기에서는 중

국을 포함한 동아시아 사회의 특징이라고 일컬어지는 사적인 관계망의 사회경제적 의미, 특히 연줄망의 이익과 비용에 대해 논의한다. 경제발전론자들 사이에서조차도 제도화 수준이 낮고 불확실성이 큰 사회에서 관계중심 문화가 효율을 높이고 경제성장을 지원하는 기능을 한다고 보는 경우가 있는데, 이 글은 관계중심 문화는 사회적 사회자본보다는 사회비용일 가능성이 큼을 논증한다.

제7장 「중국 관시문화의 특성과 실천적 의미」는 『산업경영연구』(2006)에 실린 글을 기초로 삼고 있는데, 중국의 특수한 관계중심 문화인 '관시문화'의 특질을 분석하고 그것의 실천적·전략적 의미를 생각해 본다.

이 책에 실린 글들은 '문화와 현대화'라는 큰 주제로 연계되어 있으면서도 사실상 각각 독립된 글이다. 따라서 독자들은 순서대로 읽어도 되고 관심 있는 글을 선택해 읽어도 문제는 없다. 일부 글들은 유사한 내용을 글에 따라 좀 다른 각도에서 설명하는 경우도 있다. 한 주제를 중심으로 처음부터 끝까지 쓴 것이 아니라 30여 년 동안 계속 공부하면서 쓴 독립적인 글을 큰 주제에 맞추어 고쳐 쓰다 보니 일부 중복된 부분이 있으나, 지루함을 피하기 위해 서술방법을 약간 달리하였다.

이 책에서 다루는 연구 성과들은 찬사와 비판을 막론하고 다양한 연구자들의 고민과 수고의 결실이며, 그들의 땀 위에서 우리의 지적인 폭과 깊이가 더해져 간다. 오랜 시간의 수고를 한 권으로 엮기는 하였으나 여전히 명쾌하게 정리되지 않는 데 대한 아쉬움이 있다. 그럼에도 불구하고 저자의 노력이 이 주제에 대한 독자의 애매함을 조금이나마 걷어 내고 이해의 지평을 넓히며 좀 더 객관적인 시각을 갖는 데 일조한다면, 그것으로 만족한다. 우리에게는 과도하게 정치화된 사고방식 때문에 토론에 대해 개방적이지 못한 측면이 있는 것 같다. 정치화된 사고 습관은 비판적 읽기와 객관적인 토론을 통한 종합적 사고, 설득력의 극대화를 향해 가는 여정을 제약한다. 찬반 여부를 떠나서 열린 자세로 이 책을 읽어주시기를 권한다.

이 주제에 대한 명쾌한 답은 가능하지 않을 뿐 아니라 저자의 한계도 분명하다. 전문적인 글을 쓰는 작업이 정리된 무언가를 알리는 작업이라고 생각하였던 때가 있었다. 알아보고 고민하고 글을 쓰다 보면 복잡하였던 내용이 머릿속에 일목요연하게 꿰어지고, 적어도 "이것이다"라고 말할 수 있을 만큼 될 줄 알았다. 중년에 들어서야 그 과정 자체가 스스로 무지를 깨쳐 가는 과정이라는 사실을 깨달았다. 이 책은 앞으로 좀 더 진전된 공부를 위한 중간 결산이며, 다른 연구자의 진화된 설명을 위한 거름이라도 된다면 기쁘겠다.

이 책은 여러 사람의 고민, 시간, 수고로 만들어졌고 저자의 지분은 사실상 별로 없다. 그동안 직접 또는 간접적으로 가르침을 주신 선생님들, 대화해 준 국내외 인사들은 가장 큰 공헌자다. 하루 8시간은 공부해야 직업적 연구자라고 고집하면서 매일 자료를 뒤지며 고민하는 둔한 모습을 인내심 있게 지켜보아 주는 가족이 큰 후원자이다. 재미없는 무명 서생을 탓하지 않는 사랑하는 아내 정희, 스스로 자기 길을 잘 찾고 그 길을 향해 가는 아들 석린에게 더 없는 고마움을 느낀다. 수익성에 구애받지 않고 좋은 책을 만들기 위해 늘 애쓰시는 해남의 노현철 사장님도 이 책이 나올 수 있게 하는 용기의 원천이다.

예고 없이 도둑처럼 찾아온 유행병은 수 많은 사람의 생명을 앗아가고 대부분의 사람들에게 두려움과 답답함을 강요한다. 하지만 외출과 만남을 제약하는 환경은 혼자 공부하는 사람에게는 많은 시간을 선물해 준다. 혼자 있는 긴 시간이 이 책을 가능하게 하였다. 책 속의 실수나 오류는 모두 저자 책임이다. 사실과 다른 내용, 관점과 논리의 결함에 대해 항상 열려 있다. 모쪼록 이

책이 ‘문화와 경제발전’이라는 주제에 관심 있는 이들에게 작은 도움이 된다면 더 바랄 게 없다.

2022년 4월

코로나19 시국에

지은이 씀

차례

종장

서장

1. 문화, 문명, 문화의 속성

2. 근대화와 현대화

3. 문화와 현대화

4. 중국에서 '문화와 현대화' 논쟁

1. 문화, 문명, 문화의 속성

이 책에서 '문화'(文化: culture)는 전통종교·사상·윤리·의식구조·관습·행태 등을 포함한다. 따라서 구체적으로 서양의 기독교 문화라고 할 때는 서양의 기독교적 윤리, 사상, 의식구조, 생활양식·관습·행태를 가리키고, 중국의 유교문화라고 하면 유교적 윤리, 사상, 의식구조, 관습, 행태 등을 지칭한다.

사실 문화라는 개념은 맥락에 따라 다양한 의미를 갖기 때문에 한마디로 정의하기는 쉽지 않다. 문화는 시대, 공간, 집단, 이념에 따라 달리 이해되고 정의되며, 연구 분야에 따라서도 다양하게 정의된다. 본래 문화란 자연 상태의 사물이나 현상에 인간의 노력을 가해서 변화시키거나 새롭게 창조한다는 의미를 갖고 있기 때문에, 넓게 본다면 문화는 자연과 대립되는 개념이다. 자연 상태의 사물에 대해서는 문화라는 말을 쓰지 않지만 인위적인 사물이나 현상에 대해서는 문화라는 말을 쓰는 이유가 여기에 있다. 우리가 생활 속에서 '야생화 문화'라는 말을 쓰지 않지만 '복식문화', '음식문화', '기업문화'라는 말은 사용한다. 문화는 구체적으로 인간이 만들어 낸 정치, 경제, 법제도, 문학, 예술, 도덕, 철학, 종교, 풍속 등을 포함하며, 이것들은 집단에 의해 공유된다.

문화라는 말이 학술적 차원이 아니라 대중적 차원에서 사용될 때 다른 의미를 갖기도 한다. '문화인'이라는 표현은 보통 우수하고 수준 높은 교양을 갖춘 사람이라는 의미를 가지며, 붙는 수식에 따라 어떤 등급을 나타내기도 한다. 대중문화와 고급문화라는 구분이 바로 이 경우이다. 저급과 고급이라는 의미가 내포된 '문화인', '대중문화와 고급문화' 같은 용어법에 대해서, 과연 문화의 등급을 구분할 수 있는지, 귀족 취향을 가진 사람들이 차별을 위해 만들어 낸 말이 아닌지 강한 의문이 들기 때문에 동의하기 어렵지만, 일상 속에서 널리 쓰이고 있다. 현대 중국어에서 문화는 전통문화, 사고방식, 의식구조, 행태뿐 아니라 학력을 의미하기도 한다.

문화와 비슷한 용어로 문명(文明: civilization)이라는 개념이 있다. 문명은 사전적으로 고도로 발달된 물질적이고 구체적인 실체를 의미하는데, 인류가 이룩한 물질적·기술적·사회구조적 실체라는 정의도 있다. 문명의 개념에는 기본적으로 문화의 산물이라는 의미를 담고 있다. 사실 개념적으로는 문화와 문명의 구분이 명확하지는 않지만 두 용어는 직관적으로 구분해서 사용된다. 우리는 인도 문명, 이집트 문명, 메소포타미아 문명, 그리스 문명, 황하 문명이라는 말은 사용하는 반면, 유학 문명, 사상 문명, 윤리 문명이라는 말을 쓰지는 않는다. 그렇다고 해서 문화와 문명이 확연히 구분되는 개념도 아니다. 예를 들면, 헌팅턴(S. P. Huntington)이 『문명의 충돌』(*The Clash of Civilizations*)에서 쓴 '문명'이 그렇다. 그는 이슬람 문명, 기독교 문명, 유교 문명을 구분 짓고, 이들 문명 간에 대립선이 있으며, 그 대립선에서 충돌이 일어날 것으로 예견한 바 있다. 그런데 그가 쓰는 용어가 추상적인 차원의 개념인지 고도로 발달한 물질적·구체적 개념인지는 알기 어렵다. 그의 개념을 우리의 문법에서 보면 문명보다는 문화 쪽에 가깝지만, 그는 두 개념 모두를 포함해서 문명이라는 용어를 쓴 것 같다. 이 밖에도 어떤 개념 정의에는 문화가 문명을 포함한다고 보는 경우도 있다. 이렇게 본다면 문화와 문명은 구별되기도 하나 그 구분이 엄밀하지는 않다고 정리할 수 있다.

문화와 문명이라는 말은 시대와 공간에 따라 다른 색깔을 갖기도 한다. '문명인'이라는 자부심이 강하였던 18~19세기 유럽인들은 유럽 문화를 일반적인 문화라고 인식하고, 타 문화는 저급하거나 미개하다고 믿었다. 당시 여러 학문적 성과도 그러한 인식에서 벗어나지 못하거나 거기에 봉사하는 경우가 많았다. 이렇게 본다면 문명이라는 용어는 출발점에서부터 문화보다 더 역사성, 이데올로기성이 강한 용어였던 셈이다. 이 현상은 비단 유럽만이 아니라 동아시아 지역에서도 발견된다. 중국의 배타적 자민족 중심주의에 바탕을 둔 화이(華夷) 관념, 천하(天下) 관념은 철저하게 우월과 열등이라는 틀에서 문화와 문명을 인식한다. 하지만 현대로 오면서 문화 상대주의적 인식이 확산되고 문화와 문명을 보는 우월-열등라는 인식 틀이 점차 '다름'을 중심으로 이해하는 인식 틀로 전환되고 있다. 하지만 현재도 적지 않은 민족들과 사람들은 여전히 문화 및 문명에 대한 인식의 진화를 거부한다.

앞에서 문화의 우열을 가리는 문제에 대해 언급하였는데, 또 하나 생각할 문제는 "어떤 문화의 순수성을 말할 수 있을까?" 하는 점이다. 그런데 순수성과 정통성에 집착하면 사고방식과 행태가 배타적이 될 수밖에 없다. 이 의문은 이 책이 견지하고 있는 중요한 관점 중의 하나이기도 하다. 에드워드 사이드(E. Said)의 "모든 문화는 잡종이다"라는 말을 빌리지 않더라도 문화는 끊임없이 교류하고 영향을 주고받으면서 섞이고 변화하는 속성을 갖고 있다. 완전히 폐쇄되고 고립된 환경에서 생기고 스스로 변화하는 문화와 문명은 생각하기 어렵다.

중국 문화와 문명의 순수성과 독자성에 대한 널리 퍼져 있는 인식도 다시 보아야 한다. 중국은 해양에 대해 폐쇄적이었고 서, 남, 북 방향이 사막과 산맥으로 둘러쌓여 있어서 매우 독자적이고 개성 있는 문화와 문명을 만들 수 있었다는 인식이 보편적이다. 그러나 객관적 역사 연구는 고대시대부터 중국은 인도, 서역, 중앙아시아뿐 아니라 주변 문화와 서로 교류하였고, 때로는 교류와 교역을 통해, 때로는 정복을 통해 다양한 주변 문화와 활발히 섞였음이 인정되고 있다.

엄밀히 말해서 문화의 개념 정의는 미결 과제이다. 이 책이 문화의 정의나 본질에 관심을 갖고 있지 않지만, 문화의 속성 또는 본질에 대한 이해는 우리의 토론 가운데서 발견되는 중요한 의문에 접근하는 열쇠의 하나가 된다. 이 책에서 다루는 '문화와 현대화'라는 대주제하에 전개되는 토론들은 문화라는 핵심어를 통해 매우 특수하고도 역사적인 자본주의의 발흥과 발전, 경제의 성장과 발전, 경제적 현대화라는 현상을 해석하려는 노력들이다. 연구자들은 명쾌한 답을 내기 어려워 보이는 이 작업에서 문화라는 모호한 용어로 매우 구체적이면서도 특수한 사회 현상, 경제 현상을 해석하고 설명하려 한다. 애매하고 추상적인 '문화'에 대해서는 섣불리 논하기 어려운 반면, 분명하고 구체적인 경제 현상은 문화보다 접근이 상대적으로 용이하다고 할 수 있는데, 문제는 전혀 다른 범주에 속하는 개념 간의 연결고리를 찾는 일이 과연 어디까지 가능할까 하는 데 있다. 그럼에도 본문에 등장하는 많은 토론자들을 보면, 꽤 멀리 떨어져 있어 보이는 두 개념 사이에 오작교를 놓으려 애쓰지만, 대충 건너뛰고 주장을 펴는 등 허술한 면이 많다. 물론 그중에는 자민족 중심주의라는 감성적 논의들도 적지 않다.

문화의 속성과 본질에 대해서는 에드워드 사이드의 통찰과 설명이 설득력 있다. 그는 문화의 속성을 이렇게 간파한다. "문화란 혼혈이고 잡종이며 순수하지 않고 상호 의존적이다.[1] 그런 의미에서 모든 문화의 역사는 문화적 차용의 역사이다. 문화는 상호 침투되고 영향을 주고받는다. 서구 과학이 아랍인들에게 빌려온 것과 같이 아랍인들은 인도와 그리스에서 차용하였다. 문화는

---

1 김성곤 옮김(2011), p. 63; 박홍규 옮김(2007), p. 594에도 같은 생각이 드러나 있다.

결코 소유의 문제도, 절대적인 채무자와 채권자가 있는 빌리고 빌려 주는 문제도 아니며, 오히려 상이한 문화들 간의 모든 유형의 전용, 공동 경험, 상호 의존의 문제이다. 이것은 문화의 보편적인 규범이다."[2] 그는 또 문화의 민족 또는 인종 우월주의적 음모, 제국주의적 속성도 지적한다. 문화는 언제나 상이한 문화에 대해서 완전한 변형을 강요하는 경향이 있는데, 있는 그대로의 모습이 아니라 전하는 측이 그래야 한다고 생각하는 모습으로 조작해서 받아들이도록 한다고 지적한다. 사이드의 이 지적은 우리의 주제에 대한 무비판적인 접근에 반성을 촉구한다.

이 관점에서 우리는 중국의 역사에 대한 편향된 이해를 돌아보아야 한다. 중국 정부, 학자, 다수 중국인들은 중국 역사는 장기간 내적 문제에 골몰했으며 주변을 침략하거나 전쟁을 통해 지배하지 않은 평화를 사랑한 역사라고 믿고 자랑한다. 하지만 중국사 연구는 17~18세기 중국은 동북, 서북, 서남, 중앙아시아를 정복해 나간 제국주의 시대였으며, 그 잔인성, 폭력성은 유럽 제국주의와 다를 바 없다고 말한다.

이미 서술하였듯이 이 책의 관심은 "문화란 무엇인가?" 또는 "문화의 본질과 속성은 무엇인가?"라는 의문에 있지 않고, 문화라는 요소를 통해 자본주의 발흥과 발전, 경제의 성장과 발전, 경제적 현대화라는 특수하고 구체적인 현상을 해석하려는 시도들에 집중한다. 미리 말하면, 고도로 추상적인 개념인 문화와 구체적인 경제발전 현상의 관계가 그렇게 쉽게 연결될 수 있을 것 같지 않다. 이 의문에 대해 답을 내는 작업은 이 글의 목적도 아닐 뿐 아니라 저자의 능력 밖이다.

---

2 김성곤 옮김(2011), pp. 381~382.

'문화', '문명'이라는 단어는 정치학, 사회학, 문화인류학, 역사학을 넘어, 비교적 구체적인 현상을 다루는 경제학에서까지 즐겨 사용한다. 제2차 세계대전 이후 경제학 연구자들 사이에서도 '문화와 경제발전'이라는 토론이 관심 대상을 바꿔 가면서 상당 기간 인기를 끌기도 하였다. 이 책의 관심은 이러한 토론을 비판적으로 성찰하는 데 있다.

2. 근대화와 현대화

근대화(近代化)와 현대화(現代化)는 때로는 구분되기도 하고 때로는 혼용된다. 동아시아 지역에서는 'modernization'이 일본의 영향을 받아 처음에는 근대화로 번역되었고, 뒤에는 현대화라는 용어와 혼용되었다. 사회과학과 역사학에서 근대화라는 개념은 정의도 다양하고 내용도 복잡하며, 현대화라는 개념보다 더 논란이 많다. 근대화라는 말은 정치학, 사회학, 역사학, 경제학, 일반 통념 모두에서 개념을 둘러싼 의견이 분분하고, 가치판단이 개입된 용어이기도 하기 때문에, 이 책에서는 가능한 한 피한다. 근대화는 사실 산업화뿐 아니라 구미식 의식구조, 정치사회구조, 경제구조로의 변화라는 의미, 즉 서구화와 유사한 의미로 이해되기도 하는데, 이 점에 대해서는 계속 비판이 있어 왔다. 예를 들어서 중국공산당이 말하는 '중국식 사회주의 현대화'라는 말에는 근대화 = 서구화라는 등식에 대한 반발의 의미가 내포되어 있다. 이 책은 근대화의 개념이나 근대화론에 관심이 있지 않기 때문에 근대화, 현대화의 개념을 단순화하고자 한다. 여기서는 식민지 시대를 대상으로 한 근대화론에서 말하는 근대화, 경제 상황의 개선, 사회정치적 자유와 참여 증대 방향으로의 변화 모두를 포괄하는 의미로 현대화라는 용어를 사용하되, 중국의 경우에 맞추어 근대 시기는 '근대화'를, 사회주의 정권 수립 이후는 '현대화'라는 용어를 사용한다. 그러나 많은 연구 성과를 분석하거나 인용할 때는 가능한 한 그들이 쓰는 용어를 존중한다.

역사학에서는 대체로 근대화를 산업화+도시화+현대적 교육의 결합으로 이해하고, 사회학에서는 도시화+산업화+합리화로 이해하는 경향이 있는데, 토론 과정에서 복잡한 근대화 이론이 생성되기도 하였다. 상식적 차원에 근대화라는 개념은 산업화(주로 공업화), 도시화, 합리화라는 세 요소를 결합해서 설명하는 경우가 많다. 그런데 근대화를 구성하는 핵심적인 세 가지 요소 중에서 개념이 가장 모호하고 논란거리가 되는 요소는 '합리화'이다. 합리, 합리성, 합리화는 일반적으로 개인의 자유 신장과 보장, 경제 주체의 시장활동의 자유, 다수 대중의 참여, 높은 효율 추구와 관련이 있다고 이해되는데, 위에서 지적하였듯이 서구적인 사고방식과 사회구조로 이해되기도 한다. 독일처럼 민주화 이전에 경제적 현대화가 선행한 사례도 있다. 근래에는 중국이 현대화=서구화라는 인식에 맞서서 중국식 현대화(일당의 정치적 절대권력+정치적 통제+관리하는 시장경제+제한적 개방)를 고집할 뿐 아니라, 자신들의 모형을 수출하고자 한다. 하지만 이 이슈도 이 책의 범위는 아니다. 현재 '현대화'는 경제 환경의 개선(경제발전)과 개방, 정치발전(민주화)과 인권 신장, 법치, 사회문화 환경의 개선을 포함하는 의미로 쓰이지만, 이 책에서 '현대화'는 일부 소주제에서는 자본주의의 발흥과 발전, 다른 주제에서는 경제의 성장과 발전, 경제적 현대화 정도로 이해한다.

3. 문화와 현대화

막스 베버를 출발점으로 하는 자본주의 발흥과 발전에 대한 문화 및 종교적 해석은 유럽이라는 지역에서 발생한 자본주의 현상과 칼뱅교의 윤리의 관계에 대한 적극적인 추론에서 나왔다. 역사적으로 특수한 현상인 자본주의 발흥과 발전은 처음에 서유럽에 국한된 현상으로 이해되었고, 베버의 궁극적 목표는 자본주의의 발흥의 동기를 탐구하는 데 있었다. 그는 자본주의의 정신은 소명의식으로 현세를 보는 칼뱅교의 경제 윤리라고 보았다. 칼뱅교에 근거하면 당시 대중에게 노동은 신성한 행위이고 노동을 통해 쌓은 부도 긍정된다. 시대 변화에 조응하는 종교 교리와 윤리의 변화를 '종교 윤리의 세속화(secularization)'라고 부른다면, 그는 '세속화된 기독교 윤리'의 동기구조와 자본주의 정신 간에 친근성이 있다고 본 것이다. 베버도 자본주의의 발흥을 가능하게 하는 다양한 측면이 있음을 인정하였으나, 타 문화권에서 자본주의가 발흥하지 못한 이유를 주로 종교와 문화에서 찾고자 하였다. 자본주의 발흥을 위한 동기 제공자로서 칼뱅교 윤리에 주목한 베버는 기본적으로 비유럽 지역, 비기독교 문화에서 자본주의 발흥의 가능성에 의문을 제기했다.[3]

베버는 대학자답게 문화(종교 윤리)뿐 아니라 화폐제도, 이성적인 법률 체계 등 제도의 역할을 인정하기는 하였으나, 그의 관심은 동기로서의 문화와 윤리에 있었다. 그의 동기 중심의 설명은 물질적 토대를 강조하는 칼 마르크스의 시각과는 다른 '관념' 중심의 해석인데, 베버는 그것이 자본주의를 낳는 유일한 조건이라고 보지는 않았다. 그의 논리는 토니(R. H. Tawney)[4]와 버거(P. L.

---

3 박성수 옮김(1987), 이상률 옮김(1990), M. Weber(1951) 등 참조.

Berger)[5]에 의해 타 문화로 확장되었다. 토니는 다른 문화에서 자본주의 발생의 가능성을 지적하였고, 버거는 종교와 윤리의 세속성 개념을 통해 아시아 종교와 윤리에도 자본주의와 친근한 측면이 있음을 보여 주고자 하였다.

제2차 세계대전 후 많은 연구자들은 일본의 비약적 경제 부흥이라는 새로운 현상 앞에서 문화와 경제발전의 관계에 대한 토론을 재개하였는데, 이 토론은 1960~1970년대에 활발히 전개되었다. 비유럽 지역일 뿐만 아니라 비기독교 문화권인 동아시아 지역에서 일본의 경제 부흥은 베버의 해석에 강한 의문을 제기하였는데, 이때 관심의 초점은 일본적인 것, 즉 일본문화, 일본 정신, 일본 불교, 유교문화 등이었다. 일본의 사례를 둘러싼 토론은 일본 경제의 장기적이고 안정적인 고성장 때문에 다수 연구자들이 깊은 성찰 없이 성급하게 일본적인 것이면 무엇이든 미화하는 분위기를 만들었다. 이 사례는 근대 시기 서양 학자나 다수 중국 학자들에 의해 중국적인 것이 호되게 비판받던 상황과 대비된다.[6]

'문화와 경제발전'이라는 주제에 관한 토론은 1970~1980년대에 일본에 뒤이은 동아시아 네 마리 용(한국, 타이완, 홍콩, 싱가포르)의 고성장을 두고 다시 가열되었다. 논의는 경제발전에 순기능을 하는 아시아적인 요소(아시아적 가치, 근검절약, 가족 중심 문화, 교육 중시, 가부장적 의식구조 등)에 초점이 맞추어졌고, 특히 동아시아 지역의 공통 문화라고 간주된 '유교문화와 전통'이 소환되었다. 이 시기의 토론은 대체로 유교문화의 역할을 긍정적으로 평가하는 경우가 대세였다.

---

4 R. H. Tawney(1926, 1980) 참조.
5 P. L. Berger(1967), P. L. Berger(1983), P. L. Berger(1988) 참조.
6 Ezra F. Vogel(1980), Morishima Michio(1982), Shichihei Yamamoto(1992) 참조.

중국으로 눈을 돌리면, 1919년 5.4 신문화운동 시기부터 본격화된 문화논쟁은 사회주의 정권이 수립된 뒤에도 격하게 전개되었다. '문화와 경제발전 또는 경제적 현대화의 관계'라는 화두를 놓고 펼쳐진 토론에는 중국계(중국, 홍콩, 타이완, 싱가포르) 연구자, 그리고 한국, 일본, 그리고 서양 학자들이 가세하였다. 시대별로 주류의 변화가 있고 또 몇 가지 관점이 혼재해 있기는 하지만, 중국, 타이완 및 서양에서 활동하는 중국계 중국 철학 연구자들이 다수였다. 중화인민공화국 성립 이후에도 문화논쟁은 부침을 거듭하며 계속되었는데, 특히 1980년대에 뜨겁게 전개된 논쟁을 '문화열'(文化熱)이라고 부른다. 본문에서도 밝히듯이 현대 중국 내에서 전개된 치열한 토론은 학술적 관심보다는 수단으로서의 문화라는 성격이 강하였고, 공산당의 필요에 따라 주도하고 조율하는 형태로 진행되어 왔다.

4. 중국에서 '문화와 현대화' 논쟁

근현대 중국의 문화논쟁은 크게 세 차례로 구분할 수 있다. 시작은 1919년 5.4 신문화운동 때이다. 신문화운동 시기 문화논쟁에서는 중국 문화가 자본주의 발흥과 발전, 경제발전, 현대화에 부합하기 어렵다는 막스 베버의 논단이 주류였다. 5.4운동을 계기로 촉발된 1920년대 초의 문화논쟁은 과현(科玄)논쟁이라고도 부르는데, '과'는 과학, '현'은 철학과 도덕 등을 의미한다. 과현논쟁은 1930년대에 접어들어서 중국사회사 논쟁으로 전환되었다. 이 시기 논쟁은 중국 사회의 성격을 어떻게 규정할 것이냐를 두고 벌인 논쟁인데, 당시 중국사회가 봉건사회인지 식민지 사회인지를 규정하고, 그에 따라 실천 방향과 방법을 찾기 위한 토론이었다.

현대 사회주의 중국에서 25년간 최고 지도자 자리에 있었던 마오쩌둥은 1939년에 쓴 글에서 "중국의 봉건사회는 상품경제를 발달시켰고 자체 내에 자본주의의 맹아를 지니고 있었다. 따라서 비록 외국 제국주의의 영향을 받지 않았다 하더라도 점차 자본주의 사회로 발전해 갔을 것이다"[7]라고 언급한 바 있다. 이 언급은 1950년대 많은 역사학자들이 명말청초(明末淸初)에 자본주의 맹아가 나타났다는 사실을 논증하려는 열정을 유인하였다.

사회주의 중국에서 두 번째 문화논쟁은 1949년 중국에 사회주의 정권이 들어선 뒤 1966년부터 시작된 문화혁명 시기에 점화되었다. 이 무렵에 불붙은 문화혁명 당시에는 전통문화, 유교, 공자를 타도하려는 반전통 분위기, 즉 문화투쟁이 전국을 압도하였고, 최종적으로는 정치적 광기로 번졌다. 세 번째 문화논쟁은 1978년 개혁개방이 선언된 이후 1980년대에 발화하였고, 직전의 문화혁명에 대한 반성의 연장선상에서 진행되었다. 1982년 이후 개혁개방이 최우선 정책노선으로 확정된 지 2~3년 뒤부터 사상문화 분야에서 새로운 변화가 일어났는데, 이 운동은 1986년에 최고조에 달하였다. 이 시기 중국 지식계에 고조된 문화연구 토론 분위기를 '문화열'이라고 부른다.

중국에서 있었던 세 차례의 문화논쟁은 '현대화'라는 과제를 앞에 두고 역사와 문화를 반성하면서 미래의 방향을 탐색하려는 몸부림이었다. 문화논쟁은 이후에도 시기에 따라 분출과 잠복을 반복하였고, 언제든 다시 점화할 수 있다는 점에도 여전히 잠복 상태라고 할 수 있다. 중국 근현대사에서 '문화'라는 개념은 근대 시기 5.4 '신문화'운동, 1949년 중화인민공화국 성립 이후

7 毛澤東(1991), p. 77.

사회주의 '신문화'로의 개조운동, 그리고 1960년대 중반부터 시작된 '문화'대혁명 등 일련의 역사적 사건 속에서 전개된 사상 관념의 변혁운동과 관련이 있다. 이처럼 중국의 근현대를 관통하는 주요 논쟁의 가운데에 '문화'가 있었다. 그런데 이때 문화는 '문화 그 자체'라기보다는 대부분 경제발전 또는 경제적 현대화를 염두에 둔 '도구로서의 문화'라는 점에서 공통적이다. 물론 토론 과정에서 여러 관점이 출현하고 전통 문화, 유교사상에 대한 새로운 통찰과 해석이 제기되는 등 학술적 성과가 없지 않았다. 그런데 여기서 주목할 점은, 토론 참여자가 누구든, 전문 분야가 무엇이든, 문화논쟁은 순수한 학술적 관심이 아니라 시기별로 민감한 사회정치적인 의미, 즉 정치성이 짙은 논쟁이었고, 현대에는 공산당이 허용하는 범위에서만 이루어져 왔다는 점이다.

근대 시기 문화논쟁에서 중요한 두 모토였던 '구국과 계몽' 중에서 주로 구국에 방점이 두어졌던 반면 계몽은 대체로 소홀히 취급되었으며, 이 현상은 현대에도 그대로 이어지고 있다. 또한 현대 중국의 문화논쟁을 관통해서 공산당이 있고, 토론은 학술이 아닌 정치였다. 현대 중국의 문화논쟁 성격이 이렇다 보니 학술적 진보, 객관성과 설득력 강화의 방향보다는 자민족 중심주의로부터 나온 미화 또는 당의 목적에 맞춘 억지 꿰맞추기 작업을 크게 벗어나지 못한다는 한계를 안고 있다.

참고문헌

김성곤 외 옮김, 에드워드 사이드(Edward W. Said) 지음, 『문화와 제국주의』(*Culture and Imperialism*), 서울: 창, 2011.

박성수 옮김, 막스 베버(Max Weber) 지음, 『프로테스탄트 윤리와 자본주의 정신』(*The Protestant Ethic and the Spirit of Capitalism*), 서울: 문예출판사, 1987.

박홍규 옮김, 에드워드 사이드 지음, 『오리엔탈리즘』(*Orientalism*), 서울: 교보문고, 2007.

이상률 옮김, 막스 베버 지음, 『유교와 도교』(*Confucianism and Daoism*), 서울: 문예출판사, 1990.

毛澤東, 「革命與中國共產黨」, 『毛澤東選集』 3卷, 北京: 人民出版社, 1991.

Berger, P. L., *The Sacred Canopy: Elements of a Sociological Theory of Religion*, Garden City, N.Y.: Doubleday, 1967.

______, "Secularity: West and East," *Cultural Identity and Modernization in Asian Countries*, Institute for Japanese Culture and Classics, Tokyo: Kokugakuin University, 1983.

______, "An East Asian Development Model?," P. L. Berger and Hsin-Huang Michael Hsiao, eds., *Search of an East Asian Development Model*, New Brunswick, USA: Transaction Books, 1988.

Morishima, Michio, *Why has Japan Succeeded? western technology and the Japanese ethos*, Cambridge University Press, 1982.

Tawney, R. H., *Religion and the Rise of Capitalism*, London: Penguin Books, 1926(1980).

Vogel, Ezra F., *Japan as Number One:lessons for America*, Tokyo: Charles E. Tuttle, 1980.

Weber, M., *The Religion of China: Confucianism and Taoism*, translated and edited by Hans H. Gerth, Glencoe: The Free Press, 1951.

Yamamoto, Shichihei, trans. by Lynne E. Riggs and Manabu Takechi, *The Spirit of Japanese Capitalism and Selected Essays*, Lanham: Madison Books, 1992.

제 1 장

중국 사회 정체 가설에 대한 비교 검토

1. 머리말

중국은 서세동점 시대 이전까지 세계에서 가장 발전되고 화려한 문명을 자랑하였다는 사실은 대부분 중국 연구자들이 동의한다. 그중에는 다양한 철학·윤리 사상도 있었고 새로운 기술의 발명과 발견도 있었다. 전통 시대 많은 발견과 발명들이 동에서 서로 전파되었고, 그중 일부가 근현대 서양의 사상과 과학의 발전에 중요한 영향을 미쳤다는 평가에 대해 인색한 사람은 많지 않다.[1]

그런데 수십 세기 동안 세계의 선두를 달리던 화려한 문명과 높은 경제 수준을 자랑하던 중국 사회는 16세기 이후 점차 선도적인 자리를 빼앗기게 된다. 중국은 16세기 이후 새롭게 깨어나기 시작한 서유럽 문명의 충격을 받았고, 뒤이은 식민지 쟁탈 시기에는 반식민지 상태로 전락하는 수모를 겪기도 하였다. 세계의 중심이고 모든 문화 중에서 으뜸이라고 자부하는 천하(天下) 관념[2]에 매몰된 중국은 서유럽의 새로운 사상과 과학기술 앞에서 힘없이 무너졌다. 19세기 초부터 분명해지기 시작한 중국의 몰락은 당시 중국을 포함한 동아시아 전체에 큰 충격이었다. 여기에 더해서 장기간 자신들의 영향권 아래에 있다

1 동서양의 많은 사람들은 서세동점 시대 이전까지 대부분의 발명과 발견이 중국에서 서쪽으로 전파되었다고 주장하거나 믿는 경향이 있다. 이러한 신화를 신봉하는 이들은 중국 내부뿐만 아니라 외부에도 많다. 하지만 이러한 이해는 문명과 문화의 역사적 상호 작용이라는 자연스러운 현상에 대한 몰이해에 근거한 단선적인 이해에 불과하다. 고대 메소포타미아뿐 아니라 인도 및 아라비아 문명도 지구적 차원의 문화 교호 작용에서 매우 중요한 위치를 차지하였으며, 이집트·그리스·로마 문명이 세계에 미친 영향도 흔히 간과되고 있다. 시대를 거슬러 올라가면 아시아 내에서도 더 강한 영향을 미친 주체가 있을 수는 있겠지만, 다양한 문화와 문명들이 서로 영향을 주고받아 왔음을 무시한다. 세계 역사학계에서도 중국이 장기간 서역, 중앙아시아로부터 다양한 문명과 문화를 수입했고, 18세기 정복기에도 동북, 서북, 서남, 중앙아시아를 복속시키면서 이들 문화와 활발히 융합했음을 인정하고 있다. 다만 중국의 학자들만 여전히 이 사실에 무관심하다. 문화는 본질적으로 서로 영향을 주고받으면서 변화·변형된다는 사실을 인정하는 것이 합리적인 자세이며, 이 점에서 모든 문화는 본질적으로 잡종이라는 표현이 우리에게 시사하는 바가 크다.

2 중국인의 천하 관념에 대해서는 노승현 옮김(2010) 참조.

고 믿어 왔던 일본의 도전에 패배한 중국은 나약한 실체를 백일하에 드러내야 하였다.

특히 중국의 근현대 역사는 중국인 연구자뿐 아니라 외국의 연구자들에게도 쉽게 풀리지 않는 의문을 던져 준다. 우선 오랜 전통 시대 동안 중국 문명이 세계를 선도하는 수준이었다는 점을 인정한다고 할 때, 자연스럽게 다음과 같은 의문에 직면한다. 전통 시대 "중국 사회가 어떻게 장기간 최고 수준의 문명을 유지할 수 있었을까?" "16세기 이후 중국 사회가 양호한 기반과 조건에도 불구하고 왜 정체하게 되었을까?" 이 의문은 중국 연구자 모두를 혼란스럽게 하는 난제였다. 많은 연구자들이 여러 전문 분야, 다양한 관점에서 이 의문에 대한 해답을 찾기 위해 노력해 왔다. 아직 이렇다 할 지배적인 설명 가설은 없어 보이지만 그중에 좀 더 설득력 있는 가설도 개발되었다.

지난 150년 동안의 서세동점과 반식민지, 그리고 내전 시대를 거쳐 사회주의 세력의 승리로 최종 마무리한 중국 사회는 사회주의 중앙계획경제하에서 외세로부터의 독립(자주)과 국제적인 자존심 회복에 성공하였다. 그러나 대외적 폐쇄와 개인적 자유를 담보로 한 사회주의 사회 건설, 사회주의를 통한 현대화라는 이상사회 건설 운동은 심각한 빈곤과 낙후를 대가로 지불해야 하였으며, 이러한 경험은 개혁개방이 시작되기 전까지 지속되었다. 빈곤과 낙후의 시대를 딛고 1970년대 후반부터 시동된 경제 건설의 시대를 통해 중국은 놀라운 속도로 경제력을 강화하고 인민의 생활 수준을 높이는 데 성공하였다. 40여 년에 걸친 시장제도를 통한 경제적 현대화 시도는 경이적인 성과를 보였고, 중국은 세계 2위 경제대국의 지위에 올랐다.

이처럼 전통 시대 2천 년 동안 이룩한 세계 최고의 문명, 서세동점 시대부터 사회주의 중앙계획경제 시기 동안의 방황과 혼란, 그리고 빈곤과 낙후, 20

세기 후반에 성취한 경제 성과는 또 한 번 중국 내외 연구자들의 관심을 모으기에 충분하였다. 이에 따라 중국 사회의 발전과 정체의 원인을 찾으려는 가설들이 개혁개방 이후 경제 성과를 설명하는 데 이용되기도 하였다. 중국 사회의 정체를 설명하는 가설은 다른 측면에서는 발전을 설명하는 가설이며, 신흥공업경제(NIEs)의 경제 성과를 포함한 '발전과 정체의 요인'을 설명하는 데에도 응용된다는 점에서 학술적으로 매우 의미 있는 시도이다.

지금까지 전통 시대 중국 사회의 정체 또는 발전함정(development trap)을 설명하기 위한 다양한 가설들이 제기되었다. 각각의 설명 가설들은 연구자의 전문 분야와 강조점에 따라 크게 세 부류로 구분된다.[3] 첫 번째 부류는 주어진 자원에 대한 인구 규모의 과다에 초점을 맞춘 가설, 두 번째 부류는 생산적 투자를 제약한 조건을 강조한 가설, 그리고 세 번째는 경제 주체의 경제행위를 유인하는 제도의 한계에 초점을 맞춘 가설이다.

이 장은 중국 사회의 발전과 정체를 설명하는 여러 설명 가설 중에서 비교적 설득력이 강한 가설들을 선택해서 분석하고 평가한다. 이를 위해 먼저 주요 가설의 핵심 내용을 정리한 뒤 각 가설들의 관점, 강조점, 설득력을 비교하고, 나아가서 상호간의 유사성과 차별성을 찾아내고자 한다.

3 전통 시대 및 사회주의 정권 수립 이후의 발전함정 가설들에 대해서는 Daniel Little(1994), 특히 pp. 61~66 참조. 본문에서 다루고 있는 여러 가설들을 구분하는 기본 아이디어는 리틀의 것이며, 본문은 여기에 저자의 보충·보완 작업과 성찰이 더해진 것이다.

2. 중국 사회의 발전과 정체를 설명하는 가설

1) 관료제 모형(bureaucratic system model)

걸출한 중국과학사 연구자인 조셉 니담(J. Needham, 1990~1995)은 오랜 중국사 연구를 통해 지난 2~3세기를 제외하고 중국은 대부분의 과학기술 영역에서 서양을 상당히 앞섰음을 논증하였다. 그는 중국사를 연구하면서 오랜 기간 동안 세계 최고 수준을 자랑하던 중국 문명이 왜 근대화를 향한 발걸음을 내딛는 데 실패하였는지에 대해 강한 의문을 제기하였고, 이 의문을 근현대 중국 사회에 대한 이해에도 동일하게 적용하고자 하였다.

니담은 특히 14세기 이전 중국에는 18세기 후반 영국에 존재하였던 산업혁명에 필요한 주요 여건들이 거의 다 구비되어 있었음에도 불구하고, 왜 산업혁명이 일어나지 못하였는지에 대한 의문을 두 수수께끼로 정리하였다. 이 의문을 흔히 니담 퍼즐(Needham puzzles)이라고 부르는데, 다음과 같이 정리할 수 있다.[4] 첫째, 중국은 왜 다른 문명에 비해 장기간 선진적이었는가? 둘째, 왜 중국은 세계 다른 나라보다 앞서지 못하였는가?

현대적인 과학방법은 일반적으로 자연 현상에 대한 가설 설정과 가설의 수리화, 그리고 통제된 반복적 실험과 가설 검정으로 구성된다. 이렇게 볼 때 근현대 이전 중국 사회에 대한 니담 퍼즐은 "중국에서 왜 현대과학이 일어나지 못하였느냐?" 하는 의문으로 바꿀 수 있다. 니담은 일찍이 이 의문에 대한 나름대로의 설명을 제시하였는데, 그는 정치·경제 제도에서 그 이유를 찾고

4 J. Needham(1986), p. 6. 니담의 가설에 대한 '관료제 모형'이라는 명명은 내용에 맞추어 저자가 정한 것이다.

자 하였다. 니담이 문제 삼은 전통 시대 중국의 정치·경제 제도는 바로 '중앙집권 관료제'이다. 그에 따르면, 중국의 관료제(bureaucratic system)는 초기 기술 변화에는 유리한 기능을 하였으나 점차 기술 변화를 제약하고 상인계층을 억압함으로써 과학혁명을 어렵게 하였다.[5] 반면 중국과는 대조적으로 서유럽의 귀족적 봉건제(aristocratic feudalism)는 분권적인 성격이 강해서 군주들끼리의 경쟁이 상존하였다. 군주들의 경쟁은 기술 인력의 활동공간을 마련해 주었을 뿐 아니라 상인계층의 출현에도 유리하였다. 그리고 이러한 환경은 점차 과학기술 혁명을 유인하는 토대가 되었다.

니담의 가설과 유사하지만 강조점이 약간 다른 설명방식으로는 첸원위안(Qian Wen-yuan)의 가설이 있다. 첸은 정치제도와 통치이념에서 전통 시대 중국사회의 정체 원인을 찾고자 하였다. 그는 니담이 강조한 중앙집권 관료제가 아니라 중국의 '제국적·이데올로기적 통일성'이 새로운 생각, 구체적으로 현대과학의 성장을 억압하였다고 본다.[6] 첸에 의하면, 중앙집권적 군주제와 경직된 정치이데올로기는 경쟁적인 환경을 제약함으로써 과학혁명을 어렵게 하였다. 그에 따르면, 전통 시대 중국에는 하나의 지배적인 이념이 우세하였고, 절대적인 정치권력이 지배적인 이념 체계를 지원하였는데, 이러한 정치 및 이데올로기 체계하에서는 공개적인 토론과 경쟁은 허용되지 않았다. 이와 달리 서유럽에서는 국가와 교회, 교회와 교회, 국가와 국가 간의 경쟁이 지속되었는데, 독립적인 성격이 강한 영주 및 국가들 간의 경쟁은 과학발전에 유리한 환경을 제공하였다.

정리하면, 니담에 따르면 전통 시대 중국 사회에서는 중앙집권 관료제로

5 이에 대해서는 J. Needham(1969), 특히 p. 51 참조.
6 Wen-yuan Qian(1985) 참조.

인해 새로운 발견·발명이 존중되지 못하였고 상인계층의 활동도 제약을 받았다. 따라서 전통 시대 중국에서는 사회가 발견·발명 주체에게 적절한 보상을 해주지 못함으로써 과학혁명을 이루지 못하고 사회는 정체의 길을 갈 수밖에 없었다. 니담과 달리 첸원위안은 제국적·정치이념적 통일성과 경직성이 자유로운 사고와 토론을 제한함으로써 과학혁명이 어려웠다고 설명한다. 니담과 첸은 모두 제도의 중요성을 강조하고 있는데, 특히 정치제도에 초점을 맞추고 있다는 점에서 유사하다. 니담과 첸은 각각 중앙집권 관료제, 제국적·이데올로기적 통일성이 사회 속에 기술이 필요없게(기술수요 억압) 만들었다고 본 것이다.

2) 고도 균형함정모형(high-level equilibrium trap model)

저명한 중국경제사 연구자인 마크 엘빈(M. Elvin)은 전통 시대 중국 사회는 고도 균형 함정에 빠져 있었으며, 이로 인해 과학혁명과 산업혁명을 이루지 못하였다고 주장한다.[7] 그는 전통 시대 중국 사회의 고도 균형 함정을 이렇게 설명한다. 전통 시대 중국에서 농업과 수공업 생산은 모두 소규모 생산 주체에 의해 이루어졌고, 생산은 전통적인 생산기술을 통해 이루어졌다. 경험의 축적에 의해 발명되고 개량된 생산기술은 수세기 동안 투입이 부족한 가운데서도 최대의 산출을 만들어 냈다. 그리고 인구는 전통적인 기술을 최적으로 이용하여 생존에 필요한 것을 간신히 만족시킬 수 있는 수준까지 증가함으로써 인구규모와 생산 규모는 균형을 이루었다. 이 균형 상태는 현대적인 기술을 채용하

7 이춘식 외 옮김(1989) 참조.

지 않은 조건하에서 생산 가능한 최고의 산출 수준 상태이다.

이상의 설명에서 알 수 있듯이 엘빈의 고도 균형함정모형은 기본적으로 전통 시대 중국 사회의 잉여 존재 자체에 대해 회의적인 입장을 견지한다. 그는 구체적으로 높은 인구-토지 비율, 즉 토지에 비해 과도한 인구는 잉여의 축적을 어렵게 하였고, 이는 최종적으로 농업투자, 기술혁신, 나아가서는 공업화 유인을 제약하였다고 본다. 그에 따르면, 토지에 비해 과도한 인구가 잉여 축적을 제약함으로써 전통 시대 중국 사회에는 잉여가 존재할 수 없었으며, 과잉인구와 잉여 부족은 본질적으로 노동절약적인 기술에 대한 수요를 억제하였다. 이처럼 주어진 기술조건하에서 대다수 인구의 생존에 필요한 산출을 얻는 균형 상태는 안정적인 균형이다. 그리고 이 안정적인 균형 상태하에서는 중요한 기술혁신 없이는 더 이상 생산성 향상이 어려울 뿐 아니라 기술적 발견·발명과 신기술의 확산을 지원할 추가적인 사회적 잉여도 부족하다.

〈그림 1-1〉은 이상에서 요약한 엘빈의 가설을 시각적으로 명쾌하게 보여준다. 그림에서 X축은 생산 요소의 대표인 노동, Y축은 요소 투입에 따른 생산량이다. OT는 일정한 노동을 투입해 주어진 전통적 기술을 최적으로 이용할 경우 산출 가능한 잠재적 산출량이다. OT를 위로 볼록하게 그린 이유는 노동력 투입이 증가할수록 생산량 증가율, 즉 노동 투입의 한계수익이 체감하기 때문이다. 다음으로 OS는 일정한 인구가 생존하는 데 필요한 산출량의 비율, 즉 주어진 인구가 생존하는 데 필요한 생산량의 궤적이다. 그러면 OT와 OS로 이루어진 볼록한 영역은 주어진 노동 및 기술 조건하에서 한 사회가 얻을 수 있는 잠재적 잉여를 나타낸다. 그림에서 보듯이 토지 규모가 일정할 경우 노동력이 증가함에 따라 AC나 FH 같은 잠재적 잉여는 처음에는 상대적으로 감소하다가 나중에는 절대적으로 감소한다. 그리고 OS와 OT가 만나는 점인 E_T는

그림 1-1 고도 균형의 함정

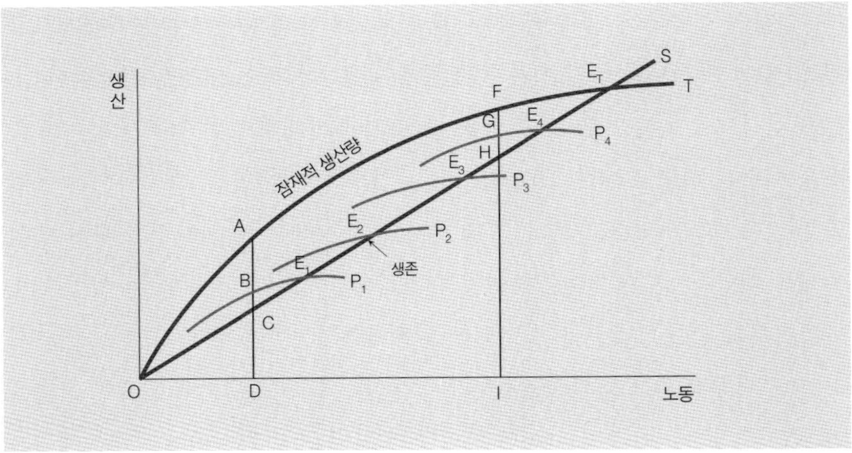

자료: 이춘식 외 옮김(1989), p. 327 〈그림 4〉.

잠재적 산출량이 주어진 인구에 의해 모두 소진되는 장기적인 최종 균형점을 의미한다. 실제적 생산량을 나타내는 P_1, P_2, P_3 … 등은 노동 투입이 증가함에 따라 나타나는 일인당 수익의 하락이 어떻게 중간 균형(E_1, E_2, E_3 … 등)을 이루는가 보여 준다. 그리고 각각의 P곡선은 전통적 기술의 개선, 그에 따른 인구 변화, 그리고 그에 상응하는 산출량 변화를 보여 주는 곡선이 된다. 다시 말해, P의 이동은 이용 가능한 자원과 기술의 미세조정을 통해 성취되는 역사적인 과정이다. 이 과정은 전통적인 기술의 더 효율적인 조합과 주어진 노동력의 투입 조건하에서 P_1보다는 P_2, P_2보다는 P_3가 더 많은 산출을 창출함을 뜻한다. BC나 GH로 표시된 부분은 시기별 실제적 잉여인데, 이때 각각의 실제적 잉여는 해당 시기 기술 수준의 함수이다. 각각의 중간 균형점인 E_1, E_2, E_3 … 등은 각 시기의 잉여가 시간이 흐름에 따라 인구 증가에 의해 소진되는 점을 나타낸다. 그리고 이 과정이 계속되면 장기적으로 기술 개선이 없는 E_T에 도달하게 되고, 전통적 기술의 한계는 근대적인 과학기술 방법의 출현과 채용을 통해서만 탈출이 가능한 함정, 즉 '고도 균형의 함정'에 빠지게 된다. 엘빈의 설명에 근거하면, 잠재적 생산량 곡선인 OT는 현대적 기술혁신이 있을 경우 좌상향 이동하며, 그렇게 되면 장기적 균형점인 E_T는 우상향 이동하고, 잠재적 잉여 영역은 더 넓어질 수 있는데, 전통 시대 중국은 잉여가 축적되지 않음으로써 발전의 함정에 빠지게 되었다고 설명된다. 이 상태를 페어뱅크(J. K. Fairbank)는 '발전 없는 성장'이라고 표현하였다.[8]

마크 앨빈은 1972년에 고도 균형 함정 가설을 처음 제기하였다. 그의 가설의 핵심은 산업화 이전 시기 경제가 매우 효율적으로 운영되었는데, 새로운 기술을 개발하는 대신에 많은 인력을 투입하고 기존 기술을 최대한 활용해서 생산 가능한 모든 잉여를 생산했다는 것이다. 다시 말해서, 그는 변화에 소요되는 비용이 너무 컸기 때문에 혁신적인 기술 개발에 대한 유인보다는 풍부한 노동력을 최대한 활용할 유인이 더 컸다고 보았다. 그러나 앨빈은 이후 여러 비판이 제기되고 새로운 가설들이 등장하면서 기존 가설에 '기술적 속박'(technological lock-in)이라는 개념을 추가함으로써 가설의 설득력을 강화하고자 시도하였다. 기술적 속박 개념에 따르면 기존 기술을 유지하는 비용이 너무 커서 새로운 기술에 대한 투자가 거의 불가능했다는 것이다. 그는 기술적 속박 현상은 18세기부터 중국의 다양한 지역에서 발생하였고, 19세기에는 전 지역으로 확산되었다고 주장한다.[9]

---

8 이춘식 외 옮김(1989), 제17장; 중국사연구회 옮김(1994), 제8장 참조.

9 Mark Elvin, *The Retreat of the Elephants-An Environmental History of China*(New Haven: Yale University Press, 2004), pp. 123~124 참조.

요약하면, 전통 시대 중국 사회에 잉여가 없었다고 믿는 엘빈은 순수하게 경제적인 요인, 즉 자원(토지)에 대한 인구의 과다, 인구에 의해 소진된 잉여, 그리고 그에 따른 투자유인 부족을 정체의 요인으로 본다. 그의 가설에 따르면, 지속적인 높은 인구–토지 비율, 그리고 그에 따른 잉여의 소진과 노동절약적인 기술에 대한 수요 제약이 전통 시대 중국 사회 정체의 핵심 요인이다.

3) 인구함정모형(population-trap model)

차오 캉(Kang Chao)[10]은 전통 시대 중국 사회의 정체 현상에 대한 분석에서 엘빈의 가설과 유사하면서도 강조점을 달리하는 가설을 제시하였다.[11] 엘빈이 높은 노동–토지 비율이라는 요인을 강조한 것과 달리 차오는 인구 동학에 강조점을 둔다. 차오에 따르면, 전통 시대 중국 사회에서는 끊임없는 인구 증가가 소규모 생산구조, 노동집약적인 생산기술 선호, 노동–토지 비율의 상승, 기술 정체의 요인이었고, 이 메커니즘은 결국 당시 핵심 산업이던 농업의 전반적인 정체를 불러왔다. 노동력은 풍부하고 토지는 상대적으로 희소한 상황에서 농민과 수공업자들은 노동집약적인 생산기술을 선호하였고, 이렇게 되면서 효율적인 노동절약적 신기술(기술혁신)에 대한 유인은 제약될 수밖에 없었다.

차오의 논리를 좀 더 살펴보면 다음과 같다.[12] 먼저, 전통 시대 중국 사회에는 인구 증가를 불러올 뿌리 깊은 문화적인 경향이 있었고, 이 경향은 노동–

10 Kang Chao(1986) 참조.
11 Kang Chao(1986) 참조.
12 Daniel Little(1994), pp. 63~64 참조.

토지 비율을 높였다. 전통 시대 중국의 농업과 수공업 생산은 경영조직이 아니라 가족단위에 의해 이루어졌는데, 가족단위의 생산에서는 한계단위가 표준적인 한계적 도구(standard marginalist tools)를 사용한다. 이러한 가족 중심의 농업 생산구조하에서는 노동의 한계생산이 생존임금 수준과 같아지는 수준까지 노동력을 사용하게 된다. 하지만 가족단위는 노동을 고정 요소로 보기 때문에 노동의 한계생산이 생존임금 이하 수준까지 노동시간을 연장하게 된다. 다시 말해, 가족농장과 작업장에서는 '자기착취적인' 노동이 이루어지기 때문에, 한계생산과 생존임금의 관계에 상관없이, 한계생산이 0(제로)보다 큰 한 노동력을 계속 투입한다. 더구나 여러 조건으로 인해 인구-토지 비율이 상승하면 농민들은 더 노동집약적인 영농방법과 농업기술을 선호하게 된다.[13] 이렇게 되면 대부분의 농민들은 더 '토지효율적'(land-efficient)인 농업을 하게 된다. 토지효율적 농업이란 주어진 토지조건하에서 가족노동을 최대한 착취함으로써 생산량을 더 늘리고자 하는 농업 형태를 말한다. 차오에 따르면, 노동절약적인 기술보다는 노동집약적인 기술을 선호하는 농업이 보편화될 경우, 소규모 가족농 중심의 자기착취적 노동과 토지효율적인 농업은 기술에 대한 수요를 제약함으로써 기술정체를 불러오게 된다.

요컨대, 차오는 고도 균형 함정 가설의 기본 틀을 받아들이면서도 고도 균형의 함정에 빠지게 된 핵심 요인을 문화에 영향받은 인구 동학, 즉 지속적인 인구 증가와 과잉인구, 그로 인한 가족농업의 토지효율적이고 자기착취적인 농업경영 방식의 선호, 그리고 그로 인한 기술에 대한 수요 부족에서 찾고 있다. 그의 가설은 지속적인 인구 증가와 과잉인구가 문화적 요인에 기인한다고

---

13 Kang Chao(1986), p. 12.

이해한 점에서 차별성이 있다. 다른 한편으로 차오는 엘빈과 함께 전통 시대 중국 사회에 잉여가 없었다는 믿음을 공유하지만, 전자는 높은 인구–토지 비율을 강조하고 후자는 문화적 관습으로 인한 과잉인구를 강조한다는 점에서 다르다.

이상에서 서술한 니담, 엘빈, 그리고 차오의 가설은 기본적으로 전통 시대 중국 사회에 잉여가 존재하지 않았다는 인식을 공유하고 있다는 의미에서 '비잉여 가설', 인구 동학이 기술수요를 제약했다고 본다는 점에서 기술수요 실패 가설이다. 아래에서 우리는 비잉여 가설과 반대 입장에 서는 '잉여 가설'에 대해 살펴봄으로써 양자 간의 강조점과 설명력의 차이를 좀 더 잘 이해할 수 있다.[14]

4) **잉여추출모형**(surplus-extraction model)

위에서 설명한 니담, 엘빈 및 차오는 강조점에서 차이가 있기는 하지만, 전통 시대 중국 사회에는 과잉인구와 낮은 생산성으로 잉여가 축적될 수 없었으며, 이로 인해 농업투자와 공업발전을 지원할 자원이 부족하였다는 인식을 공유한다. 이러한 비잉여 가설에 대해서 리핏(Victor D. Lippit)은 전통 시대 중국 사회에 "과연 잉여가 존재하지 않았는가?"라는 의문을 제기한다.

잉여추출모형이라고도 불리는 리핏의 가설은 세 가지 주요 전제를 기반으로 삼고 있다.[15] 첫 번째, 잉여가 존재하였고 잉여와 부가 일부 구성원에게 집중되었다. 두 번째, 농촌사회에 계급분화가 발생해서 소수의 엘리트 계층과

14 전통 시대 중국 사회의 잉여 존재를 부정하는 가설들에 대한 반론은 Daniel Little(1994), pp. 64, 71, 80 참조.
15 Victor D. Lippit(1978); Victor D Lippit(1987), p. 65.

다수의 가난한 농민 및 노동자 계층으로 분화되었으며, 소수 엘리트층이 잉여를 그들을 위해 이용하였다. 마지막으로, 엘리트층만의 문화적·경제적 가치를 중시하는 소비 행태가 잉여의 생산적 투자를 제약하였다.

잉여가 축적될 수 없었다는 앞의 세 가설과 달리 전통 시대 중국 사회에 잉여가 존재하였다는 믿음 위에 서 있는 리핏의 주장은 역사 연구 성과에 의해 지지된다. 이에 따라 잉여추출모형은 축적된 잉여가 어떤 기제에 의해 소진되었느냐 하는 점이 논란의 초점이 된다. 리핏[16]은 엘빈과 차오의 가설은 전제에 문제가 있다고 지적한다. 그에 따르면, 전통 시대 중국 사회에는 토지와 부가 편중되었으며, 소작료, 고리대, 조세 같은 여러 잉여 추출(surplus extraction) 체계로 인해 분배의 불평등이 지속되었다. 이 잉여 추출 체계는 대부분의 잉여를 농민과 수공업자에게서 지주, 고리대금업자, 관료 같은 소수 엘리트와 국가로 집중시켰다. 그리고 소수 엘리트와 국가로 집중된 잉여는 비생산적인 용도로 소진되었다. 리핏은 전통 시대 중국 사회에서 농업 잉여의 약 30% 정도가 소수 엘리트와 국가에 의해 독점되었을 것으로 추정한다.[17]

리핏은 여기에서 멈추지 않고 그의 논리를 확장해서 사회주의 정권 수립 초기의 빠른 경제성장 현상을 설명한다. 그에 따르면, 1949년 사회주의 정권 수립 직후부터 중국 사회는 25~30%를 넘은 저축률을 기록하였는데, 풍부한 저축에 힘입어 빠른 전후복구와 경제성장이 가능하였다. 리핏은 잉여가 이전 시기와 달리 소진되지 않고 축적된 뒤 필요한 곳에 투자되었기 때문에 빠른 성장이 가능하였다고 설명한다. 이 논리에 입각해서 그는 사회주의 정권 수립 직후의 경제 상황은 바로 1949년 이전 중국 사회에 잉여가 존재하지 않았다고 전제

16 Victor D. Lippit(1978), Victor D Lippit(1987) 참조.
17 Victor D. Lippit(1978), Victor D Lippit(1987) 참조.

한 가설이 오류임을 반증한다고 주장한다. 그에 따르면, 사회주의 혁명 성공과 공산당 정권에 의해 단행된 토지개혁은 전통적인 인구 증가–저저축–저투자–기술혁신 지체라는 악순환 상황을 극복하는 데 기여하였다. 또한 사회주의 정권은 중국 사회의 전통적인 계급구조를 근본적으로 바꾸었는데, 이 과정에서 일부 엘리트들이 독점하던 잉여가 축소되고 대부분의 잉여는 국가로 집중될 수 있었다.

그의 설명에 의거한다면, 일부 엘리트에게 집중되고 또 비생산적으로 소진되어 온 대부분의 잉여가 사회주의 정권 수립 이후 국가로의 집중과 생산적 투자로 전환되었다고 설명할 수 있다. 반면 앞서 소개한 리틀은, 사회주의 정권이 전통적인 계급구조를 바꾸고 중국 사회의 장기적인 정체 상황을 극복하는 데 기여하였으나, 중앙계획에 의한 시장 개입, 집단생산에 대한 맹신 등으로 정권 수립 후 오래지 않아 발전에 장애가 발생하였다고 본다.[18] 그런데 리핏의 가설을 좀 다른 각도에서 평가한다면, 전통 시대 중국 사회의 발전을 제약한 핵심 요인은 투자 체계, 생산 과정, 분배 과정을 지배하던 각종 잉여의 추출과 잉여의 비생산적인 소진을 유발한 '제도'라고 할 수도 있다.

정리하자면, 리핏은 전통 시대 중국 사회에 잉여가 존재하였으나 잉여가 소수와 국가에 의해 독점되었고, 독점된 잉여가 비생산적으로 소진됨으로써 발전이 정체되었다. 이 가설에 근거하면, 중국 사회를 지배하던 분배제도, 구체적으로 재산권 제도는 소수 엘리트들과 국가로 하여금 대부분의 잉여를 독점하게 하였으며, 이들 소수와 국가는 잉여를 기술혁신을 위한 투자 같은 생산적인 투자보다는 비생산적인 소비에 이용함으로써 사회의 전반적인 정체를

18 Daniel Little(1994), p. 74.

불러왔다고 설명된다.

5) 국가행태모형(state's behavior model)

리핏과 유사하게, 전통 시대 중국 사회에 잉여가 있었다고 믿고, 창출된 잉여를 누가 독점하였고 또 어떤 통로로 소진되었는지에 관심을 갖는 연구자 중 국가의 행태에서 해답을 찾으려는 시도가 있다. 존스(E. L. Jones)[19]는 국가 역할의 실패에서 정체의 원인을 찾는다. 그는 전통 시대 중국에서 국가가 재산권에 대해 강력하게 개입하고, 또 과도한 조세를 통해 잉여를 국가로 집중시킨 점에 주목한다. 그는 국가가 부과한 조세의 실효세율은 잉여의 축적과 생산적인 투자를 제약할 만큼 높았다는 점에서 주목한다. 존스는 국가가 재산권에 대해 깊이 개입하고 창출된 잉여의 대부분을 흡수하는 제도는, 경제 주체로 하여금 활발한 이익 추구와 생산적인 투자를 어렵게 하였다고 본다. 그리고 국가로 집중된 잉여는 인프라 건설 투자보다는 소수 엘리트에 의해 비생산적으로 소비되었으며, 그 결과 사회는 정체될 수밖에 없었다. 이처럼 존스는 국가의 역할 실패, 즉 조세제도를 통해 잉여를 독점한 국가가 잉여의 생산적 투자에 실패한 점을 중심으로 전통 시대 중국 사회의 정체 현상을 설명한다.

존스와 유사한 시각에 선 최근의 연구도 있다. 물론 초점이 반드시 중국에 국한되고 있지는 않으나 국가의 실패를 통해 발전과 정체를 설명하는 가설이다. 애스모글루와 로빈슨(Daron Acemoglu and James Robinson)[20]은 로마제국, 마야

---

19 E. L. Jones(1981).

20 최완규 옮김(2012). 이 저서는 사실상 발전과 정체에서 지리적 입지의 중요성을 강조한 제러드 다이아몬드(Jared Mason Diamond)의 논지에 대한 비판으로 제기된 연구 성과이다. 김진준 옮김(2005) 참조.

도시국가, 중세 베네치아, 구소련, 라틴아메리카, 잉글랜드, 유럽, 미국, 아프리카 등 전 세계 역사에 대한 성찰을 통해 실패한 국가와 성공한 국가를 가르는 결정적 차이가 무엇인지 밝혀내고자 시도하였다. 이들은 국가의 운명은 경제적 요인에 정치적 선택이 더해질 때 완전히 달라질 수 있다고 주장한다. 이들은 국가의 성패를 가르는 결정적 요인은 지리적·역사적·인종적 조건이 아니라 바로 '제도'라는 점을 강조하는데, 여기에서 제도는 경제행위의 적극성을 유인할 수 있는 포용적인 정치경제제도를 가리킨다.

요컨대, 존스의 가설에 따르면 전통 시대 중국 사회에서 국가는 경제적 진보를 위해 요구되는 국가의 역할인 재산권 보호와 공공재 공급에 실패하였으며, 이로 인해 경제적 정체를 초래하였다. 국가 행태 가설은 소수 엘리트와 국가가 생산된 잉여를 추출해 갔다고 보는 리핏의 가설과 매우 유사한 논지이다. 하지만, 리핏은 잉여의 소수 엘리트와 국가 집중, 그리고 집중된 잉여의 비생산적인 소비를 강조하는 반면, 존스는 잉여 추출을 가능케 한 각종 '제도', 그리고 국가의 잉여 독점과 공공재 제공 실패, 즉 '국가의 역할 실패'를 강조한다는 점에서 서로 갈린다.

6) 비생산적 엘리트 함정모형(unproductive elites trap model)

이상에서 설명한 가설들은 어떤 요인들로 인해 기술에 대한 수요와 개인의 창조적 행위나 경제활동이 제약을 받음에 따라 발전이 정체되었다고 본다는 점에서 기술수요 실패 가설이라 할 수 있다(뒤에 설명할 리틀의 가설도 여기에 속한다). 그리고 각 연구자들은 서로 상이한 관점에서 기술수요를 제약한 요인을 강조한다. 이처럼 기술에 대한 수요가 제약됨으로써 발전이 정체되었다는 설명과 달리 기술공급 측면에서 이 문제를 접근한 연구가 있다.

현재 중국 경제학계를 대표하는 연구자 중의 하나인 린이푸(林毅夫: Justin Y. Lin)[21]는 기술의 공급을 제약하는 요인을 통해 정체 현상을 설명하고자 한다. 기본적으로 전통 시대 중국 사회에 잉여가 존재하였다고 믿는 잉여 가설 쪽에 서 있는 그는 경제 주체의 물질적 욕구가 만족되지 않은 한 효율적인 기술에 대한 수요는 항상 존재한다는 인식 위에 그의 가설을 세우고 있다. 린이푸는 토지와 노동력의 상대적 희소성이 발명의 패턴을 바꿀 수는 있을지 몰라도 인간의 물질적 욕구가 채워지지 않는 한, 새롭고 더 좋고 더 효율적인 기술에 대한 수요는 상존한다고 믿는다.[22] 그의 논리에 따르면, 어떤 사회에 기술 변화가 없거나 기술진보가 지체된다면 그 원인은 기술수요가 아니라 기술공급 측면에서 찾아야 마땅하다.

린은 전통 시대 중국 사회의 정체, 특히 14세기에 중국에서 산업혁명이 일어나지 못한 사실을 해명하기 위해서는 아래와 같은 의문에 대한 답이 필요하다고 본다. 그에 따르면, 이 의문은 "14세기 중국 사회가 왜 수력 방적기를 개선하는 데까지 나아가지 못하였느냐?" 하는 수준이 아니라, 14세기 이전의 높은 기술혁신율에도 불구하고, 14세기 이후에 왜 기술혁신 속도가 가속되지 못하였는지를 묻는 형태가 되어야 한다. 그는 이 의문에 대한 해답을 찾으려면 신기술의 발명과 과학적 발견 방식에 대한 올바른 이해가 선행되어야 한다는 점을 환기시킨다.

린은 발명과 발견에 대한 좀 더 세밀한 이해를 주문한다. 그는 발명과 발

---

21 Justin Yifu Lin(2006), 林毅夫(2006. 10. 11), Justin Yifu Lin(1995) 참조. '비생산적 엘리트 함정'이라는 용어법은 리틀의 것이며, 저자는 이 용어가 린이푸의 논리를 잘 요약해 준다고 판단하여 이 용어를 빌려 쓴다.

22 Justin Yifu Lin(1995), p. 275.

견의 경로를 경험적(experience based) 발명·발견과 실험적(experiment based) 발명·발견 두 경로로 구분한다.[23] 그가 주장하는 기술공급 실패의 논리를 따라가 보자. 전통 시대 기술발명은 기본적으로 반복적인 경험에서 오는 것으로서 우연적·단속적(斷續的)인 성격이 강하며, 이 발명·발견은 단순하고 반복적인 생산 과정의 부산물이었을 뿐 아니라 기존 기술의 개선인 경우가 대부분이었다. 이에 비하여, 산업혁명 시기의 발명·발견은 주로 의식적·반복적 실험과 검증으로부터 도출되었다는 점에서 현대 과학적인 성격이 강하다. 실험에 기초한 발명·발견은 엄밀한 과학적 방법과 모형 설계, 통제된 반복적 실험을 필요로 한다. 기술공급은 발명적 행위에서 오는데 발명적 행위는 발명가의 시행착오와 거의 같은 의미이다. 시행착오는 신기술의 공급을 가능하게 하고, 발명된 신기술은 확산 과정과 일정한 시차를 통해 기술혁신으로 발전한다. 그리고 발명·발견은 시행착오의 결과인 과학 지식과 창의력, 이용 가능한 재료의 질 그리고 물리적 환경의 함수이다.

여기까지 린의 설명에 동의한다면 우리의 관심 초점은 "경험적 발견·발명으로부터 실험적 발견·발명으로의 전환은 어떻게 이루어지는가?" 하는 점에 모아질 수밖에 없다. 그는 이 의문을 해명하기 위해 각 사회의 과학 지식의 양은 다르지만 창의력은 같다고 가정한다. 그가 이렇게 믿는 근거는 전통 시대의 경험적 발견·발명은 현장의 경험에 의존하기 때문에 사실상 인구 수에 비례하며, 14세기 이전 중국 사회는 이 점에서 어느 사회보다 우위에 있었다는 점이다. 따라서 그의 논지대로라면 인구가 많은 사회의 경험적 발견·발명 잠재성과 가능성은 크며, 그렇기 때문에 전통 시대 중국은 발견·발명의 양에서

23 Justin Yifu Lin(1995), pp. 276~278 참조.

절대적인 우위에 있었다. 전통 시대 중국 사회는 이에 힘입어 다른 어떤 문명보다 선진적인 문명을 이룰 수 있었다.[24] 이 주장에 근거하면 일찍이 농업 발전에 힘입어 빠른 인구 증가를 이룬 고대 문명이 화려하게 꽃핀 이유에 대한 의문의 많은 부분이 해소될 수 있다.

여기에서 문제의 핵심은 전통 시대 발견·발명과 현대적 발견·발명의 차이는 바로 발견·발명의 방법 차이에서 온다는 사실이다. 경험적 시행착오는 땀만으로 가능하며 인구가 많을수록 발명·발견의 절대량은 풍부한데, 인구수와 땀의 양에 의존하는 경험적 발명·발견은 사실상 그다지 비용이 들지 않는다. 반면에 실험적 시행착오는 많은 시간과 비용을 필요로 한다. 따라서 우리는 린의 가설을 단순화해서 이렇게 말할 수 있다. 과학적 발견·발명은 시행착오 횟수, 과학지식의 양 및 필요한 재료의 질에 정비례하고, 현존 기술의 최고 생산성 수준에 반비례한다. 그런데 여기에서 여전히 풀리지 않은 채 남는 문제는 무엇이 과학과 기술의 결합을 가능하게 하고, 비용과 시간이 드는 지속적인 실험적 행위를 유인하느냐 하는 점이다.

린은 앞서 소개한 니담의 중앙집권 관료제, 첸원위안의 정치적·이데올로기적 환경을 강조하는 설명방식에 몇 가지 문제점이 있다고 비판하면서 그의 설명을 진전시켜 나간다.[25] 먼저, 그는 니담의 역사적 사실에 대한 이해 부족을 지적한다. 린은 역사학 연구의 성과를 근거로 고대 중국에서는 상인과 장인에 대한 차별이 심하지 않았으며, 상업발전도 상당한 수준이었기 때문에 상업이

---

24 송대까지 중국의 인구는 유럽 인구의 2배 수준이었으며, 풍부한 인구는 더 많은 전근대적 발견·발명의 잠재성의 근거였다고 할 수 있다. 린이푸의 설명에 근거하면 이 시기의 발명이 경험적 기술발명이기는 하였지만 기술의 채용과 확산이 빨라 거대한 인구를 부양할 수 있었다. 이 시기에는 기술 변화와 확산이 인구의 남방이동, 동북, 서북, 서남, 중앙아시아 쪽으로의 정복, 수도작(水稻作)으로의 전환, 신도구의 출현, 신품종의 도입, 윤작 채택, 관개 발달 등 환경 변화에 힘입은 바 컸으며, 제도 변화의 역할은 간접적이었다.

25 Justin Yifu Lin(1995), pp. 283~284.

억압되었다고 보는 니담의 시각은 설득력이 부족하다고 비판한다. 뿐만 아니라 그는 전통 시대 중국에서 상인층은 향신(鄕紳)들과 결합하여 발전하기도 하였으며, 상인들이 과거를 통해 관료로 변신할 통로도 개방되어 있었다는 사실을 제시한다. 다음으로, 린은 첸원위안의 가설이 이념 및 정치적 통일성이 지적 창의성에 미치는 영향을 과장한다고 비판한다. 그는 전통 시대 중국에서 경직적인 이념으로 기능하였다고 지적되는 유교사상도 시대에 따라 강조점과 내용이 많이 바뀌어 왔다는 사실에 주목한다. 그는 구체적으로 유교사상은 공자의 '인'(仁)에서 맹자의 '의'(義)로, '주자학' 전통으로부터 전통 철학과 사회질서에 대한 '양명학'의 도전 등으로 다양하게 변신해 왔으며, 이념을 둘러싼 논쟁도 매우 치열하게 전개되어 왔음을 강조한다. 이러한 중국 사회의 분위기와 달리 서양에서는 코페르니쿠스, 갈릴레오, 케플러 등이 심각한 종교재판의 대상이 되었을 만큼 사상적·이념적으로 경직적이었다. 그렇기 때문에 전통 시대 중국 사회에서 정치적·이데올로기적 권위는 생각만큼 절대적이지 않았으며, 정치적·이데올로기적 환경이 천재들의 혁신적 생각을 억압하였다고 보기는 무리라고 린은 주장한다.

이상과 같은 니담 및 첸의 가설에 대한 비판 작업을 위해 린은 자신의 논리를 세운다.[26] 그는 문제의 요인을 기본적으로 사회정치 체제(sociopolitical system)에서 찾고자 한다. 그는 전통 시대 중국의 사회정치 체제, 그중에서도 특히 '과거제도'가 지식인층과 소수 천재를 과학적 노력, 다시 말해 자연에 대한 가설과 가설의 수리화, 그리고 비용과 시간을 요하는 통제된 과학적 실험으로부터 멀어지게 하였다고 본다. 수(隋)나라 때부터 장기간 시행되어 온 과거제

26 린이푸의 가설은 Justin Yifu Lin(1995), pp. 284~285; 蔡昉 · 林毅夫(2002), p. 10에도 잘 요약되어 있다.

도하에서 지식인들은 과거[27]를 통해 국가의 관료가 되는 일을 영광스러운 일로 여겼다. 고전의 암기, 그리고 문학과 철학 지식에 크게 의존하는 과거 시험과 관료 승진 기준 같은 환경은 지식인과 천재들로 하여금 과학적 관심과 노력으로부터 멀어지게 함으로써 기술공급을 제약하였다.

린의 논리를 좀 더 들어보자. 전통 시대 과학기술의 변화는 인구 수, 천재의 수에 비례하였으나 현대적 과학혁명은 비용과 시간의 투자를 통해 형성된 인적자본의 질에 의존한다. 그렇기 때문에 대다수 지식인과 천재들이 고전 암기를 통해 관료가 되고자 경쟁하는 환경하에서 경험적 기술혁신에서 실험적 과학기술 혁신으로의 전환은 크게 제약받을 수밖에 없다. 중국과 비교할 때, 귀족적 봉건제가 유지되어 온 유럽에서는 자율성이 강한 봉건 영주들이 자신의 역량을 키우기 위해 소수 천재의 재능과 노력을 존중하고 새로운 발명·발견을 수용하였는데, 이러한 사회정치적 환경은 현대적 과학혁명의 출현을 가능하게 하는 토대였다.

린은 이상에서와 같은 논리 틀을 현대 개발도상국의 선진국 기술 학습과 따라잡기(catch-up) 성과에 확대·적용한다. 그에 의하면, 현대 개발도상국에서 대부분의 기술은 선진국으로부터 도입된 것으로서, 기술 도입은 독립적인 발명보다 비용이 크게 절약될 뿐 아니라 이미 성공이 증명된 기술이기 때문에 실패 위험도 작다. 그러나 그는 실증연구를 바탕으로, 기술이전의 성패는 도입된 기술에 대한 적응적 혁신을 이룰 '내적 능력'에 의해 결정된다는 점을 강조한다. 그리고 이때 내적 능력은 바로 내적인 과학 연구 능력과 같은 의미이다. 그는 내적인 역량을 강화하기 위해서는 인구 규모보다 현대적 교육내용에 따

27 중국의 전통적인 관료 선발제도인 과거제도는 7세기 초인 수나라 때 도입된 뒤 점차 확대되었으며, 송대 이후에는 과거를 통한 관료 선발이 일반화되었다.

른 '교육'이 중요하다고 주장한다.

정리하자면, 전통 시대 중국 사회의 잉여 존재를 인정하면서 기술공급의 실패 측면에서 정체의 원인을 찾는 린의 가설은 중국의 전통적인 관료 충원 및 승진 제도에 주목한다. 과거제로 대표되는 중국의 전통적인 사회정치제도, 즉 관료 충원 및 승진 제도는 지식인과 소수 천재들을 과학적 관심과 연구로부터 눈을 돌리게 함으로써 현대적 과학혁명을 어렵게 하였다. 린의 가설은 전통 시대 중국 사회의 잉여 존재를 믿는다는 점에서 니담, 엘빈, 차오와 다르며, 기술공급을 중시한다는 점에서 니담, 첸, 엘빈, 차오, 리핏, 존스의 가설과 다르다. 또한 린의 가설은 제도를 핵심 요인으로 본다는 점에서 니담, 리핏, 존스의 가설과 유사한 계열에 속한다.

7) 전략 및 정책 실패 모형(strategy and policy failure model)

이상에서 살펴본 전통 시대 중국 사회에서 잉여 존재 여부나 기술에 대한 수급 제약 여부에 관심을 두는 가설들과는 좀 다른 관점에서 발전과 정체를 설명하는 가설도 있다. 그것이 바로 '전략과 정책'을 발전과 정체의 주요인으로 보는 설명이다. 중국 경제의 발전뿐 아니라 개발도상국의 경제발전을 설명하는 데 유용한 리틀(D. Little)의 가설[28]은 전통 시대 중국 사회의 정체와 발전 현상을 설명하는 데도 적용될 수 있다. 리틀은 경제발전 연구자들이 간과하기 쉬운 발전을 위한 전략 및 정책의 형성에 중요한 영향을 미치는 정치적 목표, 즉 정권의 안정, 안보, 집권당의 국내 정치적 이해관계에 주목한다. 그런데 현대 중

28 Daniel Little(1994), pp. 66~68 참조. 여기에서 '정책과 전략 실패 모형'이라는 용어는 리틀 가설의 핵심을 잘 나타내 준다고 보아 저자가 붙인 것이다.

국에서는 여기에 한 가지 요소가 더 추가된다. 현대 중국에서는 '이념적 목표'가 정책과 전략에 중요한 영향을 미친다.

리틀에 따르면, 앞서 제시한 정치적 목표들이 성취되기 위해서는 기술, 조직, 그리고 인프라라는 세 가지 조건이 필요하다. 첫째 조건은 정치적 목표를 달성하는 데 필요한 생산성을 높일 혁신적 기술의 도입과 확산이다. 중국 농업은 오랜 적응 과정을 통해 전통적인 기술과 자원의 투입으로 최고 수준의 산출을 얻는 방식에 잘 적응해 왔다. 그런데 이 방식은 투입 규모에 크게 의존한다는 한계가 있으며, 구체적으로는 주로 가족의 노동시간 연장을 통해 유지되어 왔다. 두 번째 조건은 정치적 목표를 이루기 위한 적절한 생산제도의 조직이다. 생산제도의 조직이란 생산단위의 규모, 생산단위의 투자 여력, 시장 참여자의 선택 환경을 결정하는 각종 유인제도, 생산 의사결정에 영향을 주는 시장 과정의 역할 등을 가리킨다. 전통 시대 중국 사회에서 생산단위는 소규모 가족노동이 중심이었고, 잉여는 여러 제도적 요인으로 인하여 직접 생산자의 수중에 남지 않았다. 이러한 상황에서 소농이나 소작농은 생산을 위한 투자에 적극적일 수 없었으며, 가족노동을 최대한 이용하는 가운데, 대다수 인구의 생활은 생존 수준을 맴돌았다.

리틀의 논리에 따르면, 사회주의 정권 수립 이후 중국의 경험은 매우 특수하다. 1949년 이후 중국에서는 전통적인 가족농장이 점차 협업농장, 집단농장, 인민공사, 그리고 마지막으로는 다시 가족농장으로 복잡하게 전환되어 왔다. 그리고 이 전환 과정은 매우 급진적으로 이루어졌기 때문에 농촌경제는 혼란에 빠졌고, 농업은 식량공급에 실패함은 물론 대량의 기아인구가 발생하기도 하였다. 세 번째 조건은 운송, 저장, 보관 같은 인프라이다. 여기에서는 국가의 공공재 공급 역할이 중요하다. 리틀의 주장에 따르면, 전통 시대 중국 사회에서 산출의 약 1/5이 보관 과정에서 유실되고, 또 운송비용이 경작비용과 동일할 정도로 높았다. 이러한 열악한 인프라 환경은 결국 또다시 산출에 영향을 미치는 악순환이 반복되었다.

이상과 같은 리틀의 설명은 건국 이후 중국의 경제 성과를 설명하는 데 유용하게 응용된다. 사회주의 정권이 수립된 직후 공산당은 혁신적인 기술, 조직, 인프라 같은 문제에 관심을 가지면서 단기적으로 양호한 경제 성과를 냈다. 하지만 1953년 전후 복구 작업이 일단락되고 사회주의 개조작업이 시작되면서 점차 이념이 정책과 전략을 지배하고, 이에 따라 기술, 조직, 인프라 세 측면의 혁신 모두 우선순위에서 밀렸다. 인구의 절대적인 비중을 차지하던 농민의 적극적인 지지에 힘입어 집권한 공산당은 당시에 핵심 산업이던 농업 투자에 소극적이었던 반면 사회주의 공업화를 위해 중공업 투자에 자원을 집중하였다. 공산당 정권의 농업 투자는 공업 투자의 겨우 1/10, 국가 총투자의 5% 수준에 불과하였다. 이렇게 되면서 중국 사회에는 1950년대 초반부터 개혁개방 이전까지 빈곤의 평준화, 즉 경제적 낙후와 빈곤이 일반화되었으며, 일부 시기에는 대규모 아사 사태를 맞기도 하였다.

그런데 1970년대 말에 개혁개방이 선언된 이후 기술, 조직, 인프라 세 측면의 혁신에 대한 관심은 이전과 완전히 달라졌다. 개혁과 함께 중국 사회에서는 여전히 구체제의 관성이 상존하는 가운데, '정책과 전략'의 대전환이 일어났다. 그리고 이에 힘입어 중국 사회는 통제되어 있던 기술, 조직, 인프라 문제가 점차 해소되고, 경이적인 경제 성과를 이룰 수 있었다. 대부분의 개도국에서는 정책 수단을 통해 기술, 조직 및 인프라를 개선 또는 혁신하고자 한다. 이때 선택 가능한 정책 수단에는 계획과 시장, 강제와 자발, 국가정책과 지방의 자율처럼 양 극단뿐 아니라 각각을 조합하는 선택도 있을 수 있다. 사회주의 정권 수립 이후 공산당 정권은 중앙계획, 국가의 가격 결정, 강제적인 조직화를 선호하였고, 시장과 이윤이 부정된 경제운영을 통해 평등한 사회를 건설하고자 하였다. 또한 이념에 지배된 당과 국가는 중앙에서 지방에 이르기까지 관료적 행정명령을 통해 경제정책을 실행하려 하였다. 하지만 개혁개방 이후에는 국가가 시장을 인정하고 가족을 기본적인 생산단위로 복귀시켰다. 이렇게 함으로써 중국 경제는 저생산성, 지역 간 불평등 같은 문제에도 불구하고, 양호한 경제 성과를 기록할 수 있었고, 빈곤 문제를 크게 해소하였으며, 인구 증가를 억제함은 물론 저축률을 높이는 데도 성공하였다.

이상에서 설명하였듯이, 리틀은 발전과 정체의 요인을 '정책과 전략 선택'으로 설명하고자 하며, 그 중요한 역사적 증거로 1949년 건국 전후 시기의 정책과 전략 전환, 투자 능력 차이를 지적한다.[29] 다시 말해, 그의 가설은 생산된 잉여가 전략과 정책의 실패로 인해 효율적으로 이용되지 못하기 때문에 한 사회가 정체에 빠지는 것으로 이해한다. 그의 설명은 여러 연구자들의 가설을 응용하고 있으며, 상당한 설득력을 갖고 있는 것처럼 보인다. 그런데 그의 가설을 따라가다 보면 한 가지 의문에 직면한다. 그것은 바로 '정책과 전략'은 누구에 의해 어떻게 수립되고 집행되느냐 하는 문제이다. 이 의문이 해소되기 않는다면 그의 가설은 매우 피상적인 현상 설명에 불과할 가능성이 있다. 리틀은 정책과 전략의 선택을 중요시하는데, 정책과 전략 선택의 핵심 주체는 국가이고, 국가를 이끌어 가는 것은 집권정당을 비롯한 정치이며, 정치를 주도하는 주체는 지도자 집단이다. 그렇다면 그의 가설은 결국 리더십과 정치에서 정체의 원인을 찾고 있는 것으로 이해된다.

---

29 Daniel Little(1994), p. 80.

요약하면, 리틀의 가설을 큰 틀에서 보면 정치적 목표, 국가 역할에 초점을 맞추고 있다. 하지만 가설의 내용을 자세히 보면, 혁신의 도입과 확산, 적절한 제도, 공공재 공급 등 앞에서 서술한 여러 연구자들의 가설이 강조하는 주요 요소를 종합하고 있다. 그의 가설은 특히 논리의 전개 과정에서 엘빈의 고도 균형 함정의 기본적 설명 틀을 받아들이기는 하지만, 잉여가 존재하였다고 보는 점에서는 엘빈과 다르다. 그의 가설은 전통 시대 중국 사회에 잉여가 존재하였다고 본다는 점에서 리핏, 존스, 린과 맥을 같이한다. 리틀의 가설에서 전략과 정책은 정치적 의사결정 과정을 통해 만들어지고 제도를 통해 구현된다는 점에서 일종의 '제도'라고 할 수 있다. 이렇게 본다면 리틀의 가설은 제도를 중시하는 니담, 리핏, 존스, 린의 가설과 유사하다. 그러나 그가 정치적 목표, 정치적 이해관계를 강조한다는 점에서 이들의 가설과 다르다. 또한 그의 가설은 국가의 전략과 정책의 실패로 인해 잉여가 소진되었을 뿐 아니라 기술혁신도 유인하지 못하였다고 본다는 점에서 기술수요 실패 가설 측에 서 있는데, 이 점에서는 국가의 잉여독점과 공공재 제공 실패를 강조하는 존스의 가설과 통한다.

3. 중국 사회 정체 가설에 대한 정리와 평가

중국 사회의 정체와 발전 현상을 설명하고자 제기된 가설들은 이 분야 연구의 선구자인 니담이 제기한 의문, 즉 니담 퍼즐에 대해 다양한 측면으로부터 해답을 찾으려는 노력의 결과이다. 중국 사회의 정체 현상을 설명하는 가설들은, 각자가 지닌 설명력의 한계에도 불구하고, 이 주제에 관한 우리 사고의 지평을 넓혀 주는 데 기여해 왔다. 이 가설들은 전통 시대 중국 사회의 발전과 정체뿐 아니라 사회주의 국가 성립 이후의 단기적 경제 성과와 이후의 장기간 빈곤의 평준화, 그리고 개혁개방 이후의 놀라운 경제 성과를 이해하는 데에도 도움을 준다. 또한 이 가설들은 동아시아 신흥공업경제의 경제 성과를 설명하는 데도 유용하게 활용될 수 있다.

위에서 서술한 여러 가설들을 비교해 보자. 약간 혼란스러운 여러 가설들의 유사성과 차별성, 그리고 특징을 좀 더 잘 이해하기 위해서 우리는 몇 가지 기준을 세우고, 기준에 근거해서 가설들을 정리할 필요가 있다. 다양한 가설들은 가설의 관점과 강조점에 따라 유사성과 차별성을 찾을 수 있다. 이 가설들은 전통 시대 중국 사회의 잉여 존재를 긍정하느냐 부정하느냐에 따라 잉여 가설과 비잉여 가설로 구분할 수 있다. 또한 가설이 기술수요 측면을 강조하느냐 기술공급 측면을 강조하느냐에 따라 기술수요 실패 가설과 기술공급 실패 가설로 구분할 수 있으며, 생산 요소를 강조하느냐 제도를 강조하느냐에 따라 생산 요소 가설과 제도 가설로 나눌 수도 있다. 이제 앞의 가설들을 관점, 강조점에 따라 비교·평가해 보자.

먼저, 니담은 경직적인 중앙집권 관료제가 과학혁명을 제약한 핵심 요인으로 보았고, 첸은 이념과 사상 측면에서 제국적·이데올로기적 통일성과 경직성이 자유로운 사고와 토론을 제약함으로써 과학혁명을 어렵게 하였다고 본다. 이 양자는 크게 볼 때 '제도'의 중요성을 강조한다는 점에서 제도 가설에 속한다. 그리고 이 두 가설은 모두 전통 시대 중국 사회에 잉여가 존재하지 않았다고 믿는 점, 그리고 각자가 강조하는 요인으로 인해 기술에 대한 수요가 부족하였다고 본다는 점에서 비잉여 가설과 기술수요 실패 가설의 일종이다. 니담과 첸의 설명은 사회주의 정권 수립 이후 전후 복구기를 지나 개혁개방 이

전까지 지속된 낙후와 빈곤 현상에 대한 설득력 있는 유익한 설명도 제공해 준다. 하지만 이 두 가설은 "그렇다면 유연한 이념, 분권적 정치행정 체제가 과학혁명을 보장하느냐?"는 의문에 답해야 한다. 현실적으로 니담과 첸의 가설은 대통령 중심제이기는 하지만 중앙집권 관료제의 성격이 강하며, 이념적으로도 경직적인 한국이나 타이완의 경제 성과를 설명하는 데 한계가 있다. 또한 나치즘이 지배하던 시기 독일, 군국주의 시대 일본에서 출현한 발견·발명들에 대해서도 적절한 설명을 해주기 어렵다.

다음으로, 정체 현상에 대해 비교적 경제학적 관점에서 설명을 시도한 마크 엘빈의 가설은 전통 시대 중국 사회가 고도 균형의 함정에 빠지게 된 핵심 요인을 생산 요소의 상대적 비율, 즉 높은 인구–토지 비율, 그리고 그에 따른 잉여의 소진과 노동절약적인 기술수요의 제약에서 찾는다. 그의 가설은 전통 시대 중국 사회에 잉여가 존재하지 않았다고 믿으며, 사회의 여러 요인으로 인해 기술수요가 부족하였다는 인식을 견지하고 있다는 점에서 비잉여 가설이자 기술수요 실패 가설이다. 엘빈이 뒤에 그의 고도 균형 함정 가설에 기술적 속박이라는 개념을 보완하기는 하였으나 기본 논지와 주장은 그대로이다.

엘빈의 고도 균형의 함정 가설의 기본 틀을 받아들이면서 좀 다른 관점에서 이 문제를 보려는 가설이 차오의 가설이다. 차오는 고도 균형의 함정에 빠지게 된 핵심 이유를 엘빈과 달리 문화적·관습적 요인으로 인한 지속적인 인구 증가와 과잉인구, 그로 인한 가족단위 농업의 토지 효율적이고 자기착취적인 농업, 그리고 결과적인 기술수요 부족에서 찾고 있다. 엘빈과 차오는 모두 전통 시대 중국 사회에 잉여가 없었다는 믿음과 기술수요가 부족하였다는 견해를 견지한다는 점에서 비잉여 가설이자 기술수요 실패 가설이다. 하지만 엘빈이 높은 인구–토지 비율을 강조하고 차오가 문화적·관습적 요인으로 인한 인구과잉을 강조한다는 점에 서로 갈린다.

엘빈의 가설은, “만약 어느 사회에 잉여가 존재해서 투자할 여력이 있고, 인구가 토지 자원에 비해 상대적으로 부족하면 노동절약적인 기술혁신이 일어나느냐?” 하는 의문에 답해야 한다. 또한 그의 가설이 확장 적용되기 위해서는, “일반적으로 어느 사회에서나 출현하는 새로운 발명·발견이 왜 현대적 의미의 과학기술 혁신으로 연결되지 못할 뿐 아니라, 상품화되고 확산되지 못하였느냐?”에 대한 설명을 내놓을 수 있어야 한다. 그런데 잉여도 축적되어 있지 않고 인구도 과잉이 아닌 상태에서 시작된 현대 일본과 한국의 경제 발전 과정을 되돌아볼 때 엘빈의 가설은 설득력이 떨어진다. 차오는 문화적·관습적 요인이 인구과잉을 낳았고, 인구과잉이 가족단위 중심의 자기착취적 농업을 야기하였으며, 이러한 환경은 결과적으로 기술수요를 제약하였다고 설명한다. 차오의 가설도 “인구의 증감을 가져오는 핵심적 요인이 과연 문화냐 아니면 관습이냐?” 하는 의문에 대한 좀 더 진전된 설명을 해야 한다. 뿐만 아니라 그의 가설은 일반적으로 생활 수준이 낮고 낙후된 사회일수록 인구 증가율이 높으며 경제가 발전하고 생활 수준이 향상됨에 따라 인구가 감소하는 현상에 대해 설득력 있는 설명을 할 수 있어야 한다.

이상의 가설들은 비잉여 가설이다. 여러 가설 중에서, 설명의 내용과 관점의 차이를 빼면, 비잉여 가설은 대체로 전통 시대 중국 사회에 잉여가 없었고 이로 인해 투자 여력이 없었으며, 기술은 전통적 기술의 개량만 있었다고 설명한다. 하지만 많은 연구들은 전통 시대 중국 사회에는 농업기술이나 수공업기술 이외에도 다양한 형태의 발견과 발명이 있었고, 서양의 현대 과학기술에 영향을 미친 경우도 적지 않았다고 말한다. 비잉여 가설들은 우리에게 “왜 투자(물질적 투자, 땀과 노력)가 부족하였는지, 왜 실험적 발견·발명과 기술혁신으로 이어지지 못하였는지?"에 대한 나름대로 의미 있는 설명을 제공한다. 그렇지만 이 가설들은 여전히, 설사 린이푸의 말대로 전통적인 경험적 발견·발명이 인구 수, 천재 수에 비례한다는 설명을 받아들인다 해도, "당시에는 선진적이었던 여러 발견·발명들이 왜 체계화·보편화·실용화되어 사회생산력을 높이지 못하였느냐?" 하는 의문에 대한 답을 주기 어렵다.

세 번째, 리핏은 전통 시대 중국 사회에 잉여가 존재하였으나 잉여가 소수와 국가에 의해 독점되었으며, 독점된 잉여가 비생산적으로 소진됨으로써 투자가 불가능하였을 뿐 아니라 기술에 대한 수요도 제약하였다고 주장한다. 이 점에서 볼 때, 리핏의 가설은 잉여 가설이자 기술수요 실패 가설이라 할 수 있다. 또 다른 각도에서 평가할 때, 리핏의 잉여 추출 가설은 전통 시대 중국 사회의 발전을 제약하였던 핵심 요인이 잉여가 소수와 국가로 집중되게 한 여러 '제도'라고 본다는 점에서 존스의 가설처럼 제도 가설이다. 하지만 존스의 가설은 잉여의 국가독점과 국가의 공공재 제공 실패 같은 국가의 역할 실패를 강조한다는 점에서 리핏의 가설과 차이를 보인다. 리핏과 존스의 가설은 잉여 가설이라는 점에서 린이푸와 인식을 같이 하고, 사회적 기술수요가 부족하였다고 보는 점에서는 니담, 엘빈, 차오와 유사하다. 또한 정체의 요인으로서 '제도'를 강조하는 리핏과 존스의 가설은 니담의 가설처럼 제도 가설이다.

제도 가설에 속하는 니담, 리핏, 그리고 존스의 가설은, 정체와 발전 현상에 대한 상당한 설득력을 보여 주지만, 자칫 제도결정론에 기울기 쉽다. 제도에는 문화뿐 아니라 시대적 요구가 강하게 반영되고, 제도가 구축되는 과정에는 지도자와 지배층의 정치적 성향과 능력이 반영된다는 점에서 제도는 문화, 시대 상황, 이해관계, 리더십의 산물이다. 어느 한 사회의 발전이나 정체는 제도에 의해 많은 영향을 받기는 하지만, 제도가 발전이나 정체 현상을 설명할 수 있는 핵심 요인이라고 보기는 어렵다. 또한 제도 가설은 구체적으로 개혁개방 이후 약 40년 이상 제도화 수준이 매우 낮고 국가의 임의적 시장개입이 심한 가운데서도 경이적인 경제 성과를 시현한 중국의 사례를 적절히 설명하기 어렵다.

네 번째, 린이푸는 전통 시대 중국 사회의 잉여 존재를 인정하면서 기술수요가 아니라 기술공급의 실패에서 정체의 원인을 찾는다. 그의 비생산적 엘리트 가설은 중국의 전통적인 관료 선발 및 승진 제도에 주목한다. 그는 과거제로 대표되는 중국의 전통적인 사회정치제도는 지식인과 소수 천재들을 과학적 관심과 연구로부터 격리시킴으로써 기술의 공급, 나아가서 현대적 과학혁명을 어렵게 하였다고 본다. 린의 가설은 리핏, 존스의 가설과 함께 잉여 가설에 속하며, 기술공급 실패를 강조하는 점에서 기술공급 실패 가설이고, '과거제'라고 하는 '제도'를 핵심 요인으로 지목한다는 점에서 니담, 리핏, 존스의 가설처럼 제도 가설이다.

린이푸는 사회 구성원의 물질적 욕구가 충족되지 못한 사회에는 기술에 대한 수요는 상존한다는 인식을 고수한다. 하지만 그의 주장은 기술공급 측면을 강조한 나머지, 어느 시기에나 있었던 소수 천재와 호기심 많은 엘리트들에 의한 발견·발명의 출현을 과소평가하는 측면이 있다. 문제의 핵심은 이기심을 위한 발견·발명이든 호기심에서 나온 발견·발명이든, "발견·발명이 왜 과학혁명, 다시 말해 지식의 체계화·보편화·시장화를 통해 사회생산력 발전으로 연결되지 못하였느냐?" 하는 점에 있다고 생각된다. 그리고 이에 대한 해답은 재산권에 대한 보호와 보장 여부에서 찾는 편이 더 합리적이며, 재산권을 잘 보호·보장하는 사회적 인프라의 핵심은 바로 재산권 제도일 수 있다.[30]

발견·발명이 어떤 요인에 의해 유인되었든, 사회가 그에 대한 적절한 물질적 또는 비물질적 보상을 해주지 못한다면, 발명·발견의 체계화, 보편화, 상품화 그리고 발견·발명의 지속적 출현과 혁신은 어렵다.

다섯 번째, 리틀의 가설은 정치적 목표, 발전에 대한 국가의 역할에 초점을 맞추고 있기는 하지만, 혁신의 도입과 확산, 적절한 제도의 구축, 공공재 공급 등 여러 가설이 강조하는 주요 요소들을 종합하고 있다. 그의 가설은 논리의 전개 과정에서 엘빈의 고도 균형 함정의 기본적인 틀을 받아들이면서도, 잉여가 존재하였다고 보는 데서는 엘빈과 인식을 달리한다. 리틀은 엘빈과 달리 생산된 잉여가 '전략과 정책'의 실패로 인해 사회생산력을 높이는 데 이용되지 못하였다고 봄으로써 국가 역할 실패를 강조한다. 전략과 정책은 정치적 의사결정 과정을 통해 만들어지고 제도를 통해 구현된다는 점에서 큰 범위의 '제도'라고 할 수 있다. 이렇게 본다면 리틀의 가설은 잉여 가설이면서 니담, 리핏, 존스, 린의 가설과 함께 제도 가설에 속한다. 또한 그의 가설은 기술수요가 부족하였다고 보는 니담, 엘빈, 차오, 리핏의 가설과 마찬가지로 기술수요 실패 가설이다.

하지만 리틀의 가설은 그가 강조하는 "합리적인 정책과 전략이 무엇이냐?" 하는 좀 곤란한 의문에 답해야 한다. 그의 가설은 보편적으로 인정되는 합리적인 정책과 전략, 다시 말해 보편적인 발전친화적 정책과 전략이 있을 수 있는지, 그리고 정책과 전략의 합리성을 판정할 객관적인 기준이 있는지를 설명해야 한다. 한국, 타이완, 홍콩, 싱가포르는 정치제도, 역사 배경, 경제 기반, 지정학적 입지도 다르며, 정치와 경제 간의 관계 및 구체적인 경제정책에

30 이 경우 만약 그 근원이 문화에 있느냐 제도에 있느냐에 대한 논쟁으로 이어진다면 문제는 매우 복잡해지며, 이 논쟁은 이 글의 범위를 벗어난다.

서도 상이한 형태를 보였음에도 불구하고 대체로 양호한 경제 성과를 보였다는 평가를 받는다. 그렇다면 어떤 정치적 목표와 어떤 정책과 전략이 합리적이었는지 여부는 사후적으로 평가할 수 있는 성격의 문제이지 어떤 정책이나 전략 그 자체를 두고 합리성을 말하기는 어렵다. 이 한계는 경제성장과 발전을 설명하려는 대다수 주류경제학의 관점에 선 가설들이 공통적으로 안고 있는 한계이기도 하다.

이미 서술하였듯이, 리틀, 린이푸, 리핏, 존스의 가설은 잉여 가설이다. 잉여 가설들은 생산된 잉여가 어떤 요인과 통로를 통해 비생산적으로 소진되었는지에 대한 흥미 있는 설명을 제공해 준다. 하지만 "소수 엘리트와 국가가 왜 잉여를 사회생산력을 높이는 방향으로 소비하지 않거나 못하였는지?"에 대한 좀 더 진전된 해명을 해주지 못한다. 사실 대부분의 전통사회에서 많은 발견·발명들이 왕실, 귀족 및 소수 엘리트들의 호기심과 기호를 만족시켜 주는 역할을 하였으며, 그들은 그것들을 소비하고 향유하는 행위를 일반 대중과 구분되는 특권으로 인식하였다. 또한 발견·발명의 주체에 대해서는 사회와 시장의 충분한 보상이 주어지지 않는 경우가 대부분이었다. 문제는 새로운 발견·발명에 대한 소수의 독점, 발명·발견의 보편화와 상품화에 대한 통제라는 정치적·현실적 이해관계의 문제였다고 보는 편이 합리적이다.

전통 시대 중국 사회의 정체를 설명하는 데 있어서 잉여 가설과 비잉여 가설 중 어느 쪽이 더 강한 설명력을 갖는지, 기술수요 실패 가설과 기술공급 실패 가설 중 어느 쪽이 더 호소력이 있는지, 아니면 제도, 생산 요소의 상대적 비율, 정책 및 전략, 정치적 목표, 국가역할 중 어느 요소에 초점을 맞춰 이해하는 편이 더 설명력을 갖는지는 한마디로 말하기 어렵다. 좀 더 구체적으로, 전통 시대 중국 사회의 정체를 불러온 핵심 요인이 중앙집권 관료제인지, 과거제인지, 제국적·이데올로기적 통일성인지, 과도한 인구-토지 비율인지, 문화적·관습적 요인에 기인한 과잉인구인지, 소수 엘리트와 국가에 의한 잉여 추출과 소진인지, 정치적 목적이나 정책 및 전략의 실패인지도 단정하기 쉽지 않다. 한 사회의 정체나 발전이라는 현상은 단순히 경제적인 요인에 의해서만 일어나는 것이 아니라 정치, 경제, 사회, 문화, 역사, 외부 환경, 정치적 의도, 그리고 우연 등 복잡한 요인들이 상호 작용하는 가운데 일어나는 현상이기 때문이다. 그렇기 때문에 단순히 어느 한 요인 또는 한 측면만으로 발전이나 정체의 요인을 잘 설명해 내기는 무리이다.

4. 자본주의 발흥 실패를 설명하는 다른 가설

여기에서 경제사가들이 인정하는 자본주의의 발흥에 관한 또 다른 가설에 대한 이해가 도움이 될 수 있다.[31] 중국사 연구자들 중에는 명청 시대(17~18세기 초)에 상업이 발달하고 상품 생산이 활발하였던 사실을 자본주의 맹아의 근거로 삼고자 하며, 마오쩌둥도 유사한 주장을 한 바 있다. 그러나 다수 경제사 연구자들은 상당한 수준의 기술 개선과 상품 생산이 이루어진다 해도 상인이 생산 과정에 직접 개입하는 전대제(前貸制: putting-out system)[32]가 활성화되지

31 이승휘 옮김(2002), pp. 201~202 참조.

32 전대제 또는 선대제(先貸制)는 독립된 작업장과 도구를 지닌 소생산자들에게 넓은 교역망을 갖춘 상인이 원료, 반제품, 도구 등을 먼저 제공하여 제품을 생산하게 하는 방식을 말한다. 상업이 발달하고 제조업 상품에 대한 수요가 증가하면 공급을 안정시켜야 하는데, 이때 자본력이 있는 상인이 생산 과정을 통제하기 위해 독립 수공업자들에게 원료를 제공한 뒤 수공업자가 완제품을 만들면 수수료를 지불하는 방식으로 생산물을 확보한다. 일부 상인은 직접 생산도구와 작업장 등을 갖추고 노동자를 고용해서 제품을 생산하기도 하였다. 따라서 선대제는 자본주의와 상품화폐경제의 발달 과정에서 중요한 의의를 지닌다. 상인의 선대제 형태의 생산 과정 지배는 생산자가 자신의 작업장에서 분산·독립적으로 제품을 생산하는 가내수공업에서 일반적으로 나타나지만,

않는 한 진정한 자본주의는 발흥할 수 없다고 말한다.[33] 이들에 따르면 명청 시대에는 풍요에도 불구하고 상인이 직접 생산 과정에 개입하는 일은 거의 없었던 반면, 영국에서는 전대제가 출현하여 빠르게 확산하였다. 또한 영국에서는 임금노동자가 존재하였지만 중국에서는 존재하지 않았고, 중국에서는 공정이 분산되어 있었는 데 반해서 영국에서는 공정이 갈수록 집중되었고 결국 공장제 공업으로 진화하였다.

근대 시기 중국이 자본주의 발전 또는 경제 근대화에 성공하지 못한 이유를 찾는 노력에서도 새로운 주장이 제기되고 있다. 제기된 가설들은 나름대로의 설명력을 갖고 있기는 하지만 정답이라고 말할 만한 주장은 아니다. 구체적으로 근대 시기 "누가, 무엇이 중국의 근대화를 더디게 하였느냐?" 하는 물음에 대해서 근현대 시기 다수 중국 지도자와 중국인, 그리고 현대 중국공산당과 다수 인민들은 '제국주의의 침략'이라고 답한다. 그러나 경제사 연구 성과는 제국주의의 침략을 핵심 요인으로 간주하는 주장에 대해 강한 의문을 제기한다. 첫 번째 이유는 당시 중국계 기업은 외국계 기업에 뒤지지 않는 성장세를 보였고, 이윤율도 거의 비슷하였다는 사실이다. 또한 외국 자본의 제조업 투자는 개항장과 만주에 집중되어 있어서 국내 경제는 서양의 충격과 단절되어 있었다. 중국인들 역시 외국인에 비해 불공정한 이점을 향유하고 있었는데, 중국 사업가는 중국 소비자의 요구를 잘 알았고 시장구조나 상관습에 대해서도 우위에 있었다. 20세기 초에 고조된 민족주의 분위기는 국산품 장려운동으로 발전하였고 이 분위기는 외국인에게 불리하였다. 뿐만 아니라 경제적 충격도 중국 기업에 많은 이점을 제공하였는데, 외국 기업이나 공장은 학습의 장

규모가 확대된 공장제 공업(manufacture) 단계에서도 나타난다.

33 이승휘 옮김(2002), p. 202.

이었고, 이를 통해 중국인들은 새로운 기술이나 국제통상 지식을 익힐 수 있었다. 일부 수입품들은 생활의 질을 높였고 중국인 기업가에게 사업의 기회를 제공하였다. 이처럼 제국주의의 경제적 충격이 중국의 경제 근대화에 절대적으로 파괴적이지도, 완전히 이로운 것만도 아니었다.[34] 따라서 제국주의는 중국의 경제적 근대화를 지연시킨 부분적인 원인이었을 뿐이며 더 깊은 원인은 다른 데 있다고 보아야 한다는 견해도 제시되었다.

중국경제사 연구자 이스트만은 '과정으로서의 근대화' 개념을 통해 이 문제를 이해하기를 제안하고 있는데,[35] 그의 설명은 다음과 같다. 영국이 산업혁명에 진입한 이후 유럽 대륙의 나라들이 근대적 산업기술을 받아들이는 데에는 여러 세대가 필요하였고, 영국과 견줄 정도에 도달하기까지는 더 긴 시간을 기다려야 하였다. 유럽 대륙 국가들은 언어나 문화가 영국과 유사하였기 때문에 영국의 성공 경험을 흡수하는 데 기본적으로 장애가 많지 않았다. 그러나 실제로 가장 빨리 경제 근대화를 시작한 프랑스와 독일조차도 산업혁명을 완수하는 데 거의 100년이라는 긴 시간이 걸렸다. 그 무렵 경제 근대화가 늦은 유럽 대륙 국가들도 중국과 비슷한 조건들을 갖추고 있었다는 사실에 주목해야 한다. 프랑스와 독일은 영국보다 국토가 넓었고 수송비용이 비쌌으며 통일적인 시장이 형성되어 있지 않았다. 분배는 일부 지배층에 집중되었고 다수 대중은 겨우 생존 수준에 있었다. 따라서 근대적 공장에서 생산되는 상품은 마땅한 시장을 찾을 수 없었다. 유럽 대륙의 사회구조와 가치관도 제조업의 근대화를

34 물론 식민지를 경험한 나라에서는 경제적으로 낙후된 사회에서 종주국이 식민지에 경제의 기반을 구축하는 데 기여하였다는 점을 강조하는 이른바 '식민지 근대화'론이 제기되고 있고 한국에서도 이러한 주장을 하는 경우가 있기는 하지만, 여러 이유로 널리 인정받지는 못한다. 제국주의 국가에 의한 식민지 건설은 기본적으로 종주국 경제와의 종속관계 구축, 자국의 이익, 자국의 영향력 확대를 목적으로 한 것이기 때문이다. 본문에서의 설명은 참고할 만한 견해의 하나라고 할 수 있다.

35 Lloyd E. Eastman(2002), pp. 256~258.

저해하였다. 귀족들은 상업을 경멸하였고 일반 대중들도 상업이나 제조업보다는 전문직이나 관료가 되기를 선호하였다. 부유한 귀족들은 토지에 투자하기를 선호하였고 성공한 상인도 사회적 신분을 높이는 데 관심이 있었다. 당시 분위기는 검약이 미덕이었고 기업은 대부분 가족경영이었으며 기본적으로 경쟁을 좋아하지 않았다.

중국경제사 연구 성과는 유럽의 사례에 비하면 19세기 말부터 20세기 초까지 중국의 산업화 수준이 생각만큼 낮지 않았음을 보여 준다. 물론 메이지유신 이후 일본과 비교한다면 중국의 산업화는 부진하였다. 일본에서는 서구열강과 만나기 100년 전부터 사회경제적으로 큰 변화가 진행되고, 산업의 근대화가 추진되었으며, 생산력 수준이 빠르게 향상되고 있었다. 1853년 페리에 의한 개방 이후 일본은 놀랄 정도로 민첩하게 새로운 문물을 받아들이고 적응하였다. 여기에는 일본의 봉건적 역사 배경에 뿌리를 둔 정치적 다원주의 문화, 지배 엘리트가 무인계급이었다는 점도 고려해야 한다. 군벌들이 분할 통치하며 상호 경쟁하는 정치적 다원주의는 지방 수준의 실험적 시도나 발전, 지역 군벌들 간의 경쟁을 가능하게 하였다. 이 점은 중앙에서 산업 발전을 통제하고 지역의 창의성을 막은 중국의 집권화된 관료 체제와 대비된다. 메이지 시기 일본은 안정된 정부의 주도로 전국적 도로망, 산업시설, 상법, 은행, 대중교육을 포함한 유럽식 인프라를 구축하였다. 반면에 중국은 중앙의 무능과 정치적 혼란을 극복하지 못하였고 이 상황은 사회주의 정권이 들어설 때까지 지속되었다.

여기에서 이스트만은 변화에 적응하는 동력인 '성장과 변화를 향한 힘'과 '변화에 저항하는 힘' 간의 경쟁이라는 개념을 통해 의문에 대한 해답을 찾고자 한다. 그의 논리에 따르면, 일본에서는 변화를 향한 힘이 관성의 힘을 이긴

것이고, 중국에서는 관성의 힘이 변화를 향한 힘을 이겼다고 설명할 수 있다. 그는 성장의 힘과 관성의 힘 간의 대결과 경쟁에서 어떤 결과가 나오느냐를 결정하는 데는 '정치사회적 배경과 구조'가 중요하다고 본다.[36]

청의 18세기 성세 동안 평균 생활 수준이 당시 서유럽 국가들보다 높았다는 점을 강조하는 연구자들도 있다. 청말은 본질적으로 근대화가 불가능했다는 해석에 대응해서 청대 역사를 새롭게 이해하려는 이른바 신청사(新清史) 관점에 서는 학자들이 그렇다.[37] 청은 건륭제 이후 나라의 기운이 쇠약해져 가다가 함풍제 시기에 이르러 청말 서양 열강 세력의 침투로 막지 못하고 여러 불평등 조약을 체결해야 하였다. 그러던 중 동치제 시기에 있었던 서양의 기술을 배워 근대화를 도모한 일련의 개혁을 시도하였고 상당한 산업화 성과를 거두었다. 신청사 관점의 연구자들은 동치중흥기에 이룬 25년간의 산업화 성과도 긍정적으로 평가함으로써 새로운 시대를 개척할 기반이 준비되었음을 강조하려 한다. 중국공산당과 민족주의 성향의 연구자들이 이 입장을 보인다. 그러나 아무리 그렇다 해도 19세기로 전환될 무렵 청 내부에서 분명한 제도적 쇠퇴가 나타났다는 사실은 널리 인정되고 있다. 이 사실은 18세기 말 청이 서유럽 열강에 비해 상대적으로 낙후되었을 뿐만 아니라 내재적이고 절대적인 제도적 쇠퇴가 있었음을 의미한다고 볼 수도 있다. 19세기에 접어들면서 청에는 서구에 의한 외부적 충격, 장기간의 사회경제적 문제의 누적으로 인한 위기(새 정착지의 인구급증, 개간된 농지의 고갈, 상업의 위축 등), 그리고 왕조의 주기적 교체와 관련된 심각한 정치적 기능장애(인구압력과 저고용, 황제의 의지와 관리 능력 부족,

36 이스트만의 성장의 힘, 관성의 힘이라는 개념을 통한 경제 근대화 요인 설명은 Lloyd E. Eastman(2002), pp. 192, 256~258 참조.

37 신청사 관점을 견지하는 대표 연구로는 Kenneth Pomeranz, *The Great Divergence: China, Europe, and the Making of Modern World Economy*(Princeton University Press, 2000) 참조.

관료의 진취성 부족, 반란, 부패, 재정난, 실정 등)가 나타났다는 사실도 확인되고 있으며,[38] 이 사실은 신청사 관점에 문제가 없음을 의미한다.

저명한 중국 역사 연구자인 베스타(Odd Arne Westad)는 중국과 유럽의 갈림길을 이렇게 설명한다. "19세기 초 중국 경제는 번영은 아니지만 안정적이었다. 당시 중국 경제는 생산성이 정체되어 있었는데, 이는 기술 변화를 통해서만 뛰어넘을 수 있는 상황이었다. 그런데 1750~1850년 무렵 유럽에서는 일어날 것 같지 않은 격변이 일어났다. 정치적 동요, 국가 간 전쟁, 값 싸고 조달이 쉬운 에너지, 아메리카에서 온 각종 자원이 결합되면서 새로운 기술 변화를 추동하였다. 다시 말해서, 유럽에서는 자본주의가 확산되는 예외적 상황이 발생한 것이다. 반면 이 시기 중국은 연이은 조정의 실정, 외국의 침략, 반란이 끊이지 않았으며, 이로 인해 사회는 점차 더 불평등하고 덜 통합적인 사회가 되어 갔다." 예외적인 것은 유럽이었지 중국이 아니었다. 이러한 베스타의 설명도 참고할 가치가 있으며, 유럽 중심의 역사 이해도 문제지만, 중국 중심의 역사 해석도 성찰이 필요함을 일깨워준다고 생각된다.[39]

5. 맺음말

니담이 제기하고 그 자신이 평생에 걸쳐 해답을 찾고자 노력하였던 니담 퍼즐은 많은 중국 연구자들에게 큰 숙제였다. 이 장에서는 비교적 설득력이 강

38 윌리암 로(Willian T. Rowe), 기세찬 옮김, 『청-중국 최후의 제국』(*China's Last Empire: The Great Qing*)(서울: 너머북스, 2014), pp. 265~278 참조.
39 문명기 옮김(2014), pp. 34~35.

하다고 생각되는 연구자들의 가설을 선택해서 주요 내용을 분석하였으며, 이 작업을 통해 각 가설들의 관점과 강조점을 중심으로 유사성과 차별성을 비교하였다.

주로 과학사와 경제사적 관심에서 전근대 시기 중국 사회의 정체를 설명하기 위해 설계된 가설은 전통 시대 중국 사회뿐 아니라 시공을 초월한 발전과 정체 현상을 설명하는 데도 응용될 수 있다는 점에서 경제사뿐 아니라 경제발전론의 한 부분이기도 하다. 이러한 이유로 중국 사회의 정체와 발전 현상에 대한 가설들은 전통 시대 중국 사회뿐 아니라 중앙계획 시기의 경제적 낙후와 빈곤, 개혁개방 이후 지속적인 고성장, 나아가서 동아시아 신흥공업경제의 경제발전을 설명하는 데까지 확장·적용되었으며, 본문에서도 일부 확장 적용의 사례를 제시하였다.

니담 퍼즐을 풀기 위한 연구자들의 노력에도 불구하고 아직은 어느 가설도 지배적인 권위를 지니고 있지는 못하며, 각 가설들은 나름대로의 설명력과 함께 한계도 지니고 있다. 어떤 가설은 전통 시대를 설명하는 데 설득력이 있고, 어떤 가설은 근현대 사례를 설명하는 데 설득력이 있다. 어떤 가설은 중국 사회의 특수성을 강하게 반영하고 있고, 어떤 가설은 중국뿐 아니라 다른 사회에 확장 적용하는 데 유리한 경우도 있다. 또 어떤 가설은 문화 같은 추상적인 개념으로, 어떤 가설은 '제도나 구조'로, 다른 가설은 '정책과 전략' 같은 좀 더 구체적인 개념으로 발전과 정체를 설명하려 한다. 발전과 정체의 요인을 지목할 때 제도가 중요하냐 아니면 구체적인 생산 요소의 상대적 비율이 중요하냐를 두고 견해를 달리하는 가설들도 있다. 그리고 어떤 가설은 전통 시대 중국 사회에 잉여가 존재하였느냐 아니냐를 두고 의견이 갈리고, 어떤 가설들은 정체의 핵심 요인인 기술혁신 부족의 원인을 기술수요 실패에서 찾을지 아니면 기술공급 실패에서 찾을지를 두고 견해가 갈린다. 여기에서는 이 가설들을 분석·비교·평가하면서, 각 가설들은 연구자의 관점, 강조점 및 가설의 성격에 근거하여 분류하고 비교하였다.

첫째, 전통 시대 중국 사회에 잉여가 존재하였는지 여부에 따라 잉여 가설과 비잉여 가설로 구분할 수 있다. 니담, 엘빈, 차오의 가설은 여러 요인으로 인해 산출물이 과잉인구에 의해 소진됨으로써 잉여가 존재할 수 없었다고 보는 비잉여 가설에 속한다. 그 반대편에는 리핏, 존스, 린이푸, 리틀의 가설이 있는데, 잉여 가설은 생산된 잉여가 여러 요인에 의해 일부에게 집중되었고 집중된 잉여가 비생산적으로 소진되었다고 주장한다.

둘째, 정체 현상이 기술수요에 대한 제약에 기인한 것이냐, 기술공급에 대한 제약에 기인한 것이냐에 따라 기술수요 실패 가설과 기술공급 실패 가설로 구분할 수 있다. 니담, 엘빈, 차오, 리핏, 존스의 가설은 기술수요 실패 가설이고, 기술공급이 제약되었다고 보는 린이푸의 가설은 기술공급 실패 가설이다.

셋째, 정체 요인을 설명할 때 어떤 요소를 중시하느냐, 즉 강조점에 따라 다음과 같이 세 가지로 분류할 수 있다. 우선, '생산 요소'(자원)의 상대적 비율, 특히 토지에 대한 인구 규모의 과다에 초점을 맞춘 가설로서 엘빈과 차오의 가설이 여기에 속한다. 다음으로, 투자를 제약하는 요인으로 경제 주체의 경제 행위를 유인하는 '제도'의 한계에 초점을 맞춘 가설로서 니담, 존스, 린이푸, 리틀의 가설이 여기에 해당된다.

또한 중국 사회 정체와 발전 현상을 설명하는 가설들은 정체의 요인을 경제적 측면에서 찾느냐(엘빈), 정치적 측면에서 구하느냐(리틀, 첸), 문화적 요인에서 찾느냐(차오), 아니면 제도(니담, 리핏, 존스, 린이푸)나 국가의 역할(존스)에서 찾느냐에 따라서도 분류할 수 있다. 특히 정체나 발전의 핵심 요인이 '문화'냐

'제도'냐 하는 논의는 우리의 사고 지평을 넓히는 데 기여할 수는 있지만, 논의의 초점을 더 모호하게 할 뿐 아니라 해답으로부터 더 멀어지게 할 가능성이 있다. 리틀은 설명력을 강화하기 위해 여러 가설을 종합한 가설을 제기하기도 하였으나,[40] 더 설득력 있는 설명은 앞으로도 많은 연구자들의 땀, 상상력, 아이디어를 기다리고 있다. 끝부분에서 소개한 이스트만의 '과정으로서의 근대화'라는 이해방식과 베스타의 이해, 그리고 윌리암 로의 관점도 참고할 만하며, 오랜 서양 중심의 역사 해석뿐 아니라 중국 중심의 역사 이해에 대한 반성도 필요함을 알려준다.

본문에서 설명하고 평가한 가설들의 공헌에도 불구하고 니담 퍼즐에 대한 완벽한 해답을 구하는 작업은 여전히 진행형이며, 어떤 의미에서는 이에 대한 최종적인 해답을 구할 수 없을지도 모른다. 하지만 많은 가설들이 나름대로의 설득력과 함께 한계를 지니고 있다고 해서 그 가설들의 유용성까지 감소하는 것은 아니다. 과거나 현재의 '발전' 또는 '정체'라고 하는 흥미로운 현상에 대한 설득력 있는 설명은 어느 한두 관점만으로 명쾌하게 설명해 낼 수 있는 성격의 문제도 아니다. 그렇다고 해서 이러한 노력이 도로(徒勞)는 아니다. 우리는 다양한 연구자들의 상상력과 노력의 결과인 다양한 가설의 도움을 받아 이해의 지평을 넓히고 좀 더 입체적인 이해의 시각을 갖게 되기 때문이다.

---

40 특히 린이푸는 본문에서 기술하고 있는 자신의 초기 논리와 다른 새로운 설명을 시도하기도 하였는데, 니담 퍼즐을 풀기 위한 린이푸의 공헌과 한계는 또 다른 연구에서 다룬다.

참고문헌

기세찬 옮김, 윌리암 로(Willian T. Rowe) 지음, 『청-중국 최후의 제국』(*China's Last Empire: The Great Qing*), 서울: 너머북스, 2014.

김진준 옮김, 제러드 다이아몬드(Jared Diamond) 지음, 『총, 균, 쇠 - 인류사회의 운명』(*Guns, germs, and steel: the fates of human societies*), 서울: 문학사상사, 2005.

노승현 옮김, 자오팅양(趙汀陽) 지음, 『천하체계 - 21세기 중국의 세계인식』, 서울: 길, 2010.

문명기 옮김, 베스타(Odd Arne Westad) 지음, 『잠못이루는 제국 - 1750년 이후의 중국과 세계』(*Restless Empire: China and the World since 1750*), 서울: 까치, 2014.

이승휘 옮김, 이스트만(Lloyd E. Eastman) 지음, 『중국 사회의 지속과 변화: 1550-1949』, 서울: 돌베개, 2002.

중국사연구회 옮김, 페어뱅크(J. K. Fairbank) 지음, 『신중국사』, 서울: 까치, 1994.

최완규 옮김, 대런 애쓰모글루·제임스 로빈슨(Daron Acemoglu, James Robinson) 지음, 『국가는 왜 실패하는가』(*Why Nations Fail*), 서울: 시공사, 2012.

林毅夫, 「李約瑟之迷, 韋伯疑問和中國的奇迹: 自宋以來的長期經濟發展」, 北京大學中國經濟硏究中心討論稿系列 NoE2006019, 2006. 10. 11.

蔡昉·林毅夫, 『中國經濟』, 北京: 中國財政經濟出版社, 2002.

Chao, Kang, *Man and Land in Chinese History*, Stanford: Stanford University Press, 1986.

Elvin, Mark, *The Pattern of the Chinese Past*, Stanford: Stanford University Press, 1973(이춘식 외 옮김, 『중국역사의 발전형태』, 서울: 신서원, 1989).

______, *The Retreat of the Elephant - An Environmental History of China*, New Haven: Yale University Press, 2004.

Jones, E. L., *The European Miracle: Environments, Economies and Geopolitics-the History of Europe and Asia*, Cambridge: Cambridge University Press, 1981.

Lin, Justin Yifu, "The Needham Puzzle: Why the Industrial Revolution did not Originate in China," *Economic Development and Cultural Change*, 43(2), June 1995.

______, "Needham Puzzle, Weber Question and China's Miracle: Long Term Performance since the Sung Dynasty," CCER, Working Paper Series No. E2006017, Peking University, November 22, 2006.

Lippit, Victor D., "The Development of Underdevelopment in China," *Modern China*, 4, 1978.

______, *The Economic Development of China*, Armonk, New York: Sharpe, 1987.

Little, Daniel, "Development Traps in Traditional and Modern China," *Culture, Politics, and Economic Growth: Experiences in East Asia*, Studies in Third World Societies, March 1994.

Needham, J., *The Grand Titration: Science and Society in East and West*, London: Allen & Unwin, 1969.

______, "Introduction," in R. K. G. Temple, *China: Land of Discovery and Invention*, Wellingborough: Patrick Stephens, 1986.

Pomeranz, Kemeth, *The Great Divergence: China, Europe, and the Making of Modern World Economy*, Princeton University Press, 2000.

Qian, Wen-yuan, *The Great Inertia: Scientific Stagnation in Traditional China*, London: Croom Helm, 1985.

제 2 장

중국 사회의 발전과 정체를 보는 한 관점
- 린이푸의 논리를 중심으로

1. 머리말

2. 발전과 정체를 설명하는 여러 관점

3. 중국 사회의 발전과 정체를 설명하는 린이푸의 논리

4. 린이푸 발전과 정체 가설의 공헌과 한계

5. 맺음말

1. 머리말

중국과학사 연구자인 니담은 일찍이 "중국은 어떻게 수천 년 동안 세계 최고 수준의 문명을 유지해 왔으며, 14세기 이후 산업혁명을 위한 제반 조건이 구비되었음에도 불구하고 왜 과학혁명과 산업혁명에 실패하였는가?" 라는 의문을 제기하였다.[1] 그동안 많은 중국 연구자들이 이 의문에 답하기 위해 나름대로 분투해 왔다. 전통 시대 중국을 설명하기 위해 제기된 니담의 의문에 대한 연구는 매우 다양한 가설들을 생산해 냈다. 뿐만 아니라 이 노력들은 전근대 시기, 이념과잉 시대, 그리고 개혁개방 이후 성취한 놀라운 경제 성과를 일관성 있게 설명할 수 있는 틀을 제시하려는 시도로 계승되었다.

흔히 니담 퍼즐(Needham Puzzles)로 불리는 의문을 풀기 위해 많은 중국 연구자들이 도전하였는데, 그중에는 중국 사회에 내재된 몇 가지 장애라고 지목된 요소를 중심으로 해법을 제시하려는 시도가 중심을 이루었다. 제기된 여러 가설들을 관점의 유사성에 입각하여 정리하면 대략적으로 인구압력, 경제잉여의 소진, 약탈적인 국가, 비생산적 엘리트 선발 및 승진 제도, 그리고 전략과 정책 실패 등으로 정리할 수 있다.[2] 그런데 전통 시대 중국 사회의 정체(停滯: stagnation) 현상을 설명하고자 하는 가설들은 전통 시기 중국에 대한 설명을 뛰어넘어, 1949년 이후 중국 사회의 경제 건설 경험, 개혁개방 이후 중국의 경제 성과를 설명하려 할 뿐만 아니라 동아시아 신흥공업경제(NIEs)의 경제 성과를

1 니담은 최고의 중국과학사 연구자로서, 중국 사회 발전과 정체에 대한 중요한 의문인 '니담 퍼즐'을 제기하였다. 이후 많은 연구자들이 이 문제를 풀기 위해 도전해 왔고 이 과정에서 중국 사회의 발전과 정체를 설명하는 논리들이 진화해 왔다. J. Needham(1954), J. Needham(1969), J. Needham(1986) 등 참조.

2 전통 시대 중국 사회의 정체를 설명하는 가설의 핵심 설명도구 분류는 Daniel Little(1994), p. 59; 임반석(2009) 이 책의 제1장 참조. 리틀은 인구압력, 경제잉여의 오용, 약탈적 국가로 분류하였는데, 본문에서는 비생산적 엘리트 요인을 추가하였다. 이에 대해서는 뒤에 다시 설명한다.

설명하는 데도 확장 적용될 수 있다. 왜냐하면 정체 현상에 대한 설명은 발전에 대한 설명과 동전의 양면을 이루며, "왜 발전하였을까?" 라는 의문에 대한 답은 "왜 정체하게 되었을까?" 라는 의문에 대한 답이 될 수도 있기 때문이다.

먼저, 인구압력 요인은 인구-토지 비율을 핵심 도구로 삼아 인구과잉 여부를 판단하고, 인구과잉이 노동절약적 기술에 대한 수요를 제약하였다고 설명한다. 물론 인구압력 요인에 주목하는 연구자들 중에도 생산 요소의 비율, 즉 단위 경지면적당 노동인구 비율이 더 중요하다고 보는 경우와 문화적 요인으로 인한 인구과잉이 더 중요하다고 보는 경우로 나뉜다. 양자는 노동절약적 기술에 대한 수요를 제약하는 데 어느 것이 더 큰 영향을 미쳤는지에 대한 견해에서 갈린다. 하지만 양자 모두 인구압력으로 잉여가 축적될 수 없었다는 인식은 공유한다. 다음으로, 경제잉여의 오용 및 소진을 정체의 주요인으로 보는 연구자들은 생산된 잉여가 부재지주 같은 소수 엘리트 계층에 집중되고, 소수 계층이 잉여를 비생산적으로 소비함으로써 농업 투자, 공업 투자 또는 기술적 발견·발명을 위한 투자를 제약하였다고 본다. 연구자에 따라 강조점에 약간의 차이가 있기는 하지만, 잉여가 비생산적으로 소진되게 만든 재산제도가 문제의 핵심이라는 점에는 의견이 일치한다. 세 번째로, 비생산적 엘리트 선발 및 승진 제도에 주목하는 연구자들은 비생산적 엘리트, 특히 과거제를 통한 관료 충원 및 승진이 소수 엘리트와 천재의 발견·발명에 대한 관심을 제약하였다고 설명하며, 약탈적 국가에 주목하는 연구자들은 생산된 잉여를 국가가 추출해 간 뒤 생산적 투자에는 무관심하였던 점을 강조한다. 끝으로, 일부 연구자들은 전략과 정책 선택에서 발전과 정체의 요인을 찾기도 한다.

이 장은 중국의 경제학자이자 세계은행 부총재를 역임한 린이푸[3]의 가설

3 린이푸는 타이완 태생으로 대학 졸업 후 장교로 군복무 중 중국에 귀순하여 경제학을 공부하였다. 이후 미국 시

에 관심을 집중하여, 그의 관점이 갖는 의미와 한계를 분석하고자 한다. 린의 논의는 다른 연구자들에 비해 비교적 경제학적인 관점에 서 있으며, 우리의 의문에 대한 색다른 관점을 제기한다. 뿐만 아니라 그의 논의 중에는 다른 가설에서 찾기 어려운 몇 가지 새로운 주장이 발견되는 등 참고할 만하다. 린의 니담 퍼즐에 대한 해답을 보면, 사회·정치 체제, 구체적으로 과거제에 초점을 맞추고 있다. 그에 따르면, 과거제는 주로 고전 암기와 문장능력을 통해 고급 관료를 선발하는데, 대다수 젊은이들의 소망은 과거제를 통해 관료가 되는 데 있었다. 이러한 사회·정치 체제하에서 엘리트들은 시간과 노력이 필요한 과학적인 관찰과 실험에 무관심하게 되었다. 이러한 제도 환경하에서 출현한 경험적 발견·발명도 사회적으로 장려되고 또 충분한 보상을 받기 어려웠다. 왜냐하면 새로운 발견·발명이 대부분 왕실이나 소수에 의해 독점되었기 때문이다. 그렇기 때문에 과거제는 과학적 발견·발명을 제약하였고, 그로 인해 전통시대 중국 사회에서 과학혁명, 산업혁명이 어려웠다고 린은 설명한다. '비생산적 엘리트 가설'이라고 명명할 수 있는 린의 가설은 상당한 설득력을 가지고 있다.

린은 비생산적 엘리트 가설 외에도 이 주제에 대한 지속적인 연구 작업을 통해 약간 관점이 다른 가설들을 내놓기도 하였다. 하지만 설득력을 높이려는 그의 노력 과정에는 주목할 만한 점도 발견되지만 문제점과 논리적 혼란도 발견된다. 여기에서는 그가 제기한 발전과 정체에 관한 약간 상이한 몇 가지 가설들을 비교·분석함으로써, 그의 노력의 공헌과 문제점을 정리하고자 한다.

카고 대학에서 경제학 박사 학위를 취득한 뒤 베이징 대학 교수로 재직하다가 세계은행 부총재를 역임하고 대학에 복귀하였다. 그는 현대 중국 경제학계를 대표하는 학자 중 한 사람으로, 많은 논문과 저서를 발표하는 등 활발한 학술활동을 펼치고 있다. 여기에서는 그의 경제학자로서의 연구 성과에 대한 평가가 아니라 니담 퍼즐에 대한 가설과 논의에만 집중한다. 따라서 린이푸의 경제학적 성과에 대한 평가는 이 글의 관심이 아니다.

이러한 시도를 통해 우리는 전통 시대를 포함한 현대 중국 사회의 발전 및 정체 현상에 대한 좀 더 설득력 있는 이해를 할 수 있을 뿐 아니라 사고의 지평을 한층 더 넓힐 수 있다.

2. 발전과 정체를 설명하는 여러 관점

전통 시기든 현대든 한 사회의 정체 현상에 대한 설명은 바로 발전에 대한 설명의 또 다른 얼굴이다. 반드시 그렇다고 할 수는 없지만, 정체를 불러오는 데 중요한 영향을 미쳤다고 지목되는 요인들은 그 반대의 경우 발전을 유인할 가능성이 있다고 볼 여지가 있기 때문이다.

어느 역사 시기의 정체 현상에 대한 경제사 연구자들의 설명 시도와 경제 발전 현상을 설명하려는 경제발전론자들의 가설들은 시각에 따라 '문화'에 방점을 두는 문화주의적 관점, '제도'를 강조하는 제도주의적 관점, 수급이론을 중시하는 주류경제학적 관점, 정치경제학적 관점, 그리고 정치학적 관점 등 다양한 스펙트럼을 보인다. 수요와 공급 개념을 핵심 설명도구로 삼는 설명 중에도 기술수요 실패 가설(the hypothesis based on failures of demand of technology)과 기술공급 실패 가설(the hypothesis based on failures of supply of technology)이 있다. 이 중에서 특히 동아시아 신흥공업경제의 경제 성과와 전통 시기 중국 사회의 발전과 정체를 설명하는 가설 중 폭넓은 관심을 끌어온 경우는 역시 문화주의적 가설과 제도주의적 가설이라 할 수 있다. 전통 시기 중국 사회의 정체 요인을 설명하고자 할 때에도 일부 연구자들은 문화 요소에서 해답을 찾으려 하고, 다른 연구자들은 제도적 환경에서 답을 찾으려 한다. 이 밖에도 이미 서술한 다양한 관점들이 있으나, 여기서는 린이푸의 발전 가설과 관련이 있는 앞의 두 관점을 집중적으로 설명한다.

발전과 정체라는 현상을 설명하는 대표적인 두 시각인 문화 관점과 제도 관점은 흥미롭게도 모두 막스 베버(Max Weber)[4]에 뿌리를 두고 있다. 문화주의적 설명이나 제도주의적 설명은 개인과 조직의 행위에 영향을 주어 발전과 정체 현상을 가능하게 하는 핵심 요소로서 각각 '전통문화'와 '제도'에 주목한다. 문화는 분명히 개인과 조직의 사고방식과 행위에 영향을 미칠 뿐 아니라 사회의 제도와 구조에도 영향을 미치는 요소임에 분명하다. 문화라는 요소를 통해 발전이나 정체 현상을 설명하려는 시도는 상식 수준에서는 일반인들의 흥미를 끌 수 있을지 모르지만, 중대한 한계도 안고 있다. 예를 들어, 전통 시기 중국 사회의 정체 요인이 과잉인구라고 할 경우, 과잉인구의 원인을 다산(多産)을 높이 평가하는 문화관습에서 찾는다거나, 동아시아 신흥공업경제의 발전 요인을 동아시아 사회의 문화, 특히 유교문화에서 찾으려는 시도들이 대표적인 문화주의적 설명방식이다. 하지만 어느 한 사회의 문화 요소는 실체도 모호할 뿐 아니라 각 사회는 유사한 듯하지만 상이한 문화를 간직하고 있는데, 이를 임의적으로 단순화하고, 그 요소를 통해 발전이나 정체 현상을 설명하려는 시도는 너무 거칠다. 문화는 항상 타 문화와 상호 영향을 주고받을 뿐 아니라 내부 환경과 외부 충격에 의해 변화하지만, 중단기적으로는 상수로서의 성격이 짙다. 따라서 문화를 강조하다 보면 문화결정론에 빠질 위험성뿐 아니라 토론이 구체성, 객관성을 향해 진화해 가기보다는 모호성만 더 강화되는 문제에 봉착하게 된다.

4 Max Weber(1995), Max Weber(1968) 등 참조.

다음으로 제도 관점은 사회·정치 제도, 정치·경제 제도, 관료제도, 과거 제도, 재산권제도 같은 '제도'를 핵심 도구로 삼아 정체나 발전 현상을 설명하고자 한다. 제도주의자들은 문화를 부수적인 현상으로 보면서, 어떤 사고방식이나 행위를 불러온 사회 환경이나 구조(제도)에 관심을 갖는다. 제도 관점에 따르면 상이한 제도 환경은 개인 및 조직의 상이한 행위를 낳고, 상이한 사회·경제 질서, 상이한 효율 체계, 나아가서 상이한 문화를 만들어 낸다. 이 관점에 따르면 문화도 제도의 영향에서 예외일 수 없다. 제도주의적 설명은 문화 관점보다는 더 구체적이며, 문화주의적 설명의 모호성을 어느 정도 극복할 수 있게 해주는 측면이 있다. 예를 들어, 전통 시대 중국 사회의 정체를 야기한 원인이 중앙집권 관료제 또는 과거제라고 하자. 그러면 과거제는 엘리트와 천재로 하여금 관료가 되기 위해 고전 암송에 주력하게 하였고, 이러한 환경은 오랜 시간과 많은 비용이 드는 관찰과 과학적 발견·발명에 대한 사회적 관심을 유인하는 데 실패함으로써, 사회의 정체를 야기하였다고 설명된다. 제도 관점으로부터 약간 진화된 설명이 신제도주의 시각인데, 이 시각은 문화주의적 주장에 제도의 중요성을 절충한다. 신제도주의적 인식 틀에 의하면 상이한 문화 전통은 상이한 제도적 공간을 만들어 내고, 상이한 제도적 공간은 상이한 인식적 평가 패턴을 낳으며, 상이한 인식적 평가 패턴은 서로 다른 경제, 조직, 경영 행위에 구체적으로 반영된다.

문화주의적 설명과 마찬가지로 제도주의적 설명에도 맹점이 있다.[5] 문화는 실체가 모호하며 한 사회에 폭넓은 영향을 미치는 요소이기는 하지만, 제도 관점이 말하듯이 문화가 제도에 따른 부대 현상이라고 보기는 어렵다. 문화

5 Barry Wilkinson(1996), pp. 9~11.

주의자들은 개인과 조직의 사고방식과 행위가 문화의 영향을 받은 가치지향 행위로 보는 반면, 제도주의자들은 개인과 조직의 행위는 사회 환경, 즉 제도적 환경의 영향을 받는다고 본다. 제도주의적 설명은 제도 또는 구조결정론에 빠질 위험성을 안고 있다. 만약 사회의 제도와 구조가 개인과 조직의 사고방식과 행위를 결정한다고 한다면, 제도는 어떻게 형성되는지에 대해서도 함께 답해야 한다. 제도는 대체로 사회 구성원의 잠정적 합의에 의해 설계되며, 제도가 형성되기 이전에 개인이나 조직의 사고방식과 행위는 이미 문화에 의해 영향을 받기 때문에, 제도를 강조하는 이들의 주장을 그대로 받아들이기에는 무리가 있다. 또한 제도에는 법률 같은 공식적 제도 외에도 관습, 관례 같은 비공식적 제도가 있는데, 문화는 이 양자 모두에 영향을 미친다. 뿐만 아니라 한 사회의 문화는 정치문화, 경제문화, 법문화, 사회문화 등으로 세분할 수 있는데서 보듯이, 제도를 포함하는 포괄적인 개념이라고 할 수 있다.

문화주의적 설명과 제도주의적 설명의 한계를 극복하기 위해 좀 더 개선된 설명들이 시도되었는데, 강조점은 다르지만 문화와 제도 두 요소를 동시에 고려한 설명이 제기되었다. 이 중에서 로우(Sid Lowe)는 문화주의 시각과 제도주의 시각을 결합한 복합적 분석 틀을 제시하였다. 로우의 설명 틀[6]에 따르면, 사회 현상은 두뇌와 정신(brain and mind)의 상호 작용으로 만들어지기 때문에[7] 제도가 중요하지만 문화도 중요하다. 여기에서 두뇌는 제도 측면이고 정신은 문화 측면인데, 행위의 결과는 두뇌와 정신, 제도와 문화의 상호 작용에 의해 이루어진다. 그의 설명에 근거하면, 정체나 발전 현상은 두뇌와 정신, 제도와 문화의 상호 작용에 의해 형성된다. 그렇다면 개혁개방 이후 중국 경제의 성과

6 로우의 설명 틀에 대해서는 Sid Lowe(1998) 참조.
7 Sid Lowe(1998), p. 2.

나 동아시아 신흥공업경제의 성과는 개인의 과학적 발견·발명과 이익 추구 행위를 유인하는 시장친화적인 문화와 제도의 상호 작용 결과라고 설명할 수 있다. 그런데 만약 이러한 방식으로 정체나 발전 현상을 설명하려 한다면, 시장친화적 또는 발전지향적 제도와 문화는 구체적으로 어떤 것이고 또 어떻게 형성되느냐는 의문에 답해야 한다.

레셈과 노이바우어(Lessem and Neubauer) 또한 로우와 유사한 관점에 서면서도 문화를 더 강조하는 설명 틀을 제시한다. 이들은 제도-문화적 이해와 접근법(institutional-cultural understanding and approach)에 근거해서 나무모형(tree model)을 제시하였다. 그들은 좀 더 합리적인 설명을 위해서는 개인과 조직의 행위의 관계적 측면과 문화적 측면을 동시에 고려해야 한다고 말하면서도, 문화의 중요성에 더 무게를 둔다. 나무모형에 의하면 문화는 뿌리이고, 제도와 사고방식 및 이념은 줄기와 가지이며, 행위·특성·태도 등은 잎에 해당하는데, 뿌리와 줄기와 잎은 서로 유기적인 관계를 맺고 있다. 다시 말해, 문화-제도-사고방식 및 행위는 유기적으로 영향을 주고받는데, 문화는 뿌리로서 제도, 사고방식, 이념, 행위, 태도 모두에 중요한 영향을 미친다. 이 나무모형에서는 문화 - 제도, 이념 - 행위는 상호 유기적인 관계를 맺고 있으나, 뿌리인 문화는 복잡한 다차원적 현상(complex multi-dimentional phenomenon)으로서 제도, 이념, 행위에 더 깊은 영향을 미치는 요소[8]라고 이해된다. 앞에서 서술한 로우의 복합적 분석 틀은 제도와 문화가 서로 상호 작용한다는 점을 강조하고 있고, 레셈과 노이바우어의 나무모형은 제도와 문화가 서로 유기적인 관계를 맺고 있으나, 문화가 더 중요하다고 본다.

---

8 Ronnie Lessem and Fred Neubauer(1994), p. 10.

3. 중국 사회의 발전과 정체를 설명하는 린이푸의 논리

여기에서는 린의 연구 성과 중에서 발전 및 정체와 관련된 설명이 잘 드러난 몇 편의 연구를 집중적으로 분석한다. 그의 연구 작업이 주로 현대 중국 경제의 발전을 설명하고자 하는 시도이지만, 넓은 의미에서 볼 때 발전과 정체를 설명하려는 시도의 하나이다. 린의 연구 성과에 대한 분석을 통해 우리는 그가 발전과 정체라는 현상을 설명하기 위해 자신의 설명력을 어떻게 발전시켜 왔는지, 그리고 그의 설명에 어느 정도의 설득력과 논리적 한계가 있는지를 보려 한다. 이를 위해 몇 편의 관련 논저의 핵심 내용을 정리하고, 그 가운데서 발전 또는 정체 가설의 기본 틀을 찾아내 비교할 것이다.

1) 「니담 퍼즐: 산업혁명은 왜 중국에서 시작되지 못하였나」의 논리

린이푸는 1995년에 발표한 「니담 퍼즐: 산업혁명은 왜 중국에서 시작되지 못하였나」(The Needham Puzzle: Why the Industrial Revolution did not Originate in China, 1995)[9]에서 니담 퍼즐에 대한 나름대로의 가설을 제시하였다. 먼저 니담 퍼즐이 무엇이며, 퍼즐을 풀기 위한 어떤 시도들이 있었는지를 간단히 정리한 뒤, 이에 대한 린의 비판과 대안적 설명을 요약한다.

니담은 오랜 중국사 연구를 통해 지난 2~3세기를 제외하고 중국은 대부분의 과학기술 영역에서 서양을 크게 앞섰음을 논증하고자 하였다. 그는 중국의 과학사를 연구하면서 오랜 기간 동안 세계 최고를 자랑하던 중국 문명이 왜 근

9 Justin Yifu Lin(1995).

대화를 향한 발걸음을 내딛는 데 실패하였는지에 대한 의문을 제기하였는데, 이 의문은 근현대 중국 사회에도 동일하게 적용된다. 그는 특히 송나라 때인 13세기 이전 중국 사회에는 18세기 후반 영국에서 출현한 산업혁명에 필요한 주요 요소들이 거의 다 갖추어져 있었음에도 불구하고, 왜 과학혁명과 산업혁명이 일어나지 못하였는지에 대한 의문을 두 가지 수수께끼로 정리하였다. 이를 보통 '니담 퍼즐'이라고 부르는데, 첫째 "중국은 왜 다른 문명에 비해 장기간 선진적이었는가?," 둘째 "왜 중국은 세계 다른 나라보다 앞서지 못하였는가?"로 정리된다.[10]

니담 자신에게 던진 의문이기도 하였고, 수많은 중국 연구자들에게 던진 의문이기도 하였던 이 의문에 대한 해답을 구하기 위해 여러 연구자들이 도전하였다. 이 시도들은 크게 기술수요 실패 가설과 기술공급 실패 가설로 대별된다.[11] 니담(J. Needham),[12] 엘빈(M. Elvin),[13] 탕(Anthony Tang),[14] 차오(Kang Chao),[15] 리핏(Victor D. Lippit),[16] 존스(E. L. Jones)[17]의 가설이 대표적인 기술수요 실패 가설이며, 이 장의 분석 대상인 린의 가설은[18] 이들과 달리 여러 요인 때문에 기술공급을 유인하는 데 실패하였다고 주장하는 기술공급 실패 가설이다.

니담 퍼즐을 제기한 당사자인 니담은 '중앙집권 관료제'가 전통 시기 중국 사회 정체 현상의 핵심 요인이라고 주장하였다. 그에 따르면, 중국의 중앙집

10 J. Needham(1986), p. 6.
11 니담 퍼즐에 대한 해답을 구하려는 노력들에 대한 정리와 평가는 Justin Yifu Lin(1995), pp. 271~281 참조.
12 J. Needham(1969).
13 Mark Elvin(1973) 참조.
14 Tang Anthony(1997).
15 Chao Kang(1986).
16 Victor D. Lippit(1978), Victor D. Lippit(1987).
17 E. L. Jones(1981).
18 Justin Yifu Lin(1995).

권 관료제는, 초기 기술 변화에는 유리하였으나, 점차 기술 변화를 제약하고 또 상인계층을 억압함으로써 과학혁명을 어렵게 하였다.[19] 즉, 그는 중앙집권 관료제가 사회적인 기술수요를 제약함으로써 정체 현상을 불러왔다고 보았다. 니담에 따르면, 서유럽은 중국과 달리 분권적인 성격이 강한 귀족적 봉건제(aristocratic feudalism)하에 있었고, 분권적인 봉건제는 군주들 간의 끊임없는 경쟁을 유인하였다. 군주들끼리의 경쟁은 기술인력의 활동공간을 마련해 주는 데 우호적이었을 뿐만 아니라 상인계층의 활동에도 유리하였다. 그리고 이러한 환경은 점차 과학혁명과 산업혁명으로 이어졌다.

기술수요 실패 가설의 또 다른 대표인 엘빈의 가설은 수급(需給)이론을 기반으로 삼아 여러 요인으로 인해 사회가 기술수요를 유인하는 데 실패하였다고 주장한다. 엘빈은 전통 시기 중국 사회의 기술창조력의 정체 현상을 설명하는 전통적인 가설, 즉 자본 부족, 좁은 시장, 정치적 위험, 기업가 정신 부족을 중심으로 한 가설들을 비판하면서 그의 대안적 논리를 제시한다. '고도 균형의 함정(high-level equilibrium trap)모형'이라고 불리는 엘빈 가설의 주요 내용은 다음과 같다.[20] 13세기 이후 중국 사회는 경제의 중심이 황하 중서부로부터 창강(長江) 이남으로 이동하였고, 수도작(水稻作)과 우경(牛耕)이 일반화되었으며, 남방 지역으로부터 신품종 벼가 도입됨은 물론 이모작도 가능하게 되는 등 농업 생산이 증가할 계기를 맞았다. 이에 따라 농업 생산이 증대하고 노동력 공급도 증가하여 인구는 과잉 상태가 되었다.[21] 이러한 환경의 변화는 가족 중심의 소규모 농업경영 형태를 일반화시킴은 물론 경지면적당 노동력의 비율을 높였

19 이에 대해서는 J. Needham(1996), 특히 p. 51 참조.
20 Justin Yifu Lin(1995), pp. 271~272.
21 차오는 문화적·관습적 요인이 인구과잉의 핵심 요인이라고 본다. Chao Kang(1986), p. 227.

다. 높은 노동력-경지 비율은 농업잉여를 감소시킴으로써 공업화를 위한 지원 능력을 축소시켰고,[22] 이는 노동절약적인 발견·발명을 어렵게 하였다. 이렇게 해서 결국 전통 시기 중국 사회는 과학혁명, 산업혁명을 향한 그 다음 발걸음을 내딛지 못한 채 정체의 길로 접어들었다.

린이푸의 가설은 바로 기술수요 실패 가설에 대한 비판에서 출발한다. 그는 기술수요 실패 가설, 대표적으로 고도 균형의 함정 가설은 몇 가지 문제를 안고 있다고 지적한다.[23] 하나는 기술혁신을 제약하는 높은 단위면적당 노동인구 비율 문제이다. 린은 고도 균형의 함정 가설은 "발명적 창의성(inventive creativity) 부족이 정말로 높은 단위면적당 노동인구 비율 때문일까?"라는 의문을 해결해야 한다고 말한다. 린은 고도 균형의 함정 가설을 포함한 기술수요 실패 가설은 기술의 기능을 간과하고 있다고 비판한다. 그는 만약 기술혁신이 제약받지만 않는다면 높은 단위 경지면적당 노동인구 비율이 고도 균형의 함정을 유발하는 이유가 될 수 없다는 점을 지적한다. 린은 먼저 중국에서는 12세기까지 꾸준히 노동절약적 도구의 혁신이 있었으나, 그 이후에는 노동절약적 도구의 발명이 거의 없었다는 연구 성과를 제시한다. 즉, 발명 분위기의 변화가 단위 경지면적당 노동인구 비율의 악화 때문이라고 보기는 무리라는 것이다. 린은 14세기 후반에는 인구가 감소하여 일인당 경지면적이 11세기 말보다 50%나 증가하였다는 연구 결과를 또 다른 중요한 근거로 제시한다. 그는 만약 기술수요 실패 가설에 근거할 경우, 이 시기에는 당연히 노동절약적인 기술혁신이 촉진되었어야 하는데, 역사적 사실은 이와 달랐다는 점을[24] 지적

22 이 점에서는 탕도 견해를 같이한다. Tang Anthony(1997), p. 7.
23 Justin Yifu Lin(1995), pp. 272~275.
24 Justin Yifu Lin(1995), pp. 272~273.

한다.

또한 기술수요 실패 가설에 대해서 린은 농업잉여의 소진이 공업발전을 위한 지원 능력을 약화시키고 나아가서 기술혁신을 유인하기 어렵게 하였다는 주장에 대해서도 의문을 제기한다. 만약 기술수요 실패 가설의 논리대로라면, 14~15세기에는, 주어진 기술과 제도적 환경하에서, 인구가 감소하였어야 하며, 공업화를 위한 지원 능력 부족 때문에, 잉여는 12세기보다 작았어야 한다. 그런데 역사통계는 14~15세기에는 인구 감소로 일인당 잉여가 12세기보다 더 컸음을 말해 준다. 린은 반론의 설득력을 보강하기 위해 또 다른 역사 연구 성과를 제시한다. 그에 의하면 만약 시기를 내려잡아 중국의 20세기 역사를 살펴보더라도 높은 단위 경지면적당 노동인구 비율로 인해 농업잉여가 소진되고, 이로 인해 공업화를 지원할 능력이 약화됨으로써 정체에 빠졌다고 보아야 하는데, 이는 설득력이 부족하다. 뿐만 아니라 린은 12세기 초 노동력 급증으로 노동공급이 과잉 상태였더라도, 이모작의 도입과 확산에 힘입어 노동력 수요가 증가함은 물론 농번기에는 항상 노동력이 부족하였다는 사실을 상기시킨다.[25] 이러한 논증을 통해 린은 고도 균형의 함정 가설은 논리와 역사적 사실 양 측면에서 문제가 있다고 비판한다.

이상과 같은 기술수요 실패 가설에 대한 분석과 비판 과정을 통해 린은 자신의 가설을 세운다. 그는 경지에 대한 노동력의 상대적 희소성이 발명의 패턴을 바꿀 수 있을지는 몰라도, 물질적 욕구가 만족되지 않는 한 더 효율적인 기술에 대한 수요는 상존한다고 믿는다.[26] 그에 따르면, 만약 어느 사회에 기술

---

25 Justin Yifu Lin(1995), p. 274.

26 "So long as human's material desires are not satisfied, the demand for new, better, and more cost-effective technologies is always present ...," Justin Yifu Lin(1995), p. 275.

변화가 없거나 부족하면, 문제의 해답은 기술에 대한 사회적 수요가 아니라 기술공급 측면에서 찾아야 마땅하다. 마찬가지 논리로, "왜 14세기에 중국에서 과학혁명과 산업혁명이 일어나지 못하였느냐?"에 대한 설명은, "14세기 이전의 높은 기술혁신율에도 불구하고 그 이후 왜 기술혁신이 가속되지 못하였느냐?" 하는 의문을 푸는 형태가 되어야 한다. 린은 이 의문을 푸는 열쇠가 바로 신기술의 발명과 발견 방식(the way to create technological innovations)에 대한 바른 이해라고 말한다.

린은 발명과 발견의 경로를 경험적(experience based) 발명·발견 방식과 실험적(experiment based) 발명·발견 방식으로 구분한다.[27] 그의 기술공급 실패 논리를 따라가 보자. 전통 시기 기술발명은 반복되는 경험에서 오는 우연적이고 단속적인 성격이 강하다. 따라서 그것은 단순히 생산 과정의 부산물이었을 뿐 아니라 기존 기술의 개량인 경우가 대부분이다. 이와 달리, 산업혁명 시기의 발명은 주로 과학과 연계된 의식적인 반복적 실험과 검증의 결과물이다. 반복적 경험에 기초한 발명·발견은 단순하고 우연한 발명·발견인 반면, 실험에 기초한 발명·발견은 꾸준한 시간과 노력이 요구되는 과학적 방법과 모형 설계, 통제된 반복적인 실험을 필요로 한다는 점에서 과학과 기술의 접점에 있다. 기술공급은 발명적 행위에서 나오는데, 발명적 행위는 바로 현장이나 실험실에서 일어나는 발명·발견 주체의 시행착오를 의미하며, 시행착오는 신기술 공급의 원천이다. 생산 과정에 채용될 수도 있고 채용되지 않을 수도 있는 신기술은 확산 과정과 일정한 시차를 통해 사회적 차원의 기술혁신으로 발전한다. 그리고 과학적 발명·발견은 시행착오의 산물인 과학적 지식, 창의력, 이용 가능한

27 Justin Yifu Lin(1995), pp. 276~278 참조.

그림 2-1 발명분포곡선

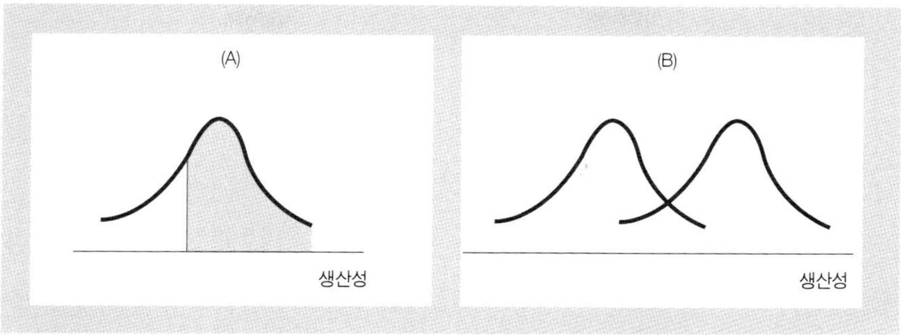

자료: Justin Yifu Lin(1995), p. 277.

재료의 질, 그리고 물리적 환경의 함수이다. 다시 말해, 발명분포곡선은 과학지식과 창의력, 이용 가능한 재료의 질 및 물리적 환경의 함수이다.

린은 위에서 설명한 발명분포곡선의 원리를 시각적으로도 설명한다. 발명분포곡선은 〈그림 2-1〉에서 보듯이 역U자 형태로 그려지는데, 어떤 발견·발명이 일어난 이후 오른쪽 면적은 신기술의 발명 확률 및 한계수익을 의미한다(음영 부분). 전통 시기에는 발명이 주로 기존 기술의 개량 형태로 이루어지기 때문에 동일한 곡선상의 이동으로 나타나며, 인구가 많은 사회는 그렇지 않은 사회보다 발명·발견의 출현 확률이 높고 발명의 한계수익이 높기 때문에 분포곡선이 상향이동한다. 이와 달리 현대적 발견·발명의 경우 발명분포곡선이 과학지식의 양과 창의력 증가에 따라 점차 오른쪽으로 이동하는 형태로 진행된다. 전통 시기의 경험적 발견·발명은 경험적이고 우연적인 성격이 강하며, 인구의 절대 규모에 비례한다. 따라서 전통 시기 중국의 발견·발명은 대량 인구에 힘입어 다른 사회에 비해 절대량은 풍부하지만, 그 성격상 〈그림 2-1〉 (A)에서 보듯이 기존 기술이 개량되어 감에 따라 기술발명의 여지(발명 확률 및 한계수익)는 점차 작아진다. 그리고 이 과정이 계속되면 기술혁신과 경제성장은 정체 상태로 빠져든다.

전통적 방식에 의한 기술발명 환경으로부터 과학혁명과 산업혁명 시대로 전환되기 위해서는, 〈그림 2-1〉 (B)에서 보듯이 과학적 방법에 기초한 끊임없는 기술혁신의 출현과 사회 생산성 향상을 통해 발명분포곡선이 지속적으로 우측이동해야 한다. 즉, 기술적 발명·발전이 우연적인 개량 형태가 아니라 실험적·과학적 방식에 의해 계속되어야만 기술혁신과 과학혁명이 가능해진다.

그러면 의문의 초점은 이제 "경험적 발견·발명으로부터 실험적 발견·발명으로의 전환은 어떻게 이루어지는가?" 하는 점에 모아지게 된다. 린은 이 의문을 설명하기 위해 먼저 각 사회는 과학지식의 양은 다르지만 창의력은 같다고 가정한다. 그에 의하면 전통 시기 경험적 발견·발명의 주체인 소수 엘리트와 천재는 현장의 경험에 의존하기 때문에 발견·발명은 사실상 인구 수에 비례하며, 14세기 이전 중국 사회는 다른 사회에 비해 이 점에서 분명히 비교우위에 있었다. 따라서 인구가 많은 사회의 경험적 발견·발명의 출현 잠재성은 더 클 수밖에 없다. 그러므로 비옥한 하천 유역에 위치한 고대 4대 문명 발상지는 농업 생산 능력에 힘입어 많은 인구를 부양할 수 있었는데, 이 점에서 고대 중국은 다른 지역보다 선진적인 문명을 이룰 수 있었다.[28]

이처럼 린은 전근대 시기 발견·발명과 현대적 발견·발명의 차이는 바로 기술발명의 방법 차이라고 본다. 경험적 시행착오는 땀만으로 가능하며 사실

---

28 송대까지 중국의 인구는 유럽 인구의 2배 수준이었으며, 풍부한 인구는 더 많은 전근대적 발견·발명의 잠재력의 근거였다. 이 시기의 발명이 경험적 발명이기는 하였지만 기술의 채용과 확산이 빨라 거대 인구를 부양할 수 있었다. 이 시기 기술 변화와 확산은 인구의 남방이동, 새로운 농지의 개척, 수도작으로의 전환, 새로운 도구의 출현, 신품종의 도입, 윤작의 채용, 관개시설의 발달 같은 환경의 변화에 힘입은 바 크며, 제도 변화의 역할은 간접적이었다고 할 수 있다.

상 큰 비용이 들지 않는다. 반면에 실험적 시행착오는 큰 불확실성뿐 아니라 많은 시간과 비용을 필요로 한다. 따라서 린의 모형을 통해 우리는 새로운 발명은 시행착오의 수, 과학적 지식의 양, 재료의 질의 정함수라는 설명을 이끌어 낼 수 있다. 과학적 발견·발명을 위해서는 기술과 과학의 결합을 통한 발명 분포곡선의 부단한 우측이동이 필요하며, 이 과정이 바로 과학혁명의 과정이다. 그리고 이 과학적 발견·발명이 산업 생산으로 이어질 경우 산업혁명이 일어나게 된다.

린은 전통 시기 중국 사회의 정체 가설을 현대 개발도상국의 경우에도 적용한다. 이때 그가 주목하는 부분은 개도국의 선진국 기술에 대한 학습과 추격이다. 그에 의하면, 현대 개도국은 대부분의 기술을 선진국에서 도입하는데, 기술 도입은 많은 시간과 비용이 드는 독립적인 발명에 비해 비용이 크게 절약된다. 경제개발 초기에 부족한 자본과 기술 상황을 선진 기술의 도입으로 해결하려는 전략은 이미 효과가 입증된 결과를 적은 비용으로 도입하는 행위이다. 여기에서 그는 기술이전의 성패가 수입된 기술에 대한 적응적 혁신을 이룰 수 있는 내적인 학습 능력에 의해 결정된다는 실증연구 결과를 제시한다. 린은 내적인 적응적 혁신 능력은 과학 연구 능력에 달려 있다는 점을 강조하며, 내적인 역량을 위해서는 인구 규모보다는 현대적 교육에 따른 교육이 중요하다고 말한다.

린이푸가 1995년의 연구에서 제시한 정체와 발전에 대한 가설은 나름대로의 이론적 진보와 함께 의문점도 안고 있다. 린의 가설을 통해 우리는 전통 시기 중국 사회의 정체를 야기한 요인, 경험적 발견·발명과 과학적 발견·발명의 차이, 그리고 경험적 발견·발명 시대로부터 어떻게 과학혁명과 산업혁명이 가능해지는지에 대한 이해의 폭을 넓힐 수 있다. 하지만 그의 설명에서도 여전히 "무엇이 과학과 기술의 결합을 가능하게 하고, 비용과 시간이 드는 지속적인 실험적 시행착오 행위를 유인하느냐?"에 대한 해답은 찾기 어렵다. 또한 그의 1995년 가설은 과거제나 교육처럼 '제도'를 매우 중요하게 다루고 있다는 점에서 '제도'의 중요성을 강조하는 니담, 리핏, 존스와 같다. 그의 논리 기반에는 제도가 도구(발견·발명)의 출현과 확산을 제약한다는 입장, 다시 말해 정통 마르크스주의의 시각과 상반되는 상부구조가 하부구조를 규정한다는 사고방식이 깔려 있다. 이 관점은 과학혁명과 경제발전에서 제도적 환경의 중요성을 일깨워 준다는 점에서 의미가 있다. 그의 설명대로라면 기술공급을 유인할 만한 제도 환경이 중요하다. 하지만 개혁개방 이후 중국처럼 제도적 인프라가 부실한 환경에서도 장기간 경이적인 경제 성과를 이룬 현실을 설명하기 쉽지 않다.

또한 린은 첫 번째 가설에서 궁극적으로 "공급은 스스로 수요를 창출한다"는 고전파 경제학의 공통된 인식인 '판로의 법칙'을 신뢰하고 있다. 이 논리는 어떤 사회에서 "기술공급이 있으면 과학혁명과 산업혁명을 성취할 수 있는가?"라는 의문을 갖게 한다. 판로법칙은 원칙적으로 상품이 태부족이던 산업혁명기 상품시장에 해당되는 논리이다. 기업가 정신으로 무장한 엘리트든 상인이든 기술에 대한 사회적인 수요가 있을 때 기술공급을 유인할 수 있는 것은 아닐까? 린은 이 의문에 대한 답을 해야 하지만, 적절한 설명이 없다. 뿐만 아니라 어떤 사회에 현대적 교육제도와 내용이 구비되고, 현대과학으로 무장한 인력을 양성해 낼 만한 제도가 마련되어 있다 해도, 혁신적 생각과 발명·발견이 적절한 보상을 받지 못한다면, 발명·발견의 출현이 지속적 과학혁명과 경제발전으로 이어지기 어렵다는 사실을 지적할 필요가 있다.

2) 「경제발전과 중국 문화」의 논리

린이푸는 「경제발전과 중국 문화」(經濟發展與中國文化, 2002)[29]에서도 '문화'를 핵심어로 전통 시기 중국 사회의 정체와 발전뿐 아니라 근현대 시기의 정체와 발전 현상에 관한 흥미 있는 설명을 시도하였다. 그는 역사적 관점에서 중국의 경제발전 요인을 설명하고자 하는데, 먼저 '유교문화'라는 요소를 이용해서 전후 동아시아 신흥공업경제의 성과를 설명하려는 시도들을 비판한다. '문화' 요소에 주목한 이 연구에서 린은, 문화라는 키워드로 중국 사회의 정체와 발전을 설명하기에 앞서 동아시아 지역에 대한 좀 더 폭넓은 설명에서 논의를 출발한다.

린은 시기 또는 학자에 따라 유교문화라는 동일한 요소가 발전 요인이 되기도 하고 정체 요인이 되기도 한다는 점에 주목하고, 우리에게 이러한 혼란을 피하기 위한 냉철한 시각을 요구한다. 그는 동아시아 지역에 중국의 유교문화가 영향을 미쳤다는 이유만으로 유교문화가 동아시아 경제발전의 중요한 요인이라는 결론을 도출하려는 시도에 대해 의문을 제기한다. 그는 문화의 하부구조에 대한 영향력을 중시하는 형태의 문화주의와 거리를 두고자 하며, 제도의 역할을 부각시키려는 제도주의와도 약간 다른 입장을 견지한다. 린은, 문화는 끊임없이 변화하기 때문에 문화도 발전을 위해 변해야 하며, 시대의 변화에 상응하여 문화가 적절하게 변화할 수 있느냐 없느냐가 중요하다고 말한다. 린이 문화와 관련해서 관심을 갖는 부분은 바로, 상수로서의 문화가 "발전에 기여하였느냐 아니냐?" 하는 단순한 접근이 아니라, 변화하는 유기체로

29 林毅夫(2002) 참조.

서 "문화가 발전친화적이냐 아니냐?", "문화가 발전친화적으로 변화할 수 있느냐 없느냐?" 하는, 발전을 위한 문화 환경이다.

중국 문화, 특히 유교문화가 경제발전에 어떤 기능을 하느냐 하는 토론에 앞서 린은 문화란 무엇인지에 대한 개념 정리 작업을 선행한다.[30] 린은 말리노프스키(Bronislaw Malinowski)[31]의 정의를 채용한다. 말리노프스키는 문화를 세 층차로 구분하여 이해한다. 문화의 세 층차 중 가장 아래를 구성하는 요소는 생산과 생활의 '도구'인데, 예를 들면 젓가락, 포크, 손, 대포, 범선, 단순한 수동기계, 자동기계, 지식 같은 것들이 여기에 속한다. 두 번째 층차는 '조직'으로서 사회가 개인을 어떻게 조직해서 공동생활과 협동을 하게 하는지에 따라 구분되는데, 정치조직, 종교조직, 생산조직, 국가조직 등이 이에 해당한다. 조직은 대체로 관련 제도를 포함하고 있다는 점에서 제도도 두 번째 층차에 포함된다고 볼 수 있다. 그리고 가장 상위의 층차는 '가치 관념', 즉 어떻게 생각하는지, 어떤 것을 수용하거나 수용할 수 없는지, 무엇이 좋고 나쁜지에 대한 판단기준은 무엇인지 등으로서, 이념, 사고방식, 가치 관념 등이 이에 해당한다. 문화의 세 층차는 서로 분리될 수 없으며 상호 유기적인 관계를 맺고 있다. 말리노프스키의 문화에 대한 이해방식에서 도구를 물질문명, 조직을 제도문화, 가치 관념을 정신문화라고 고쳐 불러도 큰 문제는 없어 보인다.

그런데 린이 빌려 쓰고 있는 말리노프스키의 문화구조에 대한 이해는 마르크스주의의 상하부 구조이론과 유사하다. 다만 마르크스주의자들은 제1층차를 하부구조(생산력, 생산관계)라고 부르며, 제2층차와 제3층차를 상부구조로

30 林毅夫(2002), p. 3.

31 폴란드 출신 영국 인류학자 말리노프스키(1884~1942)의 문화인류학에 대한 설명은 김용환 외 옮김(2004) 참조. 본문의 문화에 대한 설명은 린이푸의 글에서 인용하였다.

그림 2-2 말리노프스키의 문화의 3층차

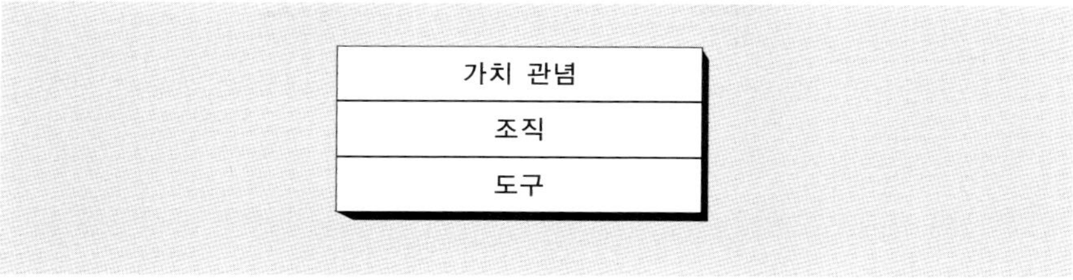

자료: Bronislaw Malinowski 지음, 김용환 외 옮김(2004)을 참조하여 작성.

본다는 점이 다르다. 말리노프스키의 문화에 대한 이해 틀을 놓고 세 층차 간에 어떤 역학이 작용하는지에 대한 이해는 연구자의 시각에 따라 다를 수 있다. 이를테면 유물사관에 입각한 마르크스주자들은 하부구조인 제1층차의 변화가 제2, 3층차의 변화를 규정한다고 이해하며, 경제발전에 대한 문화의 역할을 강조하는 문화주의자의 입장에서는 제3층차인 가치관의 변화가 조직과 제도의 변화를 가져오고, 이어서 하부구조의 변화를 이끄는 것으로 이해한다.

린은 말리노프스키의 문화에 대한 이해방식을 받아들여, 장기적 관점에서 역사발전 과정을 조망하면서 자기의 설명을 제시한다. 그는, 발전을 낙후된 사회가 어떻게 생산력 수준이 낮은 문화로부터 발전을 이루어 내느냐의 문제라고 본다. 이때 두 가지 문제가 발생한다. 하나는 "어떻게 생산력 발전을 가능하게 하느냐?" 하는 문제이고, 두 번째는 "생산력이 발전함에 따라 상부구조가 어떻게 그에 상응해서 바뀌느냐?" 하는 문제이다. 이 문제에 대해서 린은, 상부구조는 생산력 기초에 의해 규정되는 측면이 강하기 때문에 먼저 생산력 수준을 높이고, 그 다음에 생산력 발전에 맞추어 상부구조를 끊임없이 조정해 가야 한다고 설명한다. 그의 주장에 의하면 발전의 관건은 상부구조, 특히 정신 측면이 생산력 수준의 변화에 따라 끊임없이 조정될 수 있는지 여부에 달려 있는 것[32]으로 이해된다.

정리하자면, 린은 하부구조인 경제 기초가 상부구조를 규정한다는 시각은 마르크스주의자와 공유하면서도,[33] 생산력이 발전함에 따라 상부구조가 그에 맞도록 변화할 때 발전이 가능하며, 그렇지 못하면 정체로 빠져든다고 설명한다. 이 점에서 그의 논리는 마르크스주의의 관점과 다르다. 하지만 우리가 린의 이 설명에 동의한다 해도, 그가 제기한 발전으로 가기 위해 해결되어야 할 두 가지 문제 중 한 가지인 "어떻게 생산력의 발전을 가능하게 하느냐?" 하는 문제는 미결로 남는데, 이 의문은 앞 절의 말미에서 제기한 의문, 즉 "어떻게 지속적인 과학적 발견·발명을 유인하느냐?" 하는 의문과 일맥상통한다.

이제 린의 중국 사회의 정체와 발전에 대한 이해를 좀 더 구체적으로 살펴보자. 그는 아편전쟁 이후 개혁개방 이전에 이르는 시기를 말리노프스키의 문화이해 방식에 입각해서 이해한다.[34] 그의 설명을 따라가 보자. 아편전쟁에서 패한 중국에서는 양무운동(洋務運動)이 일어났다. 쩡궈판(曾國藩) 등이 주도하고 약 30년간 지속된 양무운동 주도자들은 서양식 '도구'가 없어서 패하였다는 인식을 공유하였다. 이들은 중국의 조직과 가치 관념을 중심으로 삼고 서양의 도구를 도입함으로써(中體西用) 부국강병을 이루려는 위로부터의 근대화 운동을 전개하였다. 양무운동을 통해 중국은 서양의 무기와 기술을 도입하여 빠른 속도로 서양의 도구를 갖추었으나, 선진적 무기와 그들의 열망에도 불구하고 중국은 다시 청일전쟁에서 일본에게 참패하고 말았다. 이러한 아픈 경험을 통

---

32 林毅夫(2002), p. 7.

33 린의 논리 속에 흐르는 마르크스주의적 관점의 영향은 다음과 같은 서술에 잘 나타나 있다. "根据MaxWeber的看法, 上層建筑決定經濟基础, 但是按照馬克思主義的觀点, 經濟基础決定上層建筑. 我自己比較傾向于接受經濟基础決定上層建筑." 林毅夫(2002), p. 6 참조.

34 린의 중국 근현대사에 대한 이해에 대해서는 林毅夫(2002), pp. 4~5 참조.

해 중국 지배층은 서양의 도구만으로는 부국강병을 이룰 수 없다고 보고 새로운 형태의 부국강병운동을 일으켰는데, 캉유웨이(康有爲) 중심의 무술변법(戊戌變法)운동과 쑨원(孫文)이 주도한 신해혁명이 그것이다. 무술변법은 개조된 군주제인 입헌군주제를 채택하고 일부 서양식 정치·경제·사회·교육 제도를 채용함으로써 부국강병을 이루려는 위로부터의 개혁운동이었고, 신해혁명은 자산계급이 주도하는 혁명을 통해 전제군주제를 무너뜨리고 총통 중심의 공화제를 세우려는 아래로부터의 개혁운동이었다. 그런데 이 양자는 모두 서양식 '제도'를 도입함으로써 부국강병을 이루려는 시도였다는 점에서는 유사하다. 신해혁명 세력은 양무운동 주도 세력과 달리 서양의 무기 도입 외에도 사회조직을 현대화하는 데 심혈을 기울였으나, 부국강병을 이루기보다는 구제도의 관성, 보수파의 비협조와 반발로 인해 한계에 직면해야 하였다.

이처럼 도구 개선을 통한 부국강병 실험과 조직 및 제도 개선 노력이 모두 성과를 거두지 못하고, 일본을 포함한 열강의 침략이 더 심해지자, 중국에서는 부국강병을 실현하기 위한 새로운 시도가 등장하였다. 1919년에 시작된 5.4운동은 도구나 조직보다는 상부구조인 '가치 관념'의 변화를 핵심으로 삼은 개혁운동으로서 흔히 신문화운동(新文化運動)이라고 부른다. 아래로부터의 변혁운동인 5.4운동이 말하는 신문화란 '민주와 과학'을 가리키는데, 이 운동의 참여자들은 가치 관념의 변화를 통해서만 빠르게 강국을 건설할 수 있다고 믿었다. 하지만 도구 변화, 조직 변화, 가치 관념의 변화를 통해 부국강병을 이루려던 다양한 시도에도 불구하고 중국은 낙후와 반식민지 상태에서 탈출하는 데 실패하였고, 이 과제는 결국 사회주의자들에게 넘겨졌다.

말리노프스키에게서 문화에 대한 이해방식, 마르크스주의에서 상하부 구조 간의 상호 관계에 관한 관점을 채용한 린은, 이를 기반으로 중국 사회의 발전과 정체 차원을 넘어 문화와 경제 발전의 관계에 대한 견해를 피력한다. 그는 도구의 변화는 조직의 변화를 가져오는데, 하부구조의 변화에 상응하여 상부구조가 변화할 수 있는지가 발전 여부를 결정짓는 관건이라고 주장한다. 그의 설명은 기본적으로는 경제 기초가 상부구조를 규정한다는 마르크스주의 쪽에 가까워 보인다.[35] 그는 상부구조는 그 사회의 독특한 문화전통을 포함하는데, 발전을 위해서는 어떤 요인에 의해 상부구조가 변화할 경우라도 문화적 특색이 살아 있는 변화가 필요하지만 유지되어야 할 특색이 무엇인지를 말하기는 어렵다고 말한다. 다만 그는 중국의 유교문화는 공자의 인(仁)에서 맹자의 의(義)로, 송명 시대 성리학과 양명학 등으로 시대에 맞게 변화해 왔다는 점을 들어 유교는 보수적이라고 볼 수 없다고 평가한다.[36]

여기에서 알 수 있듯이 린의 '문화와 경제발전'의 관계에 대한 이해는 마르크스주의나 문화주의[37]의 이해방식과 다르다. 그는 이러한 논리에 입각해서 21세기 중국의 장래에 대해서도 매우 낙관적인 전망을 내놓는다. 그에 따르면, 중국 사회는 이미 발전을 위한 하부구조의 조건은 매우 양호하며, 빠른 경제 발전에 맞추어 상부구조가 변화할 잠재성도 충분하기 때문에, 중국의 장래는 매우 낙관적이다.[38] 린의 사고방식과 논리를 자세히 이해하기 위해 21세기 중국의 경제발전과 중국 문화에 대한 그의 전망을 좀 더 살펴볼 필요가 있다.[39]

그가 내놓은 중국의 발전에 대한 전망은 매우 낙관적이다. 린은 하부구조

---

35 林毅夫(2002), p. 6. 칼 마르크스의 상-하부구조론의 원형은 Karl Marx(1904), pp. 11~12 참조. 그리고 이에 대한 정리는 Melvin Rader(1979), pp. 10~14 참조.

36 林毅夫(2002), pp. 10~11.

37 문화주의자들은 가치관, 윤리의식, 도덕 기준 같은 요소를 중요하게 본다는 점에서 중국 사상의 특징 중 하나인 도덕주의의 색깔을 강하게 띠고 있다. 중국 철학과 윤리 속에 보이는 도덕주의적 전통은 유물론에 뿌리를 둔 사회주의 중국을 건설하려던 마오쩌둥의 사상에도 그대로 투영되며, 가장 극명한 사례가 문화혁명이라 할 수 있다.

38 林毅夫(2002), p. 12.

39 林毅夫(2002), 특히 pp. 7~12 참조.

인 생산력을 생산 요소, 생산구조 및 기술이라는 세 측면으로 구분하고, 중국에서 이 3자의 장래는 모두 낙관적이라고 평가한다. 어떤 국가나 사회의 경제 발전은 생산력 수준의 발전과 유사한 의미인데, 생산력은 생산 요소, 생산구조, 그리고 기술을 포함한다. 생산 요소는 토지, 노동, 자본을 가리키는데, 이 중에서 가장 중요한 요소는 자본이다. 왜냐하면 토지는 일반적으로 증가하기 어렵고 노동력 증가도 한계가 있는 데 비해, 자본은 비교적 빠르게 증가할 수 있기 때문이다. 노동력 증가에 한계가 있는 것은 사실이지만 중국에서는 여전히 농촌 지역에 대량의 잉여인력이 존재하고 있을 뿐 아니라 도시 지역에도 농촌에서 도시로 이주한 대규모 농민공(農民工)이 존재하고 있기 때문에, 장기적인 염가 노동력의 공급조건은 어느 국민경제보다도 양호하다. 생산구조란 생산 요소들을 어떻게 배분하느냐 하는 배분방식의 문제로서, 생산 요소를 생산력 수준과 부가가치 수준이 낮은 산업에서 부가가치가 더 높은 산업으로 재배치함으로써 경제성장이 가능해진다. 끝으로, 주어진 생산 요소와 생산구조 상황에서도 기술 수준이 제고되면 발전이 가능하다는 점에서 기술은 매우 중요한 요소이다.

린에 따르면, 생산 요소, 생산구조, 기술 3요소 중에서 가장 중요한 요소는 기술이며, 더 중요한 점은 기술 변화의 가능성, 즉 기술혁신 가능성 여부이다. 왜냐하면 생산 요소의 효율과 생산구조의 생산성은 기술에 의해 크게 영향을 받기 때문이다. 자본축적 측면을 볼 때, 기술 변화가 없는 상황에서 이루어지는 자본축적은 투자의 수확 체감 현상에 직면할 수 있다. 구조 변화 측면에서 볼 때, 만약 신기술이 없다면 새롭고 부가가치가 높은 상품과 산업(조직)은 일어나기 어렵다. 이러한 의미에서 부가가치가 높은 새로운 상품과 산업은 기술 변화의 결과이며, 구조 변화의 가능성은 기술 변화의 잠재력에 의해 결정된다고 할 수 있다. 따라서 한 국가의 경제발전이나 생산력 수준을 보려면 기술혁신, 기술 변화의 가능성을 보아야 하지만, 기술혁신은 국가와 경제의 발전 단계에 따라 의미가 다르다.

선진 경제에서 혁신(innovation)은 발명(invention)이며, 발명은 막대한 연구개발(R&D) 투자를 필요로 한다. 혁신을 통한 생산력 발전은 발명이 아닌 모방(imitation)의 방식을 통해 얻을 수도 있다. 개도국의 기술 수준은 선진국과 격차가 있기 때문에, 개도국은 선진 기술을 도입함으로써 비용과 리스크를 줄이면서 빠른 경제성장을 이룰 수 있다. 즉, 선진국의 생산력 발전의 길은 기술혁신이라는 한 가지 길뿐인 반면, 개도국의 생산력 발전의 길은 발명과 함께 기술도입과 학습이라는 또 다른 길이 있다. 그런데 선진국이든 개도국이든 생산력 발전을 위해 어떤 길을 선택할 것인지는 비용 문제에 달려 있다. 선진 기술, 첨단기술, 신기술을 위한 연구개발은 막대한 비용이 필요할 뿐 아니라 특허로 결실을 맺을 확률도 매우 낮다.[40] 일본 및 동아시아 신흥공업경제의 성공은 바로 학습과 모방에 힘입었다는 데 대부분 동의한다. 린은 거셴크론(A. Gerschenkron)의 후발성의 이점(advantage of backwardness) 가설을 채용하여, 학습과 모방은 경제개발 초기에 비용을 절약할 수 있을 뿐 아니라 빠른 추격(catch-up)도 가능하게 한다고 믿는다. 그는, 일본과 동아시아 신흥공업경제는 선진국과의 기술격차를 잘 이용하였고, 기술이전을 통해 선진 기술을 학습하였으며, 자본과 기술이 축적된 일정한 발전 단계에 이르러서는 자체 기술을 발명함으로써 기술혁신과 함께 경제발전에 성공하였다고 설명한다. 린은 유사한 관점

40 조사에 의하면, 연구개발 투자에서 100개 연구 항목 중 5개 정도가 성공하고, 10개 특허 중 1~2개 정도가 상업적인 성공을 거두는 것으로 알려져 있다. 이에 비해 기술 도입에는 연구개발비의 1/3만 지불하면 되는데, 선진국으로부터 도입하는 기술들은 이미 시장에서 성공이 입증된 것들이기 때문에 리스크와 비용을 크게 절약할 수 있다. 林毅夫(2002), p. 7 참조.

에서 중국은 현재 매우 유리한 조건하에 있다고 평가한다.[41] 그는 일본과 동아시아 신흥공업경제가 경제개발 후 약 40년간 고속성장을 지속한 역사적 경험에 비추어 볼 때, 이들 국가보다 더 유리한 조건하에 있는 중국은 적어도 50년간의 쾌속성장이 가능할 것으로 예상하였다.[42]

요약하면, 린은 말리노프스키의 문화에 대한 이해, 마르크스주의의 상하부 구조 인식을 받아들이면서 발전에서 생산력과 문화의 중요성을 강조한다. 그는 발전을 위해서는 생산력 발전이 우선되어야 하며, 발전을 위한 문화적 환경도 중요하다고 본다. 그렇지만 그가 말하는 문화는 상수로서의 문화가 아니라 생산력이 발전함에 따라 '발전친화적으로 변화하는 문화'이다. 하지만 린의 이 두 번째 가설은 "생산력의 발전에 상응하는 문화(상부구조)의 변화는 어떻게 이루어지느냐?" 하는 의문에 대해 적절한 설명을 해야 한다.

3) 「니담 퍼즐, 베버 의문, 그리고 중국의 기적」의 논리

린은 「니담 퍼즐, 베버 의문, 그리고 중국의 기적」(Needham Puzzle, Weber Question and China's Miracle, 2006)[43]에서 니담 퍼즐에 대한 또 한 차례의 도전을 시

---

41 본문의 설명에서 알 수 있듯이 린은 거센크론의 후발성의 이점 가설에 대한 강한 믿음을 가지고 있다. 거센크론은 뒤늦게 경제개발에 참여한 후발국은 선진국이 걸어온 지그재그 경로를 따르지 않고, 선진기술, 선진 산업조직, 선진적 행정관리 방식 등을 학습함으로써 직선 경로로 경제개발을 할 수 있다고 주장하였다. 그는 후발국의 발전 특징을 몇 가지로 요약하였다. 한 나라의 경제가 낙후되어 있을수록 공업화는 갑자기 도약하기 시작하며, 제조업 부문이 고도성장을 이룬다. 둘째, 공업화의 양상은 대규모 공장 및 기업을 만드는 데 중점을 둔다. 셋째, 국민의 소비 수준에 더 압박이 가해진다. 넷째, 유치산업을 보호·육성하기 위한 금융 지원을 비롯하여 전반적인 산업정책을 수행할 수 있도록 중앙집권제도의 역할이 커진다. 다섯째, 농업의 노동생산성이 높아져 공업제품을 위한 시장을 제공하게 된다. A. Gerschenkron(1962) 참조. 하지만 거센크론의 가설은 경제개발이 개시되기 이전의 낙후된 경제가 어떻게 경제개발에 착수하게 되는지에 대한 설득력 있는 설명을 해주지 못한다.

42 린의 예측대로 중국이 약 50년간 고속성장을 지속한다고 하면, 이 글이 발표된 2002년을 기점으로 보아 2050년까지 고속성장이 가능하다는 이야기가 된다.

도하였는데, 이 연구는 이전 성과들을 종합·정리한 것으로 보인다. 그는 이 연구에서 1949년 사회주의 정권 수립 이후 중국의 경제 부흥과 실패 요인에 대한 해석, 그리고 제2차 세계대전 이후 동아시아 신흥공업경제의 성공 요인에 대한 설명 부분을 대폭 보완한다.

니담 퍼즐과 베버 의문[44]은 전통 시기 중국의 역사를 회고하면서 제기된 정체와 발전 요인에 대한 의문에서 시작되었다. 니담과 베버가 의문을 품은 중국 역사의 시기를 보면 이렇다. 중국은 13세기에 농업생산력이 세계 최고 수준에 달하였고, 제염업, 방직업 등 각종 수공업의 발전 수준도 상대적으로 높았다. 따라서 당시 중국은 원료, 노동력, 자금 지원 능력 등 산업혁명을 위한 양호한 조건을 거의 다 구비하고 있었을 뿐 아니라 송대의 수공업 발전과 도시 발달은 세계에 유례가 없는 수준이었다. 중국에서는 이미 기원전 3세기부터 토지의 사유와 매매, 노동력의 분업과 자유이동, 상품 및 요소시장 등 여러 측면의 시장제도가 널리 확산되어 왔다. 특히 18세기 중엽까지 중국에서는 경험적 발견·발명 활동이 매우 활발하였다. 이처럼 전통 시기 중국 역사를 일별해 볼 때 우리는, "중국에서는 왜 18세기까지 과학혁명, 산업혁명이라는 역사적 사건이 일어나지 않았을까?" 하는 의문을 품게 된다.

니담 퍼즐[45]은 이미 앞서 기술한 바와 같다. 그리고 베버 의문[46]의 중국판은 "자본주의를 위한 초기 조건이 구비된 중국에서 왜 산업혁명이 일어나지 않았는가?" 하는 의문이 된다. 니담 퍼즐은 전통 시대에 중국 문명이 선진적이었던 이유, 그리고 19세기 이후 중국 문명이 유럽에 뒤진 이유에 대한 강한 의

43 Justin Yifu Lin(2006), 林毅夫(2006) 참조.
44 니담 퍼즐과 베버 의문에 대한 요약은 J. Needham(2006), pp. 4~5.
45 J. Needham(1986), p. 6.
46 Max Weber(1968).

문을 담고 있다. 베버 의문도 18세기에 이미 산업혁명의 조건들이 구비된 중국에서 산업혁명이 일어나지 않은 이유에 대한 의문으로서, 니담의 첫 번째 의문과 일맥상통한다.

서로 유사한 성격을 가진 니담과 베버의 의문에 대해 린은 앞에 서술한 그의 선행 연구 성과(1995, 2002)를 종합하고 여기에 역사 연구 성과와 동아시아의 발전 경험에 대한 자신의 해석을 보완하여 새로운 설명을 시도한다. 동시에 그는 이전의 성과에서 제외하거나 간략히 언급하였던 사회주의 정권 수립 이후 중앙계획경제 시기 중국의 경제실패 요인, 그리고 그것과 개혁개방 시기의 경제발전 전략과의 비교 부분을 새롭게 추가한다.[47] 여기에서는, 다른 연구에서 이미 언급된 관점과 사례를 제외하고, 사회주의 중앙계획경제 시기에 대한 설명과 동아시아 신흥공업경제의 성공에 대한 설명에 집중하면서, 그의 가설을 분석하고 평가하려 한다.

린은 「니담 퍼즐: 산업혁명은 왜 중국에서 시작되지 못하였나?」와 「경제발전과 중국 문화」에서 주로 전통 시기 중국 사회의 정체 요인에 대한 설명을 한 다음, 바로 현대 중국 경제의 성공, 동아시아 신흥공업경제의 경제발전 요인에 대한 간략한 설명을 덧붙이는 방식으로 논의를 전개하였다. 앞의 두 연구에서는 중간 시기인 사회주의 정권 수립 이후부터 개혁개방 이전까지의 경제실패 요인에 대한 해석 부분이 부족하였다. 따라서 그의 이전 두 논문은 그가 사회주의 정권 수립 후 개혁개방 이전까지의 경제 실패를 구체적으로 어떻게

47 이전 연구에는 1949년 사회주의 정권 수립 이후 중공업 우선 발전전략기에 대한 설명이 없거나 부족하였다. 하지만 후속 연구에서 사회주의 중앙계획경제 시기의 경제실패 요인에 대한 설명, 그리고 이와 개혁개방 시기의 전략적 차이를 비교·설명하고 있다. 이 내용에 대해서는 특히 Justin Yifu Lin(2006), pp. 25~29 참조. 이 글에 상세하게 서술된 논리의 기본 틀은 Justin Yifu Lin et al.(2003), "introduction" 에도 잘 나타나 있다. 이외에도 린의 동아시아 신흥공업경제의 경제 성과에 대한 해석은 林毅夫·任若恩(2006) 참조.

이해하고 있는지에 대해 명확히 알기 어려웠다. 그런데 후속 연구인 「니담 퍼즐, 베버 의문, 그리고 중국의 기적」에서 그는 선행 연구에서 미진하였던 부분에 대해 비교적 상세한 언급을 하고 있는데, 설명 중에서는 그의 발전과 정체에 관한 관점이 비교적 잘 드러나 있다.

린은 사회주의 정권 수립 이후부터 개혁개방 이전까지의 경제 실패 요인에 대해 이렇게 설명한다.[48] 1949년 사회주의 정권이 수립되면서 중국은 비로소 100년 동안의 외세 침략, 반식민지 상태, 내전 같은 연이은 혼란을 경험한 뒤 평화로운 건설의 기회를 맞았다. 선진국과 큰 격차를 보인 후발 국가였던 중국은 기술 도입을 통해 기술혁신을 가속시키고 빠른 경제성장을 이룰 기회를 맞았다. 하지만 공산당 정권은 선진국을 따라잡기 위해 부존 요소에 의해 결정되는 비교우위에 입각한 추격전략(comparative advantage-following strategy: CAF strategy)보다는 비교우위에 위배되는 전략, 즉 '비교우위 도전전략'(comparative advantage-defying strategy: CAD strategy)을 선택하였다. 공산당이 채택한 비교우위 도전전략은 자본이 크게 부족한 상황에서 선진국이 비교우위를 점하고 있던 자본집약형 중공업을 우선 발전시키고자 한 전략을 가리킨다. 공산당은 이 전략에 근거하여 시장에서 자생 능력이 부족한 우선 발전 대상 기업을 왜곡된 요소가격과 행정적 자원배분 방식을 통해 빠르게 발전시키고자 하였다. 마오쩌둥과 공산당은 이러한 중앙계획경제 체제를 통해 곧바로 현대적인 선진공업 체계를 수립할 수 있다고 믿었다. 그러나 비교우위를 무시한 '사회주의 중공업화' 전략은 자원배분의 저효율, 노동자와 농민의 적극성 부족, 궁극적으로 형편없는 경제발전 성과로 결론이 났다.

---

48 Justin Yifu Lin(2006) 특히 p. 5와 제3장 참조.

린은 1949년 이후 경제실패에 대한 설명과 유사한 논리로 개혁개방 시대의 의미와 경제성공을 설명한다. 그의 설명을 따라가 보자. 사회주의 정권이 수립될 무렵 중국은 오랜 열강의 침탈과 내전으로 만신창이가 된 가난한 농업국가였다. 당시 선진국들은 모두 중공업에 비교우위가 있었고, 대부분의 나라는 중공업 발전을 부강한 국가의 목표로 보고 있었다. 소련은 1930년대에 고도의 중앙집중 계획경제 체제하에서 성공적으로 공업화를 달성했는데, 소련의 공업화 성공은 중국의 공산당 지도자들에게 강한 인상을 심어 주었다. 공산당 지도자들은 가난한 농업 위주의 경제구조로는 중공업화를 위해 충분한 자원을 공급할 수 없다고 보았다. 그러나 사회주의 정권이 경제 부흥과 개발에 착수할 즈음 중국은 한국전쟁에 참전함으로써 대외 봉쇄와 제재를 당하였다. 이러한 내적 의지와 불리한 국제적 상황하에서 공산당 정부는 자력으로 중공업, 그중에서도 군수공업을 일으키고자 하였는데, 한국전쟁이 종결된 뒤 제1차 5개년 계획에 와서야 중공업 중심의 발전전략을 실행할 수 있었다.

중공업은 건설주기가 길고, 대량의 설비를 수입해야 하며, 투자 규모도 크다. 당시 중국은 자본이 부족하고, 수출도 미미한 수준이었기 때문에 외화가득 능력이 부족하였다. 더욱이 인민의 절대 다수가 농민이었고, 농업은 분산된 소농경제가 보편적이었다. 따라서 공산당 정권이 채택한 중공업 중심의 발전전략은 중국의 현실, 비교우위와 어울리지 않았다. 그럼에도 불구하고 공산당 정권은 사회주의 중공업화 전략을 추진하기 위한 거시경제 정책을 연달아 내놓았다. 그들은 저이자율, 저환율 정책을 통해 중공업 투자비용과 수출비용을 강제로 낮추고, 저임금하에서도 인민들의 생활이 가능하도록 생필품 가격을 낮게 통제하였다. 공산당 정부는 이러한 거시경제 환경을 통해 중공업에 자원을 집중하고자 하였는데, 이 시도는 자금 부족, 외환 부족, 원재료 부족, 생필품 공급 부족 현상을 유발하였다. 당시 국가는 자원을 독점한 뒤 행정계획을 통해 배분하였을 뿐 아니라 민영기업을 국유화함으로써 민영기업들로 하여금 경공업 투자로 중공업 우선 발전전략에 역행하지 못하도록 통제하였다. 이러한 왜곡된 시장배분 상황하에서 이윤은 기업의 성과지표가 될 수 없었다. 공산당 정부는 또한 국유기업들이 이익을 추구함으로써 중공업 우선 발전전략을 저해하는 행위를 막기 위해 경영 자주권을 박탈하는 조치도 취하였다.

이처럼 공산당 정권이 수립된 이후 중국 정부는 선진국을 따라잡기 위해 자신의 비교우위를 중시하는 추격전략이 아니라 선진국의 전략을 따르는 비교우위 도전전략을 채택하였던 것이다. 경제발전의 3요소인 자원, 노동, 자본 중에서 자원과 노동이 주어졌다고 볼 때 경제발전을 위해서는 잉여를 통한 자본의 축적과 투자가 당시 중국에게 가장 현실적인 길일 수 있었다. 그럼에도 불구하고 공산당은 행정 수단을 이용해 자원을 중공업에 집중시킴으로써 중공업화를 앞당기는 전략을 택하였다. 비교우위 도전전략과 관련 정책, 구체적으로는 중공업 우선 발전전략과 정책은 자원배분 구조를 왜곡하고 미시경제 주체의 적극성을 유인하는 데 실패함으로써 경제효율을 크게 떨어뜨렸다. 공산당 정권이 추진한 비교우위 도전전략의 성적표는, 시기에 따른 약간의 정책적 변화에도 불구하고, 결국 빈곤과 기아, 그리고 낙후로 판명이 났다. 이상과 같은 린의 설명을 보면, 사회주의 정권 수립 이후 사회주의 중앙계획경제 체제의 경제 실패는 발전'전략' 선택의 실패, 구체적으로 비교우위 도전전략을 선택하였기 때문으로 이해하고 있음을 알 수 있다.

이어서 린은 동일한 논리를 제2차 세계대전 이후 동아시아 신흥공업경제의 발전 사례를 설명하는 데에도 적용한다. 그에 따르면, 동아시아 신흥공업경제의 발전은 기본적으로 추격전략(catch-up strategy)에 힘입은 것이며, 추격전략은 비교우위에 맞는 기업과 산업에 대한 적절한 정책적 지원을 핵심 내용으로 한다. 여기서 말하는 산업정책은 정부가 정책을 통해 기업에게 정보를 제공하고 협력을 유도하며, 세제와 자금을 지원하는 등의 정책과 조치를 의미한다.

정리하자면, 린에 따르면 정부의 합리적 전략 선택, 즉 추격전략, 적절한 산업정책을 통한 지원, 잘 작동하는 시장경제 체제 구축이 동아시아 신흥공업경제의 발전을 가능케 한 3요소인 셈이다. 그의 논리에 따르면, 1949년 이후부터 개혁개방 이전까지의 중국 경제, 전후 동아시아 신흥공업경제의 성과는 이렇게 비교·설명할 수 있다. 개혁개방 이전까지 사회주의 정권은 비교우위에 입각한 추격전략 대신 비교우위 도전전략을 채택하였고, 비교우위에 맞는 기업과 산업을 지원하는 정책에 관심을 두지 않았을 뿐 아니라 시장제도 자체를 부정하였다. 그렇기 때문에 1949년 이후 개혁개방 개시까지 중국 경제의 실패는 예정되어 있었다. 이에 비하여 제2차 세계대전 이후 동아시아 신흥공업경제는 비교우위를 이용한 추격전략을 채택하였고, 특정 기업과 산업을 지원하는 산업정책을 실행하였으며, 정부가 알맞은 시장제도를 구축하기 위해 노력하였기 때문에 선진 경제를 추격하는 데 성공할 수 있었다. 따라서 1949년 이후 개혁개방 이전까지 중국 경제의 실패와 동아시아 신흥공업경제의 성공 간의 갈림길은 바로 발전'전략'과 유효한 '시장제도' 구축 여부인데, 이 조건은 정부가 구축하는 성격이 강하므로, 원칙적으로 '정부'의 역할 범위에 속한다. 발전전략의 차이는 크게는 정부 능력의 차이와 유사한 말이며, 정부 능력 차이는 다시 리더십[49]과 엘리트의 능력 차이로도 설명할 수 있다.

린은 합리적인 '전략과 정책'이 경제성공의 요인이라고 본다. 여기에서 우

---

49 이 경우 리더십은 친시장적 리더십 또는 발전 지향적 리더십이라고 할 수 있다.

리는 린의 설명이 선행 연구의 논지와 달리 발전과 정체를 가르는 주요 요인은 주류경제학의 주장처럼 '전략과 정책'이라고 보고 있음을 알 수 있다. 그는 사례를 추가하고 설명력을 강화하려는 시도 가운데서 스스로의 논리를 바꾼 셈인데, 어느 쪽이 그의 진정한 주장인지 알기 어렵다.

4. 린이푸 발전과 정체 가설의 공헌과 한계

첫 번째로 분석하였던 「니담 퍼즐: 왜 중국에서는 산업혁명이 시작되지 못하였나」에서 린은 '과거제'라는 사회·정치 제도가 기술공급을 제약함으로써 과학혁명과 산업혁명을 어렵게 하였다고 주장하였다. 이 주장에는 제도가 생산력을 규정한다는 인식이 깔려 있는데, 이는 마르크스주의 인식으로 보면 상부구조가 하부구조를 규정한다는 의미이다. 그는 이 논리를 현대 동아시아 신흥공업경제에 확대 적용하면서, 개도국의 경제발전을 위해서는 선진 기술을 도입·학습할 내적 기술혁신 역량이 필요하며, 역량을 키우려면 현대적 교육, 즉 인적자원 투자가 중요하다고 역설하였다.

이처럼 린은 동일한 연구에서 전근대 시기 중국 사회의 정체를 설명할 때는 제도(과거제)를 정체 요인으로 지목하였고, 이 가설을 현대 동아시아 신흥공업경제에 적용할 때는 경제성공을 가능하게 하는 핵심 요인으로 교육을 통한 내적 기술혁신 역량을 지목하였다. 전통 시기 엘리트 충원 및 승진 제도와 현대적 교육은 내용적으로 매우 다르기는 하지만 인적자원 관리'제도'라는 측면에서는 마찬가지이다. 이렇게 볼 때, 이 가설에서는 제도를 발전과 정체의 핵심 요인으로 보고 있다고 이해할 수 있다.[50] 현대적 과학기술은 생산력의 핵심인데, 린의 논리에 따르면 과학기술의 정체는 사회정치적 '제도' 때문이다. 즉, 같은 '제도'라는 요소가 어떤 공간에서는 정체 요인으로, 또 다른 공간에서는 발전 요인으로 설명되고 있다. 린은 도구도 가치 관념도 아닌 제도나 조직(organization)이 문제의 핵심이라고 보는데, 하부구조인 생산력을 중시하는 마르크스주의의 관점과 친근한 성향을 보인 린의 논리는 여기에서 혼란스러워진다. 그는 과연 발전과 정체의 핵심 요인이 생산력이냐 제도냐에 답해야 하는데, 이에 대해서 상부구조와 하부구조의 상호 관련성을 강조한다. 다시 말해, 그는 핵심 요인이 '생산력 발전에 유리한 제도'라는 절충적이면서도 제도에 방점을 두고 있는 것으로 보인다.

두 번째 분석 대상인 「경제발전과 중국 문화」에서 린은 경제발전을 위해서는 도구(생산력)가 발전해야 하고, 그에 따라 문화가 적절하게 변화하여야 한다는 관점을 피력하였다. 그는 이 연구에서, 전통문화를 경제발전 현상과 성급하게 관련지으려는 시도에 반대하면서, 생산력 발전에 따라 적절하게 변화할 수 있는 문화의 변화 가능성이 중요하다고 주장하였다. 이처럼 린은 마르크스주의와 문화주의를 결합한 관점을 견지한다. 이 글을 통해 린은 문화주의와 제도주의로부터 일정한 거리를 두면서 상부구조와 하부구조의 상호 작용을 말함으로써 설명력을 높이려 한다. 그는 "생산력이냐 제도냐"라는 의문에 대해 생산력의 발전에 상응하는 제도의 변화를 강조함으로써, 제도 변화를 중시하는 입장을 보인다. 여기까지는 첫 번째 분석 대상의 논리와 통한다.

하지만 이 글을 더 읽어 내려가다 보면, 린이 마르크스주의의 시각에 동의하고 있다는 사실도 감지할 수 있다. 그는 같은 글에서 유물사관의 설명방식처

---

50 Justin Yifu Lin(1995), pp. 284~286 참조.

럼 하부구조인 경제 기초가 상부구조를 규정한다는 인식을 견지하면서, 생산력이 발전함에 따라 상부구조가 그에 맞도록 변화할 때 발전이 가능하며, 그렇지 못할 경우에는 정체로 빠져든다고 설명한다. 여기에서 그의 논리는 하부구조(생산력)에 방점을 두고 있다. 그런데 유물사관을 따르는 듯한 린의 논리는 중국의 근대 시기는 말할 것도 없고, 사회주의 정권이 수립된 이후부터 개혁개방 개시 이전까지를 설명하는 작업은 회피하고 있다. 아쉽게도 이 글의 중국 근현대 역사를 설명하는 부분에는 1949년 사회주의 정권 성립 이후 개혁개방 이전까지 시기에 대한 설명은 없다.

마오쩌둥이 이끈 중국의 '사회주의' 정권은 부단히 도구, 제도, 가치 관념 등 상부구조와 하부구조의 급진적 변화를 시도하였다. 그런데 이 계속적인 상하부 구조 혁명의 시대인 사회주의 정권 30년이 만들어 낸 빈곤과 낙후를 어떻게 설명해야 하는지 린은 침묵하며, 설명은 사회주의 정권 수립에서 바로 개혁개방 이후로 건너뛰고 있다. 그의 논지에 따라 이 시기를 설명한다면, 이념에 치우친 강제적인 제도와 가치 관념의 개조는 현실의 생산력 발전에 도움이 되지 못하고 오히려 생산력 발전을 억압하였고, 그래서 경제 성과를 내기 어려웠다는 정도의 설명이 가능할 것 같다.

우리가 린의 생산력 발전에 상응하는 '제도의 변화'를 강조하는 논리에 동의한다 해도, 선행하는 "생산력의 발전은 어떻게 가능한가?" 나아가서 "생산력 발전에 상응하는 제도 변화는 어떻게 이루어지는가?" 하는 두 의문은 여전히 미결로 남는다. 린의 설명 틀은 지속적인 발전을 위해서 "어떻게 지속적인 과학적 발견·발명을 유인하고 그에 걸맞는 제도 변화를 이루느냐?"에 대한 설명이라고 할 수 있다. 그렇다면 린의 설명 틀은 생산력 발전과 그에 맞는 제도의 변화, 그리고 역으로 제도 변화가 생산력 출현과 발전을 유인하고 장려한다고 하는 생산력과 제도의 상호 작용을 통한 발전으로 정리할 수 있다.

린은 말리노프스키의 문화에 대한 이해, 마르크스주의의 상하부 구조에 대한 이해를 받아들이면서 발전에서 '생산력'과 '문화'의 중요성을 강조한다. 그의 주장은 발전을 위해서는 생산력 발전이 우선되어야 하며, 그에 맞게 문화적(제도적) 환경도 변화해야 한다다고 요약된다. 여기서 말하는 '문화'는 상수로서의 문화가 아니라 생산력 발전에 따라 발전친화적으로 변화할 수 있는 문화, 즉 문화의 변화 가능성이다. 전통문화의 변화에 대한 유연성에 대해서 그는 중국의 대표적인 전통문화인 유교문화는 역사를 통해서 시대에 맞추어 잘 변화해 왔다고 호평한다. 그렇다면 린이 송나라 이후의 정체 현상을 설명하기 위해서는 송대 이후 전통문화(유교문화)가 경직적이고 보수적이었다는 증거를 제시하든지, 융통성이 있었다고 한다면 그럼에도 왜 정체되었는지를 설명해야만 한다. 그런데 이 대목에 이르면 그의 논리는 혼란스러워진다. 그의 말대로 송대 이후 유교문화가 시대의 요구에 맞게 변화해 왔다고 한다면, 그는 이미 친시장적이고 발전친화적인 전통 가치 관념이 존재하였고, 근대에 서양의 도구와 조직제도도 도입되었는데, 왜 중국에서 과학혁명, 산업혁명, 현대화가 실패하였을까 하는 의문에 대한 답은 제시하지 못한다.

이상에서 보듯이, 두 번째 연구에서 린은 마르크스주의적 시각을 바탕에 깔고 있으면서도 다른 한편으로는 제도와 문화를 강조함으로써 유물론적 시각과 문화주의적 시각을 결합한 형태의 설명을 하고 있다. 이러한 노력으로 그의 논리의 설명력은 첫 번째 연구에서 세운 가설보다 강화되었다고 할 수 있으나, 두 번째 관점은 제도주의적 관점을 견지한 첫 번째 연구에서 보여 준 논리와는 다른 것이어서, 과연 어느 것이 그의 논리인지 판단하기 어렵다.

이제 세 번째 분석 대상인 「니담 퍼즐, 베버 의문, 그리고 중국의 기적」의 논리를 보자. 이 글에서 린은 그의 관련 연구 성과를 종합하면서 이전에 취약하였던 부분에 대한 설명을 보완하고 있다. 이 연구에서 린은 이전 논리 틀과는 좀 다르게 전략과 정책, 비교우위 산업에 대한 지원정책, 그리고 잘 작동하는 시장제도의 중요성을 강조한다. 구체적으로 그는 비교우위에 입각한 추격전략이 의미 있다는 주장을 내놓는다.

린은 이 글에서 경제의 발전 및 정체와 관련된 토론에서 부족하였던 설명의 일부를 채워 주고 있다. 우선 그는 전통 시기의 경험적 발명·발견은 인구수와 비례한다는 새로운 주장을 내놓았는데, 이 주장은 우리의 주제와 관련된 민족주의에 기운 주장들을 잘 정리해 준다. 예컨대, 동서양을 막론하고 널리 퍼져 있는 어떤 민족의 문화는 우월하다든가, 어떤 민족은 창의력이 뛰어나다든가, 어느 민족은 게으르다든가 하는 식의 주장은 근거를 찾기 어렵고 논증도 불가능한 주장들임에도 불구하고 많은 정치가와 논자들이 이 주장에 동조한다. 그런데 이 글에 제시된 린의 가설은 우리로 하여금 오리엔탈리즘 같은 식민주의, 반오리엔탈리즘(동아시아주의)이나 민족주의(중화민족 우월주의, 민족주의) 같은 감상주의, 그리고 이데올로기의 노예로부터 해방시키는 데 기여한다는 점에서 의미가 있다. 또한 이 글에서 린이 내놓은 경험적·우연적 발견·발명과 실험적 발견·발명의 차이에 대한 구분 역시 우리의 주제와 관련된 이해의 깊이를 더하도록 도와준다는 점에서 의미 있다.

그러나 세 번째 글에 나타난 린의 가설에는 논리적 혼란과 한계도 보인다. 만약 린이 말하는 발전전략을 '가치 관념'으로 본다면, 이는 문화주의의 설명과 맞닿게 되며, 이 인식은 첫 번째 글에서 펼쳐 보인 문화 요소를 최대한 배제한 논리와는 다른 입장이 된다. 한편, 발전전략이 정부에 의해 선택되고 정책과 연계되어 있다고 볼 때 발전전략은 '제도'라고 볼 수도 있다. 그렇다면 제도가 경제 성과를 규정한다는 의미이며, 이럴 경우 린의 관점은 제도주의적 관점과 친근해진다. 또 정부의 정책 방향과 성격은 정책과 전략을 수립하고 집행하는 '엘리트의 능력'에 의해 결정되는 측면이 강하기 때문에, 경제 성과는 리더십에 의해 결정된다고 말할 수도 있다. 그런데 리더십은 도구도 제도도 아닌 인적자본에 내재된 가치 관념의 성격이라는 사실을 감안하면, 종국적으로 가치 관념이 경제 성과를 좌우한다고 이해된다. 린은 또 비교우위 전략을 성공시키기 위해서는 잘 작동하는 시장제도가 전제조건이라고 말하는데, 이에 따르면 제도가 발전전략의 성패를 좌우한다는 의미이기 때문에, 결국 제도가 경제 성과를 좌우한다고 할 수 있다. 여기에서 보듯이, 린의 세 글에 나타난 가설 속에서 경제 성과를 결정하는 요인이 도구인지, 제도인지, 문화인지, 가치 관념인지, 도구와 제도의 상호 작용인지 매우 혼란스럽다.

주류경제학적 관점에서 좀 더 개선한 것으로 보이는 세 번째 가설을 놓고 우리는 "후발국이 비교우위 전략을 채택하고, 정부가 비교우위 산업을 지원하며, 선진 기술을 도입해 학습하고, 시장제도를 도입하면, 양호한 경제 성과를 이룰 수 있는가?" 하는 의문을 제기할 수 있다. 린은 낙후된 빈곤국이자 대체로 정치적으로 불안정한 대부분의 후발국에서 그가 주장하는 발전전략이 어떻게 채택될 수 있는지에 대해 설명할 수 있어야 한다. 또한 그는 후발국의 발전을 위해서 자본과 기술 기반이 취약하고 합리적이고 유능한 엘리트도 부족한 상황에서 리더십이 먼저 지원되어야 하는지, 비교우위 전략이 먼저 채택되어야 하는지, 정부 역할이 먼저 확립되어야 하는지, 아니면 시장제도가 먼저 수립되어야 하는지에 대한 의문도 답해야 한다.

1970년대 초 한국은 경공업에 비교우위가 있을 뿐 자본, 자원, 기술도 부족한 상황에서 중화학공업화 전략, 즉 '비교우위 도전전략'을 추진하였다. 이후 적어도 1980년대 중반까지 중화학공업은 한국 경제를 위협하는 요소로 지목될 정도로 성과가 부진하였으나, 1990~2000년대 한국 경제의 주력 산업으로 변모하였다. 그의 논리가 폭넓은 설득력을 확보하려면 한국의 사례에 대해 납득할 만한 설명을 할 수 있어야 한다. 또한 잘 작동하는 시장제도의 실체가 무엇이고, 시공을 초월해 언제 어디서든 잘 작동하는 시장제도, 전략, 정책이 과연 존재하는지에 대해서도 답해야 한다. 대부분의 나라에서 우리가 시장경제 체제라고 부르는 제도가 작동하고 있다고는 하지만, 그 현실 형태나 특징은 매우 상이하다. 만약 필요한 자본을 쉽게 조달할 수 있고 적절한 시장제도를 구축할 만큼 정부가 잘 기능하며, 합리적인 전략과 정책을 채택하고 구사할 엘리트가 구비된 경제가 있다고 한다면, 그 경제는 개도국 경제가 아니라 이미 선진 경제이거나 개도국을 뛰어 넘은 경제이다. 뿐만 아니라 합리적인 또는 시장친화적인 전략과 정책, 정부의 역할이 경제의 발전이나 정체를 불러왔다고 보는 논리는, 자칫 결과가 좋으면 시작과 과정이 모두 좋은 것처럼 간주하는 식의 터무니없는 논리가 될 위험성도 안고 있다.

그렇기 때문에 린의 논리가 더 큰 설득력을 갖기 위해서는 개도국에서 비교우위 전략의 채택은 어떻게 가능하며, 정부의 적절한 산업정책은 어떻게 수립되고, 시장제도 구축은 어떻게 이루어지는가에 대한 설명이 따라주어야 한다. 이러한 논리는 주류경제학의 일반적인 설명방식이 공통적으로 안고 있는 논리적 한계, 즉 결과만 좋으면 과정을 모두 합리화시키는 오류가 있다는 점이 지적되어야 한다. 다시 말해, 이러한 설명은 먼저 "일반화할 수 있는 합리적인 전략과 정책은 과연 존재할 수 있는가?"라는 의문에 답해야 할 뿐 아니라 "경제적 성공이 확인되면 이전의 모든 전략과 정책은 모두 발전친화적인 전략과 정책이었다고 합리화될 수 있는가?"라는 의문에 마땅한 답을 주기 어렵다.

그의 논리를 둘러싼 의문은 여기에서 멈추지 않는다. 「니담 퍼즐, 베버 의문, 그리고 중국의 기적」에 나타난 그의 가설에 따라 발전'전략'이 발전을 결정하는 핵심적인 요소라는 점을 받아들인다 해도, "발전전략이 도구냐, 제도냐, 가치 관념이냐?" 하는 의문이 해소되어야 하며, 발전전략이 도구라고 한다면 이 논리는 마르크스주의의 인식과 유사하다. 그렇다면 이 논리는 「경제발전과 중국 문화」에서 보여 준 인식과 상통하는 반면, 「니담 퍼즐: 산업혁명은 왜 중국에서 시작되지 못하였나」의 논리와는 다르다. 만약 발전전략을 '제도'로 본다면 「니담 퍼즐: 산업혁명은 왜 중국에서 시작되지 못하였나」에서 보여 준 인식과 통하지만, 「경제발전과 중국 문화」의 논리와 다르다. 이상에서 분석한 몇 편의 글에 표명된 린의 발전과 정체 요인에 대한 가설을 볼 때, 그가 힘겨운 노력을 통해 발전과 정체 요인에 대한 이해의 지평을 넓혀 주는 데 기여하였다는 점을 인정하면서도, 논리와 설명의 일관성에 한계를 보이고 있음도 알 수 있다.

5. 맺음말

전통 시대 중국 사회의 발전과 정체의 요인에 대해서 베버와 니담은 자기 자신과 중국 연구자들을 향해 화두를 던졌다. 그동안 많은 중국 연구자들이 선구자가 제기한 의문을 풀기 위한 연구 대열에 합류하였다. 니담 퍼즐은 사실상 전통 시기 중국 사회의 정체에 대한 의문이지만, 정체 요인에 대한 탐구는 발전 요인에 대한 탐구의 다른 이름이기도 하다. 그중에서 이 글은 비교적 최근 연구이고 현재 중국 경제학계를 대표하는 연구자 중의 한 사람인 린이푸의 연구 성과를 집중적으로 분석하였다.

본문은 린의 중국 사회의 발전과 정체 요인에 관한 설명 논리가 비교적 잘 드러나 있다고 판단되는 세 편의 글을 선정하여 가설의 진화와 한계에 대해 분석하였다. 린은 그동안 전통 시기 중국 사회의 정체 요인을 찾는 과제뿐 아니라, 이 설명 틀을 활용해서 사회주의 정권 수립 이후부터 개방 이전까지의 경험, 개혁개방 이후 중국의 경제 성과 및 동아시아 신흥공업경제의 성장을 설명하는 과제에도 꾸준히 도전해 왔다.

분석 대상으로 삼은 세 편의 글에서 그가 말하는 발전과 정체의 핵심 요인에 대한 가설은 다음과 같이 정리된다. 그는 첫 번째 글에서 발전과 정체의 핵심 요인은 사회·정치 제도, 구체적으로 과거제(말리노프스키의 조직, 마르크스주의의 상부구조)라고 주장하였다. 두 번째 연구에서 그는 유물사관의 관점에서 발전을 위해서는 '생산력'(마르크스주의의 하부구조, 말리노프스키의 도구)이 중요하며, 생산력이 상부구조를 결정한다는 마르크스주의의 관점을 받아들이면서, 생산력의 발전에 따른 '상부구조(조직, 문화, 가치 관념)의 적절한 변화'도 중요하다는 절충적인 주장을 내놓았다. 세 번째 연구에서 린은 '전략과 정책'이 발전과 정체를 결정하는 핵심 요인임을 강조하면서, 구체적으로 비교우위에 입각한 추격전략, 정부의 산업정책을 통한 지원, 잘 작동하는 시장제도의 구축이 전제되어야 한다는 주장을 제시하였다.

린은 끊임없는 연구 작업을 통해 중국 사회의 정체와 발전 현상에 대한 우리의 이해 폭을 확장시켜 주었으며, 이 점은 세 편의 글을 통해서도 잘 알 수 있다. 전통적 발견·발명은 인구 수에 비례한다는 인식에서 보듯이 그의 연구는 우리의 주제와 관련된 수많은 식민주의적이거나 민족주의적인 성향의 소모적인 담론을 무력하게 만드는 데 기여하였다. 또한 그가 제기한 경험적·우연적 발견·발명과 실험적 발견·발명의 차이에 대한 구분 역시 우리에게 주제와 관련된 좀 더 객관적이고 깊이 있는 이해를 가능하게 하는 데 기여하였다.

그러나 가설의 진화 과정을 추적하다 보면, 시기에 따라 논리가 혼란스럽거나 모호해지는 측면도 발견된다. 그는 어느 때는 정치·사회적인 제도를 강조하는 제도주의적 입장을 보이고, 또 어느 때는 마르크스주의적 입장과 문화주의적 입장을 결합하는 절충적 주장을 펴기도 한다. 또 다른 연구에서는 주류경제학적 시각을 보이기도 하였다. 다른 표현을 빌리면, 린은 어느 때는 상부구조가 하부구조를 규정한다는 입장을 취하다가, 또 다른 곳에서는 하부구조가 상부구조를 규정하지만 하부구조에 어울리는 상부구조의 변화도 중요하다고 말하며, 또 어느 경우에는 정책과 전략이 중요하다는 논리를 편다. 그렇다면 린은 경제발전을 위해서 도구, 제도, 가치 관념 모두가 중요하다고 보는지, 하부구조와 상부구조가 모두 중요하다고 보는지, 전략과 정책이 중요하다고 보는지 혼란스럽다. 만약 전략과 정책이 관건이라고 한다면 결과를 보고 과정을 합리화시키는 오류에 빠질 수도 있고, 혹시 관련 모든 요소들이 다 중요하다고 보는 견해라면, 이는 우리의 토론의 의미를 무력화시킬 가능성도 있다.

우리의 주제와 관련된 몇 편의 글에 표명된 가설을 통해 볼 때, 연구 작업이 진행되면서 가설의 설명력이 강화되었으며, 그의 노력을 통해 우리는 발전과 정체 요인에 대한 이해의 지평을 넓힐 수 있었다. 하지만 우리가 그의 학술적 공헌을 인정하면서도, 다른 한편으로는 설명의 일관성에 문제가 있음도 발견하게 된다. 현실 설명력과 논리적 일관성 사이의 거리는 니담 퍼즐에 도전하는 작업이 그만큼 지난한 작업이라는 증거이기도 하다. 비록 린의 논리에 한계가 보인다 해도, 그의 '니담 퍼즐'에 대한 도전의 의미는 작지 않으며, 좀 더 설득력 있는 가설로의 진화는 많은 연구자들의 땀과 시간을 기다리고 있다.

참고문헌

김용환 외 옮김, 말리노프스키(Bronislaw Malinowski) 지음, 『말리노프스키의 문화인류학』, 서울: 살림, 2004.

이춘식 외 옮김, 마크 엘빈(M. Elvin) 지음, 『중국역사의 발전형태』(*The Pattern of the Chinese Past*), 서울: 신서원, 1989.

임반석, 「중국사회의 정체가설에 대한 검토 - 니담퍼즐에 대한 논쟁을 중심으로」, 『중국학연구』, 2009. 3, pp. 219~248.

중국사연구회 옮김, 페어뱅크(J. K. Fairbank) 지음, 『신중국사』, 서울: 까치, 1994.

林毅夫, 「經濟發展與中國文化」, 北京大學中國經濟硏究中心討論稿系列 No.C2002009, 2002. 6. 12.

______, 「李約瑟之迷,韋伯疑問和中國的奇迹: 自宋以來的長期經濟發展」, 北京大學中國經濟硏究中心討論稿系列 NoE2006019, 2006. 10. 11.

林毅夫·任若恩, 「關于東亞經濟增長模式爭論的再談討」, 北京大學中國經濟硏究中心討論稿系列 No.C2006019, 2006. 7. 30.

蔡昉·林毅夫, 『中國經濟』, 北京: 中國財政經濟出版社, 2002.

Billig, Michael S., "Institution and Culture:Neo-Weberian Economic Anthropology," *Journal of Economic Issue*, December 2000(www.Highbeam.com, 2010. 5. 25).

Chan, Adrian, "Confucianism and Development in East Asia," *Journal of Contemporary Asia*, 26(1), 1996(www.Highbeam.com, 2010. 5. 25).

Chao, Kang, *Man and Land in Chinese History*, Stanford: Stanford University Press, 1986.

Gerschenkron, A., *Economic Backwardness in Historical Perspective*, Cambridge, Mass.: Harvard University Press, 1962.

Jones, E. L., *The European Miracle: Environments, Economies and Geopolitics-the History of Europe and Asia*, Cambridge: Cambridge University Press, 1981.

Lessem, Ronnie and Fred Neubouer, *European Management System: Towards unity out of cultural diversity*, London: McGraw-Hill, 1994.

Leung, Hon-chu, "Confucianism and Beyond: Culture and Society in East Asian Development," *Culture, Politics, and Economic Growth: Experiences in East Asia*, Studies in Third World Societies, March 1994.

Lin, Justin Yifu, "The Needham Puzzle: Why the Industrial Revolution did not Originate in China," *Economic Development and Cultural Change*, 43(2), June 1995.

______, "Needham Puzzle, Weber Question and China's Miracle: Long Term Performance since the Sung Dynasty," CCER, Working Paper Series No.E2006017, Peking University, November 22, 2006.

Lin, Justin Yifu et al., *The China Miracle: Development Strategy and Economic Reform*, H.K.: The Chinese University Press, 2003.

Lippit, Victor D., "The Development of Underdevelopment in China," *Modern China*, 4, 1978.

______, *The Economic Development of China*, Armonk, New York: Sharpe, 1987.

Little, Daniel, "Development Traps in Traditional and Modern China," *Culture, Politics, and Economic Growth: Experiences in East Asia*, Studies in Third World Societies, March 1994.

Lowe, Sid, "Culture and Network Institutions in Hong Kong: a hierarchy of perspectives, A Response to Wilkinson: 'Culture, Institutions and Business in East Asia.'" (response to Barry Wilkinson, *Organization Studies*, vol. 17, 1996), *Organization Studies*, 3(22), 1998.

Marx, Karl, *Preface to A Contribution to the Critique of Political Economy*, Chicago: Charles H. Kerr & Company, 1904.

Nathan, Andrew J., "Is Chinese Culture Distinctive," *The Journal of Asian Studies*, 52(4), November 1993.

Needham, J., *Science and Civilization in China*, Cambridge U.K.: Cambridge University Press, 1954.

______, *The Grand Titration: Science and Society in East and West*, London: Allen & Unwin, 1969.

______, *Science and Traditional China: A Comparative Perspective*, Cambridge, Mass.: Harvard University Press, 1981.

______, "Introduction," R. K. G. Temple, *China: Land of Discovery and Invention*, Wellingborough: Patrick Stephens, 1986.

Qian, Wen-yuan, *The Great Inertia: Scientific Stagnation in Traditional China*, London: Croom Helm, 1985.

Tang, Anthony, "China's Agricultural Legacy," *Economic Development and Cultural Change*, 28, October 1997.

Temple, R. K. G., *China: Land of Discovery and Invention*, Wellingborough: Patrick Stephens, 1986.

Timothy, Brook, "Weber, Mencius, and the History of Chinese Capitalism," *Asian Perspective*,

19(1), Spring-Summer, 1995.

Wai, Fan Ka, "Teaching Needham's Puzzle-fostering Historical Thinking," *Academic Exchange Quarterly*, September 22, 2003(www.Highbeam.com, 2010. 5. 25).

Weber, Max, *The Religion of China: Confucianism and Daoism*, Translated from the German and edited by Hans H. Gerth with an Introduction by C. K. Yang, New York and Lodon: Free Press, 1968.

______, *The Protestant Ethic and the Spirit of Capitalism*, trans. by Talcott Parsons, New York: Charles Scribner's Sons, 1995.

Wilkinson, Barry, "Culture, Institutions and Business in East Asia," *Organization Studies*, 6(22), 1996(www.Highbeam.com, 2010. 5. 25).

제 3 장

문화와 경제발전
-유교 문화와 자본주의 발흥, 경제발전의 관계

1. 머리말

2. 문화논쟁의 시작과 전개

3. 몇 가지 의문에 관한 토론

4. 비판적 성찰

5. 맺음말

1. 머리말

문화, 종교 및 사상과 자본주의 발전의 관계에 대한 관심의 역사는 오래되었다. 베버(M. Weber, 1864~1920)[1]에서 시작된 기독교 윤리(protestant ethic)와 자본주의 발생 의 관계에 대한 관심은 토니(R. H. Tawney)[2]와 버거(P. L. Berger)[3]에 의해 확장되었다. 이 분야 연구는 제2차 세계대전 이후 유교와 경제의 성장과 발전의 관계에 관한 연구로 초점이 전환되었다. 자본주의와 사상 및 종교의 관계에 관한 연구는 "자본주의가 왜 특정 지역에서 발흥하고 발전하였는가?" 하는 의문에서 출발하였다. 베버는 이 의문에 대한 탐구의 결과 기독교 윤리(칼뱅교 윤리)가 자본주의 발전에 동기를 제공했으리라는 주장을 폈는데, 그의 논지는 곧 토니에 의하여 수정·보완되었다. 토니는, 베버의 관점은 반드시 종교와 관련은 없지만 개인주의나 자본주의의 발흥에 순기능을 하는 다른 지적 유산이나 지적 운동을 무시하고 있다고 비판하였다. 베버는 걸출한 사회과학자이기는 하지만 사실 '동양사회정체론'이라고 부르는 종족 편견이 폭넓게 지배하던 시대의 학자로서 은연중에 기독교 윤리가 지배적이지 않은 지역에서는 자본주의의 발흥과 발전이 어렵다는 인식을 공유하고 있었다. 이에 대해서 토니는 반드시 기독교 윤리만이 자본주의 발전에 순기능을 하는 것은 아니라는 주장을 폄으로써 베버 시각의 지평을 넓혀 주었다.

이 분야의 연구 초점은 비기독교 문화권인 일본이 전후 경제부흥의 길에 들어선 이후 놀라운 경제 성과를 보이면서 새로운 국면을 맞았다. 서유럽인들

---

1 권세원 옮김(1977), M. Weber(1951).
2 R. H. Tawney(1926, 1980).
3 P. L. Berger(1967), P. L. Berger(1983), P. L. Berger(1988).

의 인식과 예상을 뛰어넘은 일본의 경제발전은 일본 학자를 포함한 서양 연구자들로 하여금 경제발전과 '일본 정신', 일본적인 것', '유교문화' 간의 관계에 관심을 집중하게 하였다. 그 결과 경제발전과 '유교' 또는 경제발전과 '일본 불교', 경제발전과 일본 '정신'(spirits) 또는 일본 '정서'(ethos)의 관계에 관한 연구 등 다양한 관련 연구와 주장들이 제기되었다. 일부 일본 학자들은 일본 경제사 연구를 통하여 다른 동양 사회와 구분되는 일본 사회의 비동양적 특성을 부각시키려 노력하였고,[4] 다른 학자들은 일본 사회에 강한 영향을 미쳤다고 생각되는 종교나 사회사상과 경제발전을 관련지으려 하였다. 서양 연구자들 역시 그들이 그동안 믿어 온 사실이 예상 못한 현실의 도전을 받자 이를 해명하고자 일본적인 것은 무엇이든 긍정적으로 평가하는 경향을 보이기도 하였다. 그리고 이들의 관점과 주장들은 일본 경제가 장기간 고속 성장의 궤도에 오르자 더 설득력 있게 받아들여졌다.

시대가 바뀌어 1960년대 이후 동아시아 신흥공업경제가 비약적인 경제성장을 이룩하자 연구의 초점은 이제 '경제발전과 유교', '경제발전과 아시아적인 것(아시아적 가치)', 나아가서는 '동아시아 발전모형'의 실체를 논증하는 방향으로 바뀌었다. 특히 유교 전통과 경제성장(발전)[5] 간에 적극적인 상관관계가 있다는 주장은 동아시아 신흥공업경제가 공통적으로 유교문화의 영향을

4 일본 경제사가들은 경제사 연구를 통해 일본은 다른 동양 사회와는 달리 서유럽처럼 봉건제를 거쳐 자본주의 단계로 발전하는 전형적인 과정을 밟아 왔다는 점을 논증하려 애썼다. 또한 발전경제학자들은 일본적인 요소에서 발전 요인을 구하려 노력하였다. 이들의 탈아시아화 작업은 일본은 다른 동양 사회와는 역사발전 단계가 다르며 일본의 발전 과정은 서유럽과 유사하다는 결론을 이끌어 냄으로써, 서양에 대한 열등감을 보상받고자 하였다.

5 자본주의 발전, 근대화, 경제성장이라는 개념을 제1차 산업 중심의 전통 사회로부터 산업화(또는 공업화) 사회로의 전환이라는 의미로 단순화시켜 사용한다. 엄격한 의미에서 이 세 개념 간에는 많은 차이가 있다. 그러나 이 글의 목적이 이 세 용어의 의미와 범주를 설정하는 데 있지 않기 때문에 잠정적으로 공통분모만을 선택하여 세 개념을 유사한 의미로 파악하고, 문맥에 따라 선택적으로 사용한다. 다만 경제성장과 경제발전이라는 두 개념 간에는 양과 질이라는 차이가 있기 때문에 문맥에 따라 함께 사용되거나 구분하여 사용한다.

받았다는 인식과 결합되면서, 상당한 설득력을 얻었다. 이 주제에 대한 관심은 1980년대부터 중국이 오랜 이념 시대를 마감하고 개혁개방을 통해 경제성장의 대열에 합류하면서 또다시 뜨거워졌다. 하지만 1990년대 후반 동아시아 국가들이 금융위기에 빠지면서, 아시아적 가치(Asian values)와 동아시아 발전모형(east asian model of development)의 중요한 기반이라고 인식되는 유교 전통이 비판의 도마 위에 오르기도 하였다. '유교, 아시아적 가치' 같은 동일한 요소가 어느 때는 경제발전에 긍정적인 영향을 미친다고 평가되고, 다른 때는 그것들이 경제발전에 부정적인 영향을 미친다는 상반되는 논리가 모두 등장한 것이다.

유교 전통을 포함한 아시아적 가치, 그리고 이들과 상당한 관련이 있다고 여겨지는 동아시아 발전모형이라는 개념은 사실상 정형화되어 있지 않다. 그럼에도 불구하고 많은 연구자들은 엄밀한 개념 정의나 사실에 대한 치밀한 확인이 부족한 바탕 위에서 서로 다른 논의를 진행하고 주장을 펼쳐 왔다. 아시아적 가치, 동아시아 발전모형의 기반이라고 일컬어지는 유교 전통 또는 유교문화는 연구자에 따라 상당한 개념차를 보인다. 마치 과거에 동아시아 지역에 유교문화가 영향을 미쳤기 때문에 유교가 지역의 문화적 공통분모라고 가정하거나 믿고 싶어 한다.

유교 전통의 개념이 다양하게 정의되고 있기는 하지만, 유교 전통의 의미와 경제발전의 관계에 관해 비판적인 성찰을 한다면, 유교문화 및 전통, 아시아적 가치의 실체 및 유용성에 대한 어느 정도의 답을 얻을 수 있으리라 생각한다. 따라서 토론의 객관성을 확보하기 위해서 우리는 먼저 연구자들이 내세우는 몇 가지 유교 전통의 특징을 정리하고, 사실 여부를 따져 본 뒤 논의를 진행하는 게 유리하다. 이 과정을 통해서 우리는 유교 전통의 내용을 더 정확하게 인식할 수 있고, 그것과 관련된 아시아적 가치, 동아시아 발전모형의 관계, 궁극적으로 '문화와 자본주의 발전 또는 경제발전', '유교와 경제발전'의 관계를 좀 더 객관적으로 이해할 수 있다.

아래에서는 문화(종교, 사상, 윤리 등)와 자본주의 발전이나 경제발전의 관계에 관한 논의에서, 특히 일본 및 동아시아 신흥공업경제의 발전 현상을 두고 전개된 '유교와 경제발전'의 관계에 관한 토론을 회고하면서 시작한다. 저자는 논의가 기본적으로 취약한 개념 정의와 논리 기반 위에 서 있을 뿐 아니라 연구자들의 태도도 객관적, 과학적이지 못하다고 본다. 다음으로는 토론 전반에서 발견되는 의문점을 정리한 뒤 저자의 생각을 서술한다. 논의를 시작하기에 앞서 밝히고 싶은 사실은 저자가 어떤 문화, 종교, 윤리, 사상의 자본주의 발흥 또는 경제발전에 대한 영향을 부정하지는 않는다는 점이다.

2. 문화논쟁의 시작과 전개

1) 베버의 중국 문화 이해

우선 '문화와 자본주의 발흥' 논의의 선구자인 베버의 중국 문화에 대한 이해를 보자.[6] 그의 중국 연구는 "중국에서 왜 자본주의가 발흥하지 않았는가?"라는 의문에서 비롯되었는데, 그의 중국 문화에 대한 분석은 흥미롭게도 종교, 전통사상이 아니라 전통 시대 중국의 물질적 또는 제도적 요소에서 시

6 Max Weber(1951), 이상률 옮김(1990).

작된다. 그는 먼저 전통 시대 중국 사회 체계의 핵심 요소인 화폐제도, 시장과 동업자조합, 가산제 국가[7]와 관료정치, 친족 조직과 법률 등 다섯 가지를 분석한다. 그의 설명을 따라가 보자. 유럽 자본주의의 발흥에서 화폐와 도시는 중요한 요소였다. 반면에 중국은 효과적인 화폐제도를 구축하지 못하였고, 이것이 자본주의 발흥과 발전을 저해하였다. 중국의 도시는 정치·군사적 자주권이 없었고, 동업자조합은 자율성은 있었으나 법률제도가 그들의 권리를 보장하지 못하였다. 이러한 이유 때문에 전통 중국에서는 상업적 자유의 확산과 협력적인 조직 형태가 출현하기 어려웠다. 사실 통일된 제국, 전국 차원의 중앙집중적 관료조직은 자본주의 발흥에 유리하기도 하고 불리하기도 한 요소이다. 중국에서는 강력한 황제와 관료집단이 종교집단으로 하여금 독립적인 단체로 성장할 수 없게 하였고, 황제 같은 세속 권력에 대한 통제는 사실상 불가능하였다. 능력에 바탕을 둔 관료정치는 이성적 관료의 육성을 가능하게 하였으나, 중앙으로 집중된 관료조직은 지방으로 하여금 자율적인 정치적·법률적 질서를 수립할 수 없게 하였다. 이러한 제도적 환경은 강력한 권력으로부터 어느 정도 자율성을 갖거나 아니면 양자 간 타협 형태의 사회경제 또는 자본주의적 요소의 발흥을 방해하였다. 친족조직도 자본주의적 기업의 성장에 부정적인 영향을 미쳤다. 구성원에게 경제적 수요를 포함한 다양한 수요를 제공하는 친족조직은 개인주의 발생을 어렵게 하였고, 가내수공업 형태의 초보적 공업도 독립적인 자본주의 공업의 발전을 저해하였다. 전통 시대 중국의 사회규범은 법률적이라기보다는 윤리적인 규범이었는데, 윤리적 규범은 이성화와 자본주의의 발흥을 방해하는 중요한 요소로 작용하였다. 이러한 이유로 베버는 전

7 가산제국가(家產制國家: patrimonial state)는 군주가 국가를 사적 재산, 즉 가산(家產: patrimony)으로 간주하고 임의적으로 운영하며, 국사를 마치 개인의 업무처럼 취급하는 전통 시대 국가를 가리킨다.

통 사회 중국의 제도를 포함해서 중국의 종교, 즉 유교와 도교도 자본주의 발흥에 동기를 제공하기 어려웠다고 평가하였다.

이상에서 보듯이 19세기 후반 인물인 베버의 전통 시대 중국 사회에 대한 이해 수준은 우리를 놀라게 한다. 이성주의가 꽃피던 시대의 대학자로서 그는 중국 사회에 대한 균형잡힌 이해를 하려는 노력도 빠뜨리지 않는다. 탁월한 사회학자인 베버는 전통 시대 중국에는 자본주의의 발흥에 유리한 많은 구조적 요소들이 있었다는 점을 인정한다. 그의 설명을 좀 더 살펴보자. 중국에는 신분의 계승이 없었고, 이주의 자유와 직업 선택의 자유가 있었으며, 교육의 자유와 무역에 대한 법률적 제한이 없었다. 중국인은 부를 중시하고 신성시하기까지 하며, 사회에는 세속적 물질주의가 널리 퍼져 있었고, 절제의 윤리도 있었다. 순전히 경제적인 관점에서만 보면 전통 시대 중국에서 공업 자본주의가 발생할 조건은 있었다. 그러나 절제와 소유욕, 부의 중시 같은 요소만으로 자본주의 정신을 도출해 낼 수는 없다. 중국에서 자본주의가 발생하지 않은 요인은 특수한 심리 상태에서 찾아야 하는데, 그 심리 상태가 바로 자본주의 정신(spirit of capitalism)이다. 유럽에서 자본주의 정신은 기독교 윤리로부터 왔으나 중국의 전통문화는 자본주의 발흥에 동기를 제공하지 못하였다.

베버는 중국에서 자본주의가 발흥하고 발전할 체계가 결여된 원인으로 중국 사회의 중심적 가치 체계인 '유교 윤리'를 지목한다. 중국에서 사대부는 유교 윤리의 사회적 체현자인데, 유교의 관심은 현실에 있었고, 인간은 스스로의 노력을 통해 완전한 경지에 도달할 수 있다고 그들은 믿었다. 이 상황은 기독교 윤리 속에서 인간과 절대자 간의 거대한 긴장관계가 상존하는 구도와 매우 다르다. 유교 윤리에는 초현세적 절대자가 없기 때문에 종교적 책임과 사회정치적 현실 간의 긴장관계가 부족하다. 전통 시대 중국에서는 현실세계에 대한 윤리적 개혁 요구가 제시되기 어려웠으며, 유교 윤리가 변화하는 새로운 현상에 동기를 제공할 수 없었다. 즉, 유교 윤리는 세속화로의 전환이 어려웠다. 전통 중국 사회에서 유교 지식인들은 극단적으로 예를 중시한 반면 도덕적 자발성에 대한 관심은 부족하였기 때문에, 그들은 세속적 권력질서에 대한 성실한 준행에 집중하였다. 따라서 개인들은 본성과 정치적 권위, 사회적 전통과 관습을 극복하고 그에 대항할 수 있는 근거를 갖기 어려웠는데, 이 점이 기독교도들과 달랐다. 베버에 따르면, 유교 윤리와 기독교 윤리는 모두 이성주의에 기반을 두고 있기는 하지만, 양자는 완전히 상이한 정신적 경향을 보인다. 유교의 이성주의는 현실에 대한 이성의 적응, 기독교의 이성주의는 현실세계에 대한 이성의 주재와 도전에 관심을 갖는다.

이처럼 베버는 '문화'라는 관념 측면에서 자본주의 현상을 설명하고자 하였다. 그의 해석에 근거하면, 칼뱅교의 소명(calling) 의식 위에서 근검하는 노동윤리가 형성되었고, 이것이 자본주의 발흥에 동기를 제공하였다. 그의 논리는 마르크스의 물질적 토대(하부구조)를 중심으로 한 발전과 정체 현상에 관한 설명과는 매우 다른 관점이다. 베버의 해석과 주장은 이후 서양 학술계의 주류를 형성하였다.

베버의 영향을 받은 많은 연구자들이 '관념' 측면에서 자본주의 발흥과 발전, 경제의 성장과 발전 현상을 설명하고자 시도하였다. 버거(P. L. Berger)[8]는 공간적으로 비유럽 지역, 문화적으로 비기독교 문화권에서도 자본주의의 발흥에 동기를 제공할 만한 요소가 있음을 논증함으로써 베버의 논리를 더 수정·확장시켰다. 일부 경제학자들는 태평양 지역에서 자본주의가 유가의 원칙과

8 앞의 주 3 참조.

서로 결합되거나 상호 보완적인 역할을 하였다고 주장함으로써 기독교 윤리 대신 유교 윤리를 부각시키기도 하였다.[9] 버거는 베버의 자본주의 발흥의 문화적 동기 관점을 받아들이면서도, 동아시아의 경제적 성공을 해석할 때 기독교 윤리 대신 유교 윤리를 중요한 동기로 봄으로써 비기독교 윤리로까지 관심을 확장시킨 것이다. 경제학자들이 베버의 주장에 도전하게 된 계기도 역시 동아시아의 경제적 성공이라는 현실 사례 때문이었다.

근대 유럽에서 시작된 복잡한 사회 현상인 자본주의의 발흥과 발전, 이후의 동아시아 경제의 성장과 발전 현상을 설명하기 위한 학술적 노력 덕분에 우리는 다양한 측면에서 그 현상을 이해하는 데 도움을 받을 수 있게 되었으나, 어느 한 관점만으로 전모를 설명하기는 어렵다. 그럼에도 불구하고 이 지난한 과제에 도전하지 않을 수 없는 이유는 사회 현상 중에는 문화 요소로 설명할 수 있는 측면이 있기 때문이며, 이 점에서 베버의 학문적 도전 정신은 높이 평가받을 만하다. 이 주제 토론의 기점이자 거장인 베버는 종교 윤리만을 고집하지 않았고 제도, 구조 모두에 의미를 부여할 만큼 열려 있었다. 다만 그의 중국 문화, 특히 유교 윤리에 대한 평가에 오류가 있었는데, 설명방식의 진화는 후배 연구자들의 몫으로 남았다.

2) 주요 연구자들의 논리와 관점의 유형

문화와 자본주의 발흥 또는 경제발전의 관계에 관한 설명 논리와 주장은 여러 측면에서 분류할 수 있지만, 대체로 구조와 제도 관점, 동기 관점, 경제학

---

9 G. M. Hodgson(1988).

관점, 그리고 절충적 관점으로 나누어 볼 수 있다. 구조와 제도 관점이란 제도(institution)와 사회구조(social structure)에 초점을 맞추어 경제발전 현상을 설명하고자 하며, 동기 관점은 자본주의 또는 경제발전을 위한 동기를 제공하였다고 여기는 문화와 윤리를 강조하고자 한다. 경제학적 관점은 합리적 또는 발전친화적인 '정책과 전략'을 중시하며, 절충적 관점은 여러 요소 간의 상호 작용을 통해 경제발전 현상을 설명하고자 한다. 즉, 구조 관점은 '제도', 동기 관점은 '문화', 경제학적 관점은 '합리적 정책과 전략', 절충적 관점은 '제도-문화-정책 변수의 상호 작용'을 중심으로 경제 현상을 설명하고자 한다. 이 중에서 정책과 전략은 광의의 제도로 볼 수 있으므로 제도와 구조 관점에 포함시켜도 무리는 없다. 다만 '합리적 정책과 전략'을 중시하는 관점은 제도와 구조보다 좀 더 구체적인 개념에 초점을 맞추는 반면, 제도와 구조는 좀 더 추상적인 개념이다. 아래에서는 구조와 제도, 동기, 절충적 관점 세 가지로 구분해서 정리한다.

먼저, 구조와 제도 관점이다. 동아시아의 경제적 성공의 원인에 대한 해석 문제는 다양한 분야 연구자들에게 인기 있는 주제였을 뿐 아니라 동아시아 지역 연구자들의 큰 관심사였다. 전후 동아시아의 지속적 고성장은 또한 경제학자들의 관심거리일 수밖에 없었는데, 일단의 연구자들[10]은 전통적인 이해방식으로 설명하기 어려운 이 특수한 현상을 정치적·사회적 안정과 합리적인 경제정책에서 찾고자 하였다. 대체로 경제학자들이 구조나 제도를 통해 경제발전 현상을 설명하고자 하고, 사회학자, 철학자, 윤리학자, 역사학자, 문화인류학자들은 문화 관점을 지지하는 경향이 있다. 물론 사회학자 중에서도 보겔(E.

10 G. L. Hicks and S. G. Redding(1983).

Vogel)[11]처럼 제도를 통해 경제발전 현상을 설명하는 연구자가 없지는 않지만, 대체로 주류경제학 계열의 연구자들이 제도(합리적 정책과 전략) 관점을 견지하는 경향이 있다.

주류경제학 입장에서 동아시아의 경제기적을 설명하는 연구자들의 논지를 단순화하면 이렇다.[12] 동아시아는 중국문화권이지만 경제적 성공은 본질적으로 심리적·정신적 요인 때문이라는 주장을 받아들이기 어려울 뿐 아니라, 문화 요소를 통해 동아시아의 경제 성과를 해석하려는 시도도 동의하기 어렵다. 동아시아의 경제적 성공 요인은 정치적 안정에 힘입은 불확실성의 감소, 즉 예측 가능성에서 찾아야 하는데, 안정적 구조는 현명한 정책결정자 집단인 직업관료(계획입안자, 경제학자, 은행가, 행정관료 등)들의 정책과 전략에 기인한다. 지혜로운 관료, 안정적인 정치, 합리적인 정책 환경이 동아시아 경제 성과의 요인을 잘 설명해 준다. 이 관점은 기본적으로 안정적 구조와 양호한 리더십에 힘입은 합리적인 정책과 전략이 양호한 경제 성과를 가능하게 하였다고 본다. 이들도 문화가 동아시아 경제제도에 영향을 미쳤다는 사실을 부정하지는 않지만, 경제 성과(경제의 성장과 발전)를 위해서는 유리한 정치적·제도적 환경이 더 중요함을 강조한다.

구조와 제도 관점은 비교적 구체적인 제도, 구조, 관료, 지도력, 정책이라는 요소를 강조한다는 점에서 문화를 강조하는 설명보다는 더 설득력 있게 받아들여질 수 있다. 그러나 이 관점은 불확실성을 감소시키는 안정적인 리더십과 시공을 초월한 합리적인 정책이 과연 있을 수 있는지, 또 그것이 무엇인지,

---

11 일본 전문가이면서 한국과 중국을 함께 연구하는 보겔의 동아시아 경제발전 현상에 대한 제도 관점은 E. Vogel(1993) 참조.

12 Roy Hofheinz and Kent E. Calder(1982).

안정적인 리더십은 어떻게 만들어지는지, 현명한 관료는 어떻게 양성되고 성장하는지에 대한 답을 주어야 한다. 만약 이에 대한 답을 정치적 설명의 영역으로 돌리거나 경제학이 답할 내용이 아니라고 한다면, 무책임한 것이다. 이에 대해 적절한 답을 내지 않는다면 이들은 합리적 정책, 유능한 관료, 양호한 지도력을 상수로 놓고 그것이 경제성장에 적극적인 역할을 하였다고 주장하는 셈인데, 어느 사회의 정치와 리더십 수준이 단기적으로 상수일 수 있겠지만 시야를 넓혀 본다면 상수라고 보기 어렵다는 점을 지적하고 싶다. 현대 세계 정치만 보더라도 정치 및 리더십의 성격과 경제 성과 간에는 단선적인 관계가 아니라 복잡한 관계를 맺고 있다. 또한 그들이 중시하는 시공을 초월한 '합리적인 정책과 전략'이 있을 수 없으며, 동일한 정책과 전략도 시공간에 따라 전혀 다른 결과를 낳는다. 이렇게 볼 때, 구조와 제도 관점, 정책과 제도를 강조하는 시각은 자칫 양호한 경제 성과를 놓고 그 사회의 제도와 정책, 나아가서 리더십까지 합리화하는 결과 편향(outcome bias)의 오류를 범하기 쉽다. 그리고 이들이 강조하는 어느 사회의 정치구조, 사회구조, 제도, 정책의 심층에 문화가 영향을 미친다는 점도 지적할 필요가 있으며, 여기에 문화적 해석의 공간이 있어 보인다.

다음으로, 동기 관점이다. 이 관점은 베버가 자본주의의 발흥과 발전을 가능하게 한 동기에 관심을 둔 것처럼 열심히 일하고 검약하는 태도나 정신에 초점을 맞춘다. 제2차 세계대전 후 동아시아의 경제적 성공 경험은 베버의 유교사상과 윤리에 대한 부정적인 평가를 재검토하는 계기를 제공하였다. 이 관점에 따르면, 동아시아 사회는 중국문화권에 속하며 경제발전 현상은 문화(가치와 관념)를 통한 해석이 자연스럽다. 일부 동아시아 사회의 지속적 고성장이 우연한 현상은 아니며, 그 원인을 탐구하는 과정에서 유교 윤리, 유교사상을 소환할 필요성이 제기된 것이다. 이들은 중국 문화의 핵심은 유교이고 유교 윤리는 동아시아 경제 기적의 동기를 설명하는 핵심 요소라고 본다.

동기 연구 방법은 오랜 역사를 가지고 있으며, 경우에 따라서 학술적 관심, 도구적 관심 또는 자민족 중심주의적 관심에서 토론되었고, 내적으로도 다양한 분화를 보인다. 구조와 제도 요소, 경제적 요소, 과학기술을 강조하는 연구자들과 달리 이들은 그것들의 바탕에 있다고 보는 가치 체계, 관념, 윤리, 사상이 경제발전과 기본적인 연관성이 있으리라고 믿는다. 그렇지만 이들의 관점이 베버와 갈리는 지점은 이들이 기독교 윤리 대신 유교 윤리를 내세운 점이다.

본격적으로 유교 윤리라는 핵심어를 통해 동아시아의 경제 성과를 해석하고자 한 대표적인 경제학자는 칸(H. Kahn)이다.[13] 그는 동아시아 사회는 유교 문화권에 속한다고 보고 일본, 한국, 타이완, 홍콩, 싱가포르는 다수 구성원이 유교 전통 아래서 교육을 받아 공통적인 특질을 갖추었기 때문에 경제적 성공이 가능하였다는 논지를 편다. 이 가설은 기본적으로 기독교 윤리와 자본주의의 관계만큼이나 유교 윤리와 경제발전의 관계도 적극적이라는 믿음 위에 서 있다. 이 해석에 대한 반론이 있다. 유교 윤리를 통해 경제 성과를 설명하려는 시도는 중국 밖의 중국계 사회는 경제적 성공을 거둔 반면, 중국에서는 왜 자본주의 발흥과 발전이 불가능하였는지에 대한 설득력 있는 설명을 하지 못한다는 지적이다. 이에 대해서 각 사회 간의 역사적·사회적 환경의 차이에서 원인을 찾아야 한다는 반론이 제기되었다.[14] 또한 경제발전과 제도 및 구조가 밀접한 관계를 맺고 있음을 부정하기 어렵지만, 유교문화는 기본적으로 현세와

---

13 H. Kahn(1984).
14 S. H. Alatas(1970).

현실에 관심이 있기 때문에 자본주의의 발흥을 저해하는 원인으로 볼 수 없다는 주장도 제기되었다. 유교 윤리가 전통 시대 중국에서 자본주의 발전을 방해하였지만, 그것은 유교 윤리 때문이 아니라 유교의 영향을 입은 관료적 정치구조 때문이라는 주장도 출현하였다.[15]

유교 윤리를 동아시아 경제발전의 중요한 문화적 요소로 본 또 다른 연구자는 피터 버거(P. L. Berger)이다.[16] 베버는 세속화된 기독교 윤리가 자본주의라는 세속적인 현상의 동기를 제공했다고 해석하였는데, 버거도 세속성 가설(secularity hypothesis)에 입각해서 동아시아 경제발전의 윤리적 동기를 찾고자 하였다. 그에 따르면, 현대 세계에 이미 두 가지 형태의 현대화가 출현하였는데, 하나는 서양식의 현대화이고, 다른 하나는 동아시아의 새롭고 특수한 형태의 현대화이다. 동아시아에서는 종교적 다원성이 인정되어 왔는데,[17] 종교 다원성은 바로 현실주의, 실용주의 사고방식 위에서 가능하다. 유교문화는 현실을 긍정하고 현세에서 어떻게 살 것인지에 관심을 갖기 때문에, 기본적으로 세속성 조건을 갖추고 있다. 베버는 아시아의 종교를 '아시아 종교라는 마법의 정원'(enchanted garden of Asian religiosity)이라고 부르면서 전근대성을 부각시켰다.[18] 이와 달리 버거는 동아시아 종교, 종교사상, 종교 윤리, 종교문화의 경제적 역동성(economic dynamism)을 긍정하면서[19] 그것들이 노동 윤리를 통해 동아시아

---

15 B. F. Hoselitz(1964), Robert N. Bellah(1965), Robert N. Bellah and Phillip E. Hammond(1980).

16 P. L. Berger(1967), P. L. Berger(1988) 등 참조.

17 아시아의 종교 다원주의가 동아시아 철학정신의 중심 요소라는 견해는 불교철학자인 나카무라 하지메에게서도 발견된다. 나카무라의 견해를 받아들인다 해도, 왜 유일신, 종교적 일원주의, 절대주의를 기본으로 하는 기독교문화권에서 자본주의가 먼저 발흥하고 발전하였는지는 설명하기 어렵다. 차라리 만약 유럽의 종교 절대주의에 대한 도전 가운데서 자본주의가 발흥하였다고 설명하는 편이 합리적이라고 생각된다. Nakamura Hazime (1992).

18 P. L. Berger(1983), p. 5에서 인용.

19 P. L. Berger(1983), p. 2.

경제발전에 활력을 제공하였다고 해석한다. 버거는 '동기'에 초점을 맞춘 베버의 관점을 따라 현대화의 근원에 대한 탐구는 문화 요소, 종교 윤리를 출발점으로 삼아야 한다고 보았다. 그는 유럽 현대화의 중요한 근원이 유대교·기독교 전통이었다는 베버의 견해를 지지하면서 동아시아 현대화의 원천이 무엇인지를 추적하였고, 유교, 유교 윤리에서 그 답을 찾고자 하였다. 하지만 버거는 동아시아 경제 성과의 공로를 유교사상과 윤리에 과도하게 돌리는 데 대해 경계하면서도, 세속적인 현상인 적극적 경제활동에 영향을 준 것은 널리 퍼진 어떤 '규범'인데, 동아시아 사회에서 이 규범의 전제는 바로 유교사상이라고 주장하였다.

동기 관점에서 유교사상, 유교 윤리를 강조하는 논의는 자본주의의 발흥과 발전이라고 하는 세속적이면서도 특수한 현상의 사상, 문화, 윤리적 동기를 이해하는 데 도움을 준다. 그러나 동아시아의 경제적 성공을 문화 요소로 설명하는 시도는 많은 한계와 문제가 있다. 먼저, 임의적인 문화권 설정의 문제, 중국 문화에 대한 작위적 설정과 선발의 한계가 있다. 그들은 다양한 민족적, 종교적, 역사·문화적 배경을 가진 동아시아의 여러 사회를 임의적으로 유교문화권이라고 범주화한다. 어떤 문화가 전파된 지역을 하나의 문화권으로 분류하는 데 동의한다면, 우리는 동아시아 지역을 불교문화권, 무속문화권, 기독교문화권, 이슬람문화권, 도교문화권, 일본문화권, 힌두문화권 어느 것으로 불러도 문제가 없다. 문화권을 설정할 때 전파된 역사의 장단을 중시해야 하는지 아니면 영향의 심도를 우선 고려해야 하는지도 알기 어렵다. 동기 관점을 지지하는 연구자들은 중국 문화의 정수가 유교문화이며 유교문화가 동아시아를 하나의 문화권으로 묶는 키워드라고 간주한다. 대부분의 사회에는 나름대로 뿌리 깊은 무속문화가 있고, 중국에서 발원한 사상도 유교와 도교가 있으며, 인도에서 발원하고 수천 년의 역사를 가진 불교, 수백 년의 역사를 가진 천주교와 이슬람교, 그리고 근현대에 전파된 기독교 등 매우 다양하다.

중국 역사에서 유교가 한때 공식적인 정치이념으로 채택된 사례가 있었고 송대 이후 주자학이 과거시험 핵심 내용, 즉 관학으로 자리잡은 것이 사실이다. 그러나 한국처럼 조선 500년 동안 관념적이고 교조적인 유교 일파가 지배적 이념 역할을 한 사례는 찾기 어렵다. 중국에서는 왕조와 시대별로 널리 유행하며 강한 영향력을 미친 사상과 종교가 달랐고 과거시험에서 신분에 따른 차별도 별로 없었다. 유교 경전이나 불교 경전이 동아시아 일부 국가에 전파되고 지식사회의 중요한 문어(文語)와 지적 자산 역할을 하기는 하였으나, 한국의 유교가 다르고 일본의 유교가 다르듯이 전파된 각 사회에서 강조점과 형태는 동일하지 않았다. 이처럼 중국 역사에서 시대별로 중심 사상이 다르고, 같은 사상이라도 시간적으로 유파가 크게 다르며, 주변국에서의 형태, 내용, 강조점이 다른 유교를 두고 유교문화, 유교문화권이라고 부르는 개념화는 매우 거칠고 작위적이다.

버거의 '세속적인 유교사상'이라는 개념화에 대한 의문도 제기될 수 있다. 인간관계 윤리, 사회질서와 상하 윤리를 본질로 하며 기본적으로 지식층을 대상으로 한 유교의 역사에서 구체적으로 어떤 세속적 또는 통속적 내용을 발견할 수 있는지, 그가 지적한 몇 가지 유교문화 요소가 진정으로 유교문화의 유산이거나 흔적인지 의문이다. 이 밖에도 문화를 중심으로 한 동기 관점은 또 하나의 문제를 내포하고 있다. 문화라는 요소는 추상적이고 애매해서 파악하기 어려울 뿐 아니라 현실에서 종종 남용되거나 오용된다.[20] 다시 말해, 문화

20 진야오지(金耀基)(1992), p. 137.

요소는 정치적 목적을 위해 조작·이용되거나 민족의 우월성을 교육하고 선전하기 위한 의도된 실천운동의 동력으로 이용되기도 한다. 현대 중국의 경험은 이 문제를 너무도 잘 보여 준다.

세 번째, 절충적 관점이다. 이는 구조적 요소와 동기 요소가 상호 작용함으로써 동아시아의 경제 기적을 가능하게 하였다고 보는 관점인데, 다양한 요소를 함께 고려한다는 점에서 당연히 설명의 폭이 넓다. 지극히 역사적이고 특수한 자본주의의 발흥과 발전, 지역적으로 특수한 동아시아의 경제발전 현상을 문화 관점이나 구조 관점 중 어느 한 관점에 의지해서 해석하려는 태도는 바람직하지 않으며 포괄적인 이해에 도움이 되지 않는다. 이러한 이유에서 나온 견해가 바로 절충적 관점이다. 어떤 의미에서는 이 시각이 우리의 의문에 대한 정답에 가까운 설명을 제공할 수 있다. 절충적 관점은 마르크스주의적 시각을 빌린다면 상부구조(사상, 이념, 의식구조)와 하부구조(물질적 토대)가 상호 작용함으로써 새로운 현상인 자본주의 발흥과 발전, 경제의 성장과 발전 또는 경제적 현대화가 가능하였다고 설명할 수 있다. 이 관점에 따른다면 구조-문화-정책-리더십이 상호 영향을 주고받으면서 자본주의 발전 또는 경제발전이라는 현실적이고 세속적인 사회 현상이 가능해진다. 다른 차원에서 설명한다면, 베버와 버거가 강조한 '문화'는 자본주의 발흥 또는 경제발전의 근본적 요소이며, 제도는 그 위에 형성된 구조 요소이고, 정책과 전략은 제도와 구조로부터 표현되어 나오는 구체적이고 현상적인 요소라고 할 수도 있다. 여러 요소 중에서 리더십이 남는데, 리더십은 이 세 층차의 요소들을 활용해서 현실적 변화를 이끌어 내는 능력이다. 그렇지만 절충적 관점은 지극히 교과서적이어서 많은 것을 보여 주고 있는 듯하지만, 초점이 없기 때문에 논리의 명쾌함이나 예리함이 부족하다는 한계가 있다.

3. 몇 가지 의문에 관한 토론

유교와 경제발전의 관계에 관한 연구들은 국내외, 동서양을 막론하고 상당한 규모에 이른다. 기독교문화와 자본주의 발흥 간의 관계에 대한 관심에서 시작된 베버의 연구를 계승하여 제2차 세계대전 이후에는 유교와 경제성장 및 발전의 관계에 관한 논쟁이 이어졌다. 이 논쟁은 처음에는 일본 경제를 대상으로 펼쳐졌고,[21] 이어서 동아시아 신흥공업경제가 경이적인 경제 성과를 성취하면서 동아시아 경제를 대상으로 전개되었다. 그리고 문화 및 전통과 경제발전의 관계에 대한 논쟁의 중심은 1980년대부터 중국이 고성장 대열에 합류하면서 중국 경제를 대상으로 또 한번 활성화되었다. 이 논쟁은 제2차 세계대전 후 일본의 뒤를 이어 동아시아 신흥공업경제의 성장 현상을 두고, 유교 전통이 경제성장에 순기능을 하였다는 논지에 대한 찬반 진영으로 나뉘어 전개되었는데, 이 시기에는 대체로 양자 간의 긍정적 상관관계를 주장하는 쪽이 우세하였다. 일본이 경제 부흥에 성공하자 일본 정신, 일본적인 것이 부각되었고, 동아시아 신흥공업경제가 장기적인 고성장을 구가하자 이제는 아시아적인 것, 유교문화와 전통이 각광받았으며, 그 뒤를 이어 중국이 놀라운 경제 성과를 보이면서 이제는 중국적인 것, 유교문화라는 요소가 관심의 초점이 되었

21 엄격히 말해, 아시아 지역에서 벌어진 유교사상의 '근대성'에 대한 최초의 열띤 토론은 중국의 5.4 신문화운동을 전후한 시기 중국 지식인들에 의해 시작되었다. 19세기 말 철저한 서양화를 옹호하는 지식인들과 중국 문화의 우월성을 주장하는 지식인들 간의 치열한 논쟁은 변혁 시대를 맞은 중국 지식인들의 고민을 그대로 반영하고 있다. 이 논쟁은 점차 사회주의 사상에 의해 압도되어 갔고 상당수의 지식인들이 사회주의 사조로 기울면서 유교사상과 전통은 봉건적 유산으로 지목되어 타도의 대상으로 취급받았다. 사회주의 정권 수립 이후 30년 동안의 사회주의 건설 시기를 지나 1970년대 후반 덩샤오핑에 의해 개혁개방이 주도되면서 중국의 중심적 전통사상이라고 간주된 유교 전통이 다시 각광을 받게 되었다. 개혁개방 이후 유교 전통이 소환되면서 대부분의 학자들이 개혁파의 주장을 부연하는 형태가 주류를 이루었지만 소수 학자들은 유교사상에 대해 비판적인 시각을 견지하기도 하였다. 이 부분은 제4장에서 집중적으로 논의한다.

다. 그러다가 1990년대 후반에 동아시아 전반을 엄습한 금융위기를 계기로 아시아적인 요소, 중국적인 요소, 유교문화 및 전통 등에 대한 비판의 목소리가 높아졌다.

발전경제학을 포함한 사회과학적 관점에서 유교 전통과 경제발전의 관계에 관한 논쟁을 살펴보면[22] 대체로 다음과 같은 몇 가지 의문점을 추출할 수 있다.

첫째, 개념이 분명하지 않다. 경제발전과 종교 또는 사회사상(유교)의 관계를 밝히기 위해서는 선택된 개념인 '사회사상'이나 '종교'의 실체가 분명하여

---

22 이 글의 주제에 관한 동서양의 연구물들은 짧은 논설문, 논문 및 책의 형태로 많이 나와 있다. 경제학 측면에서 유교와 경제발전의 관계에 관한 연구 성과를 제외한 철학, 윤리학 또는 사상사 분야의 연구 성과를 평가하는 작업은 저자의 능력과 이 글의 범위를 넘는다. 따라서 유교에 대한 윤리학, 철학, 또는 사상사적인 글들은 제외하고 이 글의 주제와 비교적 관계가 깊다고 생각되는 글만을 소개하면 다음과 같다. 국내의 대표적인 글로는 한국정신문화연구원(1994), 동아일보, 人民日報, 朝日日報 공동 주최 광복50주년 기념 국제심포지엄 보고서(1995), 동아일보, 人民日報 '96국제학술회의 보고서(1996)에 실린 다수 논문, 임원택 교수의 일간지 논설, 김일곤(1984), 김일곤(1985), 김일곤(1987), 김일곤(1992), Kyong-Dong Kim(1997), 함재봉(1998), 제9장 등이 있다. 외국의 주요 문헌으로는 S. Krieger and R. Trauzettel, eds.(1991), Tzong-shian Yu and Joseph S. Lee, eds.(1995), Leslie Sklair, ed.(1944), Bao Zhuxin(1988), Hsing Mouhuan(1988), King Ambrose(1985), Huang Kwang-kuo(1988), Peter Berger(1987), Morishima Michio(1982), Henry, Jr., Wan(1988), Tai Paul Huang-chao, ed.(1989), John C. Fei(1986), Balasaa Bella(1988), Paul W. Kuznetz(1988); 중문 연구물은 한국철학사상사연구회 논전사분과 엮음(1992); 張岱年 等(1990), 宋仲福 等(1991), 杜恂誠(1993), 鄭大華(1994), 馬勇(1995), 歐陽衛民(1995), 啓良(1996) 등을 들 수 있다. 서양의 연구물들 다수가 중국계 학자들의 것인데, 이들은 유교사상의 경제발전에 대한 순기능을 부각시키려 애쓰고 있으며, 비중국계 서양학자들의 글의 주류도 중국계 학자들과 유사하다. 특히 신고전파 경제학의 전통 위에 선 경제학자들의 글은, 본문에서 설명되고 있듯이, 유교 전통이라고 생각되는 어떤 한 요소(교육, 저축, 가족주의, 가부장적 경제계획 및 운영 등)를 설정하고 이에 대해 실증분석을 가하는 형식을 취한다. 그러나 신고전파 시각을 견지하는 학자들의 논증은 그들이 내세운 몇 가지 전통 요소가 과연 유교 전통이라고 할 수 있느냐 하는 질문 앞에서 취약성을 드러낸다. 이 주제에 대한 토론은 동아시아 경제발전을 설명하기 위해 시작된 만큼 중국·타이완·싱가포르·홍콩·일본 학계의 참여 역시 활발하다. 한국에서도 일부 경제학, 사회학, 정치학, 철학 및 윤리학 분야 학자들이 이 주제에 관한 짧은 논설 형식의 글들을 내놓았으며, 일부 학자들은 본격 연구물들을 발표하였다. 어떤 학자들은 일본 학자들의 주장을 무비판적으로 흡수하여 일본적인 것은 무엇이든 높이 평가하려는 자세를 보인다. 심지어 어떤 학자들은 해방 이후 한글이 널리 사용되게 된 현상이 건전한 한국 자본주의 정신을 형성할 수 없게 하였다는 터무니없는 주장을 내놓기도 하였다. 그들에 따르면 한문을 멀리하고 한글을 애호하게 되면서 독서 속도가 늦어지고 전통사상으로부터 교훈을 얻을 수 있는 기회가 줄어들게 되었는데, 한글전용정책은 한국 자본주의 정신을 멍들게 하고 경제성장 과정의 모순을 더욱더 악화시키고 있다는 주장까지 펼친다. 그러나 본문에서 밝히듯이 이 주제에 관한 토론, 특히 경제학계의 연구는 논리적으로 적지 않은 문제점을 안고 있음에도 불구하고 대부분 고도성장기 일본 학자들의 주장을 무비판적으로 반복하는 경우가 많다.

야 한다. 만약 유교와 경제발전의 관계를 밝히고자 한다면, 먼저 '유교' 또는 '유교 전통과 문화'에 대한 명확한 정의가 필요하다. 그런데 유교와 경제발전의 관계에 관한 토론을 보면 이 기초 작업이 부실하다. 다수의 논의는 단순히 동아시아 지역은 장기간 중국의 영향력하에 있었고, 그중에서 중국을 대표하는 전통문화가 유교라는 이유로 중국을 포함한 일본과 동아시아 사회를 유교문화권으로 묶는다. 이들은 동아시아 지역에서 일본, 동아시아 신흥공업경제, 중국이 상당한 경제성장을 성취하였다는 사실을 동일한 현상으로 간주한 뒤, 유교문화가 지역의 공동자산이라는 믿음 위에서 유교 전통과 경제발전의 관계를 추적하는 형태로 논의를 전개한다. 여기에서 보듯이 이들은 '유교 또는 유교문화'의 개념이 불명하고, 이 불분명한 개념 도구를 이용해 논의를 전개한다. 즉, 다수의 논의들이 유럽보다 더 역사적·문화적 다양성이 크고 관계도 복잡한 동아시아 지역을 성급하게 하나의 문화권으로 묶는 과도한 단순화의 오류를 범하고 있다.

이 주제에 대한 초기 연구자인 베버는 분명히 중세 기독교로부터 개혁을 외치고 나온 '기독교 윤리'(protestant ethic)라는 도구를 마련한 뒤 그의 논의를 전개하였다. 이에 비하여 제2차 세계대전 후 유교와 경제발전의 관계에 관한 토론은, 원시유교에서 현재까지 2500년이라는 긴 역사와 수많은 유파로 분화해온 유교를 단순히 '유교'(Confucianism)라고 이름 붙인 뒤 논리를 전개한다. 특히 철학이나 윤리학 분야에서의 토론을 제외한 대부분의 토론은 유교에 대한 분명한 정의도 없이 토론을 전개한다. 예를 들면, 어떤 이는 '가족주의' 또는 '가부장적 전통'이 유교의 전통이라고 간주한 뒤 그것들이 경제성장에 어떤 기능을 하였는지 논증하려 하고, 어떤 논자는 '근검절약'(저축) 정신이 유교의 전통이라고 보고 근검절약 정신이 경제발전에 순기능을 하였다는 주장을 편다. 또 다른 이들은 '교육열'이 유교의 유산이라고 보고 교육열(구체적으로 교육 투자)과 경제성장의 관계를 밝히려 하거나, 심지어는 '한자(漢字) 문화', '젓가락 문화'와 경제성장의 관계를 논증하려 한다. 이처럼 다수의 연구는 복잡한 유교 유파 중에서 과연 어떤 유파를 말하는지, 또는 연구자가 상정한 '유교'가 구체적으로 어떤 개념인지에 대한 기초작업도 없이 대담하게 논의를 전개하는 경우도 있다.

원시 유교의 고전을 보면 이익 문제 또는 경제 문제는 우선 논의할 주제가 아님을 분명히 하고 있다. 왜냐하면 유교의 창시자인 공자와 맹자의 관심은 '이익'에 있지 않고 '인(仁)과 의(義)', '질서에 기초한 원만한 인간관계'에 있었기 때문이다. 유교는 본질적으로 지식층이나 지배층을 위한 '정치 윤리' 또는 '사회 윤리'였고, 일반 대중의 생활 윤리나 이해관계 문제에 관한 사상은 아니었다. 유교는 한(漢)나라의 정치이념으로 채택되면서 본격적인 현실 정치 윤리로서의 위상을 점하기도 하였다. 시대가 변천함에 따라 유교는 여러 유파로 발전하였으며, 초기 유교와는 자못 다르게 법이나 사회규범을 강조하는 유파로까지 분파되었다. 예컨대, 법가(法家)는 엄격한 법규범을 통하여 사회를 통치해야 한다고 주장하였고, 유가의 외곽으로 분류되는 순자(荀子)는 구체적인 국가의 부(富) 문제까지 다루었다. 이 두 유파는 인의(仁義)를 핵심으로 삼은 공맹의 유학과는 상당한 차이를 보인다. 남송 시대에 출현한 주자학과 명대에 형성된 양명학이 정통성을 놓고 논쟁을 벌이기도 하였는데, 이 두 사상은 유교 내에서도 크게 다를 뿐 아니라 유가철학 내에 있는지조차 논란의 대상이 될 정도이다.

명대에는 경제활동이 매우 활발하였고 경제생활 수준도 높았다. 명말 사회적·경제적인 변화에 맞추어 유학 내에서 왕수인(王守仁, 1472~1529)의 양명학

(陽明學)이 출현하였다. 불교 선종(禪宗)의 강한 영향을 받은 이 학파는 야선(野禪), 광선(狂禪) 등으로 경멸받기도 하였지만, 사회적 평등, 이익 추구를 이념적으로 정당화하는 데까지 나아갔다는 점에서 주자학과 매우 달랐다. 왕양명은 당시까지 주류이자 현학적이며 지식층의 학문이던 이학(理學)을 거부하였다. 태주학파(泰州學派)로도 불리며 기본적으로 심학(心學)인 양명학은 모든 인간은 선한 심성을 지니고 있으며, 현인이 되기 위해서는 타고난 양지(良知)를 깨닫기만 하면 된다고 주장하였다.[23] 이처럼 유학은 긴 역사를 거쳐 오면서 '유학'이라는 한 단어로 담아내기 어려울 정도로 매우 다양한 모습으로 분화해 왔다. 본질적으로 심학인 양명학은, 그 이전의 법가사상이 전통 유교사상 체계 내에 있는지 사실상 논란거리이다. 이 의문은 유대교와 기독교를 같은 종교로 보아야 하는지에 대한 의문만큼이나 매우 의문이다. 여기에서 알 수 있듯이 경제발전과의 상관성을 논증하기 위해 '유교' 또는 '유교 전통 또는 문화'라는 개념을 설정하는 작업만도 만만치 않은 작업이다. 그럼에도 불구하고 많은 연구자들은 개념 정리 작업도 부실한 상태에서 논의를 전개하거나 주장을 내놓는 경우가 많다.

둘째, 흔히 경제발전에 순기능을 한다고 믿는 유교 또는 유교 전통의 구체적 모습에 대해서도 생각해 보아야 한다. 이에 관한 문헌을 보면, 논자에 따라 약간씩 다르기는 하지만, 일반적으로 유교 전통으로서 ① 근검절약 정신(높은 저축률), ② 교육열, ③ 가족주의, ④ 가부장적 전통 등을 들고 있다. 여기에 적시된 요소들은 흔히 '유교' 전통이라거나 '동양 사회'의 전통이라고 간주되기도 한다. 그런데 우리는 여기에서 "과연 근검절약 정신, 교육열, 가족주의 및 가부

23 이승휘 옮김(2002), pp. 204~205 참조.

장 전통이 유교 전통이냐?”를 물어야 한다.

먼저, 근검절약 정신이 유교 전통이냐 하는 의문이다. 근검절약 정신은 한 사회가 경제발전의 길로 들어서기 위해 필요한 자본을 형성하는 데 중요한 역할을 한다는 점에서 경제발전의 필요조건이다. 그러나 근검절약은 오랜 역사를 견디어 온 고등 종교, 오랜 토론을 이겨온 사회사상이나 사회 윤리의 공통적인 특징이지 유교 전통만은 아니다. 왜냐하면 어떤 고등 종교나 사회 윤리도 사치와 낭비를 가르치지는 않기 때문이다. 만약 어떤 종교나 사회사상이 사치와 낭비를 가르친다면 그 사상과 종교는 일시적으로 대중을 현혹시킬 수 있을지 모르지만 결코 오랜 역사의 시험을 견디어 내기는 어렵다. 어떤 개인도 저축 그 자체를 위해 저축을 하지는 않는다. 절약과 저축을 통해 자신의 부가 확대되며 장래 경제생활이 더 안정되고 윤택해질 뿐 아니라 위험에 처하였을 때 버팀목이 되리라는 믿음이 있을 때 근검절약과 저축정신이 사회 구성원의 생활습관으로 자리 잡는다. 물론 가족을 잘 교육시키고자 하는 의도에서 저축하는 경우도 있을 수 있는데, 이 믿음은 개인이 스스로 만들어 내는 것이 아니라 사회 환경(정치·경제·사회적 환경)에 의해 형성된다. 여러 요인으로 인해 장래에 대한 불확실성이 클수록 저축률은 높게 나타나기도 한다.

경제학 기초 지식은, 저축이 개인에게는 미덕이지만 사회적으로는 미덕이 아닐 뿐 아니라 악덕일 수 있으며, 장기적으로 개인에게 손해로 돌아올 수 있음을 알려 준다. 사회의 재생산과 발전을 위해서는 생산에 대한 의사결정에 동기를 부여하는 소비가 따라주어야 하기 때문에 과도한 저축률은 바람직하지 않다. 또한 개발 초기를 제외하고 저축은 일반적으로 장래가 불확실하고 사회안전망이 없거나 부실한 사회에서 높게 나타난다. 현재 중국 사회를 포함한 많은 개도국에서 국민저축률이 높은 핵심 요인은 유교 전통에 기반을 둔 근검절약 정신 때문이 아니라 큰 불확실성, 즉 부실한 사회보장, 비싼 주거비용, 높은 교육비 수준 등 때문이다. 중국 정부가 2000년대 초부터 현재까지 내수 시장을 확대함으로써 안정적인 경제발전 동력으로 삼으려 많은 노력을 경주하였음에도 불구하고, 아직까지 생각처럼 내수시장이 커지지 않은 요인은 바로 불확실성이다. 장래 불확실성이 크고 내일에 대한 불안이 상존하는 환경에서 경제 주체는 자연스럽게 소득의 상당한 부분을 저축하게 된다.

다음으로, 교육열이 유교 전통이냐 하는 의문이다. 부모가 자녀교육에 깊은 관심을 쏟고 심지어는 사회 문제가 될 정도로 뜨거운 교육열을 보이는 근본적 이유는 학력이 높고 지식 수준이 높을수록 사회에서 더 큰 보상(부와 지위)을 받을 수 있다는 믿음 때문이지 유교 전통 때문이라고 보기 어렵다. 또한 교육을 이야기할 때는 전통 시대 교육 내용과 현대적 교육 내용을 분명하게 구분해야 한다. 계몽시대 이전의 서양과 전통 시대 동아시아에서 교육은 모두 다수 대중을 대상으로 한 교육이 아니라 소수 지배계층을 위한 교육이었다. 따라서 전통 사회의 교육, 유교 교양 교육 개념을 액면 그대로 일반 대중을 대상으로 하는 현대 사회의 교육 개념과 동일시할 수는 없다. 전통 사회로부터 현대 사회로 전환되면서 전통 사회를 지배하던 신분제도와 위계질서가 무너지고, 누구나 교육을 통해 일정한 수준의 지식을 갖추면 그에 합당한 부와 지위를 누릴 수 있다는 희망이 생기면서, 대중의 교육에 대한 관심은 높아진다. 현대에도 많은 나라에서 형식적으로는 시장화, 민주화된 것처럼 보이지만 사실상 전통 시대 신분제가 온존하거나 현대판 신분제가 온존한다면 부모는 교육에 열의를 보이지 않는다. 신분이 살아 있고 계층이동이 경직된 사회에서는 노력과 능력이 제대로 보상받기 어려우며, 그런 이유 때문에 많은 젊은이들은 선진 사회로 탈출을 꿈꾸게 된다.

이처럼 전통 사회의 교육 개념과 현대 사회의 교육 개념은 전혀 다르며, 동아시아 사회의 높은 교육열도 이러한 맥락에서 이해해야 한다. 교육을 통해 참 인간이 될 수 있다는 생각에서, 또는 교육 그 자체가 좋아서 교육에 열심인 경우가 전혀 없지는 않겠지만, 동서고금을 막론하고 이러한 경우를 찾기는 쉽지 않다. 예를 들어, 조선시대의 교육열은 교육을 통하여 관직에 오르고, 그에 따라 부와 권세를 누릴 수 있었으며, 부와 지위를 누리는 행위가 바로 가정과 가문에 영광스러운 일이라고 보았기 때문에 가능하였다. 조선 왕조가 무너지고 일제 강점기와 전쟁을 겪으면서 신분제가 대부분 타파되고, 토지개혁을 통해 토지에 기반을 둔 신분이 상당 부분 흔들렸으며, 기초 교육이 보편화되었다. 이러한 사회적 환경은 부모들로 하여금 현재의 경제적 상황과 상관없이 자녀 교육에 사활을 걸게 하였는데, 이러한 환경 변화에 힘입어 교육을 통해서 어려운 시대를 뚫고 남보다 많은 부, 남보다 높은 자리를 얻을 수 있다는 믿음이 사회에 보편화되었다. 그렇기 때문에, 전통 사회를 지배하던 신분제, 사회사상, 사고방식이 깨지면서 분출되기 시작한 교육열을 유교의 전통이라고 보기는 어렵다. 만약 전통 시대의 교육열이 근대 이후에도 지속되는 이유가 유교적 전통 영향이라고 말하고자 한다 해도, 최소한 전통 시대와 근대 이후의 교육 개념은 크게 다르며, 그 전환이 어떤 요인에 의해 가능하였는지를 먼저 물어야 한다. 한마디로 말해서 교육열이나 교육 투자, 또는 높은 교육을 받은 인재가 경제발전에 미치는 영향을 논증할 수는 있겠지만 교육열이 유교의 유산이라는 명제는 증명하기 어렵다.

끝으로, 가족주의와 가부장 전통이 유교 전통이냐 하는 의문이다. 가족주의와 가부장 전통은 유교 전통이라기보다는 대부분의 산업화 이전 '전통 사회'의 특징이라고 보는 편이 더 타당하다. 이익추구 행위가 폭넓게 사회적으로 인정받고 개인주의가 보편화된 것은 서양에서도 계몽 시대를 지나 산업혁명이 시작되면서부터이다. 그리고 산업화가 진전되고 생활 수준이 향상되면서 개인주의적 사고방식이 사회의 지배적인 조류가 되고, 산업화가 더 진전되면서 가정, 가족의 개념도 변화한다. 현재에도 산업화, 현대화가 뒤진 사회일수록 여전히 강한 가족주의 관념과 가부장적 구조를 유지하고 있으며, 현대화·산업화되고 생활 수준이 향상되면서 가족주의와 가부장적 전통은 약화되어 간다. 한국에서 산업화 이후 가부장적 문화는 많이 바뀌었으나, 여전히 대부분의 조직, 사회구조, 기업운영에서 가부장적 문화는 살아 있다.[24] 이 사실은 문화의 관성 또는 끈질긴 생명력을 보여 줄 뿐이다. 1990년대 후반 동아시아 경제위기는 가부장적 국가통치와 경제운영 방식에 대한 깊은 반성을 요구한다는 주장도 있었다. 가족주의와 경제발전의 관계에 관해서 한 가지 더 지적되어야 할 사항은 '가족주의'가 경제발전에 순기능을 하느냐 역기능을 하느냐 하는 논쟁조차도 아직 일정한 결론에 이르지 못하고 있다는 사실이다.[25]

셋째, 유교 전통과 문화가 일본과 동아시아 신흥공업경제, 그리고 중국 경

---

24 효율성을 이유로 가부장적 전통, 가부장적 국가운영, 가부장적 조직 관리와 기업운영 방식을 높이 평가하는 이도 있고, 한국 재벌의 의사결정 구조를 한국 경제 발전에 큰 기여를 한 조직구조라고 긍정하는 이도 있다. 개인회사도 아니고 공개된 주식회사임에도 불구하고, 창립자 가족이라는 이유로 소수 지분만으로 기업을 좌우하고, 개인 재산처럼 임의로 기업을 대물림한다. 한국 교육의 70% 이상을 담당하는 사학재단은 기부한 자산을 사유재산으로 간주하여 가족들이 전횡을 일삼음으로써, 지금까지도 비리로 얼룩지지 않은 사학을 찾기 어려울 정도이다. 이러한 악습은 각급 사회조직에 깊이 뿌리내리고 있다. 선진경제에 진입하였다고 평가받는 지금도 이러한 폐습은 온존하고 있다. 한국의 각급 조직에 가부장적 문화 또는 군대식 문화가 만연해 있고, 그 비용은 계산하기 어려울 정도여서 효율성을 언급하기 어렵다. 가부장적 조직관리 문화는 자유로운 소통을 통한 창의적 아이디어의 제기와 채택을 어렵게 할 뿐 아니라 기업을 포함한 거의 모든 조직에서 불투명, 불공정, 부정과 협잡, 불법적 갑질(power-abusing)을 만들어 낸다.

25 가족주의와 경제발전의 관계에 관한 과거의 토론은 어떤 때는 가족주의가 경제발전에 순기능을 한다는 결론을 얻기 위해, 또 어떤 때는 가족주의가 경제발전을 저해한다는 답을 유도하는 데 초점이 맞추어졌다. 가족주의가 경제발전에 순기능을 한다는 주장들이 있다. 이 토론에서 흥미로운 사실은 토론 대상이 주로 중국의 가족주의인데, 서양 학자들은 가족주의의 경제발전에 대한 역기능을 주장하는 데 비해서 중국 학자들은 가족주의의 경제발전에 대한 순기능을 변호하고자 한다. 이 현상도 이 글의 문제의식과 동일 선상에서 해석할 수 있다. 이 문제에 관해서는 M. K. Whyte(1995) 참조.

제발전의 중요한 요인이라고 할 수 있느냐 하는 의문이다. 경제성장과 발전을 이끄는 주체는 노동자-농민, 기업가, 정치엘리트, 경제관료로 요약할 수 있으며, 경제발전 과정은 자본의 축적과 재생산 과정이라고 할 수 있다. 자본의 초기 축적 과정은 대체로 축적을 위한 농민 및 노동자의 희생을 기반으로 한다. 경제발전 과정, 자본 축적 과정에서 희생을 강요당하는 주체는 노동자-농민인데, 이런 이유 때문에 일부 진보적 학자들은 어느 나라를 막론하고 기본적인 경제발전 모형은 '노동자-농민 희생모형'이라고 말하기도 한다. 세계경제사를 살펴볼 때 저개발(underdeveloped) 또는 미개발(undeveloped) 상태에서 경제성장과 발전으로 전환되는 과정은 철저한 노동자-농민의 희생 과정이었다. 가부장적 경제운영이 유교 전통이라고 인정하더라도, 이 과정에서 가부장적 기업경영 방식과 국민경제 운영방식의 혜택은 대부분 소수 정치인, 관료 및 관리계층 노동자들에게 귀속됨을 부인하기 어렵다. 많은 사례를 보면 적어도 경제성장 초기와 중기까지는 저임금과 저곡가 정책에 기초한 농민과 노동자의 희생 위에서 가능하였다고 해도 과언이 아니다.

동아시아 발전모형의 실체를 인정하고 그 유용성을 신뢰하는 이들은 유교가 동아시아 경제발전에서 중요한 역할을 하였다고 믿고 싶어 한다.[26] 동아시아 발전모형의 실체에 대해서는 아직 일치된 의견이 없지만, 동아시아 발전모형은 거시적으로 볼 때 권위주의적 정부가 주도하는 발전모형으로서, 전체 구성원들이 권위주의적 지도자와 정부의 강력한 자원동원 및 배분하에서 일사분란하게 경제활동을 하는 형태의 발전모형이다. 즉, 동아시아 발전모형의

26 동아시아 발전모형의 실체, 유효성 및 장래에 관한 토론은 그동안 때로는 뜨겁게 때로는 미지근하게 지속되어 왔다. 이 토론은 1990년대 말 동아시아 경제가 위기에 처하면서 열기를 더하기도 하였다. 동아시아 금융위기를 계기로 촉발된 대표적 토론인 삭스와 크루그먼의 논쟁은 "Asia's Miracle is Alive and Well"(J. Sachs) & "Wrong, It Never Existed"(P. Krugman), *TIME*(September 29, 1997), pp. 36~37 참조.

핵심은 강제력을 통한 자원의 대량 동원 및 임의적 배분을 통한 대량 산출모형이다.

동아시아 발전모형에 호감을 갖는 이들은, 가장의 권위를 중심으로 철저한 상하관계가 형성되어 있는 가부장적 구조의 가정처럼 동아시아 발전모형에서는 개별 경제 주체는 정부, 노동자들은 기업주, 하급자는 상급자와 상명하복 관계를 형성하는데, 유교 전통이 여기에 순기능을 하였다고 본다. 그런데 이러한 설명에도 적지 않은 의문이 내포되어 있다. 그들은 경제성장 초기의 이러한 강성 권위주의 통치 및 경제관리모형은 제1세대 자본주의 국가를 제외한 후발 자본주의 선진국, 제2차 세계대전 후 신흥공업경제에서 공통적이라고 이해한다. 독일 같은 후발 자본주의 선진국, 홍콩을 제외한 동아시아 신흥공업국에서는 대체로 부족한 자원과 자본을 효율적으로 동원하고 목적에 따라 배분하기 위해 정부가 강제력을 동원하였다. 그러나 권위주의적 지도자와 정부가 시장화와 경제개발을 이끄는 권위주의적 개발독재모형은, 후발 자본주의 선진국의 예에서도 보듯이 유교 전통은 아니다. 뒤에서 설명하지만 가부장적 경제개발모형의 불가피성에 대한 변명은 홍콩의 사례 때문에 설득력이 약화될 수밖에 없고, 미시적으로 보면 일본, 한국, 타이완, 싱가포르의 사례도 매우 다르다.

여기서 또 한 가지 생각해 볼 사항이 있다. 경제개발 초기 가부장적 국가운영, 경제운영 또는 기업운영 방식이 경제성장에 미치는 순기능을 어느 정도 인정하더라도, 그들이 말하는 유교와 동아시아 경제'발전'(development)이라는 표현은 과장된 것이며, 엄격히 말해서 유교와 경제'성장'(growth) 정도로 고쳐 말해야 한다. 왜냐하면 유교가 동아시아 발전모형에 어떤 영향을 미쳤다고 하더라도, 그것은 자원의 '효율적인' 이용이라는 측면보다는 자원을 권력이 원하는 곳에 강제적으로 배분하는 역할이라고 보아야 한다. 따라서 권위주의적 발전모형이 경제성장에 미치는 순기능에는 분명한 한계가 있으며, 특히 유교와 경제발전의 관계를 말하기 위해서는 더 많은 사항들을 고려해야 한다. 현실의 사례를 고려한다면, 이미 권위주의적 지도자와 정권의 자원에 대한 강제동원 계획이 있었고, 유교 전통 또는 유교문화 요소를 정권의 의도에 따라 장려, 교육, 선전, 이용함으로써 지도자와 정권의 권위와 정당성을 만드는 방식이었다. 전후 주요 개도국 사례에서 보듯이, 동아시아 발전모형의 실제 모습은 내적으로는 철저한 공권력에 의한 '강제와 폭력'이면서 외적으로는 유교 전통이라고 일컬어지는 '충효' 특히 '충'을 내세우는 이중구조였다.[27]

넷째, 유교 전통의 경제성장에 대한 순기능을 인정하더라도 유교의 경제성과에 대한 영향력 정도를 추정하는 수단과 판단 기준이 무엇이냐 하는 의문이 남는다. 다시 말해서, 어떤 방법과 기준으로 종교 또는 사회사상의 경제발전에 대한 영향력 정도를 판단할 것이냐의 문제이다. 만약 어떤 종교, 사회사상, 사회윤리의 경제발전에 대한 영향력이 종교 및 사회사상의 역사와 비례한다고 주장하고자 한다면 논리의 근거가 매우 박약하다. 동아시아의 사상이나 종교의 역사를 따지기로 한다면 각 사회의 전통종교, 인도에서 시작된 불교, 중국에 뿌리를 둔 도교의 역사도 결코 유교의 역사보다 짧지 않다. 그리고 유교의 근대화에 대한 순기능을 인정하더라도 영향력이 매우 미미한 수준인지 상당한 수준인지를 판단할 기준을 설정하기는 어렵다. 그럼에도 불구하고 많

27 사회사상을 수단으로 삼는 정치적 음모의 이중구조적 성격은 현대 동아시아 경제성장 과정에서만 나타나고 있는 것은 아니다. 중국의 역사에서도 유사한 모습을 발견할 수 있다. 중국 한나라 때 유교가 국가경영의 중요한 이념적·사상적 지주로 채택되었다고 알려져 있다. 그러나 많은 중국 사학자들은 한대 이후 중국 정치의 본모습은 실제적인 내용은 법가적이면서 표면적으로는 유교적 사상과 관습을 내세우는 '내법외유'(內法外儒)의 형태였다고 보고 있다.

은 연구자들은 은연중에 동아시아 사회에 유교가 전파되고 일부 사회에서 정치사상으로 활용된 역사가 있다는 이유만으로 문화권을 설정하고 유교 전통의 경제발전에 대한 상당한 영향력을 인정하려 한다.

다섯째, 왜 유교 전통만을 논의 대상으로 삼느냐 하는 의문이 있다. 논의 대상을 동아시아 사회에 전파되고 또 영향력을 행사해 온 종교나 사회사상으로 한정한다고 하더라도 여기에는 유교를 포함하여 민속종교, 도교, 불교, 이슬람교, 힌두교, 천주교, 기독교 등 여러 가지가 있다. 따라서 왜 유교만을 토론 대상으로 삼고, 특별히 유교의 경제발전에 대한 순기능을 부각시키려 하느냐 하는 의문은 정당하다. 앞서 지적하였듯이 근검절약 정신과 교육에 대한 관심은 고등 종교와 널리 받아들여지는 사회사상 및 윤리의 공통적 특징이다. 다만 어떤 종교나 사회사상이 교조화되거나 개인숭배로 흐르면서 이 두 요소에 대한 관심이 흐려질 수 있지만, 일반적으로 고등 종교와 높이 평가받는 사회사상이라면 공통적으로 근검절약을 미덕으로 삼을 뿐 아니라 교육을 강조한다. 가족주의와 가부장 전통은 근대화 이전 대다수 전통 사회의 공통된 특징이다. 그렇다면 어떤 고등 종교, 고등 사상도 토론의 대상이 될 자격이 있다. 만약 우리가 이미 경제발전을 성취한 사회를 관찰할 때 그 사회에 보편화되어 있다고 판단되는 사회사상이 유교라는 이유만으로 유교를 토론의 초점으로 삼는다면, 이는 매우 자의적인 논리이다.

동아시아 신흥공업경제들은 다양한 종교와 사회사상이 팽팽한 균형을 이루고 있는 사회이다. 여기에서의 의문은, 그런데도 왜 유교만이 특별히 선정되고 또 높이 평가되어야 하는가 하는 점이다. 뒤에 다시 논의하겠지만, 이러한 식의 논리는 종족주의 또는 자민족 중심주의 같은 주관적인 의도를 숨기고 있다고 여겨진다. 제2차 세계대전 후 한국의 경제발전 과정은 오랜 신분제가 타파되고 경제 기반이 무너진 상태에서 전통사상 및 관념의 퇴조와 현대적 사상, 제도 및 교육의 일반화 과정이었다. 그렇다면 우리는 이러한 주장을 펼 수도 있다. 한국의 현대 경제발전사는 새로운 종교사상인 기독교와 궤를 거의 같이한다고 말하여도 될 만큼 상당 부분 일치한다. 현재 한국의 기독교 인구는 전체 인구의 1/3을 차지하고 있고, 열정적인 구제사업, 교육사업과 함께 시작된 한국 기독교의 사회에 대한 관심, 교육에 대한 강조 면에서 어떤 종교에도 뒤지지 않는다. 그런데 왜 이 사실은 논의에서 제외되는지 의문이다. 이렇게 볼 때, 한국의 경제발전과 종교문화 또는 사회사상의 관계를 분석하는 작업은 경제발전과 '유교'보다는 경제발전과 '기독교'의 관계를 분석하는 데서부터 시작하는 편이 더 설득력 있어 보인다.[28] 이러한 반론은 유교문화와 경제발전을 조잡하게 연결시키려는 노력에 비판정신이 결여되어 있음을 말해 준다.

4. 비판적 성찰

앞에서 보았듯이 종교 또는 사회사상과 경제발전의 관계에 관한 토론을 회고해 볼 때 개념의 모호성, 논리의 비약 등 상당한 문제점이 있음을 알 수 있

28 본문에서 서술하였듯이 한국의 경제발전과 기독교의 관계는 소홀히 다루어져 왔다. 한국의 경제발전과 기독교 정신의 관계에 대한 초보적인 언급을 한 사람은 후쿠야마(F. Fukuyama)였다. 그는 "한국이 동아시아에서 필리핀을 제외하고는 상당한 기독교 인구를 가진 유일한 나라라는 점을 들어 한국의 경제발전에는 기독교의 영향도 크다. … 기독교인은 이 나라의 정치 및 사회 활동에서 교인 수에 걸맞지 않게 활발하였다. … 한국의 신도들은 확실히 경제활동에 열정적으로 참여하였다. … 그렇지만 기독교인들이 한국의 급속한 경제발전에서 신도 수에 걸맞지 않게 큰 역할을 하였다는 증거를 찾기는 매우 어렵다. 그 이유는 아마 기독교와 유교 문화가 모두 유사한 종류의 경제적 또는 기업가적 가치를 장려하기 때문에 … "라고 말하고 있다. 후쿠야마의 한국 경제발전사에서 차지하는 기독교의 위치에 대한 평가는 흥미롭다. 그러나 그가 말하는 기독교와 유교 문화가 모두 경제적 또는 기업가적 가치를 장려한다는 주장에는 설명이 결여되어 있어서 이해하기 어렵다. 프란시스 후꾸야마(1997), 특히 pp. 281~282 참조.

다. 이제 전후 동아시아 경제발전과 유교의 관계를 어떻게 이해하여야 하며, 이 주제를 둘러싼 토론의 이면에 깔려 있는 보이지 않는 문제의 본질은 무엇이냐에 대해 성찰할 차례이다.

첫째, 유교는 역사적으로 볼 때 일부 동아시아 사회에서 정치권력의 필요에 따라 자의적으로 개념지어지고 선택되었으며, 강제로 선전·교육·이용되어 왔다. 뿐만 아니라 현대 동아시아 경제발전 과정에서도 권위주의 정권의 의도에 따라 임의로 그 이름이 이용되거나 일부 내용이 선택적으로 활용되어 왔을 뿐 그 자체가 경제발전에 상당한 영향을 미쳤다고 보기는 어렵다. 중국 한(漢)나라 때 유교가 정치철학의 지위를 획득하게 된 동기도 철저하게 대중의 사상적 통일과 정권의 안정이라는 목표를 위한 정치권력의 계획이었다. 그 당시에도 통치를 위한 현실적 수단들은 사실상 법가(法家)적이면서도 겉으로는 상하질서와 충효를 선전하는 이중구조였다.

동아시아 신흥공업국 지도자들의 유교에 대한 시각의 양면성을 보더라도 정치권력의 유교에 대한 자의적 해석과 이용 태도를 엿볼 수 있다. 한국의 박정희, 타이완의 장제스, 싱가포르의 리콴유[29]는 공통적으로 어느 시기에는 유

29 싱가포르의 아버지라고 불리는 리콴유는 그의 집권기간 동안 줄곧 자신의 지도이념이 유교사상에 기반하고 있다고 주장하였다. 그의 주장과 유교이념을 명분으로 한 철저한 개발독재 행태는 싱가포르 경제가 안정적인 경제발전을 성취하면서 마치 진리처럼 전파되었다. 그러나 그는 동아시아 금융위기와 관련된 타임지와의 회견에서 간접적이기는 하지만 그동안 그가 주장해 온 '동아시아 발전모형', '아시아적 가치' 및 '유교자본주의'에 대한 유보적 의견을 표명하였다. 리는 규율이 지배하는 투명한 사회 체제가 경제발전에서 중요한 요인이라는 점을 강조하면서 싱가포르는 바로 그러한 체제를 수립하였다고 인정하였다. 동아시아 경제위기와 함께 설득력이 약화되어 가는 자신의 주장을 변호하기 위해 리는 유교 전통은 가족과 이웃에 대한 도움을 공적 자원이 아니라 사적 자원에 의존하는 체제인데, 이 전통은 정실주의(nepotism and favoritism)로 빠질 우려가 있기 때문에 정실주의를 막을 장치가 필요하다고 말하였다. 여기에서 리가 말하는 정실주의에 빠지지 않게 할 장치는 유교 전통이 아니라 '규율이 지배하는 사회 체제', 즉 법치사회이다. 우리는 싱가포르의 경제발전이 그가 강변하듯이 공사 구분도 모호하고 정실주의로 흐를 가능성이 큰 유교 전통이 아니라, 공직사회의 청렴성과 규율이 지배하는 투명한 사회 체제 그 자체라는 사실을 알아야 한다. 또한 싱가포르는 홍콩처럼 통치가 용이한 소규모 도시국가라는 점도 함께 고려해야 한다. 리콴유의 인터뷰에 대해서는 Interview Lee Kuan Yew "Asian Values and the Crisis," *TIME*(March 16, 1998), p. 24 참조.

교와 유교적 관념을 근대화의 적이라고 간주하고 일소할 것을 제창하였다. 그리고 정권이 자리잡고 성장에 따른 문제점들이 드러나며 기득권층에 대한 도전 현상이 발생되면서, 그들은 유교사상의 진흥을 주장하고 교육하고자 하였다. 그들이 '유교'라는 이름으로 타도 대상으로 삼은 내용은 과거의 봉건적이고 교조적인 관념, 관습, 제도였으며, 진흥해야 한다고 주장한 것은 애국, 충성 및 위계질서 의식이다. 다시 말해, 어느 때는 정권의 새로운 면모를 선전할 목적으로 유교를 비판 대상으로 삼고, 다른 때는 정권을 안정적으로 유지시키기 위해 충성과 위계질서 의식을 고양시킬 필요와 함께 유교를 강조하고 교육하였다. 현대 사회주의 중국에서도 유사한 일이 반복되었다. 이때 문제가 된 것은 그들이 내건 어느 때는 타파, 또 어느 때는 숭상해야 한다고 본 것은 봉건적 사고방식과 관습, 그리고 충성 그 자체이지 '유교'는 아니었다. 물론 유교 전통이라고 여기는 요소들 중에 그들의 필요에 따라 취하고 싶거나 버리고 싶은 요소가 있을 수는 있겠지만, 그것이 반드시 유교 전통이라고 할 수 없음은 이미 지적한 바 있다.

이 기이한 현상은 중국의 현대사에서 명확히 나타나고 있다. 마오쩌둥은 자신이 구상한 사회주의 사회를 건설하면서 봉건적 사고방식과 제도들을 비판하고 타파해야 할 대상으로 지목하였는데, 낡은 문화 타도 분위기는 문화혁명에서 극에 달하였다. 그러나 30년 동안의 경제건설 실패 후 덩샤오핑 시대가 되고 경제성장에 따른 사회경제적 문제점들이 생기면서 이제는 유교를 사회경제 발전에 순기능을 하는 요소로 내세우기 시작했다. 개혁개방 이후 경이적인 고성장은 이해관계가 다른 다양한 계층을 만들어 냈고, 이에 따라 공산당은 더 이상 사회주의라는 이념만으로 통치의 정당성을 확보하기 어려웠으며, 이러한 이유 때문에 유교가 재소환된 것이다. 이에 따라 산둥의 공자 고향에 대규모 기념관을 만들고 전국에 사당 신축이나 복원작업을 시작하였으며, 세계 각국 주요 대학과 도시에 '공자학원'이라는 중국문화센터를 세움은 물론 각급 학교에 논맹을 배우도록 강제하는 등 전통사상 선양운동을 펼치게 되었다. 마오가 사회주의 정권을 수립할 당시 인민의 폭넓은 지지를 획득하기 위해서는 인민을 과거의 사고방식, 제도 및 생활태도가 아닌 새로운 마오주의로 무장시킬 필요가 있었다. 그리고 개혁개방이 개시된 뒤에 많은 사회경제적 문제들이 분출되자, 이 문제를 완화하고자 충과 애국을 강조할 필요에서 전통사상을 끌어낸 것이다. 마오와 덩이 이 작업의 필요성을 강조하면서 표면에 내세운 것이 전통, 구체적으로 유교사상과 전통이다. 이처럼 유교라는 이름은 시대와 권력의 의도에 따라 자의적으로 선택, 해석, 선전, 교육, 강요, 이용되어 왔다.

또 한 가지 생각해 보아야 할 사실은 권력에 의해 의도적으로 채택되고 교육되는(흔히 강제로 교육되는) 윤리, 사상 또는 종교가 일반 대중의 사고방식과 생활태도 속에 얼마나 깊이 각인될 수 있을까 하는 점이다. 정권에 의한 강제적 사회 교육, 전통 교육, 윤리 교육이 대중의 사고방식과 생활태도에 전혀 영향을 미치지 않는다고 할 수는 없지만, 영향력 정도에 대한 평가나 현실적 실효성에 대해서는 의문의 여지가 있다. 대표적으로 아직까지 중국에서 실행되고 있는 유치원생에서부터 대학 교수에 이르는 철저한 정치 교육(사회주의 사상 교육, 개인숭배 교육, 애국 교육, 국제정세 교육, 반미반제국주의 교육, 반자본주의 교육 모두를 포함)이 인민의 머릿속에 얼마나 깊은 감동과 영향력으로 와 닿을지는 의심스럽다. 대다수는 강요와 폭력을 피하기 위해 연기를 할 뿐이다. 공산당은 중국의 체제가 사회주의이고 인민들은 자랑스러운 사회주의 깃발 아래서 하나가 되어야 한다고 설득하고 있지만, 대부분의 식자들, 특히 젊은층이나 경제발전 수준이 높은 지역의 시민들은 코웃음을 칠 뿐이다. 공산당의 사회교육이 강화될수록 인민들은 현실과 교육내용이 더욱 괴리되고 있음을 실감할 뿐이다. 사실 특수한 시기를 제외하고는 감정에 대한 호소 또는 강제적 수단을 통해 경제행위를 유인하기는 어렵다. 특히 강요된 정서나 감성은 더욱더 그렇다.

사회 구성원으로 하여금 경제활동에 적극성을 보이게 하려면 경제 주체를 경제활동의 장으로 끌어낼 만한 분명한 유인(incentives)이 있어야 한다. 이 유인은 자기의 노력을 통해 가족과 자신의 미래가 개선되리라는 믿음에서 나온다. 때로는 애국심 같은 감성적 요소가 유인으로 작용하기도 하지만 특별한 소수, 특수한 상황을 제외하고 그 효과는 매우 제한적이다. 우리가 앞에서 서술한 역사적 경험을 두고 본다면 동아시아 지역에서 정치적 계산과 유교의 관계는 쉽게 짐작할 수 있다.

둘째, 경제발전에 순기능을 한다는 종교 및 사회사상과 자본주의 발흥 또는 경제발전의 선후관계에 대해서도 바른 인식이 필요하다. 종교와 경제발전의 관계에 관한 초기 토론에서 베버 이후에 널리 인정된 내용 중의 하나는 기독교 윤리와 자본주의 발전의 선후관계에 대한 인식의 진보이다. 베버는 직접적인 언급은 없지만 마치 기독교 윤리가 먼저 나타나고 이 윤리가 자본주의 정신을 배양해 낸 것처럼 설명하였다. 그런 이후 경제사 연구는 이미 사익을 추구하는 시대적 조류가 널리 퍼져 있었고 기독교 윤리가 이러한 사회 조류를 정당화시키기 위해서 개선되고 개혁되었음을 논증하려 하였다. 설사 유교문화나 전통 중에 경제발전에 순기능을 할 만한 어떤 요소를 포함하고 있다고 하더라도 사회사상과 시대 조류의 선후관계에 대해 바로 인식해야 한다. 시대 조류에 맞게 개혁된 종교 교리나 사회사상이 변혁의 시대에 영향을 미칠 수 있고,

자본주의의 발흥과 발전에 유리한 종교 교리와 사회사상이 있을 수 있다. 하지만, 개인의 사익 추구 행위가 사회적 주요 조류를 형상한 상황에서 어떤 사회윤리나 종교 교리가 그 사회적 조류를 포용하거나 격려하는 것이지, 자본주의의 발흥과 발전에 친화적인 어떤 사회사상이나 종교 교리가 새로운 사회 현상을 이끌어 냈다고 말하기는 어렵다. 또한 어떤 사회에 널리 퍼진 사회사상이나 종교 교리가 대중의 경제활동의 적극성을 유인하는 데 얼마나 기여하였는지는 측정이나 논증이 사실상 불가능하다.

셋째, 유교, 유교문화와 전통의 강한 보수성과 자기개혁 불감증에 대한 바른 이해가 필요하다. 유교 전통의 강한 보수성과 자기혁신 불감증은 이미 19~20세기 초 중국과 한국의 역사가 증명한다. 만약 어떤 사회사상이나 종교가 변화하는 시대에 맞게 자기혁신을 하지 못한다면, 사회사상과 종교는 새로운 시대에 적응하거나 새 시대를 주도할 지위를 획득할 수 없다. 왜냐하면 시대정신과 시대 분위기가 바뀌는 변혁기에 수구 성향을 보이거나 자기혁신 노력을 게을리하는 사회사상과 종교는 대중의 지지를 얻지 못함은 말할 것도 없고, 새 시대를 이끌어 갈 수는 더욱더 없다. 따라서 변혁의 시대에 적응하지 못하고 주도적 위치를 확보하지 못한 사회사상이 새 시대 출현과 발전에 적극적 또는 긍정적인 역할을 하였다는 주장은 억지에 가깝다.[30]

우리의 논의를 이 장의 주제와 밀착시켜 유교와 경제성장 및 발전의 관계 문제에 한정해 보더라도, 유교는 이미 19세기에 세계사적 변화 조류인 '공업

30 유교사상의 강한 보수성과 자기개혁 불감증은 오늘뿐만 아니라 고대 시대에도 지적된 바 있다. 한나라 10대 선제(宣帝)는 "일반적으로 유가는 상황에 따라 판단하지 못하면서 옛 제도만 옳다고 하고 지금의 것은 쓸모가 없다고 하여, 사람들의 판단을 호도하고 자신이 해야 할 바를 이해하지 못한다. 어찌 유가의 무리들에게 정책을 위임할 수 있겠는가."라고 유가사상에 심취한 황태자에게 훈시하였는데, 이 말은 본문의 지적에 설득력을 더해준다. 중국사연구실 편역(1993), pp. 212~213에서 인용.

화 시대', '경제적 현대화'에 적응하는 데 실패하였다. 즉, 유교는 이미 19세기 후기의 역사를 통하여 산업사회에 적응하고 시대를 이끌어 갈 기회를 포기하였다. 중국의 청말 역사, 한국의 조선말 사례가 이를 증명한다. 더구나 동아시아 금융위기는 제2차 세계대전 후 동아시아 지도자들이 공통적으로 주장하고 선전하였던 '유교자본주의'라는 이름의 개발독재 또는 강성 권위주의식 경제개발은 저개발 또는 미개발 단계에서 경제성장을 이룩하는 초기에 어느 정도 효과는 있을지 모르지만 중장기적으로 어떤 이론적·실천적 가치를 지녔는지 매우 의문이다.

전통사회로부터 근대 및 현대 사회로의 전환과 지속적 경제성장과 발전은 전통사회와는 다른 규율, 습관, 사고방식, 경쟁규칙을 요구한다. 그런데 유교는 새로운 규율, 새로운 사고방식, 새로운 경쟁규칙 등을 정비하고 확립하는 데 인색하였으며, 동아시아 일부 지도자들은 자신들의 생각이 '특색 있는 자본주의', '유교이념'인 것처럼 주장하고 교육해 왔다. 그 결과는 철저한 가부장적 경제구조, 정실자본주의와 부패, 나아가서는 배금주의와 약육강식의 천민자본주의(Pria-Kapitalismus)를 배태하였음도 바로 보아야 한다. 그리고 동아시아 개도국의 이러한 왜곡된 자본주의가 만든 사회경제제도의 틀은 반세기가 지난 지금도 강한 생명력을 보이고 있다. 동아시아 몇 나라에서 유교 전통이 권위주의적 지도자와 정권을 정당화시키고 정치적 안정에 기여하였다는 주장이라면 받아들일 여지가 있으나, 그것이 '경제발전'에 긍정적인 기여를 하였다는 주장은 받아들이기 어렵다.

따라서 유교가 적어도 과거 및 현재와 같은 현실인식을 고집하는 한, 그 속에서 어떤 현대성이나 시대 변화에 부응하는 어떤 혁신성을 찾으려 하거나 경제발전에 순기능을 하는 요소를 찾으려는 작업은 억지이거나 헛수고에 가깝다. 여기에서 민주적 정치 체제 위에서 이상적인 경제발전을 이룩하였다고 평가되는 홍콩의 예를 떠올릴 필요가 있다. 홍콩의 사례는 권위주의적 경제개발 방식 또는 개발독재를 옹호하는 사람들의 설득력을 크게 약화시킨다. 자연경제와 혈연사회에 적합한 사회사상이 변화하는 시대를 이끌어 가려면 최소한 시대에 부응하는 혁신과 변신의 몸부림이 있어야만 한다. 지금까지 개혁 불감증을 보여 온 유교가 산업화 시대를 뛰어넘어 정보화 사회를 이끌 수 있으리라고 보기는 어려운데, 현대 중국에서 걸출한 철학자도 이 점을 통렬히 비판한 바 있다.[31] 한국에서도 한 중문학자가 유교에 대한 깊은 반성을 촉구하는 주

31 유교사상의 현대성에 대해 회의하는 현대 중국의 철학자는 유교사상 비판의 선두에 서 있는 리쩌호우(李澤厚)이다. 현재 중국 내에서 일부 학자들이 전통사상에 대한 비판적인 시각을 갖고 있는데, 그중에서 리쩌호우만큼 예리한 비판의 날을 세우는 이는 없다. 리는 스스로 후스(胡適)를 필두로 하는 '철저한 서양화' 계열도 아니고 량수밍(梁漱溟)을 중심으로 한 '중국 문화 우월론' 계열도 아니며, 종합적 입장에 서 있다고 말하고 있다. 하지만 그의 글을 보면 다분히 후스의 계열에 서 있으며 매우 독특한 시각에서 유교사상을 평가하고 있다. 리는 중국인이 지금 같은 사고방식을 버리지 않는 한 어떤 문화, 문물, 사상 및 제도를 받아들여도 결국 자연경제와 혈연사회를 중심으로 하는 전근대적 모습으로 되돌아가고 말 것이기 때문에, 진정한 현대화를 위해서는 새로운 패러다임으로의 철저한 전환이 필요하다고 주장한다. 그는 먼저 중국인의 사고방식과 중국 사회에 강한 영향을 미치는 사상이 유교사상이라고 전제하고, 유교사상은 철저하게 자연경제 시대와 혈연사회에 적합한 사유 패러다임이기 때문에 유교사상을 두고 현대화를 이야기할 수 없다고 말한다. 그에 의하면, 서양 기독교사상과 달리 유교사상은 하나님이나 악을 두려워하면서 어떤 초월적인 것을 추구하는 정신이 결여되어 있다. 유교사상에 깊은 영향을 받은 중국인은 어떤 문제에 직면하면 초월자를 통해 문제 해결을 하지 않고, 쉽게 만족하며 인간세상의 일상생활 가운데서 만족을 느낀다. 중국인의 이러한 특징은 사고방식 속에 초월자를 찾는 대신 도구주의라 할 수 있는 '실용이성'을 발전시켜 왔다. 전통적으로 이질적인 사상이나 제도 등에 대하여 적극적인 자세를 취하고 그것을 쉽게 중국화시켜 버리는 중국인들의 자세는, 외래문화를 신속하게 흡수하고 충실하게 자기화시킴으로써 중국 문화를 풍부하게 만든 중요한 요인이었다. 그러나 다른 한편으로 중국인의 실용이성 속에는 의지할 초월적 존재가 없기 때문에, 문제에 직면하였을 때 스스로 자기생존을 위한 길을 찾으려는 욕구와 의식을 갖게 만들었다. 따라서 중국인의 실용이성은 중국인들에게 자기의 필요에 따라 뭐든 받아들이게 만들었다. 그러나 중국인의 실용이성은 중국인에게 이질적인 것을 받아들이고 흡수하며 즐기는 전통을 배태시킴과 동시에, 계통 내부의 철저한 질서와 폐쇄성을 요구하며, 모든 것이 계통 내에 위치하도록 하는 특징도 함께 만들어 냈다. 철저하게 자기중심적인 유교사상의 특징은 근대 서양의 문물과 문화에 대한 대응에서도 그대로 나타났다. 중국인들은 계몽시대와 르네상스를 거치면서 서양 문화와 문명의 기반으로 자리잡은 '자유와 평등' 이념을 뒤로 한 채, 중국 사상을 중심으로 삼고 서양의 도구만을 받아들이려는 자세(中體西用)를 견지하였다. 그러다보니 중체서용을 통한 문물 도입 과정에서 높은 가치를 지닌 이념인 '자유와 평등'이라는 요소가 철저히 외면됨으로써, 외래문화와 문물 수용의 결과는 다시 봉건적인 사고방식과 제도로 회귀해 버리는 악순환이 반복되었다. 다시 말해, 중국인의 실용이성은 새로운 문화, 문명의 핵심 내용이 아니라 겉모양만 받아들이는 결과를 가져왔다. 중국이 세계의, 적어도 동아시아 지역에서 선진적인 위치에 있던 자연경제 시대와 혈연 중심 사회에서는 이러한 사고방식과 새로운 것에 대한 대응방식이 큰 문제를 드러내지 않았다. 그러나 중국인의 실용이

장을 제기해서 큰 반향을 일으키기도 하였다.[32]

넷째, 널리 받아들여지는 인식 중의 하나로, 가족주의와 엄격한 상하질서 윤리가 유교의 전통이고 이 요소가 동아시아 경제발전에 순기능을 하였다는 주장도 재검토가 필요하다. 철저한 상하 간의 질서의식은 동서양을 막론하고 산업화 이전 사회윤리의 중요한 부분이다. 물론 유교가 부부라든가 친구 간의 관계와 같은 횡적 질서에 대해서도 말하기는 하지만 일반적으로 교육되고 강조되는 관계는 상하 질서, 더 정확히는 경직된 수직적 질서이다. 유교에서 강조하는 수직적 상하 질서는 현대 사회가 요구하는 수평적 질서와 다르다. 수직적 질서의식이 산업화 초기 자원을 강제동원할 때는 어느 정도 순기능을 할 수 있다. 하지만 산업화가 진전되면서 경직된 상하 관계, 상명하복 관계는 자발성과 창의성을 억압할 뿐 아니라 상호 감시하고 견제하는 기제의 형성을 방해함으로써, 투명성을 약화시키고 효율을 떨어뜨리며, 사회와 경제의 질적 발전에 장애로 작용한다. 특히 우리는 유교가 말하는 가족 중심의 소아적 질서의식, 나아가서 사적인 관계를 중시하는 '관계중심 문화'(relation-centered culture)의 한계도 바로 보아야 한다. 산업화 초기를 제외하고는 경제발전에 대한 순기능을 논하기 쉽지 않은 엄격한 수직적 질서의식이, 경제적 현대화는 말할 것도 없고, 지식정보 사회, 4차 산업혁명 시대에 과연 어떤 기능을 할 수 있을지 충분히 짐작할 수 있다.

유교 전통의 하나라고 알려진 가족주의에 대해 생각해 보자. 강하고 끈끈

성은 외래 문화와 문명을 겉모습만 흡수하게 함으로써 중국으로 하여금 근대화 대열에서 낙후하게 하였다. 리에 따르면, 중국이 자기중심적인 세계에서 벗어나 진정한 현대화 시대로 들어서려면 유교사상이 심어 준 패러다임을 철저하게 새로운 패러다임으로 바꿔야 한다(西體中用). 이상에서 정리한 리의 주장은, 비록 사상사적 각도에서 유교사상을 평가하고 있기는 하지만, 좀 더 본질적인 수준에서 문제의 핵심을 잘 겨누고 있다. 李澤厚(1987), 李澤厚(1979), 李澤厚(1985)의 관련된 부분, 손세제 옮김(1991), 제3부 등 참조.

32 김경일(2001) 참조.

한 가족주의 문화는 산업화 초기 사회 구성원의 응집력을 강화시켜 주고, 가족의 내일을 위해 큰 위험을 무릅쓰는 과정에서 어느 정도 긍정적인 기여를 한다고 볼 수 있다. 하지만 다수 비선진 사회에서 쉽게 볼 수 있듯이 강한 가족주의는 대아(大我)보다는 가족과 혈연을 벗어나지 못하는 소아(小我)적 성격을 갖고 있는데, 소아적 가족주의 문화는 사회가 객관적 시민사회적 규율이 아니라 사적 주관적 관계에 의해 운행되게 하는 역기능을 한다. 그것이 전적으로 유교의 전통이라고 단정 지을 수는 없지만, 전통사회의 특징이나 유교 전통의 일면이기도 한 소아적 가족주의는 가족(좀 크게 봐서 혈연, 학연, 지연)이라는 울타리를 벗어나서 순기능을 하기는커녕 역기능을 하는 경우가 많다.[33] 가정도 사회를 구성하는 소단위이기는 하지만 가족 간의 윤리나 규율은 사회 구성원 간의 사회규범과 크게 다르다.[34] 가족주의는 소아적 테두리 내에서만 강한 구속력

33 김용운 교수는 소아적 가족주의 전통을 유교사상의 영향이라고 규정하고 있다. 김 교수는 이러한 사회적 인습을 '이도령'식 사고방식이라고 이름 짓고 있는데, 이 사고방식은 사회에서 부나 지위를 얻게 되면 사회에 대한 봉사를 통해 명예를 구하기보다는 먼저 사사로운 관계인 성춘향을 찾아가 한풀이 하는 사고방식이라고 비꼬고 있다. 김 교수는 우리가 선진국으로 발돋움하려면 이러한 소아병을 과감하게 벗어던져야 한다고 주장하는데, 귀담아들을 만한 지적이다.

34 유교사상이 가르치는 수신, 규율, 또는 기강 같은 것은 사회계약에 기초한 사회규범(법률, 사회제도 등)과는 전혀 다른 내용이다. 그런데도 불구하고 함재봉은 "수신, 규율, 기강을 핵심으로 하는 유교적 전통은 전근대적이라기보다는 이미 근대성을 갖춘 전통이다. … 확실한 것은 유교가 권위와 규율을 중시하기 때문에 전근대적이라는 논리는 더 이상 성립될 수 없다. … 충분조건은 아니더라도 최소한 필요조건은 된다."라고 주장한다. 그러나 우리가 문제 삼는 내용은 유교사상의 전통인 수신, 규율, 기강에 대한 강조 그 자체가 아니라 소아적 세계를 벗어나서는 잘 작동되지 않는 전통시대적 특질이다. 유교사상 가운데 어떤 근대적인 요소, 사회규범을 중시하는 측면이 있는지 알 수는 없지만 적어도 과거 역사를 통해 유교사상과 문화는 이 부분에 매우 취약한 모습을 보여 왔다. 유교사상은 '수신제가'는 몰라도 '치국평천하'에 대해서는 깊은 성찰을 결여하고 있다. 유교사상은 부모에게 효도하는 사람이 나라에도 충성하며, 나라에 충성하는 것이 부모에게 효도하는 것이라는 순진한 논리를 반복할 뿐 '치국평천하'와 부모에 대한 '효도'가 어떻게 다른지, 이 두 측면이 왜 하나로 통일되지 못하는지에 대해서는 사색하려 하지 않는다. 현대 사회는 자연경제적 혈연사회와는 비교할 수 없을 정도로 복잡하고 이해관계 상관자도 다층으로 구성되어 있으며, 이 상황은 갈수록 더 심화되고 있다. 현대 사회의 복잡성과 다양성은 구성원 간의 이해관계 충돌 가능성을 높여 왔으며, 이에 따라 공정하고 안전한 사회를 위한 엄격한 사회규범 수립과 집행이 높은 가치를 갖는다. 유교사상이 만약 근대화, 자본주의 발전, 경제발전, 더 나아가서는 정보화 사회 속에서 어떤 적극적 역할을 평가받으려면, 적어도 '치국평천하'에 대한 깊고 넓은 사색이 필요하다. 함 교수의 주장은 역사적·현실적 관찰이 결여되어 있으며, 특히 "유교적 전통은 이미 근대성을 갖춘 전통"이라는 주장은 억지일 뿐 아니라 뒤의 "충분조건은 아니더라도 필요조건은 된다"는 주장과도 일치되지 않는다. 함재봉(1998), p. 298 참조.

을 갖는다. 뿐만 아니라 소아적 가족주의는 자기 범위 밖의 대상에 대해서는 배타성을 노출시키며, 소집단을 위해서 사회규범을 무시하거나 소아를 위해서 대아를 이용함으로써, 사회에 정실주의에 의한 부정, 부패 및 부조리를 생성·발전시키기도 한다. 다시 말해, 일반적으로 전통사회에 널리 퍼져 있고 동아시아 문화 특징 중의 하나라고 일컫는 소아적 가족주의는 경직된 수직적 질서의식과 함께 사회에 부정한 관계와 불투명성을 강화시키는 측면이 있다.[35]

유교 윤리는 윤리도덕을 잘 학습한 도덕적 인간이 모이면 자연적으로 도덕적인 사회가 되리라는 순진한 사고구조를 갖고 있다. 사회규범을 존중하는 개인이 모인 집단이라고 하더라도 개인 간의 이해관계 차이로 인해 갈등이 발생하고, 개인 간의 이해충돌과 이기적 행동은 자연스럽게 집단에 비도덕적인 요소를 만들게 될 가능성이 있다. 반면에 사회 구성원 간의 계약이 존중되는 도덕적인 사회는 구성원 개개인으로 하여금 사회규범을 준수하도록 강제하고 감독하기 때문에, 구성원 중에 비도덕적인 개인이 있다고 하더라도 도덕적인 사회의 모습을 유지해 나갈 가능성이 높다.[36] 그런데 유교문화와 전통은 가정에서 효도하는 사람은 사회규범도 잘 준수한다는 터무니 없는 사고구조를 가지고 있다. 물론 어떤 종교나 사회사상이 가정 윤리, 근검절약 등을 강조할 수는 있겠지만, 그것만으로 그 사상의 사회성 또는 현대성을 이야기할 수는 없다. 자본주의의 발흥과 발전 또는 경제의 성장과 발전은 근대화 또는 경제적 현대화의 중요한 부분이며, 근대 사회는 사회계약이라는 기초 위에 서 있다. 그리고 사회계약은 가정 윤리와는 전혀 다른 차원의 사회규범이다. 여기에서 더 큰 문제는 유교문화에서 중요시하는 도덕적 인간(수신과 제가)의 실체도 더

35 가족주의, 관계중심 문화의 사회경제적 의미에 대해서는 제6장에서 집중적으로 다룬다.

36 도덕적 인간과 비도덕적 사회에 관한 흥미 있는 통찰은 Reinhold Niebuhr(1934) 참조.

큰 거울에 비추어 보면 정실주의, 공사(公私) 혼동, 부정, 부조리 등과 친근하다는 사실은 역사적 경험이 잘 말해 준다. 따라서 유교가 소아적 세계에서 벗어나 대아적 세계로 발전해 가려면 과거의 관념과 문화를 고집하기보다는, 사회의 안전과 평화를 위해 무엇이 필요하며, 사회경제 발전을 위해 어떤 시민정신이 필요한지, 유교문화와 전통이 경제발전과 사회발전에 기여하기 위해 어떻게 혁신하고 적응해야 하는지를 제시해 줄 수 있어야 한다.

엄격히 말해 전통사회로부터 산업화, 현대 사회로 진입하는 과정은 봉건적 사상과 생활습관 및 사고방식의 타파와 신사고, 신제도, 신규범의 정립 과정이다. 현대화 과정에는 자연스럽게 일부 전통적 요소들도 함께 영향을 미치며 각 사회의 산업화·현대화 형태와 내용은 약간씩 다를 수밖에 없다. 이 가운데서 어떤 종교사상이나 사회사상은 적극적인 자기혁신을 통해 시대를 주도하기도 하고 어떤 사상은 수구적 태도를 고수하기도 한다. 19세기에 새로운 세계사적 조류에 적응하고 주도하는 데 무능함을 보인 유교가 21세기 정보화 사회, 4차 산업혁명 사회가 요구하는 새로운 사고방식, 인간관계, 사회규범 및 생산 형태에 잘 적응할 수 있을지는 의문이다. 유교사상과 윤리가 동아시아 사회가 현대화 사회, 나아가서 지식정보화 시대, 4차 산업혁명 시대에 어떤 유익한 요소를 포함하고 있는지는 알기 어렵고, 이 내용은 이 책과 저자의 관심과 능력 밖이다.

만약 우리가 어떤 사회사상이나 종교의 새로운 시대에 대한 순기능을 말하고자 한다면, 적어도 그 사회사상과 종교의 자기혁신 가능성이나 노력을 살펴보아야 한다. 앞에서도 서술하였듯이, 오랜 역사를 견디어 온 종교나 사회사상은 그 안에 다양한 요소를 포함하고 있다. 우리가 바로 보아야 할 점은, 어떤 종교나 사회사상이 변혁의 시대를 맞아 새로운 해석을 통해 적응하고 또 새 시대를 이끌어 갈 수 있느냐 하는 데 있는 것이지, 어떤 종교나 사회사상 자체가 경제발전에 순기능을 하는 성질을 지니고 있는 것은 아니라는 점이다.

다섯째, 21세기를 살고 있는 우리는 흔히 일부 동아시아 지도자들과 서양 학자들이 지지하는 가부장 전통과 가부장적 경제운영 방식에 대한 반성을 요구받고 있다. 일찍이 토플러(A. Toffler)가 예견하였고[37] 현재 우리 눈앞에 실현되고 있는 지식정보 시대, 4차 산업혁명 시대는 우리에게 과거와는 전혀 다른 생산 형태, 사고방식, 생활방식, 조직방식을 요구한다. 그에 따르면, 각 변혁의 시대는 이전 시대의 관념, 사고방식으로는 상상할 수 없는 정치, 사회, 문화 및 생활방식의 변혁을 동반하며, 변혁의 시대에 빠르게 적응하는 사회가 다음 시대를 주도하게 된다.

산업혁명을 출발점으로 한 공업혁명 시대의 특징은 표준화, 집중화, 최대화, 집적화, 대형시장화, 관료화로 요약된다. 생산활동은 공장이라는 거대한 조직을 통해 이루어지며, 정부나 관료조직의 행위도 역시 집중화, 획일화, 관료화를 지향한다. 이에 비해서 지식정보혁명 시대에는 다양화, 분산화, 소형화 등으로 표현되며 획일성보다는 창의성과 개성을 요구한다. 나아가 4차 산업혁명 시대는 과학-기술-문화의 융복합을 통해 진보해 간다. 뿐만 아니라 정부나 관료조직의 행위 역시 시대에 맞추어 변해야 한다. 그런데 자연경제 시대를 이끌어 왔고 산업화 시대에도 어떤 순기능을 하였다고 강변되며 경직된 질서의식과 상명하복을 핵심으로 하는 가부장 전통이 다양성과 창조력을 요구하는 시대에 어떤 순기능을 할 수 있을지 의문이다. 만약 앞에서 설명한 가족주의와 가부장 전통이 자본주의 발전 또는 경제의 성장과 발전에 순기능을 하

37 Alvin Toffle(1970), Alvin Toffle(1980), Alvin and Heidi Toffler(1990), Alvin and Heidi Toffler(1993), Alvin and Heidi Toffler(1995) 등 참조.

였다는 점을 인정하려면, 과거와 현재를 통해 분명하게 보았듯이 매우 제한적으로만 기능할 뿐이며, 그 결과도 성장에 비례해서 모순도 함께 깊어 가는 '천민자본주의'이거나 '발전'(development) 측면보다는 총량적 '성장'(growth)의 성격이 강하다고 보아야 한다.

여섯째, 제2차 세계대전 이후 동아시아 경제발전과 유교의 관계에 대한 좀 더 냉철하고 객관적인 성찰이 필요하다. 서세동점 시대까지 동북아시아 사회에 널리 전파되고 또 주요 정치·사회 윤리로 자리 잡았다고 일컬어지는 유교는, 스스로 시대의 변화를 읽고 그 변화를 주도하거나 적응하는 데 분명한 한계를 드러냈다. 그리고 19세기 말 이후 동북아시아 경제발전 과정은 바로 전통 사상, 전통 관념의 타파와 새로운 사상, 새로운 사고방식의 정립 과정이나 다름없었다. 유교사상과 전통은 시대 변화에 대한 무감각과 수구적 특성 때문에, 대부분의 사례에서 경제개발 초기에 타파의 대상으로 지목되었다. 따라서 이미 19세기와 20세기 초를 통하여 분명한 한계를 보여 준 유교를 두고 유교와 경제발전 또는 경제적 현대화 간에 적극적인 상관관계가 있다고 주장하는 것은 설득력이 희박하다. 만약 유교가 동아시아 경제발전 과정에 어떤 순기능을 하였다고 주장하고자 한다면, 제2차 세계대전 이후 동아시아 국가들이 전통사회에서 현대화 과정으로 전환하면서 발생된 사회 문제를 완화하는 데 유교적 요소가 일정한 역할을 하였다는 정도라면 받아들일 수 있다.[38] 그렇다고 하더라도 앞에서 지적한 요소들이 과연 유교 전통과 문화인지는 여전히 의문이다.

또한 동아시아 사회를 단순하게 '유교문화권'이라는 범주로 묶고 동아시아 국가들이 걸어온 복잡하고 다양한 발전의 길을 '동아시아 발전모형'이라고

---

38 이러한 지적은 원훼이바오(文匯报)에 실린 한 편의 글에서 발견된다. 李妙根(1998).

단순화시킨 뒤 동아시아 경제발전과 유교 간의 적극적 상관관계를 논증하려는 자세는 재검토할 필요가 있다. 먼저, 동아시아의 네 마리 용으로 불리는 홍콩과 싱가포르를 보자. 이 두 사회는 일부 논자들에 의해 흔히 유교가 경제발전에 중대한 역할을 한 사회로 일컬어진다. 두 사회는 같은 중국에 뿌리를 둔 사람들이 사회 구성원의 주류를 이룬다는 점에서는 유사하지만, 이미 유교 또는 동양 사상이 지배하는 사회라고 말하기 어려울 정도로 뚜렷한 서양화의 역사를 걸어왔다. 이 두 사회는 동아시아에서 외모는 동양인이지만 이미 철저하게 규범화된 사회이며 사회운영은 매우 투명하다고 평가되고 있다. 뿐만 아니라 이 두 사회의 정치 체제를 보면 아주 상반된 형태를 보인다. 홍콩은 영국식 민주 체제를 통해 경제성장을 성취하였고, 싱가포르는 강성 권위주의 체제를 견지하였다. 싱가포르의 현대화는 사실상 법치와 청렴의 바탕 위에서 가능하였다고 보는 것이 바른 이해이다.

다음으로, 보통 금융기관을 주요 수단으로 한 정부 주도의 경제운영 모형으로 분류되는 일본과 한국의 사례도 상당한 차이를 보인다. 일본은 정부가 국민경제의 발전 방향과 범위를 설정하고 금융기관을 중심으로 뭉친 대기업들이 자신들의 목적에 따라 자원을 배분하는 형태로 경제개발을 하였다. 이에 비해서 한국은 정부가 금융기관을 지배하면서 금융을 수단으로 자원을 임의로 대기업 중심으로 분배하는 형태의 모형이다. 이처럼 역사 배경, 문화 배경, 사회규범, 그리고 발전모형의 실질이 다른 동아시아 사례를 단순하게 유교문화권이라거나 유교자본주의, 동아시아 발전모형이라는 테두리 안에 넣고 설명하려는 태도는 지나친 단순화이다.

이 문제는 이렇게 이해하는 게 합리적이다. 다양한 전통사상과 종교가 공존해 온 중국 사회를, 불확실하지만 잠정적으로 유교가 중국의 핵심적인 전통

사상이라는 데 일단 동의하자. 그리고 유교문화가 중국을 포함한 동아시아 경제발전에 긍정적인 역할을 하였다는 주장을 받아들이자. 그러면 우리는 아래와 같은 딜레마에 빠질 수 있다. 중국의 뒤를 이어 태국, 말레이시아, 베트남이 장기간 고성장을 지속해 왔고, 인도네시아가 그 뒤를 추격하고 있으며, 서아시아의 인도도 고성장을 이어오고 있다. 더욱이 이들 경제의 내일을 매우 낙관적으로 보는 연구자들이 많다. 베트남은 남방(소승)불교의 영향이 강한 사회이고, 인도네시아는 세계 최대의 이슬람 국가이며, 인도는 좀 복잡하기는 하지만 기본적으로 힌두교 국가이고, 태국은 불교 국가이다.

만약 전통문화를 경제발전과 연결시키고 싶어 하는 논자들의 주장이 설득력을 가지려면, 불교, 이슬람교, 힌두교 전통과 문화는 모두 자본주의의 발흥과 발전, 경제의 성장과 발전에 긍정적인 기여를 한다고 인정해야 한다. 이 설명에 무리가 없다면 우리는 모든 전통문화는 경제발전에 긍정적인 기여를 한다고 주장하는 셈이 되는데, 이런 식의 주장은 설득력이 없고 자의적이다. 여기에서 지적하고 싶은 점은, 설사 양자 간에 관계가 있을 수 있다 해도, 문화와 자본주의의 발흥 또는 경제발전 현상 간의 관계는, 전통적 사회사상이나 종교문화보다 새로운 사회 현상이 앞설 가능성이 매우 크다는 사실이다. 따라서 이 주제에 대한 관심은 어떤 전통문화, 사회사상, 종교에 경제성장이나 자본주의 발흥과 발전에 순기능을 할 만한 요소가 있는지, 있다면 그것이 무엇인지를 탐구하는 데 집중해야지, 어떤 전통문화가 경제발전에 순기능을 할 요소가 있거나 하였다는 설명은 초점이 잘못된 것이다. 여기에서 저자는 문화나 사상이 경제성장과 발전, 경제적 현대화와 관련이 없다는 것이 아니다. 다만 그 연결고리가 취약하며 모호해서 논증해 내기가 무척 어렵다는 점을 말하고 싶을 뿐이다.

전후 일본의 경제 부흥 요인에 대해서도 사실에 입각한 이해가 요구된다. 그동안 전후 일본의 경제발전 요인에 대해서 많은 토론이 있었다. 그런데 이 토론은 사실 성공한 사람의 것은 무엇이든 미화되는 시류와 같은 길을 걸어왔다고 해도 과언이 아니다. 다시 말해, 전후 일본의 꾸준한 양적·질적 경제 성과에 압도된 나머지 깊은 성찰도 없이 적지 않은 연구자들이 "일본의 것이면 무엇이든 경제발전에 순기능을 한다"는 사고방식의 틀에 머물러 왔다. 어떤 이는 모호한 요소인 종교(일본 불교)나 사회사상(유교 전통)을 경제발전의 핵심 요인이라고 보며, 어떤 연구자는 일본 관료의 시의적절한 정책과 지도가 일본 경제발전의 주요인이라고 말한다. 어떤 이는 일본인과 일본 사회의 특질, 즉 일본인의 근면성과 집단을 우선시하는 특질, 철저한 상명하복 관계와 횡적 단결력 같은 정신(spirits) 또는 정서(ethos)를 경제발전의 주요인이라고 본다. 극히 일부 학자들이 패전 후 미군정에 의해 단행된 3대 개혁(재벌 해체, 토지 개혁, 노조 인정)과 국방비 무임승차 등을 전후 경제발전의 중요한 요인으로 들고 있다.

우리가 전후 일본의 경제발전 요인에 대해 바로 이해하려면 개항 전후 일본의 경제발전사를 객관적인 안목으로 돌아보아야 한다. 일본은 일찍이 16세기부터 네덜란드를 포함한 선진국들과 교류를 시작하였고, 점차 중국을 통해 세계를 인식하는 세계관에서 벗어났다. 일본은 제2차 세계대전 이전에 이미 발 빠른 개항을 통해 아시아에서 유일한 선진 공업국이 되었고, 열강 대열에 합류하는 데 성공하였다. 제1차 세계대전을 거치면서 일본은 국내에서의 노동자와 농민에 대한 철저한 착취를 기반으로 중화학공업화를 이룩하였고, 주변으로 힘을 투사해서 동아시아 지역을 식민지로 경영하였다. 국내의 하층민과 식민지 주민의 희생 위에서 자본 축적 과정을 마무리하면서 일본은 제국주의 열강 자리를 굳혔다. 제2차 세계대전에서 일본이 패전국이기는 하였지만 일본

국토가 전장이 된 것은 제2차 세계대전 말기 매우 짧은 기간, 제한된 지역에 불과하였다. 패전 후 미군정은 과감한 3대 개혁을 단행함으로써 전범으로 분류된 재벌이 지배하는 경제구조를 해체하고 노조의 활동을 보장하는 등 사회 구성원 모두가 참여할 수 있는 동기를 부여하였다. 더욱이 패전 후 일본이 무장해제되면서 국방비 지출이 매우 적었고, 미국의 가장 중요한 동아시아 동맹으로 변신하면서 미국의 적극적인 지원을 받았다는 점, 그리고 한국전쟁의 군수물자 공급기지로 큰 혜택을 보았다는 점 또한 전후 일본 경제 부흥의 중요한 요인이다. 따라서 우리가 전후 일본의 경제발전 요인을 말하고자 할 때는 모호한 종교나 사회사상 같은 측면이 아니라 일본의 시대 변화에 대한 발 빠른 대응(빠른 개항), 국내 하층민과 식민 주민 착취, 패전 후 3대 개혁, 국방비 무임승차(free-riding)[39] 같은 좀 더객관적이고 설득력 있는 요소를 찾는 게 합리적이다.

일곱째, 사실 이 주제는 경제학에서 다루기 쉽지 않은 논쟁거리라는 점이다. 만약 발전경제학 입장에서 이 문제를 논의하려면, 먼저 경제성장과 발전에 순기능을 하는 문화, 사고방식 또는 사상을 좀 더 구체적인 모습으로 제시해야 한다. 여러 이유 때문에 경제학에서 추상적인 요인을 사회경제 발전의 요소로 간주하는 작업은 조심스럽다. 그럼에도 불구하고 이 문제를 다소 발전경제학적 관점에서 토론하려면 적어도 ① 다수 대중의 경제하려는 의지(will to economize), ② 경제성장에서 정권의 정당성을 얻으려는 지도자와 정권, ③ 능력

---

39 패전 후 일본의 경제 부흥을 평가하면서 국방비 무임승차 문제는 흔히 소홀히 여겨진다. 현재 한국의 국방비 지출 규모는 예산의 25% 전후이며 다른 나라들도 약간의 차이는 있지만 비슷한 수준이다. 이에 비하여 일본의 국방비는, 일본의 경제 규모가 매우 크고 최근 들어 일본의 재무장 움직임이 활발해지면서 증가 추세이기는 하지만, 얼마 전까지 매우 미미한 수준이었다. 막대한 국방비 지출은 사회경제 발전에 필요한 자원을 국방으로 돌리게 함으로써 경제발전에 걸림돌이 된다. 일본은 전후 50년 동안 국방비 무임승차를 통해 다른 나라보다 더 쉽게 경제발전에 필요한 재원을 확보할 수 있었다. 이 사실을 무시한 채 전후 일본의 경제발전을 이야기하기는 어렵다.

과 노력에 의한 계층이동 가능성, ④ 정치사회적 안정과 사회규범의 확립 등 불확실성 축소 제도, ⑤ 현대적 교육과 적절한 인재 공급 같은 요소가 토론 대상이 되는 것이 합리적이다. 이러한 사회 환경 위에 유연성 있고 미래지향적인 사회사상이나 종교가 있다면, 그것이 경제성장이나 발전이라는 시대적 흐름에 추진력을 더해 줄 수 있다. 그리고 그러한 사회경제적 기반과 문화적·사상적 분위기 위에 우수한 인재에 의한 적절하고 합리적인 경제관리가 더해진다면 경제발전을 포함한 사회발전은 가속될 수 있다. 하지만 이 요소들 중 일부는 경제학 관점에서 논증해 내기는 쉽지 않은 요소이다.

현대 개발경제학의 거장이자 2019년 노벨경제학상 수상자인 MIT의 아비지트 베네지와 에스테르 뒤플로(Abhijit Banerjee and Esther Duflo)의 말은 우리의 성급한 정답 찾기를 경계하게 한다. 이들은 "성장은 측정하기 어렵고 무엇이 성장을 추동하는지 알아내는 일은 그보다 더 어렵다. 따라서 성장을 촉진할 수 있는 정책이 무엇인지를 알아내는 것도 어렵다"라고 말한다.[40]

5. 맺음말

지금까지 살펴보았듯이 종교문화 및 사회사상과 자본주의 발흥이나 경제발전의 관계에 관한 토론은 극히 일부 참여자를 제외하고는 대부분 논리적 기반이 취약할 뿐 아니라 종족주의적 또는 종교적 편견을 바탕으로 하고 있다. 여기서 말하는 종족주의는 유럽의 초기 토론에서는 유럽인, 문명인, 기독교문

40 김승진 옮김(2021), p. 289.

화에 대한 자부심에서 나온 편견이며, 20세기 발화된 일본을 포함한 동아시아 사회를 대상으로 한 토론 역시 일본적인 요소, 중국적 요소 등 종족주의적 편견 위에 서 있는 경우가 다수이다.

막스 베버는 기독교 윤리가 지배하는 서유럽에서 자본주의 현상이 발흥하고 발전한 점에 주목하여 기독교 윤리의 자본주의 발흥에 대한 적극적인 역할을 논증하려 하였다. 그는 폭넓은 사회과학적 업적을 쌓은 학자로 평가받지만 유럽 중심주의라는 시대적 한계에서 자유롭지 못하였다. 토니는 기독교 윤리만이 아니라 개인주의와 자본주의 발흥에 기여할 다른 문화 전통이 있을 수 있다고 함으로써 베버의 논리를 보완·확장시켰다. 제2차 세계대전 이후의 다수 연구도 토론 초점이 '기독교'에서 '일본 정신, 일본적인 것,' '아시아적인 것' 또는 '유교'로 바뀌었을 뿐 초기 연구와 유사한 한계를 드러내고 있다. 연구자가 주관적 가치평가를 극복하고 완전히 객관적인 시각을 견지하기는 불가능에 가깝지만, 토론이 진행되고 다양한 설명과 해석이 등장한 이후에도 여전히 초기 연구자가 갇혀 있던 주관의 동굴에서 벗어나지 못한 경우가 많다. 학문의 발전이 오류의 가능성에 대해 열려 있고 더 나은 설명에 의해 보완되는 과정, 즉 점진적인 객관성과 합리성 확보 과정이라고 볼 때, 이 주제에 관한 토론은 사실상 큰 진보를 이루지 못하였다는 인상을 지우기 어렵다.

유교문화 및 전통의 근대성에 대한 논쟁은 이미 중국의 5.4 신문화운동 시기 여러 중국 지식인들에 의해 뜨겁게 전개되었다. 근대 중국 지식인들은 현대화를 위해 전통을 타파해야 하는지, 전통을 되살리면서 현대화를 해야 하는지, 완전히 서양화를 해야 하는지를 두고 지루한 논쟁을 벌였다. 중국의 계몽 시대에 해당하는 신문화운동 당시 유교와 근대화의 관계에 관한 토론은 20세기 초 사회주의 혁명이 성공하면서 '전통 타도' 분위기로 빠르게 전환되었다. 사회주의 정권이 수립된 이후 마오쩌둥이 지배하던 시기 동안은 유교나 공자를 포함한 전통문화는 타도 대상이었으며, 덩샤오핑에 의해 개혁개방이 선언된 이후에는 전통이 유용한 요소로 재소환되었다.

이 주제에 대한 토론은 전후 일본을 대상으로도 전개되었고, 일본의 뒤를 이어서 동아시아 신흥공업경제를 대상으로도 펼쳐졌는데, 논점은 유교 전통과 문화였다. 일본의 경제사학자, 발전경제학자들은 일본은 다른 아시아 사회와 다르다는 점을 보이려는 의도에서 '탈아시아화' 작업에 열심이었다. 그들은 역사와 문화에 대한 연구를 통해 일본 사회가 아시아 사회들과 다른 특성이 있으며 유럽과 유사하다는 사실을 논증하고 선전하였다. 일본 학자들과 일부 구미 학자들의 노력은 전후 일본 경제가 40년 이상 안정적인 고속성장을 성취하고 2위 경제대국이 되면서 자연스럽게 진리처럼 받아들여졌다. 이 시기에 일본 학자들은 '일본적인 것'이면 무엇이든 미화하는 경향이 강하였는데, 이는 유럽에 대한 열등감의 다른 표현이었다. 이러한 시도는 객관성이나 깊은 성찰에 바탕으로 하기보다는 유럽인들처럼 일본은 문명사회이고 일본인들은 다른 아시아인들과 다름을 강변하는 몸부림이나 마찬가지였다.

유교문화와 경제발전의 관계에 관한 토론은 1970년대 동아시아 신흥공업경제가 비약적인 경제발전을 하면서 다시 달아올랐다. 많은 연구자들은 동아시아 신흥공업경제가 유교의 영향을 받은 지역에 있다는 사실에 주목하고, 유교의 경제성장 및 발전에 대한 순기능을 논증하려고 애썼다. 이 연구 흐름은 중국이 개혁개방과 함께 경이적인 경제성장을 성취하면서 중국 학자, 중국계 서양 학자, 그리고 일부 서양 학자들에 의하여 다시 재점화되었다. 본문에서 지적하였듯이 토론 참여자들 다수는 객관적이고 비판적인 자세를 결여하고 있다. 그런데 유교 전통이라고 일컬어지는 몇몇 요소들이 꼭 유교 전통이라고 단정 지을 수 없다. 또한 그들이 내세우는 유교 전통의 구체적인 모습들도 현실적으로 경제의 성장 및 발전과 어떤 관계가 있는지 답하기 어렵다. 일정한 지역에 속해 있다고 해서 또는 어떤 사회사상의 영향을 받은 적이 있다고 해서 유교문화권이나 유교자본주의라는 말로 단순화하는 태도는 객관성을 약화시키고 설득력을 떨어뜨린다. 만약 현대화, 경제성장 및 발전, 더 나아가서는 정보화 사회에서 유교 전통이 어떤 적극적 역할을 평가받으려면, 적어도 지금까지의 자연경제, 혈연사회의 틀, 강한 보수성에 안주하려는 소아적 세계관으로부터 탈각해야 하고 새로운 시대에 맞추어 변화하는 모습이 우선되어야 한다.

일부 극단적인 사상을 제외하고 종교나 사회사상은 대체로 보수적인 특성을 갖고 있다. 따라서 사회사상이나 종교가 사회 변화를 이끌기보다는 이미 시작된 사회 변화의 힘이 사상과 종교의 변화를 요구하며, 이때 새로운 시대에 조응해서 변화하는 사회사상이냐 아니냐가 관심의 초점이 되어야 한다. 대상을 유교로 한정할 때, 유교의 자기혁신 능력 부족에 대해 바로 인식해야 한다. 역사적으로 볼 때 사회사상이나 종교문화에 대한 재해석과 교육은 대부분 당대 권력의 필요에 의해 자의적으로 이루어졌다. 그럼에도 불구하고 적지 않은 연구자들이 유교와 경제발전의 적극적인 관계를 논증하려 애쓴다. 이 현상은 연구가 다분히 작위적이고 종족주의적인 동기에서 시작되지 않나 하는 의심이 들게 한다. 여기에는 주변국 지식인들의 무비판적 정체성 동일시 현상도 한몫하였다. 중국 밖의 다수 동아시아 연구자들도 과거 소중화 시대의 사고방식에서 벗어나지 못한 채 비판적 성찰 없이 중국의 전통사상과 문화에 후한 점수를 주고자 하는 성향이 있는 것 같다. 전통문화는 경제발전, 경제적 현대화 같은 새로운 변화에 대한 순기능뿐 아니라 역기능 측면도 있다. 그런데 오래된 문화일 경우 역기능 측면이 강할 가능성이 크다고 보는 것이 자연스럽다. 다시 말해서, 경제발전 또는 경제적 현대화와 관련해서 문화는 이익만이 아니라 비용으로 작용할 가능성이 크다. 심리학에서 인간은 손실회피 성향뿐 아니라 현상유지 편향도 있음을 일깨워 준다.[41] 이에 근거하면 개인과 집단의 인식과 행동 양식에 반영되어 나오는 문화 요소는, 발전에 순기능하는 측면보다는 강한 관성 때문에 변화를 막는 보수적인 힘으로 작용할 가능성이 크다고 보아야 한다.

이 주제에 관한 논의는 조만간 태국, 베트남, 말레이시아, 인도네시아를 연구 대상으로 삼게 될 것이다. 동남아시아 지역에는 전통종교, 불교, 이슬람교, 힌두교, 그리고 천주교가 혼재해 있다. 만약 장래에 인도 같은 서아시아 국가가 고성장을 더 지속하면 논의는 다시 힌두교 또는 이슬람교와 경제발전의 관계를 밝히는 유사한 과정을 반복할 것이다. 시간이 감에 따라 이 분야의 연구는 모든 고등 종교 및 사상과 경제발전 간의 적극적 관계를 논증하는 형태로 진행될 가능성이 크고, 그렇다면 결국 베버의 사고방식은 부정된다. 왜냐하면 베버는 자본주의의 발흥이 일부 지역에서 이루어진 원인을 밝히려는 의도에서 기독교 윤리에 주목하였다. 그런데 그의 뒤를 이은 연구는 점차 대부분의 사회사상과 고등 종교가 경제발전에 순기능을 한다는 결론을 도출하게 될 것이기 때문이다. 앞으로 종교 및 사회사상과 경제발전, 유교와 경제발전의 상관관계를 밝히려는 노력은 자민족 중심주의를 위한 '정치선전' 외에는 우리에게 별로 말해 주는 바가 없는 비과학성을 드러낼 가능성이 크다.

19세기 역사를 통해서 동아시아 지역에서 유교는 도도하게 밀려오는 변혁의 시대를 읽고 적응하는 데 무감각과 무능을 보여 주었다. 따라서 유교 전통

41 박세연 옮김(2021), p. 225.

과 문화가 경제발전에 적극적인 역할을 한다는 점을 논증하려는 시도는 무리이다. 유교 전통 중에 자본주의나 경제발전과 친근한 부분이 있을 수 있고, 이는 모든 고등 종교와 사회사상에 공통적이다. 모든 문화는 서로 만나고 영향을 주고받는 '잡종'(hybrid)으로서, 어느 한 시대의 문화는 좋든 싫든 크든 작든 새로운 사회 현상에 어떤 식으로든 영향을 미친다. 중국을 포함한 일부 동아시아 사회에서 유교 전통과 문화는 문화 전통 중의 하나이다. 하지만 어떤 문화와 전통이 경제성장에 미치는 영향을 따지는 작업은 조심스러울 필요가 있다. 설사 전통 속에서 긍정적인 요소가 발견된다 해도 전통과 경제발전 간의 선후관계가 뒤바뀌었을 가능성이 크다. 더욱이 세계사적 조류에 적응하고 새로운 현상을 주도하는 데 무능함을 보인 유교가 앞을 예측하기 어려운 다가오는 새 시대가 요구하는 새로운 생산 및 소비 형태, 사고방식, 인간관계, 사회규범에 잘 적응할 수 있을지는 매우 의문이다. 그럼에도 불구하고 왜 유교라는 요소에 높은 가중치를 두고 싶어 하는지 이해하기 어렵다.

1990년대 말 동아시아 금융위기와 함께 유교 전통, 아시아적 가치, 동아시아 발전모형에 대한 본질적인 의문이 제기된 적이 있다. 한때는 경제발전에 상당한 역할을 한 것으로 평가되던 요소가 상황이 바뀌면 비난을 받는 현상이 발생한 것이다. 이 현상은 우리에게 좀 더 냉철한 시각을 요구한다. 제2차 세계대전 후 다수의 강성 권위주의 지도자들이 선전하고 강요하였던 '유교자본주의', '자기식 자본주의', '지도받는 자본주의' 같은 이름의 경제개발 방식은 저개발 또는 미개발 단계에서 경제성장을 이루기 위한 일시적인 효과가 있을지 모른다. 가부장 전통과 맥이 닿는 자원의 임의적이고 강제적인 동원과 배분은 그 자체가 어떤 이론적이고 실천적인 가치를 지닌다고 보기는 어렵다. 전통사회로부터 근대화 및 현대화로의 전환과 지속적 경제성장은 전통사회와는 다른 규범, 습관, 사고방식, 경쟁규칙을 요구한다. 그리고 이것이 뒷받침되지 않는 자원의 임의적인 강제동원과 배분이 경제 성과를 냈다고 한다면, 그것은 일시적 성장일지는 모르지만 경제발전을 말하기는 어려울 뿐 아니라, 그 체제는 특권, 특혜, 불공정, 절대 다수의 배제, 부정부패로 얼룩진 정실자본주의, 천민자본주의일 가능성이 높다.

전후 경제발전을 성취한 동아시아 국가들을 보면 '동아시아 발전모형'이나 '유교문화권', '유교자본주의', 또는 '아시아적 가치'라는 개념으로 단순화시키기 어려울 만큼 개성적이고 이질적인 측면을 지니고 있다. 다시 말해, 동아시아 각국의 경제발전 모형을 들여다보면, 그것은 일본 발전모형, 홍콩 발전모형, 싱가포르 발전모형, 한국 발전모형, 타이완 발전모형, 중국 발전모형일 뿐이다. 대체로 권위주의적 정부라는 공통점을 찾을 수는 있겠지만, 한국, 일본, 홍콩, 중국, 베트남의 정부 성격이 매우 다르듯이 권위주의 정부의 성격도 동일하지는 않다. 공통되는 특징을 찾는다면, 국가에 따라 정도의 차이는 있겠지만, 위로부터 아래로 강요되는 경제개발 모형으로서, 시민혁명을 거치지 않았을 뿐 아니라, 여전히 가부장주의, 정실주의가 강한 사회라는 사실 정도이다. 여기에서도 싱가프르와 홍콩은 예외이다. 그런데 이 특징은 사회에 불공정, 부정, 부패, 부조리를 배태시킴으로써 사회경제 발전을 방해하고, 사회비용을 만들어 낸다. 양적 경제성장과 질적 경제발전을 통해 선진국에 진입하였다고 평가되는 일본, 한국도 권위주의적 사회경제 관리 시스템이 온존하고 있고, 곳곳에 불공정, 부패, 부조리, 부정이 만연해 있으며 쉽게 고쳐지지 않는다. 1990년대 이후 일본 사회는 백약이 무효라고 할 정도로 사회경제 시스템의 개선의 가능성이 낮은 사회가 되어 가고 있다.

따라서 이 분야 연구자는 직관에 의존한 성급한 결론맺기나 주장이 아니라 좀 더 객관적이고 냉철한 사색이 필요하다. 사실 '문화'라는 개념은 발전경제학에서 취급하기 적합하지 않은 주제일 수도 있다. 만약 이 주제를 사상사 측면에서 논의하고자 한다면, 논의의 초점은 종교문화나 사회사상이 경제발전에 기여하였느냐 아니냐, 또는 어느 정도 기여를 하였느냐 하는 가치평가의 형태가 아니라 "어떤 종교문화나 사회사상 속에 자본주의 발흥 또는 경제발전에 친화적인 내용들이 있느냐, 있다면 그것이 무엇이냐?" 하는 사실 확인 형태로 진행되는 편이 옳다.

고전, 전통문화, 전통사상, 전통 윤리 자체에 대한 해석과 이해는 자유이고, 특히 사실 분석과 그에 기반한 문화론적 해석이나 의미 찾기라면 받아들일 만하다. 하지만 그 시도가 어떤 목적을 달성하기 위한 도구를 찾는 시도(문화전략)라면 조심해야 한다. 그것은 지식인과 정치권력의 야합일 수 있고, 자발적인 추종자가 아닌 다수 사회 구성원과 타 민족에게는 문화적 폭력이 될 수 있음을 주의해야 한다.

참고문헌

권세원 옮김, 베버(M. Weber) 지음, 『프로테스탄트 윤리와 자본주의 정신』(*The Protestant Ethic and the Spirits of Capitalism*), 서울: 일조각, 1977.

김경일, 『공자가 죽어야 나라가 산다』, 서울: 바다출판사, 2001.

김승진 옮김, 아비지트 베네지, 에스테르 뒤플로(Abhijit Banerjee and Esther Duflo), 『힘든 시대를 위한 좋은 경제학』(*Good Economics for Hard Times*), 서울: 생각의 힘, 2021.

김일곤, 『유교문화권의 질서와 경제』, 서울: 한국경제신문사, 1985.

______, 『한국문화와 경제활력』, 서울: 한국경제신문사, 1987.

동아일보, 人民日報, 朝日日報 공동주최 광복50주년 기념 국제심포지엄 보고서, 『21세기 동북아시아』, 서울, 1995. 8.

동아일보, 人民日報 '96국제학술회의 보고서, 『동양사상과 사회발전』, 서울, 1996.

박세연 옮김, 리처드 탈러(Richard Thaler) 지음, 『행동경제학』(*Misbehaving: The Making of Behaviorial Economics*), 서울: 웅진 지식하우스, 2021.

손세제 옮김, 리저호우(李澤厚) 지음, 『중국현대사상사론』, 서울: 교보문고, 1991.

이상률 옮김, 베버(Max Weber) 지음, 『유교와 도교』, 서울: 문예출판사, 1990.

임원택 교수의 일간지 논설.

중국사연구실 편역, 『중국역사(상)』, 서울: 신서원, 1993.

진야오지(金耀基), 「유가윤리와 경제발전」, 한국철학사연구회 논전사분과 편역, 『현대중국의 모색: 문화전통과 현대화, 그리고 문화』, 서울: 동녘, 1992.

한국정신문화연구원 제8회 한국학 국제학술회의 보고, 『유교문화의 보편성과 특수성』, 성남: 한국정신문화연구원, 1994. 6.

한국철학사상사연구회 논전사분과 역음, 『현대 중국의 모색 – 문화전통과 현대화 그리고 문화열』, 서울: 동녘, 1992.

함재봉, 『탈현대와 유교』, 서울: 나남출판, 1998.

후쿠야마, 프란시스, 「한국의 대기업, 그 내면은 중국형」, 『세계가 진단하는 한국경제』, 서울: 한뜻, 1997.

김일곤, 『儒教文化圏の秩序と經濟』, 名古屋: 名古屋大學出版社, 1984.

______, 『東アジアの經濟發展と儒教文化』, 東京: 大修館書店, 1992.

啓良,『新儒學批判』, 上海: 上海三聯書店, 1996.

歐陽衛民,『儒家文化與中國經濟』, 四川: 西南財經大學出版社, 1995.

杜恂誠,『中國傳統倫理與近代資本主義』, 上海: 上海社會科學院出版社, 1993.

馬勇,『儒學研究與現代化』, 廣西: 廣西人民出版社, 1995.

宋仲福 等,『儒學在現代中國』, 河南: 中州古籍出版社, 1991.

李妙根,「正確看待儒學的文化遺產」,『文匯報』, 1998. 5. 6.

李澤厚,『中國近代思想史論』, 北京: 人民出版社, 1979.

______,『中國古代思想史論』, 北京: 人民出版社, 1985.

______,『中國現代思想史論』, 北京: 東方文化社, 1987.

張岱年 等,『中國文化與文化論爭』, 北京: 中國人民大學出版社, 1990.

鄭大華,『梁漱溟與胡適』, 北京: 中華書局, 1994.

Alatas, S. H., "Religion and Modernization in Southeast Asia," *European Journal of Sociology*, 11(2), 1970.

Balasaa, Bella, "The Lessons of East Asian Development: An Overview," *Economic Development and Cultural Change*, 36(3), 1988.

Bao, Zhuxin, "Confucian Ehics and the Four Asian Dragons-Rejoiner to the Theory of Confucian Renaisasanse," *China Forum*, 26(1), No. 301, May 1988.

Bellah, Robert N., *Religion and Progress in Modern Asia*, New York: Free Press, 1965.

Bellah, Robert N. and Phillip E. Hammond, *Varieties of Civil Religion*, San Francisco: Harper & Row, 1980.

Berger, P. L., *The Sacred Canopy: Elements of a Sociological Theory of Religion*, Garden City, N.Y.: Doubleday, 1967.

______, "Secularity: West and East" *Cultural Identity and Modernization in Asian Countries*, Institute for Japanese Culture and Classics, Tokyo: Kokugakuin University, 1983.

______, "An East Asian Development Model?," P. L. Berger and Hsin-Huang Michael Hsiao, eds., *Search of an East Asian Development Model*, New Brunswick USA: Transaction Books, 1988.

Fei, John C., "Economic Development and Traditional Chinese Cultural Values," *Journal of Chinese Studies*, 3, April 1986.

Hazime, Nakamura, *A Comparative History of Ideas*, Delhi: Motilal Banarsidass Publisher, 1992.

Hicks, G. L. and S. G. Redding, "The Story of the East Asian Economic Miracle," *Euro-Asia*

Business Review, 1983.

Hodgson, G. M., "Economics and Institutions," *Journal of Economic Issues*, 1988.

Hofheinz, Roy and Kent E. Calder, *The Eastasia Edge*, New York: Basic Books, 1982.

Hoselitz, B. F., *Sociological Aspects of Economic Growth*, Macmillan Press, 1964.

Hsing, Mouhuan, "The Influences of Chinese Traditional Culture on Economic Modernization," *Ming Pao Yue Kan*, 23(7), No. 271, July 1988.

Huang, Kwang-kuo, *Confucianism and East Asian Modernization*, Taipei: Chu-liu Books Co., 1988.

Kahn, H., "Confucian Ethics and Economic Growth," M. A. Seligson, ed., *The Gap between Rich and Poor-contending Perspectives on the Political Economy of Development*, N.Y.: Routlege Press, 1984.

Kim, Kyong-Dong, "Confucianism, Economic Growth and Democracy," *Asian Perspective*, Vol. 21, No. 2, Fall 1997.

King, Ambrose, "Confucian Ethics and Ecomomic Development," *Modernization and Sinicization: A Collection of Essays*, Taipei: Kuei-kuan, 1985.

Krieger, S. and R. Trauzettel, eds., *Confucianism and the Modernization of China*, English Series No. 16, v. Hase & Koehler Verlag, Mainz, 1991.

Kuznetz, Paul W., "An East Asian Model of Economic Development: Japan, Taiwan, and South Korea," *Economic Develooment and Cultural Change*, 36(3), 1988.

Leslie, Sklair, ed., *Capitalism and Development*, London: Routledge, 1944.

Morishima, Michio, *Why has Japan Succeeded?: Western Technology and the Japanese Ethos*, London: Cambridge University Press, 1982.

Niebuhr, Reinhold, *Moral Man and Immoral Society – a study in ethics and politics*, New York: Charles Scribner's Sons, 1934.

Tai Paul Huang-chao, ed., *Confucianism and Economic Development: An Oriental Alternative*, Washington, D.C.: The Washington Institute Press, 1989.

Tawney, R. H., *Religion and the Rise of Capitalism*, London: Penguin Books, 1926(1980).

TIME, "Asia's Miracle is Alive and Well"(J. Sachs) & "Wrong, It Never Existed"(P. Krugman), September 29, 1997.

______, Interview Lee Kuan Yew, "Asian Values and the Crisis," March 16, 1999.

Toffler, Alvin, *Future Shock*, New York: Bantam Books, 1970.

______, *The Third Wave*, New York: W. Morrow & Co., 1980.

Toffler, Alvin and Heidi, *Powershift: Knowledge, Wealth, and Violence at the Edge of the 21st Century*, New York: Bantam Books, 1990.

_____, *War and Anti-war: Survival at the Dawn of the Twenty First Century*, Boston: Little, Brown, and Co., 1993.

_____, *Creating a New Civilization-the Politics of the Third Wave*, Turner Publishing Inc., 1995.

Tzong-shian, Yu and Joseph S. Lee, eds., *Confucianism and Economic Development*, Taipei: Chuang-Hua Institution for Economic Research, October 1995.

Vogel, E., *The Four Little Dragons-The Spread of Industrlization in East Asia*, Cambridge MA. USA: Harvard University Press, 1993.

Wan, Henry, Jr., "Nipponized Confucian Ethos or Incentive Compatible Institution Design: Notes on Morishima's 'Why has Japan succeeded?'," *International Economic Journal*, 2(1), 1988.

Weber, M., *The Religion of China: Confucianism and Taoism*, translated and edited by Hans H. Gerth, Glencoe: The Free Press, 1951.

Whyte, M. K., "The Social Roots of China's Economic Development," *The China Quarterly*, December 1995.

제 4 장

중국의 현대화와 문화논쟁

1. 머리말

2. 문화논쟁 참여자들의 계통 분류

3. 중국계 연구자들의 논지와 주장

4. 맺음말

1. 머리말

베버 사회학을 출발점으로 하는 자본주의 발흥에 대한 문화 및 종교 관점의 해석은 유럽이라는 지역과 기독교 윤리라는 문화의 관계에 대한 적극적인 추론에서 나왔다. 자본주의 발흥과 발전이라는 특수한 현상은 사실상 유럽에 국한된 현상으로 이해되었는데, 베버의 궁극적 목표는 자본주의를 가능하게 한 정신과 삶의 태도를 탐구하는 데 있었다. 그는 자본주의의 정신은 이성주의이고 삶에 대한 태도는 근검이며, 그 바탕은 소명의식으로 현세를 보는 칼뱅교의 경제 윤리라고 생각하였다. 신도들의 운명은 신에 의해 결정되며 각자가 신과 대면해야 하지만, 기독교 윤리는 개인이 신의 명령에 따라 세상에 천국을 건설함으로써 신의 영광을 드러낼 사명을 지고 있다고 인식하게 한다. 따라서 이들에게 노동은 신성한 행위이고 노동을 통해 쌓은 재부는 긍정되는 반면, 사치와 낭비는 바람직하지 못하기 때문에 금욕과 절약이 요구된다. 시대 변화, 특히 자본주의의 발흥이라는 사회경제적 현상에 조응하는 종교 교리와 윤리의 변화를 종교 윤리의 세속화(secularization)라고 부른다면, 그는 이 세속화가 세속성(secualrity)을 기본으로 하는 자본주의의 발전에 어떤 동기를 제공하였을 것이라고 추론한다. 베버는 기독교의 동기구조와 자본주의 정신 간에 어떤 정합성 또는 친근성이 있다고 본 것이다. 그도 분명히 자본주의의 발흥이라는 특수한 현상을 가능하게 한 요인에는 다양한 측면이 있음을 인정하였으나, 타 문화권에서 자본주의가 발흥하지 못한 이유를 주로 종교와 문화에서 찾으려 하였다.

기독교 윤리에 주목한 베버는 기본적으로 비유럽 지역, 비기독교 문화에서 자본주의 발흥의 가능성에 의문을 품었고, 문화 분석을 통해 타 문화는 자본주의 발흥과 발전에 동기를 제공하기 어렵다고 판단한 반면, 기독교 윤리는 자본주의 발흥에 동기를 제공할 수 있었다고 보았다.[1] 베버의 논리는 토니(R. H. Tawney)[2]와 버거(P. L. Berger)[3]에 의해 확장되었는데, 토니는 다른 문화에서 자본주의 발생의 가능성을 지적하였고, 버거는 종교와 윤리의 세속성 개념을 통해 아시아 종교와 윤리에도 자본주의와 친근한 측면이 있음을 보여 주고자 하였다. 베버가 분명히 화폐제도, 이성적 법률 체계 등 제도에 대해서도 관심을 보이기는 하였으나, 그의 초점은 '동기로서의 문화와 윤리'였다. 베버의 동기 중심의 설명은 물질적 토대를 강조하는 마르크스의 시각과는 다른 관념 중심의 해석인데, 그는 대학자답게 그것이 자본주의를 낳는 유일한 조건이라고 보지는 않았다. 자본주의 발흥의 '동기'를 강조하는 베버의 논리는 폭넓은 지지를 받았고 문화를 통한 자본주의 발흥, 경제의 성장과 발전을 설명하려는 토론을 활성화시켰다.

제2차 세계대전 후 다수 연구자들은 일본의 비약적 경제 부흥이라는 새로운 현상 앞에서 문화와 경제발전의 관계에 대한 토론을 재개하였고, 이 논쟁은 서양 학자들과 일본 학자들을 중심으로 1960~1970년대에 활발하게 전개되었다. 동아시아 지역에서 돌출한 경제발전 현상은 베버의 해석에 의문을 제기하였는데, 이때 논의의 초점은 일본문화, 일본 정신, 일본 불교, 일본적인 것, 유교문화 등이었다. 그러나 일본 경제의 장기적이고 안정적인 고성장은 다수 연구자들로 하여금 깊은 성찰이 없이 성급하게 일본적인 것이면 무엇이든 미

---

1 자본주의의 발흥과 발전이라는 특수한 사회 현상에 관한 문화적 해석 작업의 꽃은 『기독교 윤리와 자본주의 정신』(*The Protestant Ethic and the Spirit of Capitalism*)이라는 책이다. 박성수 옮김, 『프로테스탄트 윤리와 자본주의 정신』(서울: 문예출판사, 1987), 기타 베버의 자본주의 현상에 대한 문화론적 해석은 M. Weber(1951), 이상률 옮김(1990) 등 참조.

2 R. H. Tawney(1926(1980)).

3 P. L. Berger(1967), P. L. Berger(1983), P. L. Berger(1988).

화하도록 만들기도 하였다. 이 사례는 다수의 서양 학자들이 중국적인 것을 비판하던 당시 상황과 대비된다.[4]

이 주제에 관한 논쟁은 일본에 뒤이은 동아시아 4마리 용(한국, 타이완, 홍콩, 싱가포르)의 경이적인 경제 성과를 두고 다시 가열되었다. 논쟁은 경제발전에 순기능을 하는 아시아적인 요소에 초점이 맞추어졌고, 특히 동아시아 지역의 공통 문화라고 간주된 유교문화와 경제의 성장과 발전의 관계에 대한 다양한 설명들이 제기되었다. '문화와 경제발전의 관계'라는 화두를 둘러싼 논쟁에는 중국계(중국, 홍콩, 타이완), 그리고 한국, 일본, 그리고 일부 서양 학자들이 가세하였다. 이 시기 논쟁 참여자들을 보면, 몇 가지 관점이 혼재해 있기는 하지만 중국, 타이완 및 서양에서 활동하는 중국계 중국 철학 연구자들이 주류였다.

1949년 사회주의 정권이 들어선 이후 중국 내에서 '문화논쟁'은 시기별로 가열과 냉각을 반복하다가, 개혁개방이 시작된 1970년대를 지나면서 다시 뜨거운 논쟁거리로 부상하였다. 개혁개방 시대를 맞아 중국 내에서는 다양한 관점이 출현하였는데, 당시 논쟁은 '문화열'(文化熱)이라고 부를 만큼 전국적 차원에서 전개되었다. 토론의 초점은 순수한 학술적 관심보다 '도구'로서의 전통문화와 유교에 있었다. '도구'가 의미하는 바는 시장친화적인 문화 요소이며, 목적은 주로 경제의 성장과 발전, 경제적 현대화에 유인을 제공할 만한 전통 요소를 찾기 위한 경전 분석이나 재해석, 그리고 현대화를 위한 수단을 찾는 데 두고 있었다.

이 글은 멀리는 '종교 윤리와 자본주의의 발흥과 발전,' 가깝게는 '문화와 경제발전' 또는 '유교문화와 경제발전'이라는 주제의 논쟁 참여자들의 계통

---

4 Ezra F. Vogel(1980), Morishima Michio(1982), Shichihei Yamamoto(1992).

분류, 핵심 주장, 그리고 한계에 집중하려 한다. 분석 대상은 개혁개방 이후 중국을 둘러싼 문화논쟁에 한정한다. 논의를 시작하기 전에 먼저 경제학을 포함한 다양한 분야에서 이 문제를 어떻게 보는지를 정리한다. 다음으로 현대 중국에서 문화논쟁에 도전한 연구자들의 주요 주장을 살펴보되, 주로 중국계 학자들의 논리를 집중적으로 분석한다. 이 작업을 통해 관점이 서로 어떻게 다른지, 우리가 얻을 수 있는 것은 무엇인지, 어떤 점에 문제가 있고 주의해야 하는지에 대해 알 수 있다.

2. 문화논쟁 참여자들의 계통 분류

문화와 경제발전 및 경제적 현대화의 관계에 관한 토론에서 제기된 관점과 주장들은 시각의 유사성에 맞추어 몇 가지로 분류할 수 있는데, 크게 구조와 제도 관점, 동기 관점, 경제학적 관점, 그리고 절충적 관점으로 나눌 수 있다. 이 부분은 이미 앞에서 자세히 살펴보았기 때문에 여기에서는 논의의 흐름을 원활히 하는 수준에서 간략하게 정리한다.

구조와 제도 관점은 제도와 사회구조 측면에서 자본주의 발흥이나 경제발전 현상을 설명하고자 한다. 동기 관점은 문화가 자본주의 또는 경제발전을 위한 동기를 제공하였다는 믿음 위에서 이 문제를 접근한다. 베버의 연구도 자본주의 발흥의 '동기'에 대한 탐구였다. 경제학적 관점은 합리적 또는 발전친화적인 '정책과 전략'을 중시하며, 합리적 정책과 전략이 경제발전을 가능하게 한다고 본다. 그리고 절충적 관점은 여러 요인들의 상호 작용을 통해 경제발전 현상을 설명하고자 한다. 요컨대, 구조 관점은 '제도', 동기 관점은 '문화',

경제학적 관점은 '정책과 전략', 절충적 관점은 '제도–문화–정책 변수의 상호작용'을 강조한다. 그런데 정책과 전략은 제도로 볼 여지가 있기 때문에 아래에서는 제도와 구조, 동기, 절충적 관점으로 나누어 설명한다.

먼저, 구조와 제도 관점을 견지하는 연구자들은[5] 경제발전의 요인을 정치적·사회적 안정과 합리적인 경제정책에서 찾고자 한다. 보겔(E. Vogel)[6]처럼 제도를 통해 경제발전 현상을 설명하는 사회학자도 없지는 않지만, 대체로 주류경제학자들이 이 관점을 견지하는 반면, 다수의 사회학자, 철학자, 윤리학자, 역사학자, 문화인류학자들은 문화 관점을 지지한다. 대다수 주류경제학자들은[7] 문화 요소가 동아시아의 경제 성과의 원인이라는 해석에 동의하지 않는다. 이들은 동아시아의 경제적 성공의 요인은 정치적 안정에 힘입은 불확실성의 감소에서 찾는데, 안정은 현명한 정책결정자 집단인 직업관료들의 합리적인 정책과 전략에 힘입은 것이다. 이 관점을 지지하는 연구자들도 문화가 동아시아 경제제도에 영향을 미쳤으리라는 사실을 부정하지는 않지만, 경제발전을 위해서는 유리한 정치적·제도적 환경이 더 중요하다고 믿는다.

구조와 제도 관점은 제도, 구조, 관료, 지도력, 정책 같은 요소를 강조한다는 점에서 문화를 강조하는 설명보다는 구체적이다. 그러나 이들에 따르면 불확실성을 감축시키는 안정적인 리더십과 합리적인 정책이 과연 무엇인지, 안정적인 리더십은 어떻게 만들어지는지, 현명한 관료는 어떻게 양성되고 성장하는지에 대한 답은 관심 밖이다. 현대 세계 정치를 보면 정치 및 리더십의 성격과 경제 성과 간에는 단선적이지 않은 복잡한 관계를 맺고 있다. 또한 그들

5 G. L. Hicks and S. G. Redding(1983).
6 일본 전문가이면서 한국과 중국을 함께 연구하는 보겔의 동아시아 경제발전 현상에 대한 제도 관점의 설명은 E. Vogel(1993) 참조.
7 Roy Hofheinz and Kent E. Calder(1982).

이 중시하는 시공을 초월한 '합리적인 정책과 전략'이 있을 수는 없으며, 동일한 정책과 전략도 시간과 공간에 따라 다른 결과를 낳는다는 사실이 지적되어야 한다. 뿐만 아니라 이 관점은 양호한 경제 성과만으로 그 사회의 제도와 정책, 리더십까지 모두 합리화하는 오류를 범할 수 있다는 지적에서 자유롭지 못하다.

다음으로, 동기 관점은 베버가 자본주의의 발흥과 발전을 가능하게 한 동기에 관심을 둔 것처럼 열심히 일하고 검약하는 태도나 정신에 초점을 맞춘다. 전후 동아시아의 경제적 성공은 베버의 유가사상과 윤리에 대한 부정적인 평가를 재검토하는 계기를 제공하였다. 이 관점에 따르면, 동아시아 사회는 중국 문화권에 속하며 경제발전 현상은 유교문화(가치와 관념)를 통해 해석할 수 있다. 이들은 유교 윤리를 동아시아의 경제적 기적의 동기를 설명하는 핵심 요소로 부각시킨다. 하지만 이들이 베버와 갈리는 지점은 기독교 윤리 대신 유교 윤리를 내세운 점이다.

유교 윤리라는 핵심어를 통해 동아시아의 경제 성과를 해석하고자 한 대표적 연구자는 칸(H. Kahn)이다.[8] 그는 유교 전통 아래 있는 동아시아 사회는 공통적인 문화적 특질을 갖추었는데, 이 유교 전통이 경제적 성공에 기여하였다고 본다. 그의 가설은 기본적으로 유교 윤리와 동아시아 경제발전 간에 적극적인 상관관계가 있다는 믿음 위에 서 있다. 그러나 이러한 해석은 곧바로 문제에 직면한다. 유교 윤리를 통해 경제 성과를 설명하려는 시각은 중국 밖의 중국계 사회는 경제적 성공을 거둔 반면, 개혁 이전 중국과 전통 시대 중국에서는 왜 자본주의 발흥이 불가능하였는지 설득력 있는 설명을 하지 못한다. 이

8 H. Kahn(1984).

주장에 대해서는 각 사회 간의 역사적·사회적 환경의 차이에서 원인을 찾아야 한다는 반론뿐 아니라[9] 유교 문화와 윤리는 기본적으로 현세와 현실에 관심이 있기 때문에 자본주의의 발생을 저해하는 원인으로 보기 어렵다는 반론도 가능하다. 또한 유교 윤리가 전통 시대 중국에서 자본주의의 발흥을 방해하였지만, 그것은 유교 윤리 때문이 아니라 유교의 영향을 강하게 입은 관료적 정치구조 때문이라는 주장도 제기되었다.[10]

유교의 윤리를 동아시아 경제발전의 중요한 문화적 요소로 본 또 다른 연구자는 피터 버거이다.[11] 베버는 세속화된 기독교 윤리가 자본주의라는 지극히 세속적인 현상의 동기라고 해석하였다. 버거에 따르면, 동아시아 지역에는 종교적 다원성이 인정되어 왔는데,[12] 종교 다원성은 바로 현실주의, 실용주의 사고방식하에서 가능하다. 그는 유교 문화는 현실을 긍정하고 현세에서 어떻게 살 것인지에 집중하기 때문에, 기본적으로 세속성 조건을 갖추고 있다고 평가한다. 베버는 아시아 종교의 전근대성을 부각시키고자 한 반면,[13] 버거는 동아시아 종교, 종교사상, 종교 윤리, 종교문화의 경제적 역동성을 긍정하면서[14] 그것들이 노동 윤리를 통해 동아시아 경제발전에 활력을 제공하였다고 해석한다. 그러나 버거는 동아시아 경제 성과의 공로를 유교 전통과 윤리에 과도하게 돌리는 데 대해 경계하는 조심성도 보인다. 그러면서도 그는 동아시아

---

9 S. H. Alatas(1970).

10 B. F. Hoselitz(1964), Robert N. Bellah(1965), Robert N. Bellah and Phillip E. Hammond(1980).

11 P. L. Berger(1967), P. L. Berger(1988) 등 참조.

12 아시아의 종교 다원주의가 동아시아 철학정신의 중심 요소라는 견해는 불교철학자인 나카무라 하지메에게서도 발견된다. 나카무라의 견해를 받아들인다 해도, 왜 유일신, 종교적 일원주의, 절대주의를 기본으로 하는 기독교문화권에서 자본주의가 발흥하였는지는 설명해 내기 어렵다. 차라리 유럽에서 종교 절대주의에 대한 도전 가운데서 자본주의가 발흥하고 발전하였다고 설명하는 편이 합리적이다. Nakamura Hazime(1992).

13 P. L. Berger(1983), p. 5에서 인용.

14 P. L. Berger(1983), p. 2.

인들의 적극적인 경제활동에 영향을 준 것은 사회에 보편화된 어떤 규범이며, 이 규범은 바로 유교사상과 윤리라고 주장한다.

유교사상, 유교 윤리를 강조하는 시각은 자본주의 발전 및 경제발전이라는 현상의 사상, 문화, 윤리적 동기를 이해하는 데 도움을 주는 것은 사실이지만, 동아시아의 경제적 성공을 문화 요소로 설명하려는 시도는 사실상 문제가 많다. 먼저, 임의적인 문화권 설정의 문제, 문화권에 대한 작위적 개념 설정의 한계가 있다. 이들은 다양한 민족적, 종교적, 역사·문화적 배경을 가진 동아시아의 여러 사회를 임의적으로 유교문화권이라고 단정한다. 만약 어떤 문화가 전파된 지역을 하나의 문화권으로 분류하는 데 동의한다면, 우리는 동아시아 지역을 불교문화권, 무속문화권, 기독교문화권, 이슬람문화권, 도교문화권, 일본문화권, 힌두문화권 어느 것으로 불러도 기본적으로 문제가 없다. 문화권을 설정할 때 전파된 역사의 장단을 중시해야 하는지, 아니면 영향의 심도를 우선 고려해야 하는지도 말하기 어렵다. 대부분의 사회에는 나름대로 뿌리 깊은 전통종교가 있고, 중국에서 발원한 사상도 유교, 도교 등이 있으며, 수천 년의 역사를 가진 불교, 수백 년의 역사를 가진 천주교와 이슬람교, 그리고 근현대에 전파된 기독교 등 매우 다양하다.

중국 역사에서 유교가 공식적인 정치이념으로 채택된 사례가 있기는 하였으나, 한국처럼 조선 500년 동안 유교의 한 유파가 지배적 이념 역할을 한 사례는 찾아보기 힘들다. 중국에서는 왕조와 시대별로 널리 강한 영향력을 미친 사상과 종교가 달랐다. 유교 경전이나 불교 경전이 동아시아 일부 국가에 전파되고 지식사회의 중요한 언어 역할을 하기는 하였으나, 한국의 유교가 다르고 일본의 유교가 다르듯이 전파된 각 사회에서 강조점과 현실 형태는 동일하지 않았다. 따라서 유교사상이 전파된 주변국에서의 형태, 내용, 강조점이 다른 유교를 두고 유교문화, 유교문화권이라고 범주화하는 작업은 지극히 작위적이다.

버거의 '세속적인 유교사상'이라는 개념화에 대한 의문도 제기될 수 있다. 인간관계 윤리, 사회질서와 상하 윤리를 본질로 하며 기본적으로 지식층 사대부를 대상으로 한 유교사상의 역사에서 어떤 세속적 또는 통속적 내용을 발견할 수 있는지, 그가 지적하는 몇 가지 유교적 문화 요소가 진정으로 유교문화의 유산인지도 의문이다. 이 밖에도 문화를 중심으로 한 동기 관점은 또 하나의 큰 문제를 내포하고 있다. 문화라는 요소는 추상적이고 애매해서 파악하기 어려울 뿐 아니라 도구로서의 문화를 상정하는 경우는 현실에서 흔히 남용되거나 오용된다.[15] 현대 중국의 경험은 이 한계를 너무도 잘 보여 준다.

세 번째, 절충적 관점은 제도 요소와 동기 요소가 상호 작용함으로써 동아시아의 경제 기적을 가능하게 하였다고 보는데, 다양한 요소를 함께 고려한다는 점에서 당연히 설명의 폭이 넓다. 자본주의의 발흥과 발전이라는 현상, 지역적으로 특수한 동아시아의 경제발전이라는 복잡한 현상을 문화 관점이나 구조 관점 중 어느 한 관점에 의지해서 해석하려는 태도는 포괄적인 이해에 도움이 되지 않는다. 이러한 이유에서 나온 견해가 바로 절충적 관점이다. 어떤 의미에서 이 시각은 구조-문화-정책-리더십이 상호 영향을 주고받으면서 자본주의 발전 또는 경제발전이 가능하였다고 보는 점에서 우리의 의문에 대한 정답에 가까운 설명을 제공할 수 있다. 그렇지만 절충적 관점은 지극히 교과서적이어서 많은 것을 보여 주고 있는 듯하지만, 초점이 없기 때문에 논리의 명쾌함이나 예리함이 부족하다는 한계가 있다.

15 진야오지(金耀基)(1992), p. 137.

3. 중국계 연구자들의 논지와 주장

1) 중국의 문화논쟁

근현대 중국에서 문화를 둘러싼 논쟁은 크게 세 차례로 구분할 수 있다. 시작은 1919년 5.4 신문화운동 때이다. 신문화운동 시기 문화논쟁에서는 중국문화가 자본주의의 발흥과 발전, 현대화, 경제발전과 부합하지 않는다는 베버의 논단이 주류였다. 5.4 신문화운동을 계기로 촉발된 1920년대 초의 문화논쟁은 과현(科玄)논쟁이라고도 부르는데, 과현이란 각각 과학과 형이상학(철학, 도덕, 사변 등)을 의미한다. 과현논쟁은 1930년대에 접어들면서 중국사회사 논쟁으로 전환되었는데, 사회사 논쟁은 당시 중국 사회의 성격을 어떻게 규정할 것이냐 하는 논쟁이었다. 이 논쟁은 당시 중국 사회의 성격이 봉건사회인지 식민지 사회인지를 규정하고, 그에 따라 실천 방향과 방법을 찾고자 한 토론이었다.

두 번째 문화논쟁은 1949년 중국에 사회주의 정권이 들어선 뒤 1966년부터 시작된 문화혁명 시기에 불붙었다. 물론 중화인민공화국 성립 이후 '사회주의 신문화'로의 개조운동이 전국적으로 일어난 바 있었다. 그런데 이 운동은 구악(四舊: 구사상, 구문화, 구풍습, 구습관)을 일소하고 사회주의 사상과 당성을 널리 교육해서 사상을 개조하려는 명백한 정치운동이었기 때문에 우리의 주제와 거리가 있다. 문화혁명 당시에는 전통, 유교, 공자를 타도하자는 반(反)전통 분위기가 압도하였고, 최종적으로는 정치적 광기로 번졌다.

세 번째 문화논쟁은 1978년 개혁개방이 선언된 이후 1980년대에 발화한 논쟁이다. 이 시기 문화논쟁은 문화혁명에 대한 반성의 연장선상에서 진행되었다. 1982년 이후 개혁개방이 최우선 정책 노선이 된 지 2~3년 뒤부터 사상문화 분야에서 새로운 변화가 일어났는데, 이 변화는 1986년에 최고조에 달하였다. 이 무렵 중국 지식계에 고조된 문화 토론의 분위기를 보통 '문화열'이라 부른다.

이상에서 서술한 세 차례의 문화논쟁은 중국의 현대화라는 과제를 앞에 두고 역사와 문화를 반성하면서 중국의 미래를 탐색하려는 몸부림이었으며, 이후에도 시기에 따라 분출과 잠복을 반복하였고, 현재도 여전히 잠복 상태에 있다. 중국의 근현대사에서 '문화'라는 개념은 20세기 초 5.4 '신문화'운동, 1949년 중화인민공화국 성립 이후 사회주의 '신문화'로의 개조운동, 그리고 1960년대 중반부터 시작된 '문화'대혁명 등 일련의 역사적 사건 속에서 전개된 사상 관념의 변혁운동과 깊은 관련이 있었다. 중국의 근현대를 관통하는 주요 논쟁의 중심에 '문화'가 있었으며, 이때 문화는 '문화 그 자체'라기보다는 현대화 또는 경제발전을 염두에 둔 '도구로서의 문화'였다. 여기서 주목할 점은, 토론 참여자가 누구든, 전문 분야가 무엇이든, 문화논쟁은 순수한 학술적 관심보다는 시기별로 민감한 사회정치적인 의미, 즉 정치성이 짙은 논쟁이었다는 사실이다.

현대 사회주의 중국에서 27년간 최고 지도자 자리에 있었던 마오쩌둥도 우리의 주제와 관련된 언급을 한 바 있다. 그는 1939년에 쓴 글에서 "중국의 봉건사회는 상품경제를 발달시켰고 자체 내에 자본주의의 맹아를 지니고 있었다. 따라서 비록 외국 제국주의의 영향을 받지 않았다 하더라도 점차 자본주의 사회로 발전해 갔을 것이다."[16]라고 언급하였는데, 이 언급은 1950년대 이래 많

16 毛澤東(1991), p. 626.

은 중국의 역사학자들로 하여금 자본주의 맹아가 명말청초에 실제로 나타났다는 점을 논증하려는 열기를 유인하였다.

2) 관점에 따른 계통 분류

여기에서는 1980년대 문화논쟁을 주요 대상으로 삼고 연구자의 논지와 주장에 따라 분류한 뒤 주요 연구자의 핵심 논리와 주장을 정리한다. 연구자들은 1989년 무렵 문화, 제도 같은 변수에 대한 관심에서 좀 더 구체적인 주제에 도전하기 시작하였는데, 그것은 '유교 윤리와 경제발전 및 현대화'에 대한 관심이었다. 중국계 연구자들을 중심으로 전개된 논쟁은 대부분 '도구'로서의 문화에 초점을 맞추었다는 특징이 있다. 이 점을 인정하면서 연구자들의 해석과 주장을 크게 유학 부흥, 비판 계승, 서체중용, 철저 재건 등 4가지 시각으로 구분한 뒤 계통별로 대표적인 학자의 사례를 요약하고 평가한다. 전반적으로 볼 때 문화논쟁은 사회주의 정권이 들어선 이후 개혁개방 이전까지는 대체로 전통 타도(반전통) 분위기가 대세였고, 개혁개방이 시작된 뒤는 유학 부흥 관점이 주류의 위치를 점해 왔는데, 중국공산당은 후자의 관점을 지지한다.

(1) 유학 부흥 관점: 두웨이밍, 진야오지

유학 부흥을 주장하는 대표적 인물은 장기간 하버드대학에서 중국 문화 전도사 역할을 해 온 두웨이밍(杜維明)이다. 그는 우리의 주제와 관련된 다양한 소주제를 자기의 시각에서 정리하였다. 먼저 그는 유교철학의 중심 과제를 정리하고, 다음으로 유교와 농업사회의 관계, 세 번째로 유교와 지식인, 네 번째로 유교와 동아시아 공업사회, 끝으로 유교철학과 현대화의 문제를 논한다.[17]

두웨이밍은 유교의 역사를 이렇게 요약한다. 유교 전통은 기원전 6세기 인류문명이 전환되는 시기에 빛나는 생명을 드러냈고, 2500년 동안 생명을 유지하였으며, 지금까지도 문화적 영향력을 유지하고 있는 정신적 원천이다. 유교에서 온 지혜는 전통 시대 농민과 지식인의 특성을 형성하였고, 그것은 중국 문화와 불가분의 관계에 있다. 유교는 원시유학에서 신유학으로 발전하면서 중국의 송명 시대, 한국의 조선 시대, 일본의 도쿠가와 시대에 이르기까지 동아시아 문명의 체현자로 자리 잡았다. 송대 유학의 주류인 정주학(程朱學)[18]은 도덕 이상의 기초를 하늘의 이치(天理)에 둘 정도로 도덕을 이상화하였다. 우리가 유교를 어떻게 인식하든 풍부한 철학적 내용과 문화적·사회적 영향력은 무시할 수 없다.

다음으로, 그는 전통철학에 대한 그 나름의 가설을 피력한다. 유교의 정신적인 지향은 자신을 살피고 반성하는 내성(內省)학이다. 중국에서 유교는 이상적이라고 믿는 주(周)대 전통 문명이 점진적으로 타락하고 붕괴하던 시기에 통렬한 반성을 통해 형성되었다. 그들이 직면한 시대에 대한 유가의 성찰, 도가의 사색, 묵가와 법가의 반성은 그 기본과 차원이 달랐다. 궁극적으로 유교의 반성은 과거의 이상적인 문화와 문명의 회복을 지향한다. 유가는 인간의 문명

17 두웨이밍(杜維明)(1992), pp. 139~186.

18 정주학은 송나라 때 정호(程顥), 정이(程頤) 및 주희 계통의 원시유가에 대한 새로운 해석을 가리키는데, 반드시 동일하지는 않지만 성리학, 신유학(新儒學), 주자학, 도학(道學) 등 다양한 이름으로 불린다. 정주학에서 가장 중요한 부분은 현실에서의 실천 문제였다. 유학은 본래 현실적 학문으로서 주로 윤리·도덕·정치·교육에 응용되었다. 그러나 유가의 학설은 현실을 중시하는 특성 때문에 도가나 불가로부터 세속을 벗어나지 못한 학설로 비판받기도 하였다. 한대와 당대에 도가의 자연주의 사상과 불교의 심성철학은 지식인과 민간에까지 많은 영향을 끼쳤다. 이때 송대 유학자들은 도가와 불가를 개인적이고 초월지향적이며 건전한 윤리의식과 생활규범을 버린 무책임한 교설이라고 비판하였다. 그리고 신유학은 유교의 근본정신을 새롭게 해석함으로써 도가나 불가를 이론적으로 극복할 수 있는 철학 체계를 수립하는 한편, 도불(道佛)에 대해서는 인륜에 어긋나는 이단이라고 맹렬하게 비판하였다. 유학의 현실 중시 사상은 건전한 인륜에 기반을 두며, 이는 개인에서 시작해서 가정, 사회, 국가 및 천하로 이어지는데, 여기서 중심은 개개인의 인격적 자아이다. 이러한 사고방식하에서 정주학, 주자학 또는 신유학은 윤리도덕을 이상화하는 거대한 체계를 구축하였다.

과 문화의 가치를 긍정하였기 때문에, 많은 사람들은 유교사상이 보수적이라고 인식한다. 그러나 유교의 보수성은 일반적으로 말하는 완고한 복고주의가 아니라 중화민족이 은주(殷周) 시대 이래로 구축한 문명에 대한 내적인 긍정이다.[19]

비교 관점에서 볼 때, 그리스 문명의 출현은 일종의 자연에 대한 경이감과 밀접한 관련이 있고, 헤브라이문화는 절대적 초월자에 대한 경외감에서 나왔다. 반면에 유교사상은 일종의 우환(憂患)의식[20]에서 출현하였다. 우환의식은 추상적 차원이 아니라 구체적인 삶을 통해 이루어졌다. 유교의 '자기 인격을 위한 학문'(爲己之學)이라는 중요한 과제는 이 설명에 잘 맞는다. 여기에서 자기는 고립된 개체가 아니라 복잡한 인간관계의 중심이다. 유가는 이러한 방식으로 시대와 현실 문제에 대응하였다. 이와 달리 인도 문화에서 '자기'는 사회와 관계가 없는 내재적인 존재로서 직접 진리와 결합하며, 도교도 인간과 인간의 관계를 끊음으로써 진정한 내적인 자족을 얻을 수 있다고 본다. 유교에서 말하는 "자기를 이기고 예로 돌아가는 것이 인이다"[21]라는 말은, 자신의 수양을 통해서 다른 사람과 바른 관계를 맺고, 자기의 인격 완성 과정에서 타인의 인격도 완성시킨다는 의미를 담고 있다. 유교에서는 이타(利他)를 말하기보다 다른 사람의 인격을 발전시킴으로써만 진정으로 자신의 인격을 완성할 수 있다고 보는 것이다.[22] 이처럼 유교사상은 개인의 완성과 대중을 분리하지 않는다.[23]

물론 유교사상의 전개 과정에는 다양한 유파가 등장하였고, 송명 시대에

19 두웨이밍(1992), p. 142.

20 우환의식이라는 정서는 이상적인 문화가 타락해 가는 데 대한 우려와 염려를 의미하는데, 이는 일찍이 홍콩, 타이완, 미국 연구자들 사이에 공인된 해석이다.

21 "顏淵問仁, 子曰, 克己復禮爲仁, …" 『論語』, 「顏淵篇」.

22 두웨이밍(1992), p. 145.

23 두웨이밍(1992), p, 146.

는 주자학이 주류였으나 다른 유파도 출현하였다. 주자학은 불교의 영향을 받아 윤리도덕을 이상화한 추상적·관념적 사상 체계로 진화하였고, 우주론까지 포괄할 정도로 변화하였다. 그러나 유교의 메시지는 기본적으로 서양철학처럼 논리적 분석방법보다는 개인의 현재적 인격과 인간관계를 중심으로 하고 실천과 무언의 가르침을 통해 풍부하고 복잡한 사상 체계를 갖추어 나갔다. 유교의 입장에서 보면 개인은 풍부한 내용과 내재적 자원을 가진 구체적 존재이며, 내재적 원칙을 개발할 수 있을 뿐 아니라 자신을 주변으로 확대시킬 수 있다. 유교에서 말하는 자아의 확대는 개인주의에서 말하는 자아 확대와 다르며, 자신의 사심과 사욕의 발전이 아니라 극기를 통해 대중과 연계된다는 의미의 확대이다. 그리고 자아의 확대는 인문적일 뿐만 아니라 자연적이어서 인간계, 자연계, 초월 세계에 모두 통용된다.[24] 한마디로 유가철학은 현실을 중시하고 사회를 중시하며, 자신의 인격 수양을 통해 점차 안정되고 평화로운 사회를 건설하려는 사상이라고 할 수 있다.[25]

다음으로, 두웨이밍의 유교와 동아시아 문명, 유교와 동아시아 현대화의 관계에 대한 설명을 보자.[26] 그는 유교는 역사적으로 세 차례의 발전 과정을 거쳤다고 이해한다. 첫 번째는 선진(先秦) 시기[27]부터 한(漢)대까지이다. 서한(西漢) 시기[28] 유교는 어느 정도 정치화된 유교이었고, 그 이후 유학은 사실상 사회의 중심 사상에서 밀려났다. 위진(魏晉) 시대[29] 주요 사상은 노자와 장자 계열

24 두웨이밍(1992), pp. 148~149.

25 두웨이밍(1992), pp. 150~151.

26 두웨이밍(1992), pp. 166~180.

27 기원전 770년부터 기원전 403년까지로서 춘추 시기라고도 부르며 구체적으로는 주나라의 동천(東遷)부터 진(秦)나라의 통일까지를 가리킨다.

28 전한(前漢)이라고도 부르며, 기원전 206년에서 기원후 8년까지 시기이다. 대표적인 유학자는 동중서인데, 이 무렵 유교가 주요 통치이념으로 채용되었다.

29 220년 후한이 멸망하고 수나라가 589년 중국을 재통일할 때까지 약 370년을 말한다. 삼국 시대가 위에 의해

의 현학(玄學)[30]이었다. 그 뒤 불교사상이 전래되어 점차 자리를 잡았고, 장기간 중국 학술계는 불교가 주도하였으며, 화엄종, 천태종, 선종 같은 중국 특유의 불교사상이 출현하기도 하였다. 이 시기 뛰어난 사상가들은 대부분 유교에 별 관심이 없었으나 유교사상은 다른 측면에 영향을 미치고 있었다. 유교는 민간에 침투하였고, 특히 사회의 종법(宗法)제도[31]와 대가족제도에 많은 영향을 미쳤다. 유교를 어떻게 실제에 적용할 것인지에 대한 과제를 둘러싼 지배층 내의 토론이 전개되기도 하였다.

이 시기 유교는 한편으로는 왕실의 지원에 힘입은 경학(經學)이 발전하였고, 다른 한편으로는 관계의 규범인 예학(禮學)이 발전하였다. 위진 시대 왕실은 중원의 귀족이 아니라 돌궐의 혈통이 혼합되어 있었기 때문에, 건국 이후 지배층은 중국에 영향력을 행사하기 위해 중국의 예학에 깊은 관심을 가졌다. 하지만 철학사상 측면에서 위진 시대부터 당 말까지 분명히 유학이 주류 사상은 아니었다.

제2기 유학의 발전은 당 말부터 송 초기까지에 이루어졌는데, 이 무렵에 발전한 유학을 송명이학(宋明理學)이라고 부른다. 원나라의 통일 이후 송명이학은 금과 송의 유학자들을 통해 북방으로 전해졌고 원대에 큰 영향을 미쳤다. 송명이학의 중심은 주자학[32]인데, 주자학은 한국, 베트남, 일본에도 영향을 미

일단락된 뒤 220년 진(晉)이 중국을 통일하였으나 곧 내분으로 흉노에 의해 멸망하여 16국으로 나뉘어 흥망을 거듭하다가 북위에 의해 수습(316~439년)되었다. 한편, 남쪽에서는 진의 일파가 난징에 동진(東晉)을 세움으로써 남북조를 이루었는데, 이 시기를 남북조 시대(439~589년)라고 부르며, 위진남북조 시대에 화북의 중국 문화는 강남으로 이동하여 강남이 경제 중심지가 되었다.

30 노자나 장자 계열의 사상으로 이론이 깊고 어려워 깨닫기 힘든 학설을 의미한다.

31 적장자(嫡長子) 중심의 계승제도로서 큰아들은 대종(大宗)으로 혈통을 이으며 많은 혜택을 누리고, 그렇지 못한 자녀들은 대종을 받드는 소종(小宗)이 된다. 국가 차원에서는 거대한 봉건제도의 근간이 되는 제도로서 혈통에 따라 분명한 위계질서를 부여하며, 가족 차원에서도 유사한 기능을 하도록 짜여진 질서제도이다.

32 전통적인 유학과 다른 학풍을 세우려는 노력은 남송의 주희(朱熹, 1130~1200)가 집대성하였기 때문에 주자학(朱子學) 또는 성리학(性理學)이라고 부른다. 명대 왕수인(王守仁, 1472~1528)의 양명학까지 성리학에 포함시

쳤다.

유학은 중국 문화 전통의 하나일 뿐만 아니라 한국, 일본, 베트남에서도 전통문화의 하나였다. 나아가서 유학은 여러 경로를 통해 동아시아 정치구조, 교육제도, 가족조직 등 인간관계에 영향을 미쳤으며, 13세기 중국, 14~15세기 한국, 15~16세기 베트남, 17세기 일본에서 유가의 시대를 열었고, 19세기 중엽 아편전쟁[33] 이전까지 동아시아에 '일정한' 영향을 미쳤다.[34] 하지만 유학의 현대적 운명은 비참하였다. 아편전쟁 이후 서양의 문화적·사상적 충격과 선진적인 무기로 인해 중국의 전통사상을 대표하는 문화유산은 몰락의 운명에 직면하였고, 5.4 신문화운동 시기 이후 상황은 더 악화되었다. 당시 중국 전통문화는 충격을 극복하고 새로운 환경에 적응할 수 있을지 시험대에 섰다. 그런데 서세동점(西勢東漸) 초기 지식인들은 서양에서 전래된 것이 단순히 함선과 대포 정도라고 생각하였고, 지도층이 주도한 변법자강(變法自彊)운동(1898)은 바로 이러한 인식하에서 추진되었다. 청말 조정과 지식인들은 지적 역량이 부족하였고 다수 뛰어난 지식인들은 고증학, 한학에 관심을 집중하고 있었기 때문

키기도 하지만, 한국에서는 주자학만을 성리학으로 부른다. 성리학은 불교철학으로부터 깊은 영향을 받았으나 불교의 세계관과는 성격이 다르다. 불교 세계관은 현실 속의 자연과 사회는 궁극적으로 부정되어야 하지만, 성리학적 세계관은 자연과 사회를 도덕적인 본성을 갖는 것으로 인식한다. 또한 주희의 성리학은 자연과 사회의 발생과 운동을 이(理)와 기(氣)의 개념으로 설명하는데, 기가 모이고 흩어지면서 우주 만물이 생성되며, 그런 점에서 기는 만물을 구성하는 요소이다. 또한 만물에는 모두 이가 내재하는데, 이는 인간과 사물의 원리적 보편성을 주관하는 것으로 이해한다. 반면에 선종(禪宗)의 영향을 강하게 받은 양명학은 사회적 평등, 이익 추구를 이념적으로 정당화하였다는 점에서 주자학과 상당한 차이가 있다. 왕양명은 현학적이며 지식층의 학문이던 이학을 거부하였다. 양명학은 모든 인간은 완전히 선한 심성을 지니고 있으며 현인이 되기 위해서는 타고난 양지(良知)를 깨닫기만 하면 된다고 주장하였다는 점에서 심학(心學)으로 분류된다.

33 1840년과 1856년 두 차례에 걸쳐 일어난 영국과 청의 전쟁이다. 영국은 청과의 교역 결과 대규모 무역수지 적자를 보았는데, 영국은 인도에서 생산된 아편을 청에 수출함으로써 무역수지를 역전시키고자 하였다. 제1차 아편전쟁 결과 중국은 영국에게 홍콩을 내주고 난징조약을 체결해야 하였다. 2차 전쟁에서는 영국과 프랑스가 연합하였고 러시아와 미국이 지원하였는데, 전쟁에서 패한 청은 톈진조약, 베이징조약을 체결하고, 영국에게 주룽(九龍)반도, 러시아에게는 연해주를 내주었다. 아편전쟁에 대해서는 제5장 2절에서 상세히 서술한다.

34 두웨이밍(1992), p. 169.

에, 사상적 동력과 민감성이 취약하였다. 변법운동에서는 적응 범위를 국방이나 공업에서 더 확장해서 일부 정치개혁 같은 제도 변화를 시도하기는 하였으나, 유교사상이 깊이 체현된 인사들의 정치개혁 시도였다. 따라서 이들은 서학을 '용'(用)으로 하고 중학을 '체'(體)로 한다는 '중체서용'(中體西用) 사고방식을 버리지 못하였다.[35]

쑨원(孫文)이 주도한 공화제 혁명인 신해혁명(1911) 이후 중국의 주도적인 사상 흐름은 전반적인 서양화(全般西化)였다. 전반서화는 중국의 전통을 포기하고 철저하게 서양화를 추구한다는 의미이다. 이 시기 유학은 양 측면의 도전에 직면해야 하였다.[36] 한 쪽의 공격은 해외 유학파 지식인들이 형성한 연합전선으로부터 왔다. 이들은 유교 학설은 철저히 파괴해야 하며, 유교의 모습은 공자나 맹자 같은 모습이 아니라 추악한 중국인의 모습이라고 여기고, 유교를 타도하자고 주장하였다.[37] 다른 공격은 유교에 치명상을 입힌 도전인데, 유교 내부에서 진행된 정치화와 부패였다. 이를 극명하게 보여 준 사건은 위안스카이(袁世凱)에 의한 보수반동의 복벽(復辟)운동이다. 그는 중국인들이 유교를 신앙한다고 믿고 공자를 교주로 삼아 유교를 회복시키고, 공화제를 향하던 시대의 흐름을 거슬러 황제제도로 복귀한 뒤 자신이 황제에 즉위하기까지 하였다. 이때 부패한 다수 유교 지식인들이 여기에 동참하였는데, 이들은 위안스카이 이후 군벌 시대에도 역주행 편에 섰다. 당시의 '전반서화'라는 구호는 다분히 감정적이었으며 강한 민족주의와 반전통 정신이 결합되어 나타났다.

20세기 초 사회주의 사상이 중국에 전파되었을 때 이해하는 사람은 사실

35 중국의 중체서용은 조선의 동도서기(東道西器)와 유사한 개념이다.
36 두웨이밍(1992), p. 172.
37 여기에 동참한 인물은 자유주의 대표 후스(胡適), 사회주의 대표 천두슈(陳獨秀), 작가 루쉰(魯迅), 중국 전통문화에 조예가 깊었던 우위(吳虞) 등이었는데, 이들은 "공자를 타도하자"(打倒孔家店)고 외쳤다.

상 많지 않았다. 하지만 1930~1940년대가 되자 사회주의 사상은 중국 지성계에 큰 영향을 미쳤는데, 여기에는 이유가 있었다.[38] 먼저 사회주의 사상은 서양에서 수입하였지만 당시 서양의 주류 사상(자본주의)을 비판하고 있었다. 이 점은 중국의 내일을 말하려면 외래 사상에 의거해야 한다고 생각하던 중국의 민족주의와 애국주의적 요구를 만족시켰다. 이 밖에도 1917년 러시아의 10월혁명이 성공한 뒤 소련의 외무장관이 차르 시대에 중국에서 빼앗은 영토를 포기한다는 선언(카라한선언)을 하였는데, 이 선언은 중국인들을 고무시킴과 동시에 소련과 사회주의에 대한 호감을 고취시켰다. 이러한 시대적 흐름 속에서 유교는 몰락의 길에 들어서게 되었는데, 이것은 유교가 중국 사회에서 완전히 사라졌다기보다는 주류에서 밀려나 논쟁거리로 남았다는 의미이다. 다시 말해, 당시 유교는 완고한 보수적 봉건 세력의 학설, 창조성 없는 완고한 사상으로 간주되어 주류에서 밀려났다. 1919년부터 1949년 사회주의 국가 건국까지 약 30년 동안 유교는 비록 국내외에서 연구되기는 하였으나, 그것은 단지 학술 연구 차원이었을 뿐 광범위한 문화적 역량을 발휘하지는 못하였다.

그런데 1970년대 이후 상황이 크게 달라졌다. 동아시아의 비공산권 지역이 우수한 경제 성과를 이루었는데, 동아시아에서 출현한 발전모형은 시장경제로 대표되는 자본주의 모형도 아니고 계획경제로 대표되는 사회주의 모형도 아니었다. 많은 연구자들은 몇몇 동아시아 국가의 경제발전 현상에 어떤 문화적인 기초가 존재할 것이라고 생각하고, 이 의문에 관심을 집중하였다. 하지만 동아시아 주요국들 간에는 유사점도 있지만 상당한 차이도 존재한다. 일본은 비교적 민주적이고, 한국과 타이완은 자유가 제한되었으며, 홍콩은 정치

---

38 두웨이밍(1992), p. 175.

적으로는 자유방임이고, 싱가포르는 일원지배 형태이지만 정치는 청렴하고 민주적 선거에 입각해 있으며, 철저한 법치사회이다. 민족 측면에서도 모두 중국계는 아니다. 이들 사회는 대체로 교육을 중시하며 전국적인 시험을 시행한다. 서양의 기업발전은 개인주의가 중심이지만 동아시아에서 기업발전은 집단적이며, 실적이 양호한 기업들은 모두 가족기업이다. 정치와 경제의 관계를 보면, 서양에서는 기업과 정치가 서로 대립관계였고 기업은 정치의 간섭을 원하지 않았다. 그러나 동아시아 국가에서는 정치적 리더십이 중요한 의미를 지니며 저축률은 매우 높다. 또한 이들 사회에서는 종신고용제도가 일반적이다. 중국에서는 유교사상이 발전에 장애로 작용하였지만 1960~1970년대 동아시아 일부 사회에서는 유교사상이 경제발전을 촉진하는 역할을 하였으며, 몇몇 국가는 모두 후기 유교사회에 속한다.[39] 이렇게 본다면 유교를 동아시아 공업문명의 문화적 기초라고는 할 수는 없겠지만, 유교문화로부터 아무런 영향을 받지 않았다고 말하는 것도 지나친 주장이다.

요컨대, 두웨이밍은 중국 고전에 대한 해박한 지식과 식견을 통해 나름대로 유교, 유가철학의 특징과 본질을 분석하였다. 그는 유교의 특질은 본질적으로 자기를 닦는 위기지학이고, 개인의 완성과 대중을 분리해서 보지 않으며, 사회에 대한 관심을 기본으로 한다고 이해한다. 그는 또 경제발전과 관련해서 동아시아 사회의 특징적인 요소를 교육 중시, 높은 저축률, 전국 단위의 시험제도, 가족중심으로 보며 경제발전에서 정치적 리더십이 중요한 역할을 하였다고 이해하며, 일부 동아시아 사회에서 유교가 경제발전을 촉진하였다고 주장한다.

39 두웨이밍(1992), pp. 178~180.

두웨이밍의 논리와 주장을 평가해 보자. 먼저, 그가 지적한 동아시아 문화의 특징적 요소들이 과연 동아시아의 특수한 문화 전통인지, 유교문화로부터 온 전통인지 말하기 어렵다. 그는 '문화'에 대한 비판적 성찰 없이 동아시아 지역을 '유교문화권'으로 간주할 뿐만 아니라, 동아시아 문화가 유교사상으로부터 왔다고 단정함으로써 중화 문화에 대한 과도한 자부심, 다수 문화론자들에게서 보이는 성급함과 조잡함을 보인다. 그는 유교사상이 경제발전과 어떤 적극적인 관계가 있다는 믿음을 드러낸다. 그러나 유교 경전에 대한 해석 작업과 특수한 사회적 현상인 자본주의 발흥 또는 경제발전의 동인을 찾는 일은 동일한 일이 아니며 쉬운 작업도 아니다. 그의 성급한 주장은 증명이 거의 불가능하고 긍정할 만한 증거를 제시하기도 어려운 막연한 주장이다.

무엇보다도 근현대 역사 과정을 통해 보여 준 유교의 행태나 기여를 생각한다면 유교에 후한 점수는 어렵다. 타당하고 구체적인 근거를 제시하기 어렵다고 판단해서인지 그는 "유교를 동아시아 공업 문명의 문화적 기초라고는 할 수 없겠지만, 유교문화로부터 아무런 영향을 받지 않았다고 하기는 어렵다"는 조심스러운 견해를 덧붙인다. 하지만 이 표현은 최소한의 근거도 없는 직관일 뿐이며, 우리에게 전해 주는 바가 없는 공허한 표현이다. 두웨이밍은 타당한 근거도 없이 자신 있게 "유가철학과 세계의 현대화가 관련을 가지고 있다고 생각한다"는 주장도 하는데, 이 주장은 당황스럽다. 시대 변화에 맞는 유교의 변신을 촉구하면서 유교문화로부터 무엇인가를 찾아내고 싶은 유학부흥론자의 의욕은 이해하지만, 그의 논리는 거칠고 주장은 감정적이다.

그의 감성에 치우친 설명은 문화의 속성에 대한 이러한 논리로 충분히 덮을 수 있다. 오랜 역사를 견디어 왔고, 널리 전파된 문화는 자연스럽게 해당 사회의 개인과 집단의 사고방식 및 행동양식에 어떤 식으로든 투영된다. 그 영향이 강할 수도 약할 수도, 직접적일 수도 간접적일 수도, 단기적일 수도 장기적일 수도, 영향 범위가 좁거나 넓을 수도 있다. 그런데 이 말은 모든 문화에 동일하게 적용되는 문화의 특성이지 유교에만 해당되는 설명은 아니다. 또한 그는 유교의 보수성 지적에 대해 유교를 이렇게 변호한다. "유교의 반성은 과거의 이상적인 문화와 문명의 회복을 지향한다. 많은 사람들은 유교사상이 보수적이라고 인식한다. 그러나 이것은 일반적으로 말하는 완고한 복고주의가 아니라 중화민족이 구축한 문명에 대한 기본적이고 내적인 긍정이었다." 이 주장은 무슨 의미인지 이해하기 어렵다. 변화하는 현재와 중압감 있게 밀려오는 현실 문제에 대한 대응 방안을 인식의 혁신과 참신한 방안에서 찾지 않고 과거로의 회귀에서 찾으려는 태도는 변명이 필요 없는 복고주의 그 자체이다. 물론 법가(法家), 양명학처럼 과연 유학 범주에 있는지 매우 의문인 경우도 있지만, 신유가, 현대신유가로의 변화는 혁신이라기보다 내적인 범위의 확장 또는 논리적·철학적 보완이라고 보아야 한다. 중국 전통문화 속에서 혁신적 사례를 말하고자 한다면 차라리 법가, 묵가, 도가 또는 양명학을 사례로 드는 편이 더 설득력 있다.

유학 부흥 편에 서는 또 다른 연구자는 홍콩에서 활동한 중국 철학 연구자 진야오지(金耀基)이다. 그는 베버의 중국 문화에 대한 몇 가지 지적을 전통 시대 중국 사회의 구조적 문제라는 점에 동의한다. 그리고 그 구조적 요소들이 자본주의 발흥에 불리한 요소라는 점을 인정하면서, 베버의 통찰력을 높이 평가한다.[40] 그러나 진은 유교 윤리에 대한 베버의 분석이 한쪽에 치우친 면이 있고 심지어는 잘못된 점이 있다고 비판한다.[41] 진에 따르면, 유교 윤리는 개인적

40 본문의 베버 논지에 대한 논평은 진야오지(金耀基)(1992), pp. 121~123 참조.
41 진야오지(1992), p. 124.

인 행위에 대한 핵심적 동기를 충분히 제공한다. 또한 유교가 분명히 성선설을 지지하지만 그것이 베버가 말하는 개인과 세계 간의 긴장성 결여를 낳지는 않는다. 베버의 유교 윤리에 대한 해석에는 오해가 있을 뿐만 아니라 거대한 경험적 현상의 도전에 직면하게 되었는데, 도전은 바로 제2차 세계대전 이후 일본을 필두로 한 동아시아 4마리 용의 경제적 성공이다. 1960년대부터 시작되어 말레이시아, 태국, 중국, 베트남 등으로 이어졌고, 지금까지도 진행되고 있는 이 현상은 베버의 가설, 특히 유교 윤리와 자본주의 발전의 관계에 대한 설명을 재고할 수밖에 없게 하였다.

진의 논리와 주장을 평가해 보자. 진은 유교사상에는 스스로를 변화시키고 새롭게 할 수 있는 능력이 있다고 주장한다.[42] 그런데 이 주장은 받아들이기 어렵다. 그가 말하는 변화시키고 새롭게 하는 능력이 유교사상이나 유교 윤리 체계 내의 변화를 의미한다면 수긍할 수 있지만, 변화하는 사회, 새로운 세속적인 현상, 자본주의의 발흥과 발전, 경제발전, 경제적 현대화 또는 새로운 시대정신을 따라잡거나 이끌기 위한 변화 능력을 말한다면 역사적 경험과도 맞지 않는다. 그는 동아시아 사회는 유교문화의 영향을 받은 '유교문화권'이고, 경제적 현대화 과정에서 겪고 있는 경험적 현상은 유교 윤리와 경제발전의 관계에 대한 더 세밀하고 깊은 연구를 요한다는 주장을 내놓기도 하는데, 무슨 근거에서 나온 주장인지 쉽게 이해가 되지 않는다.

또한 그는 문화라는 요소를 통해 경제발전 현상을 설명하려는 해석 그 자체가 아니라 남용과 오용을 염려하기도 하는데, 이 점에서 문화 논쟁의 핵심적인 문제를 잘 짚었다. 그가 말하듯이 오랜 역사 과정을 거쳐 온 유가사상과

42 진야오지(1992), p. 138.

문화는 다원적인 요소를 포괄하고 있고, 내적으로 스스로를 변화시킬 능력을 보여 주기도 하였다. 다만 그가 말하는 스스로를 변화시킬 능력과 변화가 경제 발전, 경제적 현대화라는 독특한 사회적 현상과 어떤 연관성이 있는지, 과연 유가 전통이 현대화에 적극적인 기능을 할 만한 요소를 내포하고 있는지, 현실 속에서 구체적으로 얼마나 적극적인 기능을 하였는지는 다른 문제이다. 뿐만 아니라 동아시아 지역이 유가 문화의 영향을 받은 지역이라는 사실을 부인하기는 어렵지만, 다양한 문화들은 서로 영향을 주고받으면서 변화하며, 각 지역은 여러 문화들 간의 상호 작용을 통해 나름대로의 특색 있는 문화를 갖는다는 사실을 지적하고 싶다. 그의 거친 문화권 개념은 "모든 문화는 본질적으로 모두 잡종"이라는 사이드(Edward W. Said)[43]의 지적을 떠올리는 것만으로도 특별한 의미를 지니지 못함을 알 수 있다.

(2) 비판계승 관점: 장다이니엔

중국공산당의 입장이기도 한 비판계승 관점의 역사적 계보는 이렇다. 항일전쟁기에 발화한 '사회사 논쟁'과 '사회성격 논쟁'은 "중국이 어디로 가야 하느냐"에 대한 해법을 탐색하기 위한 논쟁이 있었다. 이 논쟁은 1930년대 이후 점차 역사학에서 철학으로 전환되었는데, 이 무렵의 주요 관심사는 "철학 유산을 어떻게 처리해야 하느냐"였다. 1957년에 개최된 제1차 〈중국철학사 방법론 토론〉에서는 물질적 토대와 철학 간의 관계, 농민 문제 등 현실적인 사회 문제까지 다루었는데, 화두는 "중국 철학의 유산을 어떻게 계승할 것이냐"였다. 이 시기 논쟁이 많은 성과를 거두었음에도 불구하고, 1960년대에는 문화논

43 유럽인들이 불순한 의도로 주조한 오리엔탈리즘(Orientalism)의 내막을 파헤치고 남다른 통찰력으로 문화의 본질을 파악한 에드워드 사이드의 논리에 대해서는 성일권 옮김(2001), 박홍규 옮김(2007) 등 참조.

쟁의 분위기가 마오쩌둥을 숭상하는 자들이 우파라고 지목한 세력을 타도하기 위한 반우파투쟁, 단기간에 선진경제를 따라잡는다는 대약진운동 등에 의해 파괴된 채 문화혁명 말기까지 별다른 진전을 보지 못하였다. 그러다가 개혁개방 노선이 당의 공식 입장으로 확정된 뒤 1979년에 〈중국철학사 방법론 토론회〉에서 변화가 일어났다. 이 토론회는 당파성 대신 과학성이 강조되어야 전통철학 연구가 정당하게 전개될 수 있다는 견해를 주요 의견으로 채택하였다. 당시 좌와 우 편향을 모두 비판적으로 극복하면서 철학사를 연구하자는 움직임 속에서 '비판적 계승' 관념이 정식화되었다. 1957년과 1979년의 토론은 모두 사회주의 신문화 건설이라는 공산당의 현실적 요구를 반영하고 있는데, 이는 사상문화의 지도 아래 경제건설을 이루려는 공산당의 '문화전략'이기도 하였다.[44] 이때 논점은 전통철학 유산의 현대화였는데, 그 결과 '비판적 계승' 이라는 개념을 확립하였고 뒤이어 여러 분파도 나타났다.

문화열 가운데서 여러 분파가 형성되어 치열한 논쟁을 전개하였는데, 문화논쟁은 어디까지나 공산당의 용인하에 문화전략이라는 큰 틀 내에서 가능하였다. 공산당은 다양한 분파들의 토론을 조절하거나 제한하는 주체였다. 중국공산당의 기본 입장이 비판계승 관점과 만나는 지점은 당이 개혁개방을 사회주의와 민족 문제라는 두 축으로 이해하고 있다는 사실에 있다. 현 단계를 사회주의 초급 단계로 인식하는 공산당의 기본 인식, 전통문화를 어떻게 처리할 것이냐 하는 공산당의 사회주의 신문화정책은 비판계승론자들의 논의 과정에서 체계화되었다.[45] 비판계승론은 그들이 의도하였든 아니든, 당의 문화전략 아래 물질문명 발전에 대한 조정과 지도 역할을 담당할 수단으로 인식되

---

44 유동환(1992), p. 192.
45 유동환(1992), pp. 201~202.

었다. 공산당은 개혁개방을 지속하면서도 경제발전 과정에서 발생하는 부작용을 전통문화, 전통사상, 민족의식을 통해 처리하고자 한다. 중국공산당은 중국적 특색이 있는 사회주의 물질문명과 정신문명을 건설하고자 하는데, 문화논쟁은 바로 정신문명 건설을 위한 중요한 논쟁이라 할 수 있다. 하지만 공산당의 입장과 비판계승론자들의 차이는, 당은 명확하게 정치사회적 요구에 부합하느냐에 초점을 맞추는 반면, 비판계승론자들은 대체로 학술적 논리 체계하에서 토론을 진행하고자 하였다. 그러나 양자 모두 문화를 수단으로 간주한다는 점은 동일하다.

비판계승 관점을 견지하는 사람들이 중국 현대사를 어떻게 이해하는지 살펴보자. 이들은 현대사의 큰 획을 그은 첫 사건인 5.4 신문화운동을 위대한 비판계승의 경험이라고 인식한다. 아편전쟁을 계기로 중국 사회는 제국주의와 봉건에 반대하는 반제반봉건(反帝反封建) 단계로 전환되었기 때문에 당시의 핵심 과제는 그것으로부터 벗어나기 위한 혁명이었다. 이 과제를 해결하기 위한 핵심 사건이 바로 부르주아(유산자) 계급이 주도한 공화제 혁명인 신해혁명(1911)이다. 그리고 이 혁명의 실패를 디딤돌 삼아 다시 무산계급의 주도로 사회주의 혁명(마오쩌둥은 신민주주의 혁명으로 부름)이 일어났다. 5.4 시기의 핵심 구호는 '과학과 민주'였는데, 이 구호는 사회주의로 과학과 민주를 이끌고자 하였다는 점에서 현재도 유효하다.[46] 이처럼 중국 사회주의의 현대화를 위한 '과학과 민주'가 중국공산당의 관심이자 비판계승론자들의 관심이다. 5.4운동 시기 봉건문화는 사회발전의 큰 장애로 인식되었기 때문에 지식인들은 중국 전통문화와 서양 문화를 비교함으로써 현실적 의의를 찾고자 하였다. 당시 지

46 유동환(1992), p. 204.

식인들의 공통적인 고민은 전통문화와 서양 문화를 어떤 기준으로 평가하고, 이를 바탕으로 중국을 어떻게 현대화할 것이냐에 있었는데, 비판계승론자들은 부분 부정을 통한 창조적 계승을 주장하였다.

다음으로, 중국 현대사에서 두 번째 획을 그은 사건은 문화혁명이다. 1949년 사회주의 국가가 수립되고 나서 1956년 무렵 경제성장이 가속화되었다. 경제 상황의 호전은 학술·문화 분야에서도 긍정적인 경향을 미침으로써 다양한 견해와 학설이 제기되는 쌍백운동(雙百運動: 百花齊放百家爭鳴)이 전개되었다. 쌍백운동 당시 마오를 옹호하는 사람들은 모든 사회 모순의 책임을 자본주의의 길을 걷는 자들이라고 지목한 마오 반대자들에게 돌렸다. 1959년에는 우익의 기회주의를 반대한다는 반우파투쟁을 통해 기층간부를 타도하였고, 대약진운동은 문화토론 분위기마저 억압하였다. 1966년부터 불붙은 문화혁명 때는 5.4운동의 '전통문화 타도' 구호가 비림비공(非林非孔)운동으로 전화되면서 지식인들에 대한 탄압, 지식에 대한 혐오와 테러 풍조를 낳았다.

비판계승 관점을 견지하는 연구자들의 시각은 다양하다. 따라서 문화혁명에 대한 평가도 다양하기는 하지만, 전반적으로 볼 때 다수는 문화혁명을 5.4운동의 잘못된 계승으로 보고 부정한다. 그 한 가지 이유는 문화혁명이 전통을 전면적으로 부정(민족허무주의)하였기 때문이고, 또 다른 이유는 문화혁명의 기저에 깔려 있는 봉건제적 불량 전통 때문이다. 문화혁명이 종료되고 1970년대 말 개혁개방 노선이 채택되면서부터 문화 건설 욕구가 다시 고조되었다. 경제 체제 개혁과 지속적 고성장은 사람들의 생각을 변화시키고 정치 체제에까지 충격을 주었으며, 점진적인 정치 체제 개혁은 다시 경제개혁을 심화시켰다. 그리고 정치 체제 개혁은 사상문화 관념의 변혁으로 나타났다. 가장 중요한 현실 문제는 밀려드는 서구의 바람에 어떻게 대응하고 현대화 건설에 적합한 사상문화 체계를 세울 것이냐 하는 과제였다. 개혁개방 이후 중국에는 선진 세계에 비해 크게 뒤떨어졌다는 솔직한 현실인식뿐 아니라 중국의 선진적인 문화는 인류의 우수한 문화가 이룬 성과를 흡수하는 데 능하다는 자심감이 공존하였다. 하지만 사고방식상의 큰 변화는 5.4 시기나 문화혁명 때와 달리 서양 문화와 중국 문화를 대립적인 것으로 보지 않고, 상호 교류를 통해 현대화를 추구하고자 하였다는 점이다.[47] 비판계승론자와 공산당의 본질적인 고민은, 경제개혁의 필요성을 인정하고 우량 전통을 살려서 어떻게 사회주의와 민족이라는 두 마리 토끼를 동시에 잡음으로써 사회주의 현대화를 달성하고 사회주의의 신문화를 건설할 것이냐에 있었다.

비판계승 관점에서 유교를 보는 대표적 연구자는 베이징 대학의 중국 철학자인 장다이니엔(張岱年)이다.[48] 그는 중국의 역사를 이렇게 이해한다.[49] 중국의 근대 과학기술에 영향을 준 요소는 많다. 중국 근대 과학기술이 낙후된 원인을 간단히 정책의 잘못으로 돌릴 수는 없으며, 중국의 정치·경제·사상 체계의 특징에서 찾아야 한다. 인류사회 발전의 일반법칙에 의하면 자본주의 사회는 대체로 봉건사회에서 나왔다. 서양에서는 자본주의의 출현과 발전이 비교적 빨랐던 반면 중국에서는 더디었다. 봉건사회는 하나의 뚜렷한 특징이 있는데, 그것은 봉건 독재정치이다. 유럽 여러 나라들과 일본은 자본주의 사회로 진입하기 전에 모두 작은 나라들이 난립한 상태였기 때문에 봉건군주의 정치적 힘이 약하였다. 따라서 도시민과 제3계급이 동맹해서 영주세력에게 타격을 줌으로써 민족통일과 국가를 수립할 수 있었고, 이 과정은 자본주의의 발전을

47 유동환(1992), pp. 207~209.
48 장다이니엔의 주요 논지와 주장은 장다이니엔(張岱年) · 장광후이(姜廣輝)(1992), 장다이니엔(1992) 등 참조.
49 장다이니엔의 중국 역사에 대한 이해는 주로 장다이니엔·장광후이(1992), pp. 240~245; 장다이니엔(1992), pp. 356~360 참조.

촉진하였다.

중국에서는 명나라 중엽 자본주의의 싹이 나타났으나 상황은 유럽과 매우 달랐다. 중국 사회는 이미 2000년의 봉건정치 역사를 가지고 있었는데, 봉건정치는 중국의 과학문화 발전에 이중적인 역할을 하였다. 봉건군주 국가가 상승기였을 때는 과학기술 발전을 유인하였지만, 한(漢)나라 이후에는 유교가 통치이념으로 자리잡은 뒤 유학자들은 윤리도덕만을 강조하였다. 따라서 유교가 사회 문제에 잘 대처하기 어려웠다.

다음으로, 봉건군주 국가가 장기간 축적한 통치 경험은 이전의 것을 답습만 하고 고치지 않는 국가정책에 강한 영향을 주었을 뿐 아니라 과학기술 자본주의의 탄생과 발전의 걸림돌이 되었다. 봉건군주 국가의 정책에서 지적할 만한 것은 농업을 중시하고 상업을 억누른 정책 기조이다. 전국 시대(BC 476 또는 BC 403~BC 221)[50] 이전에는 공업이나 상업을 경시하는 사상이 없었으나 전국 시대 말기에 그러한 사상이 나타났고, 이 분위기는 거의 2000년 동안 계속되었다.[51] 명나라 중기 이후 상품경제가 상당한 발전을 보였으나 조정은 상공업 지구에 무거운 세금을 부과하였는데, 이는 자본주의 경제의 발흥을 어렵게 하였다. 봉건통치계급은 상공업의 국가독점, 관리의 상인 감독을 기본 경제정책으로 삼았는데, 이 정책은 상공업의 내부 경쟁을 불가능하게 하였다.

또한 문화에 대한 전제정책도 자본주의의 싹이 자라기 어렵게 하였다. 전국 시대에는 군주들 간의 생존투쟁 때문에 지식인을 존중하고 사상가들의 충고도 받아들였다. 하지만 봉건 대통일이 이루어진 뒤부터는 사상의 자유를 억

---

50 BC 476 또는 BC 403년부터 진나라가 중국을 통일한 BC 221년까지를 가리킨다. 이때는 주로 7개 나라 제후들이 합종연횡하며 서로 경쟁하였는데, 이 시대 역사는 『전국책』(戰國策)에 기록되어 있다.

51 장다이니엔·장광후이(1992), pp. 240~241.

압하고 통치자가 문화정책의 결정에 직접 개입하였으며, 과거제도는 지식인들을 정통사상으로 획일화함으로써 다양한 생각이 출현하기 어렵게 만들었다. 송(宋)대 이후에는 주자학이 사상계를 주도하기 시작하였는데, 주자학은 유교 윤리를 절대화하고 다른 학문사상은 이단이라고 경시 또는 배척하였으며 과학기술은 무시하였다.

명(明)나라 초기에는 군주와 신을 동격화하는 군권신수(君權神授) 관념을 강화하기 위해 자연과학인 천문역법 연구를 금하였고, 과거시험에서 고전 경서의 문체인 팔고문(八股文)을 고집하였다. 이에 따라 과학기술에 대한 사회적 관심은 퇴화하였는데, 청(淸)대에 들어서도 이 상황은 크게 달라지지 않았다. 매우 중요한 대외정책이자 주민통제 정책 중 하나인 바다를 통한 대외 교류와 교역을 통제하는 '해금(海禁)정책'은 명대에서 시작해서 청대 초까지 금지와 해제를 반복하였는데, 주류는 금지였다. 거의 100년을 지속한 쇄국정책[52]은 외부 세계에 대한 관심, 새로운 문물에 대한 학습을 어렵게 하였다.

중국의 과학 체계 자체에도 문제가 있었다. 고대 과학기술은 실용에 치우쳐 과학지식의 체계화와 이론화가 아니라 장기간 경험적 발견과 발명 단계에 머물렀다. 생산기술은 구전되었고 이론적 체계화는 크게 부족하였으며, 중요한 생산기술자들은 직접 조정의 통제하에서 전제국가를 위해 봉사하도록 강

52 명대의 해금정책은 주로 해안 지역에서 왜구의 출몰 때문에 시작되었고 왜구가 평정되면 풀리기를 반복하였다. 청대 초에도 바다 안팎으로 청조의 반대 세력들의 연합을 막기 위해 해금을 채택하였으나 곧 풀렸다가 유럽 선교사들이 중국에 진출해서 종교를 전파하고 내정에 개입하면서 다시 강화되었다. 당시 해금은 한편으로는 유럽인들이 중국에서 선교하거나 장사하는 행위를 금하고, 다른 한편으로는 중국인들이 바다를 통해 외부로 나가는 것을 금지하기 위함이었는데, 결과적으로는 중국의 현대화를 가로막는 데 일조하였다. 중국의 역사적 경험은 유럽 세력에게 지역을 한정해서 문호를 개방한 일본의 대응과 극명하게 대비된다. 일본의 메이지유신(1868)은 일본이 열강의 하나로 성장하는 결정적 계기였고, 중국의 봉건 고위관료 및 군벌이 주도하고 중체서용을 내세운 양무운동(洋務運動: 同治中興, 1862~1895), 뒤이어 조정이 주도한 제한적 제도개혁 시도인 무술변법자강운동(戊戌變法自强運動, 1898)은 실패하였다.

요받았다. 이 분위기는 19세기 서세동점기까지 계속되었고, 선진 과학기술과 새로운 제도 및 사상의 습득과 체화를 억제하였다. 이렇게 해서 근대 중국에서 경제적 현대화, 자본주의 발흥과 발전, 경제발전은 크게 제약되었다. 당시 중국 사회에는 서양인과 서양 문물에 대한 '정치적 저항'이 강하였을 뿐 아니라 중국인들의 '문화심리적' 저항도 만만치 않았다.[53] 중국인들의 문화심리 저변에는 중국 왕조는 하늘이 낸 왕조이고 중국 문명은 수준 높은 문명이며, 오랫동안 주변 여러 나라에 선한 영향을 주었다는 자만심이 자리 잡고 있었다. 이 심리 상태는 서양 근대 과학기술을 수용하기 어렵게 하였을 뿐 아니라 문물 뒤에 제도와 사상 같은 '문화'가 있음을 깨닫지 못하게 하였다.

장다이니엔은 전통문화에서 비판해야 할 점과 계승해야 할 요소를 이렇게 정리한다.[54] 비판계승을 위해 반드시 부정해야 할 것은 다음과 같다. 우선, 봉건적인 등급과 특권 사상을 제거해야 하고 '사회주의적' 민주와 평등 관념을 확립해야 한다. 두 번째는 가족 본위의 전통을 개혁해서 개인 본위가 아니라 '사회주의 국가'에 맞는 사회 본위를 수립해야 한다. 개인의 합법적인 권리와 개인의 능동적인 행위는 인정해야 하며, 인권 개념도 긍정되어야 한다. 타파해야 할 세 번째 요소는 직관에 크게 의존하는 직관적 신비주의이다. 유가와 도가 모두 직관을 중시하며 정도는 다르지만 추상적 사유를 부정한다. 직관은 적절한 위상을 찾아야 하지만 직관 신비주의는 비판해야 한다. 그리고 버려야 할 네 번째 요소는 두루뭉술한 사유방식이다. 분석적인 방법을 적극적으로 장려하고, 개념은 확실한 함의를 가져야 하며, 명제는 충분한 논거가 있어야 한다.

53 장다이니엔·장광후이(1992), p. 244.
54 전통문화 요소 중에서 버릴 것과 이어갈 것에 대한 정리는 장다이니엔(1992), pp. 366~369 참조.

다음으로, 그는 마땅히 계승해야 할 4가지 요소를 제시한다. 계승할 첫 번째 요소는 무신론(無神論) 전통이다. 중국은 춘추전국 시대 이후로 무신론 전통이 있었는데, 고대의 무신론 사상을 널리 알려야 한다. 현재도 봉건적인 미신 활동이 일부 지역에서 일어나고 있기 때문에 무신론을 더 선전해야 한다. 계승해야 할 두 번째 요소는 변증법적 사유 전통이다. 중국 고대 변증법은 풍부한 이론적 발전을 포함하고 있다. 변증법에서는 하나의 사물에는 두 가지 측면이 있다고 보는데, 이 시각은 오늘날에도 여전히 계승·발전시켜야 한다. 계승해야 할 세 번째 요소는 사람을 본위로 삼는 사상 전통인데, 서양의 천부인권(天賦人權) 사상과 중국의 천부가치(天賦價值) 사상을 비판적으로 흡수해야 한다. 이 양자는 모두 사람을 마땅히 사람으로 대우해야 한다고 본다는 점에서 인도주의 기본 원칙을 내포하고 있다. 계승해야 할 네 번째 요소는 애국주의 전통이다. 민족의 독립을 유지하고 다른 나라를 침범하지 않으며 다른 나라도 중국을 침범하지 못하게 하려면 민족의 빛나는 전통을 반드시 계승·발전시켜야 한다. 하지만 중국의 전통적 애국주의에는 결점이 있는데, 군주과 국가의 혼동이다.

이상에서 요약한 장다이니엔의 논리를 평가해 보자. 먼저, '사회주의적 민주와 평등'을 강조하고 애국주의 전통을 높이 평가하는 데서 보듯이 그의 관점은 중국공산당, 중국 사회주의가 견지하는 관점과 기본적으로 같다. 애국주의 전통을 부연설명하면서 내놓은 그의 주변국과의 국제관계 역사에 대한 이해는 자기중심적이고 비판적 사색은 찾아보기 어렵다. 전통적인 애국주의가 군주와 국가를 혼동하였다는 해석은 바른 이해로 보이지만, 그도 역시 국가와 공산당을 혼동하고 있다. 이 점에서 비판계승 관점에 서는 사람들이 말하는 비판계승은 중국 사회주의 계열의 비판계승이고, 내용은 중국식 사회주의와 민족의 결합을 의미하는데, '민족'의 핵심 바탕은 바로 전통문화, 특히 유교 전통과 문화이다. 장은 이러한 사고방식과 태도를 '종합적 창조'(綜合創造)라고 미화한다.[55] 비판계승 관점은 그들이 의도하였든 아니든 사실상 중국공산당에 봉사하는 관점이고, 그들이 유교가 봉건 전제정치를 옹호하였다고 비판하듯이, 이 관점도 중국공산당과 중국식 사회주의의 전제정치를 옹호할 뿐만 아니라 다분히 국수주의적이다.

비판계승 관점은 중국의 것을 몸으로 삼아야 한다고 보는 데서 알 수 있듯이 중체서용(中體西用) 인식, 즉 중국의 전통·제도·사상·윤리는 우월하다는 사고방식을 견지하고 있다. 이들의 논리에 따르면, 중국의 문화와 서양 과학기술의 결합이 근대의 대안이었다고 한다면, 중국 사회주의의 전제정치와 새로운 과학기술 및 유용한 제도의 결합이 현재의 대안이 된다. 그리고 이것이 지금까지 고수하고 있는 공산당의 입장이다.

개혁개방 이후 고성장을 지속하면서 공산당은 자신감을 갖게 되었고, 비판계승 관점은 사실상 중국공산당의 시각이 되었다. 현대의 비판계승 관점은 근대 중체서용 관점에 대한 사회주의식 변형이라 할 수 있는데, 비판보다는 '계승'에 방점을 두고 있다. 그리고 이들은 도구로서의 전통과 문화, 실용으로서의 문화전략이라는 사고방식을 견지한다. 공산당의 관심은 유교, 전통, 문화 그 자체보다는 사회주의 현대화를 위해 당과 통치에 유리한 전통 요소를 교육·강요하는 데 있다. 따라서 이들은 본질적으로 객관과 논리 중심의 학술 토론이 아니라 정치적 도구를 찾는 데 초점을 맞추기 때문에 정치 측면에서 이해하고 평가하는 게 마땅하다.

---

55 장다이니엔·청이산(程宜山)(1992).

(3) 서체중용 관점: 리쩌호우

전통문화에 대한 뼈저린 반성에서 나온 서체중용(西體中用) 관점을 볼 차례이다. 서체중용 관점의 대표는 현대 중국 철학계의 거장 중 하나인 사회과학원의 리쩌호우(李澤厚)이다.[56] 그는 철학, 미학, 윤리학, 중국 전통철학, 현대 서양철학에서 중국 사회주의까지를 망라하는 광범한 지식을 바탕으로 독창적인 문제의식을 제기하고 대안을 내놓고자 노력해 왔다. 그는 자신의 전통문화에 대한 분석방법을 '문화심리구조적 접근'이라고 부른다. "모든 역사는 현대의 역사이다"라는 이탈리아 역사학자 크로체(B. Croce)[57]의 말을 인식의 바탕으로 삼는 그는 현재의 시각에서 역사 속의 문화와 사상을 분석함으로써 인간이 주체적으로 역사를 창조하는 데 도움이 될 만한 것을 해석하고, 이를 통해 현대화라는 과제를 해결하는 수단으로 삼고자 한다. 이 작업을 위해 그가 만들어 낸 개념이 바로 문화심리구조 개념이다.[58]

리는 공자의 사상 체계로부터 그의 핵심 개념을 이끌어 낸다. 리의 공자 사상 체계에 대한 분석과 이해를 보자. 공자의 중심 사상인 '인사상'(仁思想)은 전승되어 온 예(禮)를 재해석함으로써 사회의 외적 규범을 개체의 내적 자각으로 변화시켰다는 점에서 창조적 측면이 있었으나, 다른 한편으로 여전히 과거 씨족사회의 인습을 간직함으로써 복잡한 모습을 보인다. 그렇기 때문에 공자의 인사상은 다양한 해석을 낳았고 공자에 대한 평가도 시대적 또는 정치적 요구에 따라 때로는 위대한 스승, 때로는 몰락해 가는 봉건 귀족사회 제도의 옹호자라는 상반된 모습으로 비쳐졌다. 공자 사상에 대한 상반된 해석의 출현은

---

56 리쩌호우(1992a); 리쩌호우(1992b) 등 참조. 서체중용 관점에 대한 전반적인 정리와 논평은 황성민(1992) 참조.

57 Benedetto Croce(2017), 최윤오 옮김(2013) 등 참조.

58 황성민(1992), pp. 376~377.

'인' 개념의 다의성 때문이기도 하지만 정치적인 동기가 더 중요한 원인이었다.

리쩌호우는 전통사상을 재해석하기 위해 '유기체 모형'을 고안하였다. 그에 따르면, 이 유기체는 공자 사상 속에 있는 혈연기초, 심리원칙, 인도주의, 개체인격 4가지를 내포하는데, 유기체는 4가지 요소의 특성을 공유하면서도 이 요소들과는 다른 '총체적인 실용이성(實用理性)'이라는 특성을 보인다. 여기서 말하는 실용이성은 이상이 아니라 현세 중심으로 사고하고, 어떤 과제에 직면하였을 때 적절한 타협과 조화를 통해 인간세계의 길을 찾고자 하며, 초월자와의 관계가 아니라 삶 속에서 쾌락을 찾는 생활태도를 가리킨다. 리는 이 유기체를 '인학구조'(仁學構造) 또는 '인학모체구조'(仁學母體構造)라고 부르는데, 이것이 바로 중국인들의 문화심리구조의 원형이다. 유교의 인학구조는 선진(先秦) 시대 역사 속에서 변형되고 굴절되었지만 원형은 그대로 유지·보존되었고, 실용이성 특성은 한(漢)대에 형성된 문화심리구조에도 이어졌다.[59]

실용이성의 특성을 가진 인학구조는 한대에 완성된 관료정치 체제, 그리고 전승되어 온 음양오행 사상을 바탕으로 형성된 우주론 체계의 모형까지를 흡수하면서 최종적으로 하나의 문화심리구조로 완성되었다. 이 문화심리구조는 생물이 환경에 적응하는 것처럼 항상 역동적이면서 안정되고 견고한 체계를 유지하면서 생존한다. 역동적으로 안정을 유지하는 문화심리구조는 유가사상 내부의 굴절뿐 아니라 외래 사상까지 받아들여 자기화(自己化)하면서 자신의 체계를 유지시켜 왔다. 여기에서 주목해야 할 점은 '자기화'라는 동화형식이다.[60] 이 자기화 특성 덕분에 중국인들은 외래문화를 빠르게 흡수하고 풍

59 李澤厚(1985a), p. 31; 정병석 옮김(2005); 황성민(1992), p. 379.
60 리쩌호우(1992a), pp. 408~409.

부하게 만들어 자기화할 수 있었다. 그러나 인학구조의 약점은 문화심리구조 그 자체와 실용이성이라는 특징 속에 내포되어 있다.

중국 문화심리구조의 치명적인 약점은 그 안에 직관적이고 원시적이며 미성숙한 우주론 체계가 자리 잡고 있다는 점에 있다. 여기서 말하는 우주론 체계는 순환성, 폐쇄성, 질서성이라는 특징을 갖는데, 이 특징들은 반복적이며 변동이 거의 없는 농업 소생산(순환성), 자급자족의 폐쇄적 자연경제(폐쇄성), 강력한 종법(宗法)혈연 규범(질서성)을 중국 사회에 지속시키는 원인으로 작용하였다.[61] 중국의 문화심리구조가 다른 요소들을 포용하면서 변하는 중에도 실용이성은 여전히 보존되었다. 실용이성을 본질로 하는 중국인의 문화심리구조의 가장 큰 약점은 바로 현실에 대한 안정희구(安定希求)인데, 이 특성이 현대화로 향하는 새로운 출로를 막는 장애로 작용하였다. 리는 공맹(孔孟) 사상의 이러한 약점은 효용(功利)을 경시하고 도덕윤리를 강조함으로써 근현대에 이르기까지 사회구조를 개혁하고 사회의식을 개조하는 데 부정적인 영향을 주었다.[62] 중국 역사를 회고해 보면, 때로는 전통의 양호한 정신이 새로운 사회 진입에 활기를 불어넣고, 때로는 전통의 열등한 측면이 새로운 사회 진입을 방해하는 순환적 과정이었는데, 그 움직임의 귀착점은 결국 문화심리구조의 보수성이었으며,[63] 이것 때문에 사회는 다시 정체되곤 하였다.

리쩌호우는 문화라는 측면에서 중국의 근현대 역사를 이렇게 요약한다. 5.4 신문화운동은 계몽(과학과 민주)과 구국(반제국과 애국)이라는 두 주제의 변주였는데, 이 주제는 각기 성질이 다른 운동인 신문화운동과 학생들의 애국-반

61 李澤厚(1985b), p. 172.
62 리쩌호우(1992b), p. 303.
63 황성민(1992), p. 381.

제국 운동에 의해 추진되었다. 5.4운동 시기에 계몽과 구국이 상호 협조적이었던 때도 있었지만 협력은 오래가지 못하였다. 당시에는 대체로 '구국'이라는 과제가 '계몽'이라는 과제를 압도하였고 이 상황은 반전되지 못하였다. 구국이라는 시급한 과제는 구체적으로 당시 지식인들이 강조한 자유, 평등, 민주, 인권, 이상 추구, 그리고 개체의 존엄, 개인의 권리존중 같은 주제를 압도해 버렸고, 계몽은 좀처럼 부각되지 않았다. 그 대신 봉건의식과 소생산적 경제 관념의 부활이 눈에 띄게 진행되었다. 자유, 평등, 민주, 박애 등 양호한 전통과 사상을 포함하고 있는 서양의 초기 사회주의와 달리 중국 사회주의에도 이러한 요소가 결여되어 있었다.[64]

중국적 사회주의의 실질은 사실상 마오쩌둥(毛澤東) 사상이다. 사회주의가 중국에 유입된 이후 중국 사회주의와 전통 관념인 도덕주의가 결합하면서 경제 건설과 민주주의는 경시되고 집단을 위한 개인의 희생만 강조되었다. 마오는 장기간의 군사투쟁에서 얻은 경험적 교훈인 '영원한 혁명'을 무리하게 적용하려 하였다. 영원한 혁명, 즉 지속적인 계급투쟁에 대한 요구는 문제의 중심을 정치에 국한하고 있었기 때문에 자연스럽게 경제는 등한시되고 정치가 모든 것을 주도하였다. 계급투쟁 우선 분위기는 급기야 중국적 사회주의가 전통으로부터 배운 도덕주의와 결합하게 되는데, 정치와 도덕주의의 결합은 바로 중국 문화심리구조의 영향이다. 이러한 움직임은 결국 문화혁명이라는 비이성적 광란에서 최고조에 달하였고 사회주의 정권 초기에 일소된 듯하였던 봉건주의의 악령이 되살아났다. 따라서 중국이 현대화의 길에 들어서기 위해서는 사회주의의 창조적 전환이 필요한데, 여기서 말하는 창조적 전환이란 이

64 李澤厚(1987a), pp. 31~38; 손세제 옮김(1991).

미 중국화된 사회주의가 아니라 초기 사회주의로의 복귀이다.[65]

리는 이상과 같은 전통문화에 대한 해석, 중국 사회주의와 전통문화의 관계에 대한 예리한 통찰을 통해 그 나름대로의 대안을 제시한다. 그의 설명을 좀 더 따라가 보자. 중국 근현대 역사는 전통에 막혀 더 이상 전진이 불가능하였다. 문화심리구조의 보수적인 힘은 중국을 낙후된 봉건의식의 지배 아래 두었을 뿐 아니라 기술사회구조의 발전을 제약함으로써 중국 사회를 소생산의 자연경제 틀에서 벗어나지 못하게 하였다. 더 큰 문제는 중서(中西)문화의 장단점을 분석해서 단점을 버리고 장점을 취하자는 태도로는 해법을 찾기 불가능하다는 사실이다.[66] 왜냐하면 문화심리구조의 보수성이 중국인으로 하여금 서양이나 세계를 객관적으로 바라보지 못하게 할 뿐 아니라 창조적 전환도 어렵게 하기 때문이다. 그럼에도 불구하고 중국의 문화심리구조는 폭넓은 지지 세력을 자랑하고 있는데, 공산당 지도부와 다수 지식인들이 중체서용 관념을 견지하며 대안을 찾으려 한다. 하지만 중체서용 인식은 사회주의로 가장한 봉건적 의식 형태나 다름없다.

유사한 문화심리구조는 근대 태평천국(太平天國) 농민운동[67]의 홍슈취안(洪秀全)과 마오쩌둥 사상에서도 발견할 수 있다. 홍슈취안은 분명히 기독교를 기본으로 삼을 것을 표방(西體中用)하였으나 그의 사상과 실천 과정은 문화심리구조의 보수성(中學)이 지배함으로써, 그는 기독교를 중국화하였다. 태평천국운동은 표면적으로 서체중용을 주장하였으나 결과는 중체서용이었고, 이 흥미로운 특징은 마오쩌둥 사상과 실천 과정을 그대로 암시하고 있었다. 마오

65 李澤厚(1987b).
66 황성민(1992), p. 388.
67 청말(1851~1864년) 홍슈취안이 창시한 기독교 비밀결사가 청조 타도와 이상사회 건설을 목적으로 광시에서 일으킨 농민혁명운동을 가리킨다. 제5장 2절에서 상세히 설명한다.

는 태평천국운동을 높이 평가하면서 그가 이끈 농민혁명의 모델로 삼고자 하였다.[68] 모든 서학, 그중에서 가장 진보적인 서학인 사회주의마저도 중국의 체(봉건적인 소생산적 경제 기반과 보수적 문화심리구조)를 중심으로 한 중학(中學)에 의해 잠식될 가능성을 안고 있었던 것이다.[69] 이러한 이유 때문에 리는 서체중용에서 대안을 찾으려 한 것이다. 그가 말하는 '체'는 다른 연구자들과 달리 물질적 생산과 정신을 포괄하는 개념이다. 중체서용 관점에서는 서양의 과학기술을 용으로 본 반면 리는 그것을 체로 본다. 그는 부패한 전통이 아니라 새롭게 재해석된 전통, 즉 공자의 인(仁)에서 개체 인격과 인도주의의 중요성을 찾아냄으로써 중국 문화의 자존심을 세우고자 하는데, 이것이 바로 그가 말하는 중국 문화의 우수한 전통이다. 이렇게 본다면 그가 말하는 서체(西體)는 '현대화와 사회주의'이며, 중용(中用)은 '우량 전통'이다.[70]

이제 리쩌호우의 논지와 주장을 평가해 보자. 먼저, 그는 독창적인 성찰을 통해 중국의 문화심리구조 개념, 유기체 모형을 창안해서 전통문화의 정수라고 지목되는 공자 사상과 유교에 대해 독특하고 명쾌한 분석을 한다. 그는 공자를 중국 문화의 최대 공헌자로 평하면서도 공자의 인학구조와 실용이성이 만들어 낸 안정희구 특성의 문제점을 예리하게 짚어 낸다. 그에 따르면, 공자 사상을 근간으로 하는 중국의 문화심리구조는 현실적인 안정을 희구(보수성)하는 큰 약점을 갖고 있고, 이 요소가 현대화로의 새로운 길 찾기에 거대한 장애이다. 그의 논지에 대한 동의 여부를 떠나서 그의 분석은 독특하고 주장은 명확하다. 리에 따르면, 현대 중국의 사회주의도 초기 사회주의가 강조한 자

68 리쩌호우(1992a), pp. 413~423; 李澤厚(1987b), pp. 155~198.
69 李澤厚(1987b), p. 333.
70 리쩌호우(1992b), p. 460.

유, 평등, 민주, 박애 같은 요소는 뒤로 하고 계몽보다 구국, 경제보다는 정치, 개인보다는 집단을 강조하는 방향을 지향해 왔다. 여기에 전통사상의 특징 중 하나인 도덕주의가 결합되면서 교육을 통한 인간 개조, 나아가서는 인물에 대한 강조 등 점차 봉건적인 악령을 부활시킨 것이다.

리쩌호우의 관점을 서체중용이라고 본다면, 붙들고 싶은 서체의 핵심은 현대화와 휴머니즘을 강조한 초기 사회주의이며, 중용은 유교사상에서 찾아낼 개인 인격과 인도주의로 보인다. 그의 대안 찾기는 전통 심리구조와 중국식 사회주의에 대한 깊은 반성에서 나왔다. 그가 중국의 현대화, 중국의 미래, 중국 경제발전의 내일을 위한 출구 탐색 과정에서 찾아낸 대안은 중국 전통도 중국식 사회주의도 아니고 서구적 가치는 더욱 아닌, 원시 사회주의의 정신이라는 사실은 사회주의 중국에 살고 있는 학자로서의 한계로 보인다. 다만 그의 대안은 개인의 자유와 권리에 중점을 두는 현대화를 옹호한다는 점이 주목된다. 이처럼 그는 '인간의 얼굴을 한 사회주의'(socialism with a human face)[71]에 호감을 갖는다. 리는 개혁개방 이후 빠른 경제성장에 힘입은 생활 수준 향상과 경제력 팽창이라는 화려한 현실 속에서도 비판적 지식인으로서, 중국식 사회주의뿐 아니라 시장경제가 봉건주의적 행태와 결합한 현실을 보아 넘길 수 없었던 것 같다. 이상의 논지를 고려할 때, 리는 전반적인 서양화를 지향한다는 비판에서 완전히 자유로울 수 없는 측면도 있다. 또한 그의 주장은, 인사상에서 개인과 인도주의 관념을 끌어내 쓰고자 하지만, 본질적으로 자유와 권리를 중

71 '인간의 얼굴을 한 사회주의'라는 구호는 1968년 체코슬로바키아의 알렉산데르 두브체크(Alexander Dubček, 1921~1992)가 처음 사용하였다. 1968년 체코슬로바키아 공산당 내의 '개혁파'인 두브체크가 공산당 제1서기가 되었고, 3권 분립, 의회제도의 확립, 직업 선택의 자유, 거주의 자유, 정치 비판의 자유 등 급진적인 정책을 추진하였는데, 그 지향점을 인간의 얼굴을 한 사회주의라고 불렀다. 소련이 체코슬로바키아를 침공하면서 개혁은 와해되었지만 서유럽 좌파 지식인들은 인간의 얼굴을 한 사회주의에 깊은 관심을 가졌다. 이 개념은 넓은 의미로는 권위주의적인 소련식 사회주의와 반대되는 사회주의를 의미하기도 한다.

시하는 데서 보듯이, 중국공산당이 불편해할 부분이 있을 뿐만 아니라 문화를 도구로 간주하고 있다.

(4) 철저재건 관점: 진관타오, 간양

중국 지식인들은 역사의 전환기에 처할 때마다 항상 '문화'를 화두로 삼았다. 5.4 신문화운동, 문화혁명, 그리고 제2차 신문화운동 또는 신5.4운동으로도 불리는 1980년대의 '문화열'이 이를 증명한다. 전환기마다 지식인들은 전통문화를 회고하고 반성하면서 중국이 나아갈 방향을 찾고자 하였다. 그런데 중국에서 문화토론은 참여자들이 전통철학 연구자든 서양철학 연구자든 사회과학자든, 일반 지식인이든 정치 지도층이든, 순수하게 학술적인 논의보다는 늘 민감한 사회정치적인 의미를 가지고 있었고, 문화를 항상 '도구'로 간주하였다. 이는 현대화를 위해서 문화와 사상의 변혁이 우선되어야 한다는 인식 때문이다.

문화논쟁을 회고해 볼 때 5.4 신문화운동 시기의 문제 처리는 비교적 단순하였다. 왜냐하면 전통 사상과 문화의 핵심인 유교가 정치적 보수반동(保守反動: conservative reactionary)과 연결되어 있었기 때문에 타도하면 되었다. 그러나 개혁개방 시기에 타올랐고 지금도 휴화산 상태인 문화논쟁은 이전보다 문제가 복잡한데, 핵심 이유는 경제 성과가 양호할 뿐만 아니라 현대화를 추진하는 공산당이 전통을 옹호하기 때문이다. 여러 관점 중에는 공산당의 인식과 배치되는 관점으로서 철저재건 관점도 있다. 이들은 중국의 전통과 현대화가 조화를 이룰 수 있다는 공산당의 주장은 어중간한 절충일 뿐이라고 비판한다.[72] 일

72 황희경(1992), p. 520.

부 논자들은 철저재전 관점을 전반적인 서양화(全般西化) 관점이라고 비난하기도 한다. 표현과 연구의 자유가 크게 제약받는 중국에서 문화논쟁에 가세하는 연구자들은 사실상 매우 민감하고도 위험한 무대 위에 서 있는 셈이다. 철저재건 관점을 견지하는 연구자들은 개혁의 지지자들이지만 개혁의 내용과 방향은 공산당과 크게 다르며, 젊은 지식인들의 넓은 지지를 받기도 한다. 그러나 그들을 향한 당의 시선은 곱지 않다.

철저재건론자들은 중국의 전통문화를 근본적으로 개조해서 철저히 재건해야 한다고 주장하는데, 대표자는 중국사회과학원 과학철학연구실에서 일했고 1989년 톈안먼 사태의 정신적 지도자였으며, 이후 홍콩 중문대를 거쳐 타이완정치대에서 활동한 진관타오(金觀濤)와 사회과학원의 간양(甘陽)이다. 이들은 사회주의, 중국식 사회주의에 관심이 없으며, 외국 문화를 열정적으로 소개하기도 하였기 때문에 백과전서파, 계몽파라고 불리기도 한다. 이들의 주장은, 주장의 옳고 그름을 떠나서, 문화논쟁의 저변에 흐르는 지식인과 청년들의 의식을 반영하고 있었다. 하지만 이들을 비난하는 사람들은 개혁개방에 부수되는 부작용들을 그들 탓으로 돌린다. 물론 급진적인 개혁파의 대표인 진관타오와 간양 간에도 주장이 완전히 일치하지는 않는다. 아래에서는 철저재건 관점의 핵심을 정리하고, 두 연구자의 주장이 어디서 나뉘는지 살펴본다.

철저재건 관점의 핵심 논지는 이렇다.[73] 우선, 이들은 문화를 하나의 유기적 시스템으로 파악한다.[74] 이들은 문화개혁을 옛 시스템에서 새 시스템으로 통째로 이행하는 과정으로 이해하며, 그래서 그들은 분명한 반(反)전통을 주장한다. 이들은 전통문화의 정수나 찌꺼기, 우량 전통이나 낙후 전통에 대한 논

73 진관타오(金觀濤)(1992), 金觀濤(1983), 하세봉 옮김(1997), 간양(甘陽)(1992a), 간양(1992b), 황희경(1992).
74 황희경(1992), p. 523.

의에는 관심이 없다. 이들에게 중요한 것은 전체로서의 유기체이지 부분적인 요소가 아니다. 진관타오에 따르면, 국공(國共)내전에서 공산당의 승리도 봉건시대 농민반란의 성공이고 그들이 세운 정권은 봉건관료 정부이며, 현대 중국의 최대 과제는 초안정구조(超安定構造)로부터의 탈피이다.

두 번째로, 이들은 중서고금(中西古今)의 문제에서 '고금'(古今)의 측면을 특히 강조하여, 중국과 서양이라는 공간적 차이보다 전통적인 것과 현대적인 것이라는 시간적 차이를 선명하게 대비시킨다. 간양은 중서의 차이는 대부분 고금의 차이로 해소될 수 있다고까지 말한다.[75] 공산당이나 비판계승론자들은 철저재건 관점에 대해서, 민족을 버리고 서양화를 현대화로 착각하고 있다고 비판한다. 철저재건론자들은 비판계승론자들에 대해서 지나친 특색 강조는 이데올로기적인 것이라고 반박한다.[76] 철저재건론자들은 전통과 현대화 사이의 충돌 측면에 초점을 맞추는데, 구체적으로 법치사회와 인치 전통, 창조적 심리와 보수심리, 민주정치와 가족주의, 생산력과 도덕지상주의 간의 모순을 강조한다.

세 번째 특징은 문화열 무렵 청장년 세대들이 철저재건 관점의 핵심 지지자라는 점이다. 지지세력들은 주로 청소년기에 홍위병(紅衛兵)으로 문화혁명(1966~1976년)에 참여하였던 세대로서 사회주의, 중국식 사회주의에 대한 신뢰도가 대체로 낮다.

철저재건 관점의 네 번째 특징은 이 관점에 선 연구자들의 전문 분야가 중국 철학이 아니라는 점이다. 비판계승 관점에 서는 연구자들은 대부분 중국 철학 연구자들이거나 당의 이론가들이다. 이에 비해 진관타오는 화학을 전공한

75 간양(1992a), 간양(1992b).
76 황희경(1992), p. 524.

자연과학도인데, 이후 시스템 이론(system theory)을 통해 자연과학과 사회과학을 통일하는 방법론을 추구하였고, 간양은 해석학 연구자이다. 아래에서는 진관타오의 논지를 중심으로 정리하되 간양은 진관타오와 대비되는 부분에 한정해서 서술한다.

1970년대 말에 시작된 중국의 개혁개방은 이전 10년 동안 이어진 계급투쟁의 광풍인 문화혁명으로 피폐된 경제를 회복함으로써 추락한 공산당 지지를 회복하기 위해 부득이하게 선택한 길이었다. 그리고 개혁개방은 4가지 현대화(농업, 공업, 국방, 과학기술)라는 방향을 향해 진행되었다. 이와 함께 중국공산당은 개혁개방이 중국 사회주의, 나아가서 중국공산당에 위기를 초래할지도 모른다는 우려 때문에 보수적인 색채가 농후한 4개의 기본 원칙(사회주의 노선, 인민민주주의 독재, 중국공산당의 지도, 마르크스레닌주의와 마오 사상 견지)도 함께 천명하였다. 개혁개방이 진행되면서 구체제 및 제도와 새로운 요소 간의 갈등은 피할 수 없었는데, 정치 상황에 따라 쥐고 놓기를 반복하고 시기에 따라 강도에도 변화가 있기는 하였으나, 현대화의 방향과 4가지 기본 원칙은 지금까지도 유지되고 있다. 개혁개방 추진과 함께 당연히 전통'문화'도 문제가 되었는데, 쟁점은 전통문화와 현대화의 관계를 어떻게 처리할 것이냐에 있었다. 양자 간의 충돌이 불가피한 것인지, 화해와 보완이 가능한지 등의 주제가 뜨거운 토론거리로 떠올랐다. 문화열이 한창이던 시기 어떤 이들은 양자의 타협 가능성을 중시하고, 어떤 이들은 양자의 충돌을 강조하며, 또 어떤 이들은 전통의 우수성에 초점을 맞추는 등 다양한 견해가 제기되고 서로 경쟁하였다. 그들 중에서 철저재건을 주장하는 진관타오나 간양은 양자의 충돌관계에 관심을 집중하였다.

철저재건 관점의 주장은 급진적이다. 이들에 따르면, 현대 이전의 문화는 윤리 본위이고 현대문화는 지식 본위이기 때문에, 현대화는 윤리 본위 문화의 지식 본위 문화로의 전환을 의미한다. 윤리 본위 문화와 지식 본위 문화의 모순은 해소될 수 없고, 중국 전통문화와 현대화 간의 충돌은 피할 수 없다.[77] 과학기술이나 제도의 현대화보다 문화의 현대화가 더 중요하고 힘들기 때문에, 현대화를 위해서는 의식적으로 사회구조, 문화 형태, 심리구조로 이루어진 시스템을 총체적으로 변화시켜야 한다.[78] 문화혁명이 이성 상실로 인한 광란의 표본이었다고 보는 이들은 현대화를 위해서는 이성을 회복하고 지식의 시대를 건설하기 위한 다소 격한 방법이 필요하다고 제안한다.

진관타오의 논리를 좀 더 따라가 보자. 그는 중국의 유교문화, 유교화된 중국 사회주의를 이렇게 분석한다. 중국 전통문화의 정수인 유교문화는 초안정구조, 즉 본질적 보수성과 봉건성을 지니고 있다. 현실적·현세적 안정과 안주를 속성으로 하는 유교문화의 초안정구조는 어느 순간 사유방식과 의식 형태가 현실의 사회구조와 맞지 않으면 평형과 이성을 상실하게 되는데, 대표적 사례가 바로 문화혁명이다. 문화혁명은 당내 권력투쟁이나 전통에 대한 전적인 반발심리가 아니라 하나의 문화 현상이다.

문화혁명의 적극 참여자들에게는 중국 문화의 심층구조뿐만 아니라 1930~1940년대에 형성되고 1957년 이후 더 분명해진 중국공산당의 전통이 함께 투영되어 있었다. 평형과 중용을 중시한 유교문화가 전통으로 자리 잡은 뒤 중국 지식인은 신을 숭배하는 데서 벗어났고, 서양과 같은 종교적 맹목성도 보이지 않았다. 하지만 문화혁명 당시 중국인들의 모습은 철저하게 변하였다.[79] 당시 현실 사회구조와 문화 전통 간의 간극은 너무 컸으며, 이 모순은 반

77 甘陽(1986), p. 6.
78 甘陽(1986), p. 25.

이성적 광기로 표출되었다. 지식인들의 의식 형태가 사회행동을 통제할 수 없을 때 이성상실 현상이 나타난다.[80] 문화혁명이 정치 영역의 이성상실(광기)이라고 한다면, 대약진은 경제 영역의 이성상실이다. 유교 전통에 대한 맹목성은 자기들의 교리나 사상을 절대시하는 일부 종교의 맹목성이나 이념주의자의 맹목성과 마찬가지로 반지성적 반이성적인데, 이 결함은 현재까지도 해소되지 않았다.

진관타오는 문화혁명이 이성을 상실하게 된 근거를 중국 문화 속의 '이성정신'의 의미, 그리고 이성상실의 조건 가운데서 찾는다.[81] 진의 이성구조에 대한 이해는 논지의 핵심이기 때문에 그에 대한 이해가 필요하다. 이성의 구조는 두 측면이 있다. 하나는 베버가 말하는 사람이 자기행위를 판별하고 다른 사람의 행위가 합리적인가를 판별하는 '합리성의 표준'이다.[82] 어떤 문화 체계에는 하나의 준칙이 있고, 이 준칙에 근거해서 여러 사건들이 참인지 여부와 의미를 인식한다. 이성구조의 다른 측면은 '초월기능'으로서, 어떤 가치 체계나 규칙에 대한 초월과 비판을 의미한다. 사람들은 가치판단을 초월할 수 있기 때문에 어떤 하나의 규칙, 개념, 문화 체계를 외부에서 고찰하고 비판하는 능력이 있다. 따라서 어떤 문화 체계에서 이성의 구조는 합리성의 표준, 그리고 준칙에 대한 초월능력 두 측면을 동시에 포함한다. 그리고 전통문화에서 문화이성의 구조는 현존 규범, 의식 형태, 사유방식(문화심리구조로도 불리며 합리성의 표준임)이라는 세 가지 하위 체계로 구성된다.

유교 전통에서 대표적인 사회규범은 예(禮)인데, 예는 인간관계의 행위규

79 진관타오(1992), p. 541.
80 진관타오(1992), p. 555.
81 진관타오(1992), pp. 544~550.
82 진관타오(1992), p. 544.

칙이다. 예는 사회질서를 보장하는 기반인데, 예의 주요 특징은 도덕주의로서 사회제도의 합리성과 합법성을 판단하는 기준이다. 유교문화에서 사회규범에 대해 비판하고 예를 설계하고 감독하는 기능을 하는 것은 유교 경전이다. 유교 경전은 도덕적 이상의 근원이며 흔들릴 수 없는 문화의식이다. 경전은 숭고한 도덕적 이상의 궁극적 목표를 대표하는데, 그에 상응하는 합리성 표준은 경학(經學) 전통을 통해 축적된 경전에 대한 주석과 설명이지 비판적 반성이나 사상적 탐구는 아니다. 따라서 중국 지식인들은 유교 경전이 감당할 수 있는 범위를 벗어난 관념이나 사상에 대해서 흥미가 없었고, 합리적 판별을 위한 규범도 없었다.[83] 중국 문화가 중국인들에게 이성 정신을 갖게 하기는 하였으나, 이성 정신이 한편으로는 '상식'으로 돌아가고 다른 한편으로는 '일상 감정과 경험'으로 돌아갈 뿐, 문제의 근본 원인을 추구하려는 데까지 나아가기는 어려웠다.[84] 유교문화의 '직관적 상식이성'[85] 구조는 지식인의 이성 기초로서, 혹시 중심을 이탈하더라도 반성은 대부분 상식, 경전, 예로 되돌아가게 만든다. 이 평형 기제는 매우 확고해서 장기간 중국인의 중용정신을 만들어 냈다.

이제 진관타오의 논리 틀에 근거해서 유교문화의 직관적 상식이성이 어떤 조건에서 파괴되는지 살펴볼 차례이다. 사상이나 집단행위가 상식과 직관이성의 감당 범위를 뛰어넘을 때, 혹은 초월기능이 반성과 비판작용을 제대로 할 수 없을 때, 사상이나 집단행위는 이성의 조종을 받지 않게 된다. 역사를 회고해 보면 전통적 이성구조가 파괴된 경우는, 주로 어떤 사회행동이 전통적 사회규범을 넘어 이론적 전통으로 사고할 수 있는 범위에 벗어났을 때, 그리

---

83 진관타오(1992), p. 547.
84 진관타오(1992), p. 548.
85 진관타오(1992), p. 550.

고 어떤 이론과 의식 형태가 자체 발전 과정에서 상식과 중국인이 친근한 인지 상정으로 파악할 수 없을 때이다.

중국 역사에서 출현한 이성 상실 사례가 바로 한나라 때 유학이 한동안 통치이념이 되었던 시기이고, 최근의 사례는 문화혁명이다. 한(漢)나라가 통일 왕국을 건설하였을 때 동중서(董仲舒)의 학설이 통치이념이 되자, 유학 내부는 물론 사회 전체에 강한 비이성적 사고가 출현하였다. 유가는 본래 경험과 상식을 중시하고 귀신을 멀리하는 사상인데, 동중서의 천인감응설(天人感應說)은 전통 유가의 의식 형태에서 벗어난 것이었다. 천인감응설은 유학사상에 신비주의적이고 미신적인 음양오행설과 하늘(神)과 군주(皇帝)를 동일시하는 사상을 가미함으로써 절대왕권과 정치질서의 기초로 삼기 위해 고안된 학설인데, 이와 함께 사회에는 미신 분위기가 널리 유행하였다.[86] 그리고 이후 약 2000년 동안 유교사상은 직관이성이 관리할 수 있는 범위를 거의 벗어나지 않았다.[87] 당시 유교가 선택할 수 있는 길은 두 가지였다. 하나는 전제왕권 강화를 위해 필요한 외왕(外王)[88]이고, 다른 하나는 의식 형태 측면에서 절대왕권에 대한 이론적 기반을 찾는 일이었는데, 동중서는 두 번째 길을 택하였다. 동중서는 최고권력을 누리는 군주에 대해서 종교적 성격의 통제를 가하려는 의도에서 천인감응설을 내놓았지만 현실은 달랐다. 유교문화의 발전 과정을 보면 처음에는 이성 추구에서 시작하지만 비이성으로 빠져들 가능성이 있었다. 역사적으로 왕조를 바꾸는 농민봉기 때에는 지식인이 널리 참여하였다. 그러나 농민봉

86 한나라 초기 동중서의 학설에 대해 냉철한 비판정신을 발휘한 사람이 있었는데, 그가 왕충(王充, 27~97)이다. 그는 당시 사회에 유행하던 미신뿐 아니라 유교 경전에 대해서까지 맹렬히 비판하는 등 유교 경전을 포함한 옛것에 대해 회의하는 태도를 견지하였다.

87 진관타오(1992), p. 551.

88 외왕은 덕을 갖추는 일을 말한다.

기에서 지식인들의 참여는 주로 참모와 조직자로서, 군중운동을 유교문화가 장악할 수 있는 영역으로 끌어들여 새 왕조를 세우는 데 공헌하는 형태였다.[89]

진에 의하면 마오 사상도 유교화한 사회주의로서 도덕주의, 직관이성, 지행합일, 나아가서 봉건성의 현대적 변종이다. 1949년 이후 주도적 지위를 점한 공산당의 새로운 전통도 하부 체계의 명칭과 내용이 바뀌기는 하였으나 심층 구조는 유교문화의 직관이성과 매우 유사하다. 전통적인 도덕이상주의 특성을 계승한 마오주의와 중국 사회주의 간의 사회적 균형과 평형은 이루어지기 어렵고, 이렇게 되면 도덕주의와 사회주의의 사회관은 부조화 상태에 빠진다. 마르크스레닌주의 사회관은 계급투쟁을 통해 새로운 사회를 실현하고 궁극적으로 사회주의와 공산주의 목표에 도달하는 것이다. 이 가치 체계에서는 한쪽으로는 계급투쟁, 다른 한편에서는 도덕이상주의 형식을 갖추어야 하기 때문에 양자는 조화가 어렵고,[90] 부조화는 결국 극단적인 형태로 표출된다. 중용을 벗어난 극단적인 표출이 있을 때마다 전통적인 수신(修身)과 도덕교화 관념은 지식인에 대한 사상개조와 인민의 풍속 변화에 이용되고, 극심한 금욕주의 운동으로 변하였다. 이것이 바로 1958년의 대약진, 1966년의 문화혁명의 이성 상실의 문화적 근원이다.[91]

마오는 서로 모순되는 두 요소를 절묘하게 조합해서 마오주의라고 불리는 중국식 사회주의 사상과 이론을 구축하였다. 이상사회 건설에 성급하였던 마오는 당초 실천이 이론을 검증하는 유일한 길이라는 데서 입장을 바꿔 상식을 버리고 의식 형태, 계급의식, 계급투쟁 그 자체를 진리의 표준으로 여기는

89 진관타오(1992), p. 555.
90 진관타오(1992), p. 564.
91 진관타오(1992), pp. 559~560.

방향으로 나아갔다. 그리고 그 결과는 낙후와 정치 혐오였다. 그러나 개혁개방 이후 덩샤오핑을 중심으로 한 개혁파는 이론, 도덕, 의식 형태보다 실천이 진리를 검증하는 유일한 표준이라고 보고 실천에서 해답을 찾으려 하였다. 이러한 의식 형태와 가치관의 충돌 잠재성은 마오 사상을 계승하고 있는 중국식 사회주의 속에도 여전히 남아 있다. 따라서 중국 사회의 현대화를 위해서는 민족특색(주관적 직관이성, 도덕주의 등)이 아니라 비판에 대해 열려 있는 개방적인 과학이성이 필요하다.

문화혁명은 전통적 직관이성구조 아래에서 의식 형태를 바꿈으로써 현대화를 실현하려 한 시도이다. 이 시도는 사람을 감동시킬 수 있는 운동이기는 하지만 심층구조는 중국 유교 전통을 답습하였다. 따라서 중국의 현대화 과정에서 꼭 직관이성을 버릴 필요는 없다고 할지라도 사회를 개혁하고 제도를 관리하는 데는 반드시 직관이성보다 과학이성이 필요하다.[92] 여기서 말하는 과학이성은 논리적 전통에 뿌리를 두고 있고 서양에서 발전해 온 자연과학적 분석, 실증정신, 도구적 합리성을 중시하며, 특히 자기비판 정신이 중요하다.[93] 반면 유교문화는 직관이성과 도덕적 이상을 중시하는데, 이를 자기비판 정신이 부족한 가치합리성이라고 부를 수 있다. 고대사회에서는 유교의 직관이성구조가 선진적 이성정신을 대표하였을지 모르지만, 유교의 직관이성의 결합과 사회주의가 결합해서 발생한 사건이 바로 문화혁명이다.

여기에서 보듯이 진관타오는 현대화를 위한 과학이성을 강조한다. 그가 말하는 과학이성은 중국공산당이 내세우는 4가지 현대화와 가까워 보이기도 하지만, 우량 전통을 되살려 활용하려는 당의 입장과는 반대되며, 보수적 마

92 金觀濤(1990a), p. 190.
93 金觀濤(1990b), p. 194.

지노선인 4가지 기본 원칙과는 평행선을 긋는다.

또 다른 철저재건론자인 간양도 진과 유사한 견해를 피력한다. 그는 중국 전통, 특히 유교사상과 중국적 사회주의는 도덕이상주의라는 측면에서 유사하며, 공산당이 겉으로는 유교의 도덕이상주의와 결별하였지만 암묵적으로는 계승하였다고 본다.[94] 이렇게 된 이유는 "중국 전통문화의 기본 형태는 바꿀 수 없고 바꿀 필요도 없으며 바뀌지도 않는다. 왜냐하면 중국인은 중국인이고 중국 문화가 중국 문화일 수 있는 것은 바로 문화 전통 때문이다. 만약 문화 전통을 변화시킨다면 중국인이 중국인일 수 없다"는 완고함 때문이다. 간양은 이러한 의식과 행태의 바탕에는 애국적인 우쭐거림(愛國的自大)과 모든 외래문화는 중국에서 발원하였다는 사고방식이 자리 잡고 있다. 이는 루쉰(魯迅)이 『아Q정전』에서 지적한 '정신승리법' 사고방식이나 마찬가지이다.[95] 그에 따르면, 기본적으로 문화, 문명은 한 덩어리로 된 동태적 유기체이기 때문에 과학기술만을 채용하기는 불가능하다.[96] 도구적 합리성보다 가치합리성을 중시한다는 점에서 사회주의와 유교 전통은 내적 친화성이 있으며, 그렇기 때문에 적지 않은 현대 중국의 지식인들이 사상개조라는 관념과 운동을 받아들였다. 사회주의 정권 수립 이후 1950~1960년대 중국에는 사실 도덕 수준이 높은 사람들이 많았고 사회주의 건설에 대한 자신감도 넘쳤는데, 그 중심에 수양을 강조한 지도자 류사오치(劉少奇)와 지도자 대표 마오쩌둥이 있었다.[97] 간은 전통을 과거, 현재, 미래라는 전체 시간 흐름 속에서 유동하는 과정이지 과거에 응결된 형태가 아니라고 규정한다.[98] 하지만 그가 반전통을 주장한다고 해서 전

94 甘陽(1989), pp. 14~15.
95 간양(1992a), pp. 591~592.
96 간양(1992a), p. 593.
97 중국 철학자 펑유란(馮友蘭), 작가 바진(巴金) 같은 지식인들이 여기에 속한다.

통문화의 가치를 완전히 부정하지는 않는데, 진관타오와 간양이 갈리는 지점이 바로 여기이다.

사회과학과 자연과학의 통일을 추구하는 진관타오는 과학이성을 강조하는데, 그 이유는 자연과학이나 사회과학 방법을 통일함으로써 중국 전통이 취약한 지식 본위, 과학성, 도구적 합리성을 보완하고 강화해야 한다고 보기 때문이다. 그는 명시적으로 반전통을 말하지는 않지만, 중국의 봉건사회가 초안정구조라는 그의 평가는 사실상 반전통을 의미한다. 간양은 전통을 계승하고 창달하는 가장 강력한 수단은 반전통이라고 분명히 말한다. 간은 문화 영역에서는 인문문화(가치합리성)를 근본으로 삼고, 사회 영역에서는 도구적 이성(도구합리성)을 사용해야 한다고 주장한다. 여기에서 보듯이 간은 체(體)로서의 인문문화와 용(用)으로서의 사회문화를 구분하고, 인문문화에서 전통 역할의 잠재성을 긍정하며 기대한다.[99]

철저재건 관점을 평가해 보자. 진관타오와 간양을 중심으로 한 철저재건론자들의 유교문화의 의식 형태, 사유방식, 심리구조, 사회행동에 대한 분석은 매우 예리하고 탁월하다. 이들은 도구이성은 취약하고 가치이성을 유난히 강조하는 유교문화 속에서 현세·현실적 초안정구조와 봉건적 특성을 추출해 낸다. 이 분석은 리쩌호우가 말한 본질적으로 안정희구 성향을 가진 중국인의 문화심리구조의 총체적 실용이성을 떠올리게 한다. 전통문화의 두 특성은 전통 시대 중국인과 중국 사회에 큰 영향을 미쳤을 뿐 아니라 현재 중국식 사회주의에도 끈질기게 영향력을 발휘하고 있다. 특히 유교문화의 '직관적 상식이성'의 구조는 중국 지식인의 이성 기초인데, 만약 중심을 이탈하더라도 초월

---

98 甘陽(1986), p. 24.
99 간양의 이러한 관점과 논리는 간양(1992b) 참조.

뒤의 반성은 대부분 상식, 경전, 예로 되돌아가서 평형을 이룬다는 해석은 정곡을 찌르고 있다고 생각된다. 또한 유교문화의 초안정구조는 새로운 요소들을 자기화하는 기능도 하지만, 변화하는 환경에 대한 적응과 변신보다 안정희구 성향을 만들어 낸다. 뿐만 아니라 봉건적 특성은 자유, 권리, 개성, 창의성, 민주성을 억압한다. 이러한 특성은 마오 사상과 중국식 사회주의에도 여전히 계승되고 있다고 철저재건론자들은 진단한다. 이들에 따르면 전통문화는 가치 체계, 의식구조, 생활양식, 사회행동 등이 유기적으로 결합된 하나의 시스템이기 때문에 어느 한 요소만을 바꾸는 것은 별 의미가 없으며, 총체적인 전환만이 의미가 있다. 진관타오는 철저한 재건축을 주장한 반면 간양은 전통이라는 오랜 건축물 속의 쓸 만한 자재(인문문화)는 리모델링에 활용할 수 있다는 입장을 보인다.

4. 맺음말

근대 중국에서 초기의 문화논쟁은 비교적 과격하게 전통이냐 반전통이냐를 둘러싼 논쟁이었다. 그러나 논쟁은 점차 이 범위를 넘어 전통 속에 현재에 활용하거나 개조해서 쓸 수 있는 요소가 있느냐 없느냐, 있다면 그것이 무엇이냐 하는 논쟁으로 더 구체화되었다. 한때는 서양의 침입에 맞서 전통을 그대로 되살리자는 극단도 나타났고, 중화인민공화국이 건국되고 나서는 전통을 타도하자는 또 다른 극단이 출현하기도 하였다. 개혁개방 시기에 진입하면서 다시 가열된 문화논쟁 과정에서는 다양한 주장과 관점이 출현하였으나, 중국에서 문화논쟁 참여자들의 공통점은 전통, 유교, 공자 그 자체보다는 도구로서의 전통문화에 관심이 있다는 점이다. 유학 부흥은 말할 것도 없고, 중체서용, 비판계승, 심지어는 철저재건 관점조차도 공통적으로 문화를 도구로 간주하고 있다.

장을 마무리하기에 앞서 중국의 문화논쟁을 유파별로 요약해 보자. 중국 내외의 다수 중국계 연구자들은 유학 부흥 관점 편에 선다. 근대 중국의 다수 지식인들이 택한 중체서용 관점에는, 중국의 것을 '몸'(體)으로 삼아야 한다고 본다는 점에서, 여전히 중국의 전통, 사상, 제도, 윤리는 우월하며 서양의 현대적 과학기술 정도만 받아들이면 된다는 인식이 깔려 있다. 그리고 이 관념은 현대의 '비판계승' 관점에 약간 변형된 형태로 이어지고 있다. 중국의 문화와 서양의 과학기술의 결합이 근대의 대안이었다고 한다면, 현대의 비판계승 관점은 중국 사회주의의 (전제)정치와 새로운 과학기술 및 유용한 제도의 결합을 대안으로 본다. 비판계승 관점은 중체서용 관점의 중국 사회주의식 변형이나 마찬가지인데, 비판보다는 계승에 방점을 둔다. 중국공산당의 사상 구도는 사회주의와 민족의 결합이며, 지향점은 중국식 현대화이다. 개혁개방 이후 중국공산당이 전통, 유교, 공자를 복권시키고자 한 의도가 바로 여기에 있고, 비판계승 관점은 공산당의 입장이자 현재 중국에서 주류를 형성하고 있다. 따라서 비판계승 관점 지지자들이 유교가 봉건 전제정치를 옹호하였다고 비판하였듯이, 자신들도 공산당과 중국식 사회주의의 전제정치를 옹호하고 있다는 비판에서 자유스럽지 못하다.

공산당과 비판계승론자들은 도구로서의 전통과 문화, 실용으로서의 문화 전략이라는 사고방식에 매우 충실하다. 왜냐하면 이들의 관심은 전통, 유교, 문화 자체가 아니며, 중국 사회주의의 현대화를 위해 공산당과 통치에 유리한 요소를 교육·강요하는 데 있기 때문이다. 또한 이들의 주장은 국수주의적 성격을 갖고 있다. 중체서용과도 통하는 면이 있는 이 관점은, 중국 철학에 대한 학술적 수준 여하를 막론하고, 중국 전통에는 보석 같은 요소가 있지만 찾지 못하거나 활용하지 못하였는데, 현대화를 위해서 그 유산을 되살리면서 서양의 물질을 배우자는 입장이다. 그리고 비판계승 관점은, 그들이 전통적 애국주의가 애군(愛君)과 애국을 혼동하였다고 비판한 바와 유사한 논리로, 그들 역시 애국(愛國)과 애당(愛黨)을 혼동하는 오류에 빠져 있다. 유학 부흥 관점은 현대 한국, 일본, 타이완, 홍콩의 일부 연구자들에게 전도되기도 하였다.

서체중용 관점을 지지하는 연구자들이 강조하고 싶어 하는 서체의 핵심은 '현대화'와 인도주의를 강조하는 '초기 사회주의 사상'이며, 중용은 그들이 믿는 유교사상 속의 개인 인격 중시와 인도주의이다. 이들의 대안 찾기는 전통 심리구조와 중국식 사회주의에 대한 깊은 반성에서 나왔다. 그리고 중국의 현대화, 중국의 미래, 중국 경제발전의 내일을 위한 출구 탐색 과정에서 찾아낸 대안은 중국 전통도 중국식 사회주의도 아니며, 서구적 가치는 더욱 아니다. 그것은 원시 사회주의의 정신이다. 하지만 이 관점은 전반적인 서양화를 지향한다는 비판에서 자유로울 수 없을 뿐만 아니라 유교 속에서 자유와 권리에 대한 관심을 되살리자는 데서 보듯이 중국공산당의 노선과 충돌되는 부분도 있다.

철저재건 관점에서 보면, 중국식 사회주의는 사회주의 가면을 쓴 봉건주의이며, 서체중용 관점과 달리 초기 사회주의, 중국식 사회주의, 그리고 전통 요소 그 어디에서도 건질 것이 없다. 철저재건 관점 지지자들은 전통문화를 근본적으로 개조해서 철저하게 다시 세워야 한다고 주장한다는 점에서 전통의 리모델링이 아니라 전통의 재건축을 주장하는 것으로 이해된다. 흥미롭게도 중국공산당은 전통 사상과 문화를 안전판으로 보고 장려하고 있지만, 철저재건론자들은 공산당과 비판계승론자들이 봉건적 요소를 민족적 특색이라며 강변한다고 비판한다. 철저재건 관점에 선 연구자들에 대해서는 현대화를 서양화와 동일시하며, 자유자본주의를 지향한다는 비판이 있다. 철저재건 관점의 두 대표자 간에도 전통에 대한 인식 차이가 있는데, 어떤 이는 사실상 반전통의 입장을 고수하는 반면, 다른 이는 전통 인문문화는 현대화 가운데서도 여전히 위상을 찾을 수 있으리라는 기대를 갖고 있다.

유학 부흥 관점과 비판계승 관점은 공통적으로 전통문화 속에 되살릴 만한 가치 있는 부분이 있다는 인식을 공유한다. 이와 달리 서체중용 관점과 철저재건 관점은 전통 속에 되살릴 부분이 없다는 데 인식을 같이 한다. 서체중용론자인 리쩌호우가 유교 전통의 문화심리구조(보수적 속성, 안정희구 성향, 실용이성 중시 등)를 비판하고, 철저재건론자인 진관타오가 유교문화의 초안정구조(봉건성, 직관이성 강조, 자기비판 정신 부족)를 비판하면서, 이러한 요소가 현대화를 방해한다고 주장한다. 양자의 지적은 중국의 보수적 문화심리구조와 초안정구조가 새로운 시대로의 길을 막는다는 뜻으로서, 앞 장에서 서술한 마크 엘빈의 고도 균형의 함정 개념의 문화적 버전으로 보인다.

이제 글을 정리해 보자. 세속화 가설들뿐 아니라 문화와 자본주의의 관계에 관한 다수의 논의들도 공통적으로 중대한 오류 속에 있는데, 그것은 바로 선후도치(先後倒置) 오류이다. 이들은 대부분 세속적이지 않던 전통 종교사상이나 윤리가 세속화되면서 자본주의라는 현상을 유인하였거나 자본주의 발흥과 발전에 동기를 제공하였으리라고 믿는다. 그러나 기독교 윤리가 자본주의라는 새로운 사회적 현상을 유인하였다기보다는 이미 널리 퍼진 상업화, 시장화, 상품화, 임금노동의 일반화를 포함한 자본주의적 현상이 기독교 윤리의 세속화를 유인하였고, 기독교 교리와 윤리가 시대 변화에 맞추어 적응하였다고 보는 편이 상식에 맞다.

이들의 또 다른 오류 가능성은 상관관계와 인과관계를 혼동하는 오류이다. 유교문화 및 윤리가 경제발전과 '상관관계'가 있다는 말과 양자 간에 '인과관계'가 있으리라는 주장은 같은 의미가 아니다. 양자 간에는 어떤 식으로든 또는 어느 정도든 관계가 있을 수는 있다. 엄밀히 말해, 어느 한 사회 현상과 상관관계가 있는 요소는 헤아릴 수 없이 많으며, 이런 식의 설명방식은 세상 모든 일과 현상이 서로 상관관계가 있다는 설명과 크게 다르지 않다. 유교 전통이나 윤리가 자본주의나 경제발전과 친근한 세속적 측면, 합리성, 실용성, 현대성을 다소 포함하고 있을 수는 있겠지만, 양자 간에 인과관계가 있다고 말하려면 적어도 설득력 있는 구체적이고 엄밀한 근거를 제시할 수 있어야 한다. 동의하기는 어렵지만, 문화, 전통, 윤리가 자본주의 현상에 동기를 제공하였을 가능성에 대한 추론은 서양에서 어느 정도 설득력이 있을지도 모른다. 그런데 유교 부흥을 주장하는 사람들을 제외한 다수 토론자들이 동의하듯이, 과연 유교 전통과 윤리가 자기혁신과 세속화를 통해 중국을 포함한 동아시아의 경제발전 같은 새로운 현상에 동기를 제공할 어떤 잠재성이나 가능성을 보였는지는 매우 의문이다. 이렇게 본다면 동아시아의 경제발전과 유교 윤리 간에는 모종의 상관관계가 있을 수 있다 하더라도 양자 간에 인과관계가 있는지를 따지는 일은 매우 조심해야 한다.

'문화'라는 키워드로 자본주의의 발흥이나 경제발전 또는 경제적 현대화라는 특수한 사회적 현상을 설명하고자 하는 시도는 한계가 많다. 자본주의 또는 경제발전 현상에 대한 문화적 해석은 사실상 작은 증명조차도 어려울 만큼 애매한 측면이 있고, 특수한 사회적 현상을 인문학적 또는 문화론적 접근을 통해 설명하는 데는 분명히 큰 한계가 있다. 양보한다면, 어느 시대 어떤 전통

문화 속에 자본주의, 경제발전과 친근한 요소가 있을 수 있다는 정도까지는 받아들일 수 있다. 하지만 개인의 행동, 집단의 행태, 사회 현상에 영향을 미치기는 하지만 명확하게 어떤 영향을 미쳤는지 꼭 집어서 말하기 어려운 '문화'라는 요소가 자본주의 발전 또는 경제발전에 '동기'를 제공하였다고 주장하는 데는 주의가 필요하다.

도구로서 문화를 보는 시각의 문제도 지적하고 싶다. 중국의 문화논쟁은 논자의 관점 차이와 상관없이 모두 문화를 도구로 본다는 점에서 공통이다. 도덕주의는 개인에게 어떤 윤리도덕을 교육시킴으로써 이상적인 사회를 만들 수 있다는 사고방식, 즉 문제의 원인을 윤리도덕에서 찾을 뿐 아니라 문제의 해법도 윤리도덕에서 찾고자 하는 사고방식이다. 도구로서의 문화, 도구로서의 윤리, 도구로서의 종교라는 표현에는 중국의 전통 관념인 도덕주의의 색깔이 짙게 느껴진다. 본문에서 소개한 일부 연구자들도 '도구로서의 문화'를 보는 시각은 위험하다는 점을 언급한 바 있으며, 중국의 현대사가 이를 증명한다. 대중의 의지와 상관없이 권력에 의해 일방적으로 선택되고 교육되고 강요되는 문화는 전제정치에 의해 이용될 가능성이 크며, 대부분의 독재국가나 강성 권위주의 정부가 빠짐없이 이 방법을 선호한다는 사실을 떠올릴 필요가 있다.

참고문헌

『論語』.

간양(甘陽), 「1980년대 문화토론의 몇 가지 문제」, 한국철학사연구회 논전사분과 편역, 『현대중국의 모색』, 서울: 동녘, 1992a.

______, 「현대 중국에서 유학의 역할과 나아갈 길」, 한국철학사연구회 논전사분과 편역, 『현대중국의 모색』, 서울: 동녘, 1992b.

두웨이밍(杜維明), 「유가철학과 현대화」, 한국철학사연구회 논전사분과 편역, 『현대중국의 모색』, 서울: 동녘, 1992.

리쩌호우, 「서체중용에 대하여」, 한국철학사연구회 논전사분과 편역, 『현대중국의 모색』, 서울: 동녘, 1992a.

______, 「중국의 지혜」, 한국철학사연구회 논전사분과 편역, 『현대중국의 모색』, 서울: 동녘, 1992b.

박성수 옮김, 『프로테스탄트 윤리와 자본주의 정신』(*The Protestant Ethic and the Spirit of Capitalism*), 서울: 문예출판사, 1987.

박홍규 옮김, 사이드(Edward W. Said) 지음, 『오리엔탈리즘』, 서울: 교보문고, 2007.

성일권 옮김, 사이드(Edward W. Said) 지음, 『도전 받는 오리엔탈리즘』, 서울: 김영사, 2001.

손세제 옮김, 리쩌호우(李澤厚) 지음, 『중국현대사상사론』, 서울: 교보문고, 1991.

유동환, 「비판계승론의 문화전략」, 한국철학사연구회 논전사분과 편역, 『현대중국의 모색』, 서울: 동녘, 1992.

이상률 옮김, 베버(M. Weber) 지음, 『유교와 도교』(*The Religion of China: Confucianism and Taoism*), 서울: 문예출판사, 1990.

이승휘 옮김, 이스트만(Lloyd E. Eastman) 지음, 『중국사회의 지속과 변화: 1550-1949』, 서울: 돌베개, 2002.

장다이니엔(張岱年), 「중국철학의 비판적 계승」, 한국철학사연구회 논전사분과 편역, 『현대중국의 모색』, 서울: 동녘, 1992.

장다이니엔·장광후이(姜廣輝), 「왜 중국근대 과학기술이 뒤떨어졌는가」, 한국철학사연구회 논전사분과 편역, 『현대중국의 모색』, 서울: 동녘, 1992.

장다이니엔·청이산(程宜山), 「우리들의 문화주장 - 종합창조론」, 한국철학사연구회 논전사분과 편역, 『현대중국의 모색』, 서울: 동녘, 1992.

정병석 옮김, 리쩌호우 지음, 『중국고대사상사론』, 서울: 한길사, 2005.

진관타오(金觀濤), 「중국문화의 이성정신과 그 결함 - 대약진과 문화대혁명 중의 이성상실」, 한국철학사연구회 논전사분과 편역, 『현대중국의 모색』, 서울: 동녘, 1992.

진야오지(金耀基), 「유가윤리와 경제발전」, 한국철학사연구회 논전사분과 편역, 『현대중국의 모색』, 서울: 동녘, 1992.

청중잉(成中英), 「중국철학의 특성」, 한국철학사연구회 논전사분과 편역, 『현대중국의 모색』, 서울: 동녘, 1992.

최윤오 옮김, 크로체(Benedetto Crcce) 지음, 『사고로서의 역사, 행동으로서의 역사(*History, Its Theory and Practice*)』, 서울: 새문사, 2013.

황성민, 「전통문화에 대한 반성과 서체중용론」, 한국철학사연구회 논전사분과 편역, 『현대중국의 모색』, 서울: 동녘, 1992.

황희경, 「철저재건론자들의 중국문화 탐색」, 한국철학사연구회 논전사분과 편역, 『현대중국의 모색』, 서울: 동녘, 1992.

甘陽, 「八十年代文化討論的幾個問題」, 『文化: 中國與世界』, 1輯, 三聯書店, 1986.

______, 「儒學在現代中國的角色與出路」, 『我們再創造傳統』, 『燕京評論』, 12, 北京: 燕京出版事業公司, 1989.

金觀濤, 『在歷史的表象背後 - 對中國封建社會超安定結構的探索』, 四川人民出版社, 1983(하세봉 옮김, 『중국사의 시스템이론적 분석』, 서울: 신서원, 1997).

______, 「中國文化的理性精神及其缺陷」, 劉靑峰 編, 『歷史的反響』, 三聯書店, 1990a.

______, 「儒家文化的深層結構對馬克思主義中國化的影響」, 『新十日談』, 天地圖書有限公司, 1990b.

毛澤東, 「革命與中國共產黨」, 『毛澤東選集(抗日戰爭時期(上))』, 第2卷, 北京: 解放軍出版社, 1991.

李澤厚, 「孔子再評價」, 『中國古代思想史論』, 北京: 人民出版社, 1985a.

______, 「秦漢思想史簡議」, 『中國古代思想史論』, 北京: 人民出版社, 1985b.

______, 「啓蒙與救亡的雙重變奏」, 『中國現代思想史論』, 東方出版社, 1987a.

______, 「試談馬克思主義在中國」, 『中國現代思想史論』, 東方出版社, 1987b.

Alatas, S. H., "Religion and Modernization in Southeast Asia," *European Journal of Sociology*, 11(2), 1970.

Bellah, Robert N. and Phillip E. Hammond, *Varieties of Civil Religion*, San Francisco: Harper & Row, 1980.

Berger, P. L., *The Sacred Canopy: Elements of a Sociological Theory of Religion*, Garden City, N.Y.: Doubleday, 1967.

______, "Secularity: West and East," *Cultural Identity and Modernization in Asian Countries*, Institute for Japanese Culture and Classics, Tokyo: Kokugakuin University, 1983.

______, "An East Asian Development Model?," P. L. Berger and Hsin-Huang Michael Hsiao, *Search of an East Asian Development Model*, New Brunswick USA: Transaction Books, 1988.

Hicks, G. L. and S. G. Redding, "The Story of the East Asian Economic Miracle," *Euro-Asia Business Review*, 1983.

Hodgson, G. M., "Economics and Institutions," *Journal of Economic Issues*, 1988.

Hofheinz, Roy and Kent E. Calder, *The Eastasia Edge*, New York: Basic Books, 1982.

Hoselitz, B. F., *Sociological Aspects of Economic Growth*, Glencoe, Ill.: Free Press,1960.

Kahn, H., "Confucian Ethics and Economic Growth," M. A. Seligson, ed., *The Gap between Rich and Poor - contending perspectives on the political economy of development*, N.Y.: Routlege Press, 1984.

Morishima Michio, *Why Has Japan Succeeded? western technology and the Japanese ethos*, Cambridge University Press, 1982.

Nakamura Hazime, *A Comparative History of Ideas*, Delhi: Motilal Banarsidass Publisher, 1992.

Vogel, Ezra F., *Japan as Number One: lessons for America*, Tokyo: Charles E. Tuttle, 1980.

______, *The Four Little Dragons-The Spread of Industrlization in East Asia*, Cambridge MA, USA: Harvard University Press, 1993.

Yamamoto, Shichihei trans. by Lynne E. Riggs, Manabu Takechi, *The Spirit of Japanese Capitalism and Selected Essays*, Lanham: Madison Books, 1992.

제 5 장

근현대 중국 현대화 모형의 변천과 정치문화

1. 머리말

2. 서세동점과 현대화의 길 찾기

3. 민족자본가 근대화의 좌절과 사회주의 세력의 현대화 실험

4. 사회주의 공업화의 이상과 현실

5. 근현대 경제적 현대화 모형과 정치문화

6. 맺음말

1. 머리말

16세기부터 네덜란드, 스페인, 포르투갈을 필두로 한 서양 세력이 동아시아 해상에 나타나 통상활동을 하면서 또 다른 기회를 엿보던 시기를 서세동점(西勢東漸) 시기라고 부른다. 이 시기 동아시아 주요국은 이미 유효기간이 지난 중국적 세계관 속에서 잠자고 있었고, 제한된 지역에서나마 유럽 상인들과 교류하고 교역하던 일본만이 중국적 세계관에 대해 의심을 품었다. 지중해 무역은 14~15세기 동양으로 점차 영역이 확장되었고, 항해술 발달에 힘입어 왕실과 결탁해서 일확천금을 노리던 야심가들이 아메리카, 아프리카의 거의 전 지역으로 진출하였다. 이 무렵 유럽 상인들이 동남아를 거점으로 중국 및 일본(왜)과 중계무역을 행하면서 동아시아 지역에서 동서의 만남이 이루어졌다. 이 시기 동서의 만남은, 일부 지역에서 서양 상인들의 원주민에 대한 폭력이 없지는 않았으나, 대체로 호기심과 향료 및 사치품 무역을 통한 이윤 추구에 의해 유인되었다.

15세기 후반 이래 동아시아 지역의 교역관계 변화는 상품시장의 확대를 요구하였는데, 이에 따라 조정이 주관하는 공무역(公貿易)의 통제를 벗어난 사무역이 번성하였다. 그러던 것이 16세기 중반이 되면서 포르투갈과 스페인이 동중국해 교역에 개입하면서, 중국의 대규모 은(銀) 수요는 동아시아 지역에서 동서의 만남을 촉진하는 최대 요인으로 작용하였다. 16세기 동북아시아 각국은 공식 및 비공식적으로 국제교역에 활발히 참여하였고, 이 교역 체계는 동남아를 지역 거점으로 삼고 있던 유럽 상인의 상업활동과 연결되었다. 유럽 열강이 점차 마각을 노골화하기 전까지 동아시아 지역의 국제교류와 교역은 동아시아 내부뿐만 아니라 당시 열강이 주도하던 세계 체계와 동아시아의 만남의 산물이었다. 그러나 급변하는 세계 정세와 시장 상황에도 불구하고 17~18세기 중국과 조선은 격변하는 세계를 볼 능력이 마비된 채 있었다. 중화세계에 갇혀 있던 중국, 소중화를 자처하며 중국을 통해서 세계를 인식하던 조선은 도도히 밀려오는 격변의 시대이자 폭력의 시대에 현실적이고 구체적인 대응을 할 수 없었으며, 중화세계는 외부의 충격으로 크게 동요하기 시작하였다. 세계 체제와 동아시아 질서의 만남은 중국에게 결국 치욕적인 역사의 서막으로 기록될 수밖에 없었다.

다수의 동아시아 국가들은 서세동점의 시대까지 거대한 중화세계의 영향권 안에 있었다. 아편전쟁은 동아시아 맹주가 서양에 알려진 것과는 달리 종이호랑이에 불과하다는 사실을 백일하에 드러냄과 동시에 동서 충돌의 시작을 알리는 시대적 사건이었다. 동아시아 국가 중 일찍부터 중화세계에 대해 의구심을 품었던 나라는 왜였다. 왜가 비교적 일찍 중화세계를 의심하게 된 계기는 국내 정치적 상황과 서양 세력을 이용하여 주도권을 잡으려던 일부 지역 맹주의 이해관계 때문이었다. 물론 왜가 유연한 사고를 할 수 있었던 이유 중에는 지리적으로 중화세계의 주변부에 위치해 있고 바다로 단절되어 있다는 점도 고려해야 한다. 유럽 세력과 교류하면서 중국을 중심으로 보는 기존 질서를 의심하던 일본은 내왕하는 중국인과 조선 상인들을 통해 중국에 관한 정보를 수집하려 애썼다.[1] 왜는 분열된 지역 군벌(쇼군) 간의 오랜 경쟁 시대를 마감하고 점차 통합되면서 변화하는 세계와 동아시아 전체로 관심을 돌리기 시작하였다. 왜는 점차 객관적인 세계관을 형성해 나가고 있었을 뿐 아니라 중국을 침략하려는 야욕을 품기에 이르렀다. 이처럼 동아시아 지역에서 왜의 이른 유럽

1 김현영 외 옮김(2003), p. 181.

세력과의 교류, 중화세계로부터의 이탈 시도는 이후 발 빠른 제도개혁, 경제 근대화를 향한 새로운 노선 선택, 최종적으로는 경제 성과의 차이를 불러오는 중요한 갈림길이었다. 이에 힘입어 일본은 아시아 지역에서 강자가 될 수 있었다.

그렇다고 해서 중국을 포함한 동아시아 사회가 세계역사의 축이 변하고 동서가 충돌하는 대사건을 앞에 두고 고뇌하지 않았던 것은 아니다. 중국을 보면, 1949년 중화인민공화국 건국 이전 약 100년은 사실상 반란, 제국주의 침략, 군벌 할거, 국공내전, 혁명으로 점철된 시기였지만, 그 가운데서도 근대화를 위한 아이디어 경쟁과 시도는 계속되었다. 중국의 '중체서용'(中體西用)이니 조선의 '동도서기'(東道西器)니 전반적인 서양화(全般西化)니 하는 말들이 이 시대 중국을 포함한 동아시아 사회의 고뇌를 대변해 준다. 청말부터 사회주의 정권이 수립되기까지 중국에서는 조정, 고급 관료, 지식인, 대중들에 의한 여러 형태의 경제적 현대화 시도가 있었으나 실패로 귀결되었다. 여러 형태의 경제적 현대화 시도 중 공화제 혁명인 1911년 신해혁명을 제외하고는 대부분 군주제를 주어진 것으로 받아들였을 뿐 아니라 소아병에 매몰된 채 사회구조보다는 지엽적인 요소의 개선을 통해 문제를 해결하려는 시도였다. 인습과 전통이 지배하던 중국은 자아도취 속에서도 변신을 위한 다양한 몸부림 끝에 1940년대 말 최종적으로 사회주의의 길을 선택하게 되었다. 그러나 사회주의 세력이 주도한 경제적 현대화 시도도 30년간의 시행착오 끝에 정치혐오, 그리고 경제적 빈곤 및 낙후로 결론이 났다. 연속되는 파괴적 혁명운동, 이념 과잉과 광기가 모든 것을 지배하던 시대는 1970년대 말에 막을 내렸다. 1978년에야 중국은 역사적 대전환이라 할 수 있는 혁명이 아닌 점진적 '개량'(改良)의 시대로 접어들 수 있었다. 공산당의 생존을 위한 불가피한 선택이었던 개혁개방, 즉 경제 건설 우선 시대의 개막은 '개방과 시장화를 통한 현대화' 시도였으며, 우리 모두가 알듯이 경이적인 경제 성과를 보여왔다.

경제적 현대화를 위한 중국의 노력은 근대에서 현대에 이르는 기간 동안 복잡하고 치열한 논쟁과 투쟁 과정을 거쳐 오늘에 이르고 있다. 19세기 말 아편전쟁, 1949년 중화인민공화국 수립, 1970년대 말 개혁개방을 세 기점으로 본다면, 아편전쟁 이후 건국까지는 여러 근대화 모형의 등장과 경쟁의 시기, 즉 근대화의 길 모색기라고 할 수 있다. 사회주의 정권 수립은 전통적 중화세계의 소아병에 안주하던 시대와 이념 과잉의 광기의 시대를 가르는 분기점이고, 개혁개방은 광기의 시대와 경제의 시대의 분기점이라 할 수 있다.

이 장에서는 '동서의 만남'이 '동서의 충돌'로 전환되는 결정적 사건인 1840년부터 1978년 개혁개방에 이르는 과정에서 시기별로 관찰 가능한 여러 형태의 경제적 현대화 시도들에 대해 살펴보려 한다.[2] 근현대 중국에서 있었던 경제적 현대화를 위한 여러 시도들이 꼭 정치사적 구분과 맞아떨어지지는 않지만, 편의상 정치사적 변화를 기준으로 살펴보되, 정치적 사건에 대한 상세 설명을 최소화하고 경제적 현대화를 위한 시도에 초점을 맞추고자 한다. 그리고 우리는 근현대 중국에서 경제적 현대화를 위한 여러 시도들을 분석·정리하면서 그 가운데 중국적 정치문화 전통의 관성이 살아 있음을 볼 수 있다. 그것은 바로 '국가'의 우위성이다. 국가의 우위성은 중국의 최초 공화제 혁명정부인 쑨원의 중화민국 시기의 현대화 시도에도 그대로 투영되었으며, 어떤 의미에서는 현재까지도 지속되고 있다.

2 아편전쟁 시기부터 개혁개방 준비 때까지 중국 공업화 역사에 대한 개괄은 김태승 옮김(1996) 참조.

2. 서세동점과 현대화의 길 찾기

16세기 중엽 서유럽 자본주의 열강은 동아시아 지역 해상에 진입해서 동남아, 중국, 타이완, 일본 등과의 교역을 시도하였으나 교역의 주류를 형성하지는 못하였다. 이 시기 서양 상인들은 서양의 물품이나 인도에서 생산된 물품을 동아시아 지역에 팔았을 뿐 아니라 중계무역에도 참여하였다. 사실 당시 동아시아 지역의 국제교역은 중국의 대규모 은 수요에 힘입고 있었고, 무역은 원칙적으로 조정이 통제하고 있었다. 동서가 만나고 동아시아 주요국이 비제도권 시장(사무역)을 통해 활발하게 만난 동아시아 국제교역 구도는 17세기에서 18세기로 이어졌다. 17~18세기까지 동중국해와 남중국해의 교역은 중국 상인과 화교들이 주도하고 있었다. 따라서 동서의 만남은 경제적으로 새로운 문물에 대한 호기심을 불러일으켰고, 교역 내용은 일부 지배층의 욕구를 채우기 위한 사치품 교역이 중심이었다. 세계 체제와 동아시아 질서의 만남은 중화세계라는 폐쇄적인 세계관에 갇혀 있던 동아시아를 서서히 동요시켰다.

이러한 동아시아 국제교역 구도는 영국, 프랑스, 독일 등 서양 세력들의 적극적인 개항 및 교역 요구, 나아가서는 식민지 건설을 향한 야욕이 드러나면서 점차 '동서 충돌' 시기로 전환되었다. 18세기 초 영국 상인들은 인도의 면화를 중국으로 유입시키고 중국의 비단, 도자기, 차를 유럽으로 수출함으로써 부를 축적하였다. 그러나 19세기 초·중엽 영국 자본주의가 장기 불황에 빠지자 영국은 중국 시장에 깊은 관심을 보였고, 고가의 인도산 아편을 중국에 유입시킴으로써 난관을 타개하고자 하였다. 이미 여러 차례 충돌의 조짐이 있기는 하였으나 본격적인 충돌의 서막은 1840년에 발발해서 두 차례에 걸쳐 일어난 아편전쟁이다. 이를 계기로 중국을 포함한 동아시아 역사는 뒤틀리기 시작하였다. 아편전쟁은 동아시아 세계 전체를 긴장시켰을 뿐 아니라 미래를 둘러싼 뜨거운 논쟁을 야기하는 계기였다.[3]

아편전쟁은 오랜 중화세계의 꿈속에서 마비된 채 지내온 청 조정과 중국 지식인, 그리고 중화세계에 안주하던 여타 동아시아 조정과 지식인 모두에게 큰 충격이었다.[4] 아편전쟁에서 패배한 중국은 강제로 세계시장에 편입되었으며, 불평등 조약에 의해 반식민지화의 첫 단추를 꿰게 되었다. 서양을 포함해서 주변 민족을 오랑캐로 여기고 무시하였던 중국 지식인들은 전통적 사회질서에 대한 의문을 품었다. 두 차례의 아편전쟁 패배, 강압적인 개항 뒤 발생한 경제적 혼란은 청조 지배에 새로운 불안 요소였다. 아편전쟁 이전 영국은 인도에서 생산된 아편을 청에 수출함으로써 경기 상황을 역전시키려 하였다. 영국 상인들은 대규모 은화가 청으로 유출되자 은화를 회수하려고 중국에 아편을 살포하였고, 이를 막으려던 청 사이에 충돌이 발생하였다. 이 전쟁에서 청은 영국 동인도 회사의 군대에게 참패당하였고, 이어서 열강의 중국 대륙 침투가 본격화되었다. 제1차 아편전쟁 결과 중국은 영국에게 홍콩을 내주고 난징조약을 체결(1842)해야 하였다. 영국은 제1차 아편전쟁의 승리로 개항과 무역 독점권을 얻기는 하였으나 승리에도 불구하고 영국 교역은 여전히 아편 수출에 크게 의존하고 있었다.

그런데 중국인들이 점차 면화뿐 아니라 아편을 자체 생산하게 되면서 영국의 무역적자가 역전될 기미를 보이지 않았을 뿐 아니라 자유무역 덕분에 오히려 청의 차 수출량이 급증하는 사태가 연출되었다. 그러던 중 애로호 사건이

---

3 이 시기 동아시아 역사에 대해서는 한철호 외 옮김(2003), 특히 1, 2, 3장 참조.

4 청대 초중기인 동서 충돌 이전의 중국 사회에 대해서는 정철웅 옮김(1998), 본격적인 서세동점이 시작된 19세기 중국의 사회상에 대해서는 신승하 외(2000), 아편전쟁 이후 중국 근현대사에 대한 정리는 하세봉 옮김(1996), 개항기 전후 시기 중국의 역사에 대한 설명은 신일섭 옮김(1999) 참조.

발생하였고, 영국은 이 사건을 구실로 형세를 뒤집으려 하였다. 청 수군은 아편 단속을 이유로 영국인 소유이고 선원은 모두 중국인인 애로호를 단속하였다. 이들은 사실상 해적이었기 때문에 청 입장에서는 정당한 공무집행이었으나 영국은 단속 과정에서 자국 국기가 훼손되었다는 핑계로 전쟁을 선포하면서 2차 전쟁을 일으켰다. 2차 아편전쟁에서는 영국과 프랑스가 연합하고 러시아와 미국이 지원하였는데, 전쟁에서 패한 청은 톈진조약(1858),[5] 베이징조약(1860)을 체결해야 하였다. 청은 영국·프랑스·러시아와 순차적으로 조약을 체결하였다. 그런데 영국과 프랑스 군은 청이 톈진조약의 비준 교환을 거부한다는 이유로 베이징에 침입하여 함풍제(咸豊帝, 1831. 7. 17~1861. 8. 22)를 내쫓고 원명원에 방화하였다. 그 결과 톈진조약이 비준되고 베이징조약도 체결되었다. 베이징조약에는 청이 지불할 배상금 증액, 톈진 개항, 주룽(九龍)반도의 영국 할양, 연해주의 러시아 할양이 명시되었다. 이렇게 해서 중국에 대한 열강의 식민지화가 시작되었다.

그러나 무엇보다도 청 조정과 지배층을 위협한 내부의 도전은 만주족을 몰아내고 한족의 나라를 세운다는 멸만흥한(滅滿興漢)의 기치를 내건 태평천국(太平天國) 농민운동(1851~1864)[6]이었다. 이 운동은 중국 근대사에서 전통적 질서

---

5 중국 근대사에서 톈진조약은 두 차례 있었다. 첫 번째는 본문에서 서술하고 있는 러시아(6월 13일) - 미국(6월 18일) - 영국(6월 26일) - 프랑스(6월 28일)와 청이 1858년 톈진에서 체결한 조약이고, 두 번째는 1884년 조선의 갑신정변 이후 청과 일본이 1885년에 체결한 조약이다. 청과 서양 열강 간의 톈진조약에서 청은 600만 냥의 전쟁배상금 지불, 외교관의 베이징 주재, 외국인의 중국 여행과 자유무역, 기독교 포교 자유와 선교사 보호 같은 내용을 담고 있었다. 청과 일본 간의 톈진조약은 조선에 대한 주도권 다툼에서 나온 조약으로서, 이 조약을 계기로 청은 조선에 대한 정치적 주도권, 일본은 경제적 주도권을 장악하게 되었는데, "양국 군대는 조선에서 동시에 철군하고 동시에 파병한다"는 조항을 담고 있었다. 이 조약은 유사시 일본이 조선에 파병할 수 있는 길을 터놓았기 때문에 1894년 청일전쟁의 빌미가 되었다.

6 청말(1851~1864) 홍슈취안이 창시한 기독교 비밀결사가 청조 타도와 이상사회 건설을 목적으로 광시에서 일으킨 농민혁명운동을 가리킨다. 선교사한테 받은 전도책자에 감동받은 홍은 신이 계시한 지상천국을 만들기 위해 '배상제회'(拜上帝會)라는 단체를 조직하였는데, 1년 만에 그를 따르는 무리가 2,000여 명이 되었다. 현실 사회에서 억압받고 착취당하는 사람들에게 홍이 제시한 평등사회는 천국처럼 받아들여질 수밖에 없었다. 배상제회

를 타파하고 종교적 이상주의를 실현하려던 대표적인 시도로 평가받는다. 홍슈취안(洪秀全)이 주도한 태평천국운동은 토지공유, 남녀평등, 생산물의 국고 귀속 등 소작농과 빈민층의 지지를 받을 만한 다양한 주장을 내걸었고, 만주족의 지배를 거부하였다. 하지만 태평천국은 타락과 내분, 왕조화 등으로 내적 역량과 지지 세력을 잃어 갔는데, 가장 근본적인 문제는 농민전쟁 시의 전시 체제를 국가경영에 그대로 적용하려 한 점, 내부적 갈등, 부정부패 등이었다.[7] 태평천국 농민운동이 중국의 전통 질서에 대해 반기를 든 반봉건 운동이기는 하였으나 상공업을 천시하는 등 뚜렷한 시대적 한계도 지니고 있었다. 이 운동은 약 13년이라는 짧은 기간 동안 시도된 최초의 기존 질서에 반기를 든 '기독교 사회주의 형태의 근대화'였다는 의미를 갖고 있기는 하지만, 내적 한계와 외적 도전에 막혀 오래 가지 못하고 곧 좌절되었고, 정신의 일부는 사회주의 혁명으로 계승되었다.

태평천국운동은 마침내 1864년 7월 쩡궈판(曾國藩)이 이끈 군대가 수도 난

는 우상숭배를 거부하고 오직 여호와만을 섬기며 남녀와 신분의 차별이 없는 사회를 건설할 것을 약속하였다. 당시 광시와 광둥 일대의 배경을 보면, 인구가 급증하고 은값이 오르자 향촌 사회의 불안과 갈등이 증폭되었다. 아편전쟁에서 패한 뒤 상하이가 개항되자 무역을 독점하던 광저우와 연결된 교역로가 불황에 빠졌다. 이에 실업자가 된 운송업자, 전쟁 뒤 해산된 지방군, 영국 해군에 쫓겨 광둥과 광시의 내륙으로 들어온 해적들로 인해 사회 불안은 커졌다. 게다가 이 무렵 명(明) 회복의 기치를 내건 비밀결사 천지회의 반란으로 혼란은 더 가중되었다. 이 상황에서 광시 지역에는 광둥에서 유입된 커자인(客家人)과 먼저 이주해 온 한족 본지인 사이에 분쟁도 끊이지 않았다. 극심한 갈등의 소용돌이 속에서 농지의 균등분배, 남녀평등, 사회악습의 철폐와 멸만흥한(滅滿興漢)을 부르짖은 태평천국은 농촌 지역 대중의 지지를 받았다. 태평천국군은 청조에 심각한 타격을 주었고 이후 중국 혁명운동에 많은 영향을 주었다는 평가를 받는다. 하지만 군벌의 공격으로 타격을 입고, 1856년 내분에 휘말렸을 뿐만 아니라 평등사회 이념마저 빛이 바래 갔다. 또한 군기는 문란해지고 태평천국의 관리들은 토착 실력자들과 야합하여 사욕을 채우기에 급급하였으며, 엄격한 규율과 금욕, 사유재산 금지 원칙도 모두 허물어졌다. 태평천국은 마침내 1864년 7월 쩡궈판(曾國藩)이 이끄는 군대가 수도 난징을 함락시키면서 종말을 고하였다.

7 중국 근대사에서 최초의 종교에 기반을 둔 국가 수립을 시도하였던 태평천국 세력이 전쟁에서 승승장구하자 난징에 수도를 정한 뒤 점령지를 통치하면서 조직화, 집단화, 군사화, 규격화, 단일화, 남녀분리 등 전쟁 시기의 관리방식을 고집하였다. 이 점에서 사회주의 국가 건립 후 마오의 통치방식과 유사하다. 뿐만 아니라 태평천국은 상업, 무역, 화폐를 폐지하는 등 사회주의적인 색채가 농후한 전시 체제를 통치의 근간으로 삼으려 하였다. 김태성 옮김(2003), pp. 216~218 참조

징을 함락시키면서 종말을 고하였다. 이 시기 황제와 조정은 무능하였고 군벌들이 지역에서 할거하는 상황이었다. 사실상 중국을 분할하고 있던 쩡궈판, 리훙장(李鴻章), 쭤종탕(左宗棠)을 중심으로 하는 세력들은 나름대로의 근대화를 시도하였다. 양무파(洋務派)라고도 불리는 이들은 중국을 중심으로 삼고 서양의 기술과 자본을 도입함으로써 부국강병을 이룬다는 의미의 중체서용(中體西用)을 내세웠다. 양무운동(洋務運動, 1864~1895) 시기에 양무파는 주로 서양의 근대식 군사공업에 관심이 있었고 열강으로부터 자본 및 기술과 임노동 관계를 도입해서 직면한 난관을 타개하고자 하였다. 양무파의 경제근대화 시도를 계기로 중국 경제는 실질적으로 세계시장에 편입되었다. 약 30년에 걸친 양무운동은 보통 전후 두 시기로 구분해서 이해한다. 전기(1864~1873)는 서양의 힘을 뒤에 업은 관영[官辦] 군수공업화 시기로서 동치중흥(同治中興)이라고도 부른다. 후기(1874~1895)는 반관반민[官督商辦]의 민수공업화 시기이다. 하지만 군벌이라는 보수적인 배외 지배층이 주도한 반식민지 경제근대화 시도는 민족자본과 농민운동을 억압하는 등 매우 보수적인 태도를 견지하였다.

양무파 고위 관료들이 외국 자본을 도입하여 건설한 군수공장들은 처음에는 기대에 미치지 못하였다.[8] 생산된 총이나 배의 질이 실망스러웠고 제조비용도 수입품보다 더 비쌌다. 그 이유는 원자재 대부분을 수입해야 하였고 중국인 관료와 외국인 기술자들이 과도하게 높은 급료를 받았기 때문인데, 이 공장들은 20세기 초까지도 국제적 기준에 근접하지 못하였다.

1870년에 이르러서야 리훙장은 국력의 근원이 경제적인 부에 있음을 인식하고 비군사적인 산업 투자에 관심을 쏟기 시작하였다. 그는 해운업의 중요성

8 이승휘 옮김(2002), pp. 236~241 참조.

을 깨닫고 부의 해외 유출을 막기 위해 1873년 최초의 선박회사 윤선초상국을 설립함은 물론 광산 개발, 통신망 개설, 중국인의 방직 및 방적 공장을 설립하였는데, 반관반민 형태로 운영하였다. 각 성의 관료들도 비군사적 산업 건설에 나섰다. 당시 양무파의 산업화를 보면 잠재적 투자자인 상인들은 투자 방향을 모르고 있었고 정부는 자금이 모자란 상황이었다. 상인들은 회사 경영에 대한 권한이 없었고, 주주총회나 이사회 같은 것을 이해하지 못하였으며, 관료들의 개입도 심하였다. 이러한 한계 속에서 1880년대에 들어서야 반관반민 형태의 기업이 일어났으나, 경영자들은 주로 돈으로 관직을 산 상인들이었다. 이들은 경영 경험이 없었고 회사의 이윤보다는 급료를 챙기는 데만 관심이 있었기 때문에 비능률, 무능력, 부패, 투자자 이익 무시 행태가 일반적이었다.[9] 이처럼 상인층과 관료층의 반목이 심하던 차에 1880년대 말부터 잠재적 투자자들이 관심을 끌 만한 민관합영[官商合辦] 형태가 출현하기도 하였으나, 여전히 관료가 상인을 억압하는 인습이 개선되지 않아 주목할 만한 성과를 보지 못하였다.

근대 산업 형성기라고 할 수 있는 이 시기에 순수 민간기업은 극히 적었는데, 일부 성공한 기업만 관료의 착취로부터 기업을 보호할 능력이 있었다. 그럼에도 불구하고 중국의 부호들은 투자기회를 찾고 있었는데, 19세기 말 중국에 설립된 외국인 기업에 투자된 자금 중 중국인 투자분이 40%를 넘었다.[10] 중국 자본은 관료의 개입과 착취가 심한 중국인 기업보다는 외국인 기업 투자를 선호하였다. 고위 관료가 주도한 반식민지 근대화 과정에서 관료의 참여는 피할 수 없었고, 관료의 기업 지배는 기업을 취약하게 만들었다. 이러한 이유 때

9 이승휘 옮김(2002), p. 238.
10 이승휘 옮김(2002), p. 239.

문에 양무운동이 끝나갈 무렵에는 걸출한 학자이기도 하였던 장젠(張謇)처럼 관료 지위를 버리고 직접 사업에 뛰어들어 대성공을 거두는 사례가 출현하기도 하였다.[11]

양무운동 시기 중국에 진출한 열강 기업의 활발한 자본 축적과 함께 국내의 지주, 관료, 매판(買辦: compradore),[12] 상인층의 자금도 축적되었다. 국내 자본의 축적 기반은 주로 농민수탈에 힘입은 것이었기 때문에 농민의 불만이 컸는데, 이 사실은 태평천국운동에 대한 농민층의 적극적인 참여에서 확인된다. 민족자본가들은 양무파 관료의 행태를 통제로 인식하였다. 새로운 산업이 일어나고 외국 자본이 진입하면서 생산수단을 박탈당한 다수의 수공업 종사자들은 농촌이나 도시에 실업자로 남았다. 양무운동하에서 민영기업은 성장하기 어려웠고, 관영기업도 손익을 무시한 경영, 부패, 정실인사로 많은 문제점을 노출하였다. 일부 민간자본들도 외국 상사나 은행의 중개·알선·대리를 통해 수수료를 받는 매판활동, 재래 금융기관인 전장(錢莊) 경영, 지주 경영을 통한 자본 축적 수준에 머물고 있었다.

이처럼 전통적 보수 군벌이 주도한 양무운동은 태생적인 한계로 인하여 본질적인 정치·사회 구조 개혁에 무관심하였을 뿐 아니라 서양의 힘을 빌려 기득권을 지키려 하였다. 또한 양무파는 정치적으로 서태후 같은 수구파와 함

---

11 1890년대 관료의 지위를 벗어나 사업에 뛰어들어 성공한 민간기업의 사례에 대해서는 이승휘 옮김(2002), pp. 239~240 참조.

12 매판이라는 용어는 포르투갈어 콤프라도르(comprador)에서 온 말로서, 일반적으로 외세의 정치·경제·무역 분야에서 착취활동의 매개자 역할을 하는 사람들, 즉 외세에 대한 경제적 부역자를 일컫는다. 이 용어는 본래 동아시아나 동남아시아 지역에서 유럽 본사의 이익을 위해 활동한 현지인 임원을 지칭하였고, 중국에서는 포르투갈의 식민지였던 마카오와 인접한 광저우 등 남부에서 서양인 집안에 고용된 현지인 종업원을 지칭하기도 하였다. 그러다 동아시아의 부를 착취하는 유럽 제국주의 기업의 지사에서 일하는 현지인을 지칭하는 의미로 확장되었다. 매판들은 남중국에서 행해진 차·견직·면직·실 무역에서 중요한 역할을 하였으며, 외국 은행에도 협조하였다. 매판들은 매국행위를 통해 막대한 부를 축적하여 많은 사람들의 비난 대상이 되기도 하였다.

께 청조 권력의 핵심을 차지하면서 신흥 민족자본가의 출현을 억압하고 전통적 정치제도를 고수하였다.[13] 이렇게 볼 때, 양무파의 반식민적 경제근대화 과정에서 자본 축적의 담당자는 외국 자본과 양무파 관료였으며,[14] 이러한 이유 때문에 지배층에 의한 위로부터의 근대화 시도는 폭넓은 지지를 획득하지 못한 채 실패할 운명을 안고 있었다.

아편전쟁 못지않게 청 조정과 중국인에게 다가온 큰 충격은 오랫동안 중국의 영향력하에 있다고 간주해 온 일본과의 전쟁에서의 패배였다. 중국은 영국과의 전쟁에서 참패한 지 약 50년 뒤에 제국주의 국가로 변모한 일본과 벌인 청일전쟁(1894~1895)[15]에서 다시 패배하였다. 청일전쟁 패배는 청 조정과 중국 지식인들에게 더 없는 치욕이자 충격이었다. 중화라는 소아병에서 깨어나 새로운 길을 찾는 데 게으르던 조정과 지식층은 서양 세력에 이어 일본에게 패하는 쓰라린 경험을 하였고, 이로 인한 반성은 또 다른 경제근대화 시도를 낳았다.

아편전쟁과 청일전쟁에서 패한 뒤 쉴 사이 없이 밀려드는 외세에 직면해서 중국 내에서는 다양한 형태의 반외세운동이 일어났다. 그중에서 가장 적극적인 반외세운동이 의화단사건(1898~1901)인데, 이 사건은 본격적인 반외세운동의 출발점이었다. 열강과의 불평등 조약을 체결된 뒤 일반 대중들은 불평등 조약의 보호 아래 포교활동을 해온 천주교에 대한 배척운동을 벌였다. 이 상황에서 독일군이 산둥의 자오저우만(膠州灣)을 점령하였고, 이 사태를 계기로 격화된 반외세운동이 바로 의화단사건이다. 의화단 참여자들은 청조를 지지하

13 김태승 옮김(1996), p. 58.
14 김태승 옮김(1996), p. 66.
15 우리가 청일전쟁으로 부르는 청과 일본의 전쟁을 중국에서는 갑오중일전쟁(甲午中日戰爭)으로 부른다.

표 5-1 양무운동기(1861~1894)에 설립된 주요 근대공업

연도	명칭
1861	안칭내군계소(安慶內軍械所), 쩡궈판
1862	상하이양포(洋砲)국, 리훙장
1864	쑤저우 양포국, 리훙장
1865	장난(江南)제조총국, 리훙장 · 쩡궈판; 진링(金陵)기계국, 리훙장
1866	푸저우 선정(船政)국, 쭤종탕
1867	톈진기기국, 충호우(崇厚)
1869	시안기기국, 쭤종탕
1870	푸젠기기국, 잉구이(英桂)
1872	란저우기기국, 쭤종탕; 상하이윤선(輪船)초상국, 리훙장
1874	광저우기기국, 루이린(瑞麟)
1875	광저우화약국, 류쿤이(劉坤一); 산동기기국, 딩바오전(丁寶楨)
1876	후난(湖南)기기국, 왕원사오(王文紹)
1877	쓰촨기기국, 딩바오전
1878	카이핑광무(開平鑛務)국, 리훙장; 란저우기기직니(織泥)국, 쭤종탕
1881	지린기기국, 우다청(吳大澂)
1882	상하이기기직포국, 리훙장(1890년대 조업)
1883	저장기기국, 류둥장(劉東璋)
1884	윈난(雲南)기기국, 천위잉(岑毓英); 산시(山西)기기국, 장즈둥(張之洞)
1885	광둥기기국, 장즈둥
1886	타이완기기국, 류밍촨(劉銘傳); 산둥소사(繅絲)국, 장즈둥
1889	광저우직포국, 장즈둥
1890	후베이창포(湖北槍砲)창, 장즈둥; 한양제철창, 장즈둥; 후베이직포창, 장즈둥; 상하이 방직신국, 리훙장
1891	상하이화신방직국, 다예(大冶)철창, 탕숭옌(唐松岩)
1892	우창방직관국, 장즈둥
1894	상하이황성방직총국, 성이화이(盛宜懷); 후베이방사(紡絲)국, 장즈둥 후베이소사국, 장즈둥; 후베이제마(製麻)국, 장즈둥

자료: 한철호 외 옮김(2003), p. 36.

고 서양 세력을 멸한다는 부청멸양(扶清滅洋)을 외치며 각지의 교회를 불태우고 열강의 기관들을 파괴하였을 뿐 아니라 철도를 끊는 등 극단적인 행동을 하였다. 그러나 아래로부터의 반외세 민족주의 운동인 의화단사건은 열강의 자본과 군대가 중국에 본격적으로 진입하게 하는 구실로 작용하였다.

양무운동의 한계를 경험하고 열강의 군대와 자본이 진출하는 현실에 직면한 중국의 지배층과 지식인들은 다른 형태의 변혁운동을 시도하였는데, 이 운동이 바로 무술변법(戊戌變法, 1898)운동이다. 무술신정(戊戌新政)이라고도 부르는 이 운동은 캉유웨이(康有爲), 양치차오(梁啓超), 탄스퉁(譚嗣同) 등이 주도하였는데, 이들은 기존의 정치·사회 제도를 그대로 둔 채 근대화를 실현하기 어렵다는 반성과 함께 부분적인 제도개혁에 초점을 맞추었다. 서태후가 전횡을 일삼던 당시 광서제(光緒帝)는 자신의 취약한 정치적 입지를 강화하고자 무술변법 주도 세력의 제안을 지지하였다. 무술변법은 과거제도의 근본적 개혁,[16] 근대적인 대학 설립, 소·중학교 및 전문학교 설립, 신식 육군의 건설, 불필요한 관원의 정리, 민간 상공업과 농업의 진흥 등을 내세웠다. 무술변법운동은 개혁적 신진 관료와 민족자본가 계층이 추진한 혁신운동이자 민족자본가 중심의 위로부터의 경제근대화 시도로 평가받는다. 그러나 이 변혁운동은 서태후의 정변(戊戌政變)으로 황제가 유폐되고, 개혁파는 처형 또는 망명함으로써 103일 만에 막을 내렸다. 무술변법운동은 조정 내의 정치적 갈등, 대다수 전통 관료집단의 반발, 상부구조 개혁의 한계로 단기간에 끝나고 말았다. 무술변법의 주도 세력은 군주제의 틀을 벗어나지 못하였고, 대중적 기반이 취약해 아래로부터의 대중운동을 포용하지 못하는 경직된 사고를 견지하는 한계가 있

16 과거제는 1905년에 폐지되었다.

었다.[17] 개혁적 신진 관료와 민족자본가들에 의한 제도개혁을 통한 근대화 시도는 실패하였다. 그럼에도 불구하고 제도개혁의 중요성에 대한 인식과 민족자본가 계층의 적극성은 뒤에 쑨원(孫文)의 신해혁명에 계승되었다.

이 시기 중국이 겪은 아편전쟁과 청일전쟁의 패배는 열강에 대한 굴복의 서막에 불과하였다. 중국은 미국, 프랑스, 스웨덴-노르웨이, 러시아, 영·불연합 등 숨 돌릴 틈 없는 열강의 침략에 시달려야 하였고, 난징조약, 톈진조약, 베이징조약, 시모노세키(下關)조약,[18] 왕샤(望廈)조약,[19] 이리(伊犁)조약,[20] 아이훈(愛琿)조약[21] 등 불평등 조약에 연달아 강제로 서명해야 하였다. 청 조정은 계

17 박원호 옮김(1999), p. 54 참조.

18 1895년 4월 17일 시모노세키에서 조인하고 5월 10일 발효되었다. 1894년 8월에 발발한 청일전쟁에서 일본이 승리하고 체결하였는데, 이 조약의 정식 명칭은 '청일양국강화조약'이다. 청의 리훙장(李鴻章)과 일본의 이토 히로부미(伊藤博文)가 체결한 이 조약은 본문 14개조로 이루어졌는데, 주 내용은 다음과 같다. 청국은 조선국이 완전한 자주독립국임을 인정한다, 청국은 랴오둥반도(遼東半島)와 타이완(臺灣) 및 펑후섬(澎湖島) 등을 일본에 할양한다. 청은 일본에 배상금 2억 냥을 지불한다, 청의 사스(沙市)·충칭(重慶)·쑤저우(蘇州)·항저우(杭州)를 개항하고 일본 선박의 양쯔강(揚子江) 및 그 부속 하천의 자유통항을 허용하며, 일본인의 거주·영업·무역의 자유를 승인한다. 이 중 랴오둥반도의 할양에 대해서는 러시아, 프랑스, 독일 3국이 일본에 반환을 요구하자(3국간섭), 일본은 청으로부터 3,000만 냥을 수령하고 랴오둥반도를 청에 반환하였다.

19 1844년 7월 3일 제1차 아편전쟁의 결과 맺은 난징조약의 후속 조약이다. 차 수입과 아편 밀수를 통해 영국 다음 가는 무역 규모를 자랑하던 미국도 1844년 7월 3일 마카오 교외의 왕샤촌(望厦村)에서 청과 후속 조약 체결을 강요하였는데, 이 조약은 청과 미국이 맺은 최초의 불평등 조약이었다.

20 1881년 중국 신장성 이리 지방을 둘러싼 청과 러시아 간 국경분쟁을 해결하기 위한 조약이다. 1864년 신장에서 발발한 이슬람교도의 반란을 빌미로 야쿠브베그가 카슈가르를 점령하고 영국 및 오스만투르크와 제휴하려 하였다. 이때 러시아가 병력을 동원해 이리 지방을 점령하고 반환하지 않자 청은 충허우(崇厚)를 러시아에 파견해 1879년 리바디아조약을 체결하였다. 그러나 리바디아조약은 청에 불리한 조약이었기 때문에 청은 영국과 프랑스의 중개로 조약의 수정을 요구하였고, 청은 1881년 쩡지저(曾紀澤)를 파견해 페테르스부르크조약(이리조약이라고도 부름)을 체결하였다. 이 조약으로 러시아는 이리 지방의 대부분을 청에 반환하고, 청은 그 일부와 자이산 노르 지방을 러시아에 할양하였으며 배상금 90만 루블을 지불하였다. 중국과 러시아 간 이리 지역 국경선의 기본이 이때 결정되었다.

21 1858년 5월 헤이룽장의 북쪽 헤이룽강 연안의 아이훈에서 러시아와 청이 맺은 조약이다. 러시아는 1689년의 네르친스크조약에 따라 헤이룽강(아무르강) 지방에 진출할 수 없었으나 19세기 중반 무라비요프가 동시베리아의 총독이 되면서 이 지역에 대한 탐색을 강행하였다. 그는 청이 태평천국운동과 영국과의 애로호 사건 해결에 골몰하는 틈을 타 청의 전권대사 이산(奕山)을 협박해서 이 조약을 맺게 하였다. 조약 내용은 3개 조로 이루어져 있었다. 헤이룽강 좌측을 러시아령으로 하고, 우측의 우수리강에 이르는 지역을 청국령으로 하며, 우수리강에서 바다에 이르는 지역을 양국이 공동관리하도록 정하였다. 또한 헤이룽강 좌측의 만주인 부락을 청 관할하에 두고, 헤이룽강·쑹화강 및 우수리강 항행권은 양국 선박으로 한정하였다. 그러나 1860년 11월 베이징조약을 기점으로 공동관리하던 우수리강 동쪽 연해 지역도 러시아령이 되었다.

속되는 열강의 침략과 불평등 조약 강요를 거부할 수 없을 정도로 취약하였으며, 주요 도시와 국토가 열강에 의해 분할되는 반식민지 상태로 빠져들었다. 반면에 열강의 침투에 대항하여 농촌과 도시의 빈민층은 저항의 수위를 높여 갔다.

급박해지는 국내외 상황에 대응하여 서태후를 정점으로 한 청 조정은 1901년 1월 중국의 단점을 없애고 외국의 장점을 취함으로써 부강을 꾀하기 위해 고관들의 의견을 수집하였다. 꺼져 가는 왕조를 되살리려는 시도인 '신정'(新政)[22]이 추진되기도 하였는데, 주도자는 위안스카이(袁世凱), 류쿤이(劉坤一), 장즈둥(張之洞)이었다. 신정의 구체적인 내용은 군대의 근대화, 상공부의 설립, 회사 설립 장려, 상법 제정, 각지에 각급 학교 설립 등 교육개혁, 과거제도 폐지, 일본으로의 유학생 파견, 새로운 관료 양성 등이었는데, 신정에서 나온 조치들은 중국 사회에 많은 변화를 불러왔다. 하지만 신정 시기 민간자본의 발전은 방적 부문, 제분, 착유, 성냥 등 경공업에 한정되었고, 중공업은 보잘 것 없었다. 또한 공장의 60%가 장쑤, 저장, 광둥, 후난, 후베이 등 일부 지역에 집중적으로 건설되었으나, 신정이 일반 대중에게 안겨 준 것은 과중한 조세부담이었다. 반식민지화가 심화되는 가운데 외국 자본은 중국 자본의 5배 규모에 이르렀고, 중국 자본의 자금력, 규모, 기술은 열세였다. 외세가 장악한 조정은 외압으로부터 중국 자본을 보호하고 발전시킬 능력을 상실한 상태였다. 따라서 신정으로 양성된 신지식층과 신흥 민족자본가층은 입헌을 통해 정치에 직접 참여하고자 하였는데, 이들을 입헌파라고 부른다. 신지식층은 진부한 교육내용이나 봉건적 관리에 반발하여 점차 입헌사상이나 혁명사상으로 관심을

22 청조 말의 신정에 대해서는 박원호 옮김(1999), pp. 60~61 참조.

돌리게 되었다.

전국에 만연하는 농민과 도시 빈민층의 시위, 신지식인과 신흥 민족자본가층의 새로운 사회를 향한 열망은 신해혁명을 위한 토양이 되었다. 1900년 의화단사건 이후 유럽 열강에 대한 청의 의존도는 극에 달하였는데, 청 조정은 철도를 국유화하여 이를 담보로 열강으로부터 차관을 빌려 재정난을 타개할 정도였다. 이 계획은 광범한 대중의 반발에 직면하였는데, 조정은 대중들의 반대운동을 토벌작전으로 대응하였다. 반대운동 측에 선 사람들 중에서 혁명파는 조정의 토벌을 기화로 같은 해 10월 10일 후베이 우창(武昌)에서 봉기하였고, 쑨원은 의화단사건으로 청조가 어려움에 처한 틈을 타 수천 명을 동원하여 광둥 훼이저우(惠州)에서 거병하였다. 첫 번째 거병은 실패하였으나 이 운동은 혁명 분위기를 고조시키는 도화선이었다. 쑨원, 숭자오런(宋教仁) 등이 주도한 이 운동은, 청조를 타도하고 백성의 나라를 수립하려는 최초의 공화제 혁명운동이었다.

1910년에 시작된 신해혁명은 1912년 1월 1일 마침내 국민당을 창당하고 1912년부터 중화민국(中華民國)의 출발을 선언함으로써 자유주의적 민족자본가 혁명이 일단은 성공하였다. 그러나 곧 위안스카이의 기만술로 신해혁명의 중심 세력은 해산될 운명에 처하고 쑨원은 일본으로 망명함으로써 1차 시도는 좌절되었다. 망명 생활 뒤 쑨원은 1919년 9월 귀국하여 변질된 국민당을 '중국국민당'으로 개명한 뒤 다시 혁명을 시도하였다. 쑨원의 국민당은 국내의 정치기반이 취약하였기 때문에 불가피하게 다양한 세력을 끌어안아야 하였다. 그런데 이 점은 국민당 내부의 갈등을 불렀고, 여기에 재정난이 겹치면서 조정이 총리대신으로 임명한 위안스카이와 타협할 수밖에 없었다. 타협의 결과 구성된 정권의 내부는 취약하였는데, 영국 같은 열강의 지지를 업은 위안스카이는 청조를 등지고 임시 대총통에 취임하는 역주행을 하였다.

이렇게 해서 신해혁명 주도 세력이 꿈꾸던 아래로부터의 민족자본가 근대화 시도는 좌절 위기에 직면하였다. 신해혁명 세력은 외자의 도움을 받아 경제 기반을 건설하고 여기에 신흥 민족자본가들의 활동을 장려하는 형태의 근대화를 이루고자 하였다. 다시 말해, 신해혁명 세력은 외자와 민족자본을 결합한 형태의 경제근대화를 지향하였다. 쑨원이 이끈 국민당은 최초의 공화제 정부를 세웠으나 정부는 기반시설 건설, 기업활동 장려와 지원 등에서 매우 강력히 개입하였다.

양무운동과 무술변법은 지배층이 주도한 위로부터의 근대화 시도였으며 전제군주제에 대한 집착에서 벗어나지 못하였을 뿐 아니라 정치 체제나 제도 개혁까지 생각하지 못하는 태생적 한계를 보였다. 이에 비해 신해혁명은 공화제를 표방한 아래로부터의 근대화 시도라는 큰 의미를 가진다. 그러나 신해혁명 세력은 내적인 역량 부족, 쑨원의 요절(1925)로 구현되기 어려웠다. 혁명파와 위안스카이의 불안정한 동거로 인해 신해혁명의 근대화 구상은 한동안 위안스카이의 황제 등극(1912~1916)이라는 반동적 야심, 군벌의 할거에 묻혔고, 그 이후에는 장제스의 쿠데타(1927)로 인한 국민당의 변질로 구현되기 어려웠다.

3. 민족자본가 근대화의 좌절과 사회주의 세력의 현대화 실험

중국 사회 내에서 여러 근대화 시도가 경쟁하고 도태되는 가운데서도 외세의 압력과 이권침탈은 그치지 않았다. 열강 세력의 침투에 직면하여 지배층에서는 양무운동, 무술변법 같은 위로부터의 변혁운동을 시도하였고, 신해혁명 같은 아래로부터의 변혁운동도 출현하였다. 양무운동과 무술변법운동은 군주제에 대한 집착, 뿌리 깊은 인습과 기득권에 안주하려는 태생적 한계로 인해 경제근대화의 길을 열 수 없었다. 신해혁명은 이전과는 다른 근대화를 추구하였으나 견고한 지배 세력의 성을 허물고 중국 사회를 경제근대화의 길로 유인하기에는 역부족이었다. 이처럼 위로부터의 근대화 시도와 아래로부터의 근대화 시도 모두 명백한 한계를 드러내면서 적절한 근대화 모형을 찾지 못하는 사이 열강의 압력과 침탈의 강도는 높아갔다. 신해혁명 같은 이전의 어떤 시도보다도 새롭고 혁신적인 근대화 시도조차도 대세를 형성하지 못한 채 19세기 말부터 열강의 각축장이자 영토분할 대상으로 전락한 중국 사회는 그대로 새로운 세기를 맞아야 하였다.

반식민지 상태의 중국 경제는 신해혁명 전야 공황 상태로 빠져들었는데, 1909년부터 1911년까지 경제 상황은 매우 심각하였다. 19세기 중기를 넘어서면서 반식민지 중국의 근대공업에 많은 변화가 발생하였다. 중국계 공장의 생산 비중은 1903년 11.3%에서 1908년에는 24%로 증가한 반면 외국 면사(수입과 중국 내 생산 포함)의 비중은 88.7%에서 76%로 축소되었다. 그런데 이 수치는 이후 곧바로 달라졌다. 1913년 중국 면사의 점유율은 11%로 감소하였는데, 이는 면방직업이 국내 시장에서 열세에 놓임은 물론 열강 자본의 중국 시장 분할이 빠르게 진행되었기 때문이다. 더욱이 중국 기업이 생산한 상품에는 이금(釐金)이라고 부르는 통과세가 부과되어 가격경쟁력을 약화시켰다. 이금제도는 신해혁명 이후에도 철폐되지 않았고, 군벌 할거하에서는 더욱더 맹위를 떨쳤다. 반식민지적 근대화는 일부 도시를 중심으로 매우 빠르게 진행되었는데, 세계적 항구도시로 변모한 상하이의 인구는 1910년에 129만 명에서 1915년에는 거

의 두 배인 200만 명으로 급증할 정도였다.[23]

19세기 말에서 20세기 초로 접어들면서 중국은 영국, 프랑스, 독일, 러시아 같은 서양 열강과 동아시아의 신흥 열강인 일본의 이권다툼 현장이 되었다. 열강 간의 이권 확보를 위한 합종연횡과 식민지 건설 경쟁은 결국 독일과 영국을 두 축으로 하는 3국동맹과 3국협상[24] 간의 갈등을 낳았고, 열강 간의 대립은 급기야 제1차 세계대전(1914~1918)으로 폭발하였다. 3국동맹과 3국협상이라는 두 교전국가 집단은 경쟁적으로 세계의 대부분을 식민지나 종속국으로 조직하였다. 또한 이 국가들은 19세기 말 이래 중화학공업이라는 제2차 산업혁명을 바탕으로 군비를 증강하였다.

20세기 초에 발발한 제1차 세계대전의 경제사적 이해는 당시 중국의 정치경제 상황을 이해하는 데도 매우 중요하다.[25] 주요 열강들이 중화학공업화 대열에 합류하면서 경공업에 기초한 영국의 독점적인 지위는 점차 약화되었고, 식민지 쟁탈을 향한 영국 등 구자본주의 세력과 독일 같은 신흥열강 간의 갈등은 심화되었다. 독일처럼 뒤늦게 열강 대열에 합류한 나라는 해외시장과 식민지 경영 측면에서 열세에 있었다. 구세력과 신흥 세력 간의 대립 근저에는 신·구 자본주의 세력 간의 산업구조 차이로 인한 갈등이 자리 잡고 있었다.

---

23 김태승 옮김(1996), p. 74.

24 유럽 열강들은 독일-오스트리아-헝가리를 중심으로 한 3국동맹, 영국-프랑스-러시아를 주축으로 한 3국협상으로 대립각을 세우고 있었다. 1914년 오스트리아가 보스니아와 헤르체고비나를 병합하자 배후에 있던 세르비아에는 반오스트리아 분위기가 고조되었다. 오스트리아 황태자가 보스니아에 육군 훈련을 참관하기 위해 방문하였을 당시 세르비아 민족주의자가 황태자를 암살하였는데, 이 사건이 제1차 세계대전의 시발점이었다. 이렇게 되자 오스트리아가 세르비아에 선전포고를 하고, 러시아가 오스트리아에 선전포고를 하였다. 독일은 러시아와 프랑스에 선전포고를 하였고, 영국이 독일에 선전포고를 하면서 유럽 주요국들은 짧은 시간 안에 전쟁의 소용돌이 속으로 빨려 들어갔다. 뒤에 이탈리아가 독일이 주도한 3국동맹을 지원하고, 미국이 실질적으로 3국연합을 지원하면서 5년 동안 6,500만 명이 동원되고 850만 명이 전사하였는데, 전쟁은 5년 만인 1918년에야 종결되었다.

25 제1차 세계대전 전후의 국제정치경제 상황에 대해서는 신서원 편집부 옮김(1990), pp. 224~226을 주로 참조하였다.

신·구 자본주의 세력 간의 대립이 격화되면서 1873년의 세계공황을 기점으로 1895년까지 세계자본주의는 장기불황에 빠졌는데, 장기불황은 20세기형 자본주의로의 전환점이었다. 당시 경공업인 방적-방직업을 축으로 한 19세기형 산업구조는 철강, 화학, 경금속, 석유, 전기 등 중화학을 중심으로 한 20세기형 산업구조로 빠르게 전환되었고, 석탄 대신 석유와 전기가 새로운 에너지원으로 부상하면서 신흥공업화를 지원하였다. 중화학공업은 영국, 프랑스형 자본주의보다 전통적 속박으로부터 자유로운 미국이나 독일에서 더 급성장하였다. 이렇게 되자 경공업 중심의 영국형 자본주의는 번영기를 마감하고 세계경제 중심에서 물러날 운명에 처하였다. 미국과 독일, 그리고 일본 자본주의는 영국의 영향력을 대체하면서 점차 자본주의 중심으로 부상해 갔다. 중화학공업은 초기부터 거대한 자본과 고정설비 투자가 필요하기 때문에 대규모 자본을 모을 수 있는 주식회사 형태와 함께 성장하였는데, 자본의 집중은 자연스럽게 독점이나 과점을 낳았다. 이 시기에는 독점자본주의가 대세를 이루면서 대불황과 함께 농업위기가 유럽을 엄습하였다. 광대한 영토를 가진 미국의 잉여농산물이 유럽으로 밀려들면서 유럽 농업은 전반적으로 불황에 빠졌고, 이를 계기로 유럽 농업은 소맥 중심의 주곡 농업에서 축산, 과수, 야채 등 밀도 높은 복합농업으로 전환되었다. 그리고 장기불황은 결국 자본주의 국가들 사이의 대립을 고조시킴으로써 제국주의 시대를 심화시켰다.

동아시아로 눈을 돌려 보면, 제1차 세계대전 무렵 일본은 아시아에서 유일한 열강으로 발돋움하였고, 유럽 열강들은 갈등과 대립으로 동쪽에 신경을 쓰기 어려웠다. 일본은 중국에 구축된 유럽 열강 간의 기존 질서를 재편하고 일본의 영향력을 확대하고자 하였다. 대전 중 일본은 1914년 8월 신속하게 영국으로부터 산둥 자오저우만에 대한 이권을 승인받았다. 일본은 산둥을 점령한 뒤 21개조의 요구사항을 강요하고 친일세력을 지원하는 등 계속 중국으로 진출해 들어갔다. 일본의 적극적인 중국 진출은 대전 종료 후 열강 간 갈등의 요인이 되었고, 이 갈등은 미국이 주도한 워싱턴회의에서 조정되었다. 열강의 세력권 확대 경쟁 속에는 이권 분할, 경제적 세력권 확대라는 제국주의 국가들의 목적이 자리 잡고 있었다. 워싱턴회의는 군벌 연합정부인 베이징 정부(봉천파와 직예군벌의 연합) 대표단의 참석은 허락한 반면 새로운 세력인 광둥군 정부(신해혁명을 계기로 형성된 혁명 세력)의 참석은 거부하였다. 왜냐하면 열강 입장에서 볼 때 군벌 체제가 자신들의 중국 내 이권을 확보하고 유지하는 데 유리하다고 판단하였기 때문이다.

분열국가나 마찬가지인 군벌 할거 체제로 인한 베이징 정부의 재정위기, 여기에 더해서 거시적 경제정책의 결여는 한편으로는 열강의 간섭, 다른 한편으로는 민족자본가의 결집을 동시에 유인하였다. 그리고 열강의 중국 분할 경쟁은 필연적으로 각국의 대리인인 군벌 간의 경쟁과 전쟁을 유발하였다. 중국은 내적으로 군벌 간의 복잡한 이해관계 함수와 열강 간에 얽힌 이권경쟁으로 정상적인 국가의 모습을 유지하기 어려웠다. 이 시기 중국 경제는 대략 식민지 경제, 매판 북양관료 경제, 민족자본가 경제 등 3층 구조로 구성되어 있었고, 각 층은 각자의 이해관계에 따라 정치적 색깔과 열강에 대한 입장도 각기 달랐다.

중국이 열강에 의해 분할되어 가는 가운데 중국에서는 러시아혁명(1917)[26]

26 1917년 11월(구력 10월) 러시아에서 발생한 프롤레타리아혁명을 가리키기도 하지만, 1905년의 제1차 러시아 혁명과 1917년의 3월혁명(구력 2월)을 포함한 사회변혁 혁명 모두를 지칭하기도 한다. 1905~1907년의 혁명을 소련에서는 제1차 러시아혁명, 1917년 3월(구력 2월)을 2월혁명, 같은 해 11월(구력 10월)의 혁명을 10월혁명이라고 부른다. 혁명 발생 시기가 두 가지로 기록된 이유는 혁명 전 러시아에서는 16세기까지 유럽의 율리우스력을 사용하였고, 혁명 이후부터는 태양력(그레고리력)을 사용하였기 때문이다. 율리우스력은 그레고리력보다 13일이 늦다.

에 자극받아 열강의 진입과 이권침탈에 대항하는 대중들의 민족주의 운동이 일어났는데, 5.4 신문화운동(1919), 노동자-농민운동 같은 다수 대중이 참여하는 운동이 대표적이다. 거대한 대중운동의 힘은 5.4운동에서 본격적으로 분출되었다. 북양군벌의 재정위기는 열강의 간섭과 민족자본가를 결집시켰고, 이와 동시에 전국적인 민족운동도 시작되었는데, 이것이 바로 5.4 신문화운동이다. 이처럼 중국 내에서 새로운 아래로부터의 근대화 운동이 큰 세력을 형성해 가는 사이 구미 세계에도 변화가 있었다. 제1차 세계대전이 종결된 뒤 1920년 봄 구미는 전후 공황에 직면하였는데, 열강은 식민지 재진출을 통해 공황을 타개하고자 하였다. 전후에 열강의 식민지 경영 강화와 이권침탈의 시대가 재개된 것이다. 이에 따라 중국 내에서도 열강 세력 및 식민지 기업가에 대한 노동자와 농민들의 반감이 고조되었고, 이는 민족대립으로 발전하였다. '반제-반군벌', '민주와 과학'을 내세운 5.4운동은 노동자, 농민운동과 결합되면서 전국 차원의 민족운동으로 승화되었다. 경제적으로 볼 때 5.4운동 시기 서구 세계의 장기적 경제 공황은 중국 물품의 수출 감소와 외국 제품의 수입 증가로 이어져 중국에게는 무역적자를 가져왔다. 반식민지 상태에서나마 중국의 생사(生絲), 차, 도자기 등에 대한 유럽의 수요에 힘입어 중국은 흑자를 보았는데, 구미의 불황을 맞아 적자로 수지가 전환된 것이다.

혁명세력, 민족자본가, 노동자-농민의 변화를 향한 에너지는 점차 반제국-반군벌이라는 목표를 향해 결집하였다. 중국 내에서 쑨원을 대표로 한 공화주의자들과 반제-반군벌을 외친 5.4운동에 의해 결집된 국민혁명운동 진영이 본격적인 정치 세력으로 자리를 잡고, 중국 경제가 유럽과의 교역에서 적자를 누적해 갈 즈음, 중국에는 이전과 전혀 다른 이념을 신봉하는 정치 세력이 등장하였다. 이때까지만 해도 중국 사회를 근본적으로 개혁하기 위한 극약

처방이라 할 수 있는 사회주의 사상에 심취한 지식인들의 움직임은 주목을 받지 못하였다. 일찍이 일본, 유럽, 소련 등에 유학하면서 새로운 사상을 흡수한 지식인이나 국내에서 번역서를 읽고 사회주의 이념에 관심을 갖게 된 지식인들이 여러 방향으로부터 사회주의 혁명과 사회주의식 근대화 대열에 합류하기 시작하였고, 열강 세력과 국내 지배층에게 핍박받던 도시 노동자와 궁핍으로 내몰린 농민들이 이에 동조하였다. 아직은 힘이 미약하였지만 이들은 1921년 상하이에서 중국공산당을 결성함으로써 분명한 실체로 등장하였다. 1919년에 수립된 중국국민당은 활발하게 국민혁명운동을 벌였으나 1925년 쑨원이 사망하면서 좌우 대립이 격화된 후 장제스의 반공쿠데타를 거쳐 난징 정부로 마무리되었다. 다수의 군벌이 할거하는 중에도 중국을 대표하는 정치세력은 장제스 국민당이었다. 사회주의 세력의 사상과 전략은 새롭고 획기적인 것이기는 하였으나 장제스가 국민당을 장악하고 반공에 진력하면서 공산당 토벌에 나서기까지 특별히 주목받지는 못하였다.

저변에서 사회주의 혁명이 준비되고 있을 무렵, 1925년 북양 군벌에 대항해서 광둥에 수립한 국민혁명 정부의 지도자 쑨원이 사망하였다. 이렇게 되자 '광둥모형'이라고도 불리던 쑨원이 제기한 삼민주의(三民主義: 민족, 민권, 민생) 사상에 근거한 근대화 시도는 위기를 맞았다. 삼민주의는 경작자에게 토지를 주고, 소작료를 크게 낮추어 주는 등 현실과 밀착된 정책에 관심을 두었다. 쑨원 국민당이 지배하던 시기에 정부는 주도적으로 기반시설을 건설하고 산업화를 이끌었다. 쑨원은 공산주의자는 아니었지만 효율성, 잔인할 정도의 집중력, 낙후된 국가를 부강하게 만들겠다는 약속 등을 이행하기 위해 소련과도 적극적으로 협력하였다. 또한 그는 강한 국가를 만들기 위해 소련식 공산주의가 말하는 사회적 메시지에도 강한 호감을 가졌기 때문에 국가의 개입이 강력하였다. 1920년 쑨원이 이끈 새로운 국민당은 분명히 이전보다 훨씬 중앙집권적이고 군사화된 조직이었다. 그의 지지자들은 쑨원을 당의 종신 총재이자 임시 대총통으로 인식하였고, 국민당의 이념은 그의 삼민주의 원칙에 따라 구성되었다.[27]

삼민주의 철학에 기반을 두고 민족자본가와 외자에 의존한 경제근대화를 지향한 쑨원의 근대화 구상과 시도는 농민층의 정치적 활성화를 촉진하기도 하였지만, 다른 한편으로 구세력인 지주층의 저항을 부르기도 하였다. 쑨원이 사망하면서 그의 공화제를 정체로 하고 외국 자본과 민족자본가를 결합시킨 경제근대화 구상의 실질은 빠진 채 장제스의 국민당으로 계승되었고, 장제스는 적어도 표면적으로 쑨원이 제창한 근대화 모형을 구현하고자 하였다.

장제스는 쑨원이 사망한 뒤 국민당을 장악하고 난징에서 국민당 정부의 수립을 선포하였다. 그는 일본의 침략, 소련의 계획경제 실행, 공산당 세력의 확산, 그리고 세계대공황을 빌미로 반공쿠데타를 도모하였던 것이다. 실권을 장악한 장제스는 쑨원 시기 국민혁명 세력을 배신하고 열강(처음에는 일본, 뒤에는 미국), 그리고 금융을 지배하던 저장(浙江) 자본가[28] 및 지주 세력을 포용하면서 이들 중심의 근대화의 길을 택하였다. 장제스 국민당하에서는 공화제 혁명의 정신은 퇴색되고 강력한 권위주의 정부가 지도하고 열강의 지원 위에, 매판, 금융자본가, 지주층을 중심으로 한 근대화를 추진하였다. 이처럼 퇴영적인 성격을 보인 장제스 국민당은 인구 대다수를 점하던 농민과 도시 노동자 계층[29]의 변화에 대한 열망을 무시하고 탄압하였다. 장제스는 정치 행태와 경제

27 문명기 옮김(2014), p. 165.

28 장제스를 지원하던 저장 금융자본은 전장(錢庄)이라는 전통 시대의 은행을 통해 자본을 축적하였다. 전장은 세계대전 시기부터 전후 시기에 걸쳐 더욱 빠르게 발전해서 상하이에 1912년 28개소에서 1926년에는 87개소로 증가하였다. 中國人民銀行上海市分行 編(1978), p. 188.

구조를 또 다시 전통적인 모습으로 회귀시켰고, 난징 정부의 통치는 철저한 감시와 통제, 관료의 무사안일, 부정부패의 만연으로 점철되었다. 결국 대다수 대중들은 난징 정부를 철저히 외면하였다. 장제스 국민당의 경제근대화는 열강-지주-금융자본가 중심의 공업화라고 부를 수 있는데, 그 실질은 고위 부패관료들에 의해 주요 산업이 장악되는 관료독점 자본주의적 성격이 강하다는 평가를 받는다.

이제 이 시기 중국의 경제 상황과 시도된 근대화 모형을 좀 더 구체적으로 들여다보자.[30] 1912년 신해혁명에 의해 청조가 붕괴할 때 중국에는 근대적 산업 부문이 가동되기 시작하였다. 이 무렵 개인 또는 반관반민 기업가들이 대략 500개의 근대적 공장을 설립하였다. 제1차 세계대전 발발 이후 유럽 자본가들은 수출을 위한 생산을 중지하고 전쟁 수요에 부응하는 데 집중하였다. 중국을 대상으로 한 일본의 면사 수출이 1914년부터 1919년까지 65%나 감소하였고 경쟁 상대였던 외국 기업은 사실상 거의 사라졌다. 이와 동시에 전략물자(주석, 안티몬, 텅스텐), 비단, 양모, 계란 제품 등 중국 제품에 대한 유럽의 수요가 급증하였다. 1918~1919년 해상 수송비는 전쟁 전보다 10배에서 20배 가까이 상승함으로써 중국에 도착한 외국 수입품 값은 매우 비쌌다. 전쟁이 끝난 뒤 2~3년 동안 서방 국가들은 재건을 위해 중국에서 대량의 원자재와 반제품을 수입하였고, 5.4운동을 기점으로 1920년대에는 중국 내에서 외국 상품에 대한 불매운동이 고조되었다. 중국의 기업가들은 전쟁기간과 전후 일정 기간 동안 호경기를 맞았으나, 전쟁으로 인해 서양으로부터 설비를 수입할 수 없었기 때문에 이점

29 제1차 세계대전기를 거치면서 중국의 도시 노동자 수는 200만 명을 넘게 되었는데, 노동자의 급증은 농민적 특성을 지닌 노동자층을 출현시켰다. 김태승 옮김(1996), p. 97.

30 이승휘 옮김(2002), pp. 241~251 참조.

을 충분히 향유하지는 못하고 1920~1922년 무렵에야 산업설비를 급격히 늘릴 수 있었다. 중국 산업의 황금기이기도 한 1914년부터 1922년까지 산업이 제한적이지만 성숙하게 된 이유는, 먼저 면제품 수입이 감소한 반면 생산재 수입이 증가하였고, 다음으로 산업발전이 관료나 매판이 아닌 개인 기업가에 의해 이루어졌기 때문이다. 다시 말해, 중화민국 초기인 이 시기에는 정부의 무능 때문에 관료의 경제에 대한 간섭이 완화되었고, 이에 힘입어 민간 경제가 활성화된 것이다.[31]

그런데 민국 시기의 산업호황은 1922년 말 불황으로 끝났다. 1921~1922년 연이은 면화 흉작으로 원면이 크게 부족하였고, 원면의 국제가격이 상승하였으며, 국제 은 가격이 하락함으로써 중국 은원의 가치가 하락하였다. 그 주요 이유는 유럽이나 미국이 종전 후 군수산업에서 일반산업으로 전환을 마무리하고 국제시장에 다시 등장하였기 때문이다. 이 위기는 곧 회복되었는데, 1925년 면화의 대풍으로 원면 가격이 하락하고 외국 상품 불매운동이 고조되면서 중국 제품에 대한 수요가 증가하였기 때문이다.

민국 시기에 속하는 1912~1925년은 반식민지 상태이기는 하였지만 민족공업의 진흥 시기이기도 하였다. 제1차 세계대전으로 유럽 열강들이 세력다툼에 골몰하던 시기는 중국에게 기회였다. 서양 열강을 대신해서 중국에 진입한 일본 경제의 영향력이 강화되면서 일본 공장이 빠르게 진출하였을 뿐만 아니라 일본의 방적기계를 도입한 민족공업도 함께 활발히 창업되었다. 물론 1923년에 잠시 공황을 경험하고 1927년에 장제스의 쿠데타 같은 정치적 격변이 있기는 하였으나, 이 시기는 민족공업이 가장 활발하게 발전하던 시기였다.[32]

---

31 M. Elvin(1972), p. 137.
32 신일섭 옮김(1999), p. 114.

산업에 대한 정부의 역할은 1927년 난징 정부가 성립된 뒤 새로운 시기를 맞았다. 장제스 정부는 쑨원의 사상에 따라 경제근대화를 추진하고자 하였다. 1931~1936년까지 중국의 산업은 연평균 6.7% 속도로 성장하였는데,[33] 경제성장은 난징 정부의 관세자주권 회복, 이금 폐지, 제도개혁에 힘입은 바가 없지 않지만,[34] 이 정책들은 사실 산업발전에 크게 공헌하지는 못하였다. 이금 폐지는 이후 곧 특별소비세로 대체되어 산업발전을 억압하였다. 난징 정부의 일차적인 관심은 경제발전보다 대규모 차관을 도입해서 군수산업을 이룩하는 데 있었다.

1930년대 중국은 은행대출액 중 40%가 정부 차입이었으며, 산업을 위한 대출은 18~20%의 고리를 부담해야만 하였기 때문에 산업활동은 사실상 모험적인 투기였다.[35] 특히 농촌 지역에서 지지받지 못한 국민당 정부는 1928년 토지세 수입을 지방정부에 양도하고 중앙은 과세가 쉬운 상공업에서 세금을 징수하였다. 국민당 정부의 세수 대부분은 관세, 염세, 그리고 담배, 밀가루, 면사, 성냥, 시멘트, 술 같은 일용품의 원산지에 부과하는 이른바 통세(統稅) 등 간접세로 충당하였다. 세금이 과중하였기 때문에 기업가들이 파산하는 경우도 많았다.[36] 반면에 외국계 기업은 정치적 영향력 덕분에 과중한 세금에서 벗어날 수 있었다. 따라서 1930년대 산업의 성장은 국민당 정부의 '산업진흥정책'에 힘입은 것이라고 해석하는 데는 무리가 있다. 사실 1912~1937년까지 산업생산은 꾸준히 성장하였으나 근대화가 이루어진 것은 전기, 철도, 무역 등 정책과 관계없이 이미 기반이 닦여 있는 부분이었다. 당시 장제스 정부의 경제

33 이승휘 옮김(2002), p. 243.
34 John Chang(1967), pp. 80~81.
35 Frank M. Tamagna(1942), p. 212.
36 이승휘 옮김(2002), p. 244.

담당 관료들은 계획경제에 관심이 있었기 때문에 모든 산업을 정부의 통제하에 두려고 하였는데, 국영 부문이 경제의 거의 절반을 점할 정도였다. 장제스 국민당 정부의 국가자원위원회가 〈산업진흥 3개년 계획〉을 추진하기도 하였지만 일본과의 전쟁으로 무산되었다.[37]

제1차 세계대전 전후 시기 자본주의 열강은 자동차 산업의 발달과 더불어 중화학공업을 중심 축으로 하는 산업재편 작업을 거의 완료하여 1925~1929년에는 양차 대전 사이 전간기 동안 번영기를 구가하고 있었다. 동아시아의 신흥열강 일본도 제1차 세계대전으로 유럽 열강이 전쟁에 골몰하고 있는 틈을 이용해서 동아시아 지역에 영향력을 확대하는 데 성공하였다. 이 시기에 두드러진 점은 미국 자본주의 위상의 급상승이다. 그러나 제1차 세계대전 이후 몇 년간의 호황기 뒤에 미국에서 시작된 대공황(1929년)의 영향은 각국으로 파급되어 갔다. 미국발 대공황은 각국 경제의 혼란을 야기하였고, 국제적으로 금본위 체제를 무너뜨렸다.

대공황으로부터의 탈출이라는 당면 과제를 두고 각국에서는 정치위기가 발생하기도 하였는데, 이때 나치즘이나 일본 군국주의가 출현하였다. 미국 루스벨트의 뉴딜 체제도 대공황을 계기로 고안되고 시행되었다. 대공황을 계기로 각국은 국가가 금융재정정책을 통해 경제에 직·간접적으로 개입함으로써 고전적 자유자본주의 시대는 막을 내리고 수정자본주의 또는 국가자본주의 단계로 진입하였다. 이처럼 서양 열강이 공황 탈출에 집중함으로써 식민지 간섭의 끈이 느슨할 때 중국에서는 은값이 하락하고 인플레가 일어났다. 이렇게 되자 생산이 활성화되어 한동안 호황을 누리기도 하였지만, 곧 무역이 감소하

37 이승휘 옮김(2002), p. 245.

고 물가가 하락하면서 농촌경제는 심각한 타격을 입었고 1931년 말부터 중국 경제에는 디플레이션 조짐까지 나타났다.

이 무렵 중국에 진출한 일본을 포함한 열강은 영토를 분할하고 이권을 챙겼으며, 난징 국민당 정권은 외세와 영합하여 구시대의 정치 행태와 국가가 이끄는 경제운영 방식을 고집하였다. 그 사이 공산당은 중국 내 다수 농민과 노동자 계층에 호소하면서 빠르게 세력을 넓혀 갔는데, 공산당 세력도 국민당의 토벌을 피해 이동하면서 새로운 근대화 모형을 실험하였다. 1927년 10월 이후 마오쩌둥이 수립한 농촌 혁명 근거지는 토지개혁, 무장투쟁, 근거지 건설 세 방면의 정책을 기반으로 형성되었다.[38] 장시(江西)의 루이진(瑞金) 정부 주석에 취임한 마오는 1934년 10월 국민당군의 포위공격을 피해 장정(長征)에 오를 때까지 중공 중앙의 정치노선과 일정한 거리를 두면서 농촌 지역에서 상당한 성과를 거두었다. 루이진 정부는 토지개혁과 협동조합화, 자본주의 상공업에 대한 배려, 독립된 재정금융제도 등을 통하여 1927~1929년 동안 루이진 모형을 실험하였다. 이들은 농촌정책의 중요성을 일깨웠는데, 공산당의 시도는 가난, 착취, 주구(誅求)에 시달리던 농민들에게 큰 호소력이 있었다. 마오는 루이진에서 사회주의적 농촌 근대화 이상을 구현하고자 하였는데, 당시에는 중소지주 같은 중간 세력을 모두 부정하였다.

날로 세력을 확대하면서 새로운 사회주의 공동체 운동을 추진 중이던 공산당 세력에 대해서 국민당은 네 차례에 걸쳐 대규모 토벌작전을 감행하였으나 모두 실패하였다. 국민당은 1934년부터 오지에 국방을 위한 중공업화를 제창하고 1936년부터 건설작업에 착수함으로써 공산당에 대응하고자 하였으나

38 공산당의 혁명 근거지 경제에 대해서는 趙效民 主編(1983) 참조.

통하지 않았다. 국민당 정부는 중앙집권화를 강화하고 공산당 토벌 전쟁을 치루기 위해 재정이 필요하였는데, 이 문제를 해결하는 과정에서 군벌이 몰락하고 농민들은 국민당에 등을 돌렸다.

1937년 루거우차오(蘆溝橋) 사건[39]을 기화로 일본이 동아시아 지역의 식민지화에 본격적으로 나서면서 국민당과 공산당 두 세력은 모두 항일전쟁에 돌입해야 하였다. 중국은 청일전쟁이 종결된 뒤 42년 만인 1937년에 또 다시 제국주의 일본과 격렬한 전쟁(항일전쟁)을 시작하였다. 항일전쟁 시기(1937~1945) 국민당과 공산당은 대립하면서 항일을 위해 타협(國共合作)하고,[40] 타협하면서 정권을 놓고 서로가 경쟁하였는데, 그 사이 공산당은 매우 빠른 속도로 지지 세력과 영역을 확대해 갔다. 국민당에게 쫓기던 공산당은 25,000리에 달하는 장정을 마무리할 무렵 1935년 서북해방구인 옌안(延安) 정권을 수립하고 옌안모형으로도 불리는 새로운 근대화 모형을 제시하였다. 주로 농촌사회를 변혁시키기 위해 고안된 옌안 모형은 농촌의 집단생산을 강조하였는데, 항일과 내전을 수행한 항일 근거지 경제를 건설하고자 하였다. 이를 위해 취약한 경제 기반을 고려하여 루이진 모형과 달리 중간 세력을 포용하는 전략적 선택을 하였다.

---

39 1937년 7월 7일 중일전쟁의 발단이 된 양국 군대의 충돌 사건이다. 루거우차오는 베이징 남서쪽 교외의 융딩하(永定河)를 가로지르는 교량으로 여기에는 장쉐량 휘하 쑹저위안이 이끄는 제29군의 일부가 주둔해 있었다. 7월 7일 밤 펑타이(豐台)에 주둔한 일본군 일부가 이 부근에서 야간연습을 하던 중 몇 발의 총소리 후 사병 한 명이 행방불명되었다. 사병은 용변 중이어서 20분 후에 대열에 복귀하였으나, 일본은 중국군 측으로부터 사격을 받았다는 구실로 펑타이에 있는 보병연대 주력군을 출동시켜 중국군을 공격하여 8일 루거우차오를 점령하고 중국군은 우안으로 이동하였다. 총소리가 일본군의 모략에서 나온 것인지, 중국의 항일세력에 의한 것인지는 불명확하지만, 7월 11일에는 중국 측의 양보로 협정을 맺어 사건은 일단락되었다. 그러나 일본 정부는 이를 중국 침략의 기회로 삼아 군대를 증파하여 28일 베이징, 톈진에 대한 총공격을 개시하였고 12월 13일 난징대학살을 자행하였다. 결국 루거우차오 사건을 기화로 국지전은 전면전쟁으로 확대되어 중일전쟁이 발발하였다. 중국 측에서는 이 사건을 계기로 제2차 국공합작이 이루어졌으며, 중국 내 항일의식도 높아졌다.

40 공산당과 국민당은 정권을 두고 치열하게 경쟁하면서도 두 차례 협력하였다. 군벌 타도를 위한 제1차 국공합작은 1924~1927년까지 4년간 이루어졌고, 항일전쟁을 위한 제2차 국공합작은 1937~1945년까지 9년간 이루어졌다.

표 5-2 1936년 중국의 공산품 생산량과 주요 국가와의 비교

구분	단위	중국의 생산량	각국의 생산량(중국의 배수)		
			소련	미국	영국
전력	억kwh	37.95	10	39	6
석탄	백만 톤	39.65	3	12	5
선철	만 톤	81.00*	18	39	10
강(鋼)	만 톤	41.43	39	117	29
면포	억m	34.58	0.99	2.3	0.96

주: 『我國的國民經濟建設和人民生活』, p. 5; 양필승·윤정분 옮김(1997), p. 54에서 인용.

1921년에 창당하여 급속도로 농민과 노동자 및 지식층을 파고든 공산당 세력은 1945년 4월에는 약 9,950만 명을 보유하는 세력이 되었고, 1947년 6월 중소도시 417개를 포함하여 전국 도시 수 2,009개 중 21%를 장악함으로써 1억 3,000만 명의 인구를 보유한 정치 세력으로 부상하였다.[41] 국민당 정부는 경제 상황의 악화와 관료자본에 대한 비난에 대응하여 통화개혁을 시도하고, 국영 독점기업을 민간에 공개하는 등 나름대로 개선을 위한 노력을 기울였다. 그러나 이미 이반된 민심을 되돌리고 경제를 회복시킬 능력을 거의 상실한 상황이었다. 장제스 국민당이 중국을 이끌고, 사회주의 세력이 세력을 확대할 무렵인 1936년 중국 공업제품 생산량을 주요 선진국과 비교한 것이 〈표 5-2〉이다. 이 표는 당시 중국 공업생산의 수준이 매우 낮았음을 잘 알려준다.

제2차 세계대전 전후 시기는 중국 내에서는 열강과의 반외세 투쟁뿐 아니라 세력이 커져 가는 공산당 세력과 국민당 정부 간의 치열한 경쟁의 시기이기

41 이 무렵 중국의 인구를 대략 4억 정도로 추산할 때 공산당을 지지하는 인구 비중이 매우 높았음을 알 수 있다.

도 하다. 항일전쟁과 국공내전 속에서도 국민당 정부는 중국 경제를 이끌었고 공산당 세력은 이전까지와는 다른 방식의 사회주의 근대화를 모색하였다.

1937년부터 1945년까지 난징 국민당 정부 통치하의 기업들은 관영, 민영 모두 크게 후퇴하였다.[42] 일본은 중국 근대 산업의 대부분이 입지한 동부 주요 도시를 짧은 시간에 점령하였고, 국민당 정부는 상대적으로 더 낙후된 서부의 내륙 지역으로 피하였다. 전면전쟁이 시작되었을 때 국토의 3/4에 해당하는 내륙 지역에는 중국 전체 공장 중 6% 정도밖에 없었다. 국민당 정부는 전쟁이 장기화될 것을 대비해 병기고, 항공기제작소, 제철소 등 전쟁 관련 산업을 위험을 무릅쓰고 내륙으로 이전하였다. 전쟁 초기 산업 건설 분위기에 힘입어 수많은 공장들이 설립되었으며, 산업생산은 1939년부터 1943년까지 4배 가까이 증가하기도 하였다. 그러나 서부 지역의 산업 기반은 대체로 취약해서 비점령 지구의 산업 총생산량은 1937년 이전의 12% 이하에 머물렀는데, 설상가상으로 1943년부터 위기가 닥쳤다. 일본의 연이은 봉쇄와 공습, 인플레이션, 기계 가동의 문제, 노동력 부족 등으로 인해 1942년부터 1944년 사이에 56%에 달하는 공장이 문을 닫았으며, 1945년 8월 전쟁이 종결되었을 때 국민당 정부의 산업은 빈사 상태나 마찬가지였다.[43]

이처럼 경제 상황이 좋지 않은 중에도 국민당 정부의 상공업은 관료들이 직권을 남용해서 깊이 관여하였고 관료 중에는 직접 기업을 경영해서 사복을 채우는 경우도 많았다. 1936년 말 중국계 기업 중에서 정부 소유는 10% 정도에 불과하였는데, 1944년에는 50%, 1946년에는 70~80%까지 급증하였다.[44] 따라서

---

42 이승휘 옮김(2002), pp. 246~247.
43 이승휘 옮김(2002), p. 246.
44 이승휘 옮김(2002), p. 249.

이 시기 장제스 국민당의 근대화 모형은 국가자본주의 또는 관료자본주의 근대화라고 부를 수 있다.

항일전쟁 시기 동안 국민당 정부가 관리하던 지역의 기업은 중국 전체 산업 기반의 일부에 불과하였다. 일본군이 점령한 지역에서는 그들에 의한 급속한 반식민지 근대화가 추진되었다. 일본은 1937년 7월에 전면전을 개시하면서 중국 본토의 북부와 동부 지역을 점령하였다. 전쟁 초기에는 점령 지역의 산업이 거의 파괴되거나 큰 피해를 입었으나 1939년 무렵에는 회복되었다. 일본의 점령 지역은 시간이 갈수록 확장되었는데, 이 중에서 1931년 일본이 장악한 만주는 표면적으로는 만주국이 통치하는 것으로 되어 있었으나, 사실상 일본군이 산업을 장악하고 있었다. 1937년까지는 만주 경제의 발전 속도가 비교적 느렸으나 이후 소비에트식 계획을 도입하면서 급성장하였는데, 기간산업의 성장률은 연 14%였고, 1931년부터 1945년까지 모두 6.5배 성장하였다. 그 결과 전쟁 말기인 1944~1945년 사이 만주에서는 일본 본토 최고 조강(粗鋼) 생산량의 9.5배를 생산하였고, 발전(發電)은 3.5배, 시멘트는 9.5배를 생산하고 있을 정도였다.[45]

만주 지역에서 일본의 목적은 계획경제를 수립해서 아시아 전역에서 자국의 군사력을 지탱할 관련 산업을 육성하는 데 있었다. 만주 지역은 본국을 위한 원료공급지로서, 본국 제품의 판매시장으로 개발된 다른 식민지 지역과 달리 중공업을 중심으로 발전하였다. 전쟁 초기 상하이에서는 전투로 인해 근대 공장의 52%가 파괴되고, 난징과 우시(無錫) 지역은 64~80%가 파괴되었다.[46] 그러나 일본은 곧바로 이 지역을 본국 선진 산업을 위한 원료공급지, 반가공

45 이승휘 옮김(2002), p. 247.
46 이승휘 옮김(2002), p. 247.

제품 공급기지로 만들기 위해 산업생산 회복 작업에 착수하여 1939년 생산량은 이전의 최고치를 넘어섰다. 전쟁 초기에 파괴되었다가 이후 회복된 사업은 1943년 연합군의 공격이 시작되면서 다시 파괴될 운명에 처하였다. 일본에 의해 동아시아의 주요 산업기지로 개발된 만주는 일본의 패전 이후 최악의 상황을 맞았다. 승전국의 하나였던 소련은 1945년 12월 일본이 남긴 산업시설을 전리품으로 선언하고, 몇 달 사이에 발전기, 동력기, 대형 기계류 등을 자국으로 가져갔다.

전쟁이 끝난 후 국민당 정부는 일본군이 점령하였던 지역을 회복하였으나 일본인이나 친일파들이 경영하던 대규모 산업시설 처리에서 문제가 발생하였다. 대중들의 감정이 좋지 않았기 때문에 몰수하자는 분위기가 높았으나, 정부도 쉽게 결정하기 어려운 상황이었다. 국민당 정부는 중공업과 기간산업만을 소유경영하고 경공업이나 소비재 산업은 민간에 불하해야 하였는데, 몰수한 경공업을 처분하는 데 합리성과 공정성을 기하기는 어려웠다. 여기에 더해서 전후 인플레이션이 악화되어 경제는 혼란에 빠졌고 산업투자는 활기를 잃었다. 당시 국영기업은 정부계 은행에서 월 3%의 저리로 융자를 받았던 데 반해서 민간기업은 월 15%의 고리를 부담해야 할 정도로 차별받았다. 전후 처리 문제를 제대로 해결하지 못한 채 1947년이 되자 난징 국민당 정부는 산업 대부분을 직접 소유하기에 이르렀다. 이처럼 전후 급격히 강화된 국민당 정부의 경제에 대한 개입은 정치적 이슈로 남았는데, 이 상황에서 국공내전은 막바지에 이르렀다. 이 무렵인 1947년 마오쩌둥은 관료자본주의는 봉건주의, 제국주의와 함께 공산주의 혁명의 대상이라고 선언하였다.

마오가 이끈 공산당 세력은 이미 두 차례 근대화 실험을 한 바 있었고, 1945년에는 또 '신민주주의'를 제안하기도 하였다. 1945년 4월에 제기되고 1947

년 12월 마오에 의해 공식 보고된 '신민주주의론'(新民主主義論)에서는 관료자본을 몰수하는 반면 자유자본주의 요소를 발전시킬 필요가 있음을 역설하였다. 마오는 중국이 자본주의가 고도로 발달한 사회가 아니라 반식민지 반봉건 사회이기 때문에 경제와 문화가 낙후된 상태에서 사회주의 혁명이 성공하였다고 판단하였다. 따라서 사회주의로 가기 전에 과도기적 체제가 필요하다고 보고 신민주주의론을 제기한 것이다. 마오가 제기한 '신민주주의론'에서는 자본주의의 소멸이 아니라 민족자본은 용인하고 관료자본을 몰수하자고 주장하였다. 마오가 주창한 신민주주의의 경제구조는 국가경제, 집단화를 지향하는 농업경제, 독립된 상공업자와 중소 자본주의 경제 등 세 부분으로 구성되었다.

신민주주의 경제란 이전에 마오가 고안한 루이진 모형과 옌안 모형이라는 근대화 모형의 한계에 대한 반성에서 나왔다. 루이진 모형은 사회주의적 농촌근대화를 위해 중간 세력을 부정함으로써 혁명과 사회주의 건설 대열에 참여할 세력을 스스로 축소하는 한계가 있었다. 옌안 모형은 농촌혁명 근거지의 경제 건설을 위한 방안으로, 첫째 경제를 발전시켜 해방군의 공급을 보장할 것, 둘째 군대와 인민, 정부와 인민 사이의 적정한 분배를 보장할 것, 셋째 집중적 지도와 분산적 경영을 관철시킬 것, 넷째 생산과 절약을 함께 중시할 것 등을 내세웠다.[47] 옌안 모형은 소규모 사유경제를 기초로 삼아 유격전을 전개하던 농촌 근거지를 무시할 수 없었던 현실을 반영하고 있었다. 옌안 모형이 루이진 모형과 달리 농민, 민족자본가, 중간 세력을 포괄하는 근대화를 지향하였다. 서북 지역에 옌안 정권이 들어서고 신민주의의론이 제기될 무렵, 1948년 8월에는 인민해방군이 동북 지역을 장악하고 도시와 농촌을 결합한 근대화

47 김태승 옮김(1996), p. 167.

시도를 하였다. '동북 모형'이라고도 부르는 이 근대화 모형은 결국 도시 중심의 근대 공업화로 귀결되었으며, 이에 힘입어 동북 지역은 중화인민공화국 통치하에서 중요한 중공업지대로 자리 잡을 수 있었다.

옌안 정권에서 실질적인 지도자 자리를 굳힌 마오는 루이진에서 제3세력을 부정하였던 점이 오류였음을 반성하고 옌안에서는 민족자본을 포용한다는 의미의 연합정부론(聯合政府論)을 내세웠다. 또한 그는 중국 자본주의가 아직은 충분히 발전하지 못하였기 때문에 자본주의적 요소를 발전시킬 필요성이 있음도 인정하였다. 그러나 그의 이러한 반성과 새로운 근대화 모형은 사회주의 정권이 수립되고 1950년대 초 전후 복구작업이 마무리되면서 점차 정부가 사회주의식 개조를 주도하는 방향으로 향하였다. 흥미롭게도 1936년 이후 국민정부의 산업 부문 장악과 관료의 개입은 청말 관독상판 형태의 기업 장악과 운영의 복사판이고, 이 형태는 1950년대 공산당 정권하에서 단행된 사회주의 개조에서 볼 수 있는 국영화 작업에서 재현되었다. 중국 역사 속에서 이러한 현상의 지속은 관료의 상인 경시, 경쟁과 부조화를 싫어하는 유교적 문화, 국가(당)의 우위성에 대한 도전 요소를 정부가 직접 통제하려는 성향 또는 현상으로서, 이는 특수한 정치문화에 뿌리를 두고 있다는 평가를 받는다.[48]

4. 사회주의 공업화의 이상과 현실

1939년에 시작된 제2차 세계대전(1939~1945년)은 1945년에 마무리되었다. 제

48 이승휘 옮김(2002), p. 251.

2차 세계대전이 종료된 뒤 식민지 체제는 전면적으로 붕괴되고 전쟁에서 같은 편이 되어 싸웠던 미국과 소련의 관계는 협력관계에서 대립관계로 전환되었다. 세계에는 미국을 중심으로 한 자본주의권과 소련을 주축으로 한 사회주의권이 대립하는 구도가 형성되었다. 양 진영의 경쟁구도가 정착하면서 경제적으로는 식민지 건설을 통해 구축된 이전의 자본주의 체제가 국내시장 재개발과 선진국끼리의 협력 형태로 변모하였다. 세계 식민지 체제의 해체와 함께 동아시아에서도 일본 세력은 물러갔으나, 중국 내에서는 공동의 적이 사라진 뒤에도 국민당과 공산당의 대결은 최후의 한 판을 남겨놓고 있었다.

국공(國共)내전에서 군사력이나 경제력이 공산당보다 월등하게 우위였던 장제스의 국민당은 공산당에게 철저하게 패하였다. 국민당 정부의 실패 원인은 연이은 내전, 농촌의 파탄, 공업화의 파탄, 과중한 조세, 무능과 부정부패 등에서 찾을 수 있다. 국민당은 일본이 침략해 들어오는 속에서도 항일전쟁뿐 아니라 공산당 토벌에도 진력하였는데, 내전 과정에서 농지는 피폐되고 노동력은 상실되었으며 농민에 대한 수탈은 농업생산과 농촌구매력을 추락시켰다. 농촌경제의 피폐는 국내 시장에 의존하던 공업제품의 시장을 크게 축소시켰다. 국민당의 재정은 고갈되었고, 전쟁동원, 부정부패와 수탈로 시달리는 중 미국 잉여농산물 유입으로 농촌경제가 파탄지경에 이르자 농민이 국민당에 등을 돌렸다. 설상가상으로 난징 정부가 강력하게 추진한 내륙 지역 공업화는 여러 가지 한계로 인하여 파산 상태를 벗어나지 못하였다. 전후 일본이 동북 지역에 건설한 중공업 기반이 양호하기는 하였으나 소련이 산업시설 대부분을 전리품으로 가져갔기 때문에 관리할 것도, 관리할 능력도 없었다. 사실상 당시 중국을 대표하던 장제스 국민당의 외세의존적인 관료독점 자본주의적 경제근대화는 더 이상 희망이 보이지 않았다.

대다수 농민과 도시 노동자의 적극적인 지지를 기반으로 승승장구하던 공산당 세력은 1949년 국민당 정부에 최후의 일격을 가하였다. 공산당과의 경쟁에서 패배한 국민당은 결국 타이완으로 쫓겨나고 대륙에는 1949년 10월 공산당에 의한 사회주의 정권이 들어섰다.[49] 1940년대에 이미 국내외의 주목을 받는 정치 세력으로 성장한 중국공산당은 혁명 완성을 위한 전략상의 전환기를 맞았다. 옌안에서 마오가 주창한 신민주주의론은 도시경제 운영의 필요성, 상공업의 부흥 필요성, 노동자와 노동조합의 역할 증대와 민주적 참여 요구에 대한 배려 등 달라진 환경을 포용하는 가운데 제안되었다. 중국 사회주의 혁명은 루이진의 농촌 소비에트 시대, 옌안의 유격전 시대에서 최종 단계인 도시 사회로 진입하기 위해 새로운 전략이 필요하였다. 왜냐하면 이제까지 주로 농촌과 농민을 기반으로 하던 공산당의 혁명전략은 농촌과 농민 이외의 영역에 대한 정책이 필요해졌기 때문이다. 옌안에서 제기한 신민주의의 경제 건설 전략은 사회주의 혁명 이념과 중국의 현실을 결합한 도·농 절충적 사회주의 근대화 전략이었는데, 이는 사회주의 정권 수립 후 경제현대화 모형의 모태 역할을 하였다.

국공내전에서 승리하고 중화인민공화국을 수립한 공산당 정권의 최대 경제 문제는 만성적인 물자 부족과 살인적인 인플레이션이었다. 공산당의 통제를 피해 음성적으로 만연하였던 투기와 암거래, 매점매석도 큰 문제였는데, 일련의 문제들은 공산당이 지향하는 사회주의 국가 건설을 위해 반드시 해결해야 하였다. 국제정치의 측면에서 보면 한국전에 참전한 중국은 전쟁에서 재

49 중국공산당과 마오가 주도한 혁명운동을 보통 사회주의 혁명운동이라고 부르지만, 사실상은 태평천국운동과 마찬가지로 농민이 절대 다수를 차지하였기 때문에 농민혁명이나 마찬가지였다. 마오는 건국 후에도 농민 또는 농민 출신 군인들을 선호하였고, 국가 운영에서도 농민의 좁은 시각을 벗어나지 못하였다. 이러한 평가에 대해서는 김태성 옮김(2003), p. 221 참조.

표 5-3 1952년 주요 공산품의 생산량과 최고 생산량의 비교

생산품명	단위	1952년 생산량	최고 생산량 = 100	1949년 생산량 = 100
전력	억kwh	73	121.9	169.8
석탄	억 톤	0.66	102.7	206.3
원유	만 톤	44	136.3	366.7
선철	만 톤	193	105.5	772.0
제강	만 톤	135	146.1	854.4
유안비료	만 톤	3.9	80.1	650.0
시멘트	만 톤	286	124.8	433.3
공작기계	만 대	1.37	254.8	856.5
면사	만 톤	65.2	147.8	199.4
면포	억m	38.3	198.3	202.6
자동차 타이어	만 짝	42	556.2	1,433.3
종이	만 톤	37	225.3	336.4

자료: 『中國統計年金鑑』, 『國民經濟統計提要』; 양필승·윤정분 옮김(1997), p. 137.

정의 50%를 지출해야 하는 상황이었다. 따라서 중국공산당은 이러한 여러 문제를 해결하고자 불가피하게 과도기 총노선(過渡期總路線)[50]에 착수하였다.

1952년 말 중국의 전반적인 공업·농업의 생산력이 전쟁 이전의 수준을 상회하고 공산당의 체제 개혁과 정풍운동이 어느 정도 실효를 거두자 마오는 과도기 총노선을 제기한 것이다. 〈표 5-3〉을 보면 1950~1952년 동안 공업의 회복 속도가 매우 빨랐음을 알 수 있다. 1952년에는 1949년 총생산량보다 145% 증가하였고 연평균 성장률은 34.8%였다. 과도기 총노선이란 정부 수립 이후부터

50 과도기 총노선의 기본 내용은 일화삼개(一化三改)로 요약된다. '일화'는 사회주의 공업화이고, '삼개'는 농업, 수공업, 개인 상공업의 사회주의적 개조를 가리킨다. 과도기적 총노선에 대해서는 김순호 옮김(1995); 박상선·최영렬 옮김(1993), 1장; 양필승·윤정분 옮김(1997), p. 411 등 참조.

사회주의 개조가 기본적으로 완성되기까지를 '과도기'로 보고, 세 차례에 걸친 5개년 계획을 추진하여 농업과 공업의 사회주의적인 집단소유제와 상공업의 국유화를 추진하고 국방력을 강화하여 강력한 사회주의 국가를 만들려는 정책노선이다. 이 노선은 공산당 제7기 4차중전회에서 공식적으로 비준되고 1954년 9월 전인대 1차 회의에서 공식적으로 헌법에 명시되었다. 과도기 총노선 방침 아래 중국은 1차 5개년 계획(1953~1957)에 착수하였다. 이 노선은 정책이 추진되는 기간 동안 연 7%의 고도성장을 기록하였고, 전체적인 공업생산 성장률, 철강, 석탄, 발전, 시멘트, 공작기계 등 주요 공업품 생산량은 최종 연도인 1957년의 목표를 초과하였다. 공산당이 자립적 국민경제의 기초라고 생각한 기계공업의 비중이 급증하였고 공업 부문에서 국영 비중이 크게 확대되었다. 그러나 다른 측면에서 보면, 공업발전에서 자본집약적인 공업 개발과 투자에 집중한 결과 대량의 실업이 발생하고 농업의 성장률은 하락하였다. 뿐만 아니라 취약한 공업기술과 자본의 후진성 때문에 자본재 산업 개발을 위한 관련 설비와 자원 수입이 급증하면서 수지의 불균형이 초래되었다. 과도기 총노선의 후과는 훗날 대약진운동의 발단이 되었다.

중화인민공화국이 수립될 당시 토지개혁은 대략 1/3 정도 진척된 상태였는데, 총인구 중 농민이 90%를 차지하고 있었고, 농공업의 비율은 9:1 정도였다. 공산당은 사회주의식 현대화를 위해 소련의 사례를 학습하여 중공업 중심의 사회주의 공업화 전략을 채택하였다. 그러나 정권이 수립될 당시 중국 경제 상황은 곧바로 사회주의식 개조를 단행하기 어려웠다. 공산당 정권은 먼저 장기간의 반외세 투쟁과 내전으로 거의 붕괴된 경제를 일으켜 세우는 일이 급선무임을 깨닫고 전후 부흥에 착수하였다. 건국 후 공산당은 현실 상황에 근거해서 우선 사회주의로의 이행을 위한 기반 닦기 작업에 착수하였다. 따라서 공산당 정권은 전후 부흥기(1949~1953) 동안 엄격한 계획경제, 사유재산의 몰수, 자본가에 대한 개조작업 대신 민족자본가, 친사회주의적 자영업자 및 자본가, 중소농(中小農) 등 자본주의적 요소를 용인하면서 경제 부흥을 시도하였다. 예를 들어, 1950년 6월에 공포한 「중화인민공화국 토지개혁법」[51]은 분권적 토지 소유 철폐, 공업화의 기초 마련, 부농과 상공업자 보호(당시 빈농과 소작농이 80%, 중소농이 20%) 등을 규정하고 있었다.[52] 공산당 정부는, 토지개혁의 목표가 일차적으로 봉건적 토지소유 관계를 철폐하는 데 있지만, 농업생산력을 높여 공업화를 위한 기초를 닦는 작업도 중요하다고 본 것이다.

1949년 중화인민공화국이 수립된 후 1950년대 초까지 전후 복구작업이 완성되었다고 해서, 공산당 정부의 초기 경제 성과를 공산당 정책의 공로로 평가하는 것은 무리이다. 동북 공업기지인 만주 지역은 연평균 9.4% 성장하였는데, 1912년부터 1936년까지 24년 중에서 최후 몇 년은 그때까지 축적된 기반이 꽃 핀 것이었다. 1912년에는 없던 설비나 기계가 1930년대에 건설되었을 뿐 아니라 경험이 있는 경영자와 숙련된 노동자도 있었다. 이러한 산업 기반의 중요성은 1950년대가 되어서야 능력을 발휘할 수 있었는데, 이 시기 중국의 산업발전 규모와 속도는 대단하였다. 당시 대부분의 사람들은 경제 성과가 1952년부터 1957년까지 추진된 제1차 5개년 계획기 동안에 있었던 산업투자의 성과라고 생각하였다. 그러나 새로 투자된 설비는 대부분 1957년 이후에 작동할 수 있었기 때문에 1950년대 산업생산의 급성장은 1949년 이전에 이루어진 공장의

51 모두 5개 장 41조로 구성된 이 법은 1950년 6월 30일부터 효력이 발생해서 1987년에 11월에 효력을 잃었다. 「中華人民共和國土地改革法」(1950. 6)〈https://baike.baidu.com/item/%E4%B8%AD% E5%8D%8E%E4%BA%BA%E6%B0%91%E5%85%B1%E5%92%8C%E5%9B%BD%E5%9C%9F%E5%9C%B0%E6%94%B9%E9%9D%A9%E6%B3%95/2705998?fr=aladdin〉.

52 김태승 옮김(1996), p. 189.

능력을 최대한 이용하였기 때문이라고 보아야 한다. 1950년대 산업생산 증가의 2/3 정도는 1949년 이전 설비의 활용에 힘입은 것이고, 1/3 정도만 공산당 정부가 건설한 산업시설에서 나온 것이라는 평가도 있다.[53] 1949년 이전에 건설된 산업 부문 중에서 화학·기계 분야는 특히 성공적이었다.

전후 공산당 정부에 의한 경제회복 작업이 효과를 보이면서 1952년 말에는 경제가 건국 전 최고 수준을 회복하였고, 이에 힘입어 공산당은 1953년 제1차 5개년 계획을 준비할 수 있었다. 제1차 계획은 중공업 우선 발전 방침을 기본으로 하면서 경공업도 중시하고 있었다. 전후 부흥기 중 한국전쟁(1950~1953)이 발발하였는데, 중국이 이 전쟁에 참전하면서 중화인민공화국은 국제적 고립 위기에 처하였다. 국제적 고립으로 국내외 상황이 악화되자 국내에서 일부 자본가들의 반발과 국민운동이 일어나기도 하였는데, 공산당 정권은 이 두 요소를 사회주의식 개조에 박차를 가하기 위한 빌미로 이용하였다.

1952년에는 중앙계획을 담당할 국가계획위원회가 설립되었고, 사회주의 공업화를 위한 기반으로서 1953년에는 총노선[54]이 제창되면서 이제까지 용인되던 자본주의적 상공업을 사회주의식으로 개조하고 농업을 집단화하기 위한 합작사(合作社)가 조직·확산되었다. 상공업에 대한 사회주의식 개조는 먼저 수백만 명의 수공업자를 수공업 생산합작사로 조직하고, 사기업을 공사합영(公私合營) 기업으로 전환하는 방식으로 진행되었다. 공사합영 기업은 생산수단을 적정 가격으로 평가하여 원자본가에게 10년간 5%의 고정배당을 보장해 주

53 이승휘 옮김(2002), p. 252.

54 과도기 총노선은 1952년 말 마오쩌둥이 제기하고 1954년 초 당이 정식으로 채택한 노선이다. 기본 내용은 1953년부터 세 차례의 5계년 계획을 통해 농업과 수공업을 사회주의적인 집단소유제로 전환하고 자본주의 상공업을 사회주의 전 인민 소유(국유 또는 국영)로 개조하며, 사회주의 공업화를 실현함으로써 독립된 공업 체계와 국방력을 갖춘 부강한 사회주의 중국을 건설한다는 것이다.

는 방식으로 추진하였다. 또한 구자본가 중 희망자에 대해서 관리자, 기사, 부문 책임자, 상담역 같은 지위를 주어 급여를 지불하기도 하였다. 공사합영이라고는 하지만 국가가 관리권을 쥐고 있었기 때문에 실질적으로는 국유국영이나 마찬가지였다. 일부 자본가들은 홍콩 등지로 탈출하기도 하였지만 1956년 상반기까지는 절대적인 비중인 7만여 개의 사기업이 공사합영으로 전환되고, 111만 명의 구자본가는 배당을 받았다. 뿐만 아니라 대부분의 개별 상인들도 공사합영인 상업합작사(商業合作社)로 조직되었다.[55]

농촌의 합작사는 처음에 농민의 자발적 의사를 존중하여 느린 속도로 진행하였으나 1955년 여름부터 1956년에 걸쳐 매우 빠른 속도로 집단화가 추진되어 1956년 말까지 96.3%의 농민이 합작사로 재조직되었다.[56] 특히 1955년 하반기부터 농업합작사 운동이 고조되었는데, 합작사의 고급 형태인 고급 합작사가 절대적인 비중을 점하였다. 1956년 말까지 합작사 참여농가는 96%에 달하였고, 이 중 고급 합작사에 참여한 농가는 88%에 달할 정도였다(〈표 5-4〉 참조). 또한 공업의 사회주의식 개조도 활발하게 진행되었다. 〈표 5-5〉를 보면 사회 소유와 국가 소유를 포함한 국가자본주의 형태가 빠르게 확대되었는데, 1956년에는 가공계약제와 자본주의적 소유 형태가 완전히 사라졌다. 즉, 1955년까지 자본주의 공업은 소멸하였고, 1956년에는 농공업의 사회주의적 개조의 기본이 완성되었다고 할 수 있다.

사회주의식 개조작업에 힘입어 제1차 계획기(1953~1957) 동안 중국 경제는 빠르게 중앙계획경제 체제로 전환되었다. 전국의 해방구는 하나로 통일되었으며, 소련의 산업화 전략을 본떠 본격적인 사회주의 중공업화 모형이 이식되

55 박원호 옮김(1999), p. 183.
56 박원호 옮김(1999), p. 182.

표 5-4 1956년 농업의 사회주의 개조

구분	단위	1955년 12월 말	1956년 1월 말	1956년 6월 말	1956년 12월 말
농업생산 합작사 수	만 개	190.6	153	99	76
전체 농가에 점하는 참여농가 비중	%	63.3	80.3	91.9	96.3
고급 합작사의 수	만 개	1.7	13.6	31.2	54.0
고급 합작사에 참가한 농가가 전체 농가에서 점하는 비중	%	4	30.7	63.2	87.8

자료: 양필승·윤정분(1997), p. 213.

표 5-5 자본주의 공업의 사회주의식 개조

연도	사회주의 공업	국가자본주의 공업	국가자본주의 공업 중에서		자본주의 공업 (자체 판매 부분)
			공사합영	가공계약제	
1949	34.7	9.5	2.0	7.5	55.8
1950	45.3	17.8	2.9	14.9	36.9
1951	45.9	25.4	4.0	21.4	28.7
1952	56.0	26.9	5.0	21.9	17.1
1953	57.5	28.5	5.7	22.8	14.0
1954	62.8	31.9	12.3	19.6	5.3
1955	67.7	29.3	16.1	13.2	3.0
1956	67.5	32.5	32.5	-	-

주: 1) 총생산액에 수공업은 포함되지 않음. 2) 1956년 국가자본주의 공업은 이미 공사합영을 모든 직종에서 시행하였다. 따라서 자본가가 일정한 이자액을 가져가는 것을 제외하고는, 사회주의 공업과 실제로 큰 차이가 없었다. 3) 1956년 자본주의 공업의 총생산액은 전체 공업 총생산액의 1/1,000도 못 미쳤다. 이에 대해서는 위의 표에 표시할 수 없음을 명기한다.

자료: 양필승·윤정분(1997), p. 234.

었다. 이 무렵 사회주의 종주국이던 소련의 지원은 매우 적극적이었는데, 당시 공업 건설 투자의 44%가 소련의 지원에 기반을 두고 있을 정도였다. 약 6년

표 5-6 사회주의 공업화 초기 산업구조의 변화

(단위: %)

연도	농업	경공업	중공업
1949	70.0	22.0	8.0
1952	58.5	26.7	14.8
1957	43.5	29.2	27.3

자료: 薛暮橋(1980), p. 53.

간(1953~1959) 지속된 소련과 동유럽 국가들의 지원은 경제개발에 큰 힘이 되었다. 이들은 156개 건설사업에 자금, 기술, 기술인력 등 다방면에서 적극 지원하였다. 1950년대 건설 투자 27억 달러 중 소련 차관이 19억 달러 정도였다.[57] 제1차 계획기 동안 기본 건설 투자 자금의 45.4%는 공업에 투자되었고, 공업 투자의 85%는 중공업에 투자된 데서 보듯이 사회주의 공업화의 실질은 사회주의 중공업화였다. 같은 계획기 동안 기본 건설 투자 자금의 7% 정도만 농업에 투자하였지만, 농업은 여전히 재정수입의 54~58%, 경공업 원료의 80%를 담당하고 있을 만큼 중요한 위상을 점하고 있었다.[58] 강력한 중공업화에 힘입어 1945년에 공업생산에서 점하는 중공업 비중이 8%에 불과하였으나 1952년에는 14.8%로 상승하고, 계획기 말인 1957년에는 27.3%까지 확대되었다.[59] 생산재의 생산이 급증함으로써 자립적 생산구조의 기반이 마련되었다. 사회주의 공업화 초기라고 할 수 있는 제1차 계획기에는 공산당이 노린 생산력과 생산관계 양 측면의 기본적인 목표가 달성되었다. 그러나 계획기간 동안 재정적자가 확대되고, 산업구조의 불균형이 심화됨은 물론 소비재 생산이 절대적으로 부족

57 양필승·윤정분(1997), pp. 179, 193.
58 박원호 옮김(1999), p. 181.
59 김태승 옮김(1996), p. 204.

해지는 등 사회주의 계획경제의 공통적인 문제들도 함께 드러났다.

제1차 계획을 통해 중화인민공화국은 전후 부흥 작업을 완수하고 사회주의 공업화를 위한 기반을 닦는 데 성공하였다. 제1차 계획 성공에 자신감을 갖게 된 공산당 정부는 제2차 계획(1958~1962)에 착수하였다. 제2차 계획기 동안에는 공업화가 지속되고 농업정책이 재편되었는데, 이전 시기에 얻은 자신감에 이념과잉이 겹쳐 과업을 그르치는 현상이 발생하였다. 특히 1958년 제8기 3중전회에서는 중앙의 구상과 농민의 주도로 대약진(大躍進, 1958~1960)이 제창되었다. 대약진은 "더 많이 더 빨리 더 좋게, 그리고 더 경제적으로 사회주의를 건설한다"는 목표를 내세운 대중동원에 의존한 생산력 향상 운동으로서, 도시의 저임금 및 저소비를 통해 도농 간 격차를 축소하고 농민노동을 유인함으로써 단기간에 선진국 경제를 추월하기 위한 마오식 사회주의 근대화 시도였다.

대약진과 함께 농촌의 집단적 노동투자를 통한 농업생산력 증대 운동인 인민공사(人民公社)운동도 대대적으로 전개되었다. 인민공사운동을 계기로 이전까지 합작사 중심으로 운영되던 농업생산구조는 고도의 농업집단화 단계인 인민공사로 급속도록 개편되었다. 인민공사는 대규모 협력, 조직의 군대화, 행동의 전투화, 생활의 집단화를 지향하였다. 이에 힘입어 단기적으로 농업생산이 증대하자 목표 상향 조정 경쟁이 벌어지기도 하였는데, 목표 상향 경쟁은 보고와 통계가 허구화되는 계기가 되었다. 공산당이 인민공사화를 빠르게 확산시킨 이유는 지속적인 중공업 투자를 위해 농업의 생산능력 향상이 필요하였기 때문이다. 이렇게 볼 때 과도기 총노선, 대약진, 인민공사를 포괄하는 이른바 삼면홍기(三面紅旗)운동이 농업에 대한 관심을 강하게 표명하기는 하였지만, 본질적으로 사회주의 중공업화를 이루기 위한 기반으로서의 농업에 대한 관심이었음을 알 수 있다.

대약진과 인민공사에서 고조된 도농에 대한 급진적인 사회주의식 개조 작업은 초기의 성과가 있기는 하였지만 시간이 흐르면서 큰 문제점을 노정하였다. 우선 철강 생산에 대한 과욕은 전국적으로 200만 기에 달하는 재래식 소형 용광로 건설이라는 형식적인 성과를 내기는 하였으나, 생산기술뿐 아니라 생산성과 질이 형편없는 생산물을 만들어 냈다.[60] 인민공사에서는 과도한 자신감에 고무된 농민들이 생산과 분배에 대한 직접참여를 요구하였을 뿐 아니라 임금격차 철폐를 주장하는 등 현실적인 갈등이 표출되고 강제와 기회주의의 만연으로 생산성도 예상보다 향상되지 않았다. 또한 정치선전과 충성경쟁으로 인하여 전국 인민공사와 도시 생산단위에서 올리는 보고는 진실성을 신뢰하기 어려웠다.

대중동원 정치운동에 의존한 경제 건설 시도는 점증하는 위기 징후들로 정당성을 잃어 갔다. 도시인구가 급증하면서 농민들은 이전의 2배에 달하는 도시 식량을 공급해야 하였다. 생산성이 하락하고 심각한 자연재해까지 겹치면서 도시와 농촌의 기아 인구가 급증하였다. 뿐만 아니라 각종 건설을 위한 농업 노동력 동원은 농업생산을 어렵게 하였다. 중공업화를 위한 대규모 자본 동원은 재정적자를, 농업과 경공업의 경시는 산업구조 불균형을, 소비자 주권 무시는 소비재 생산의 태부족 현상을 초래하였다. 1954년에는 흉작에도 불구하고 농업세와 국가수매량이 1953년의 배로 증가하였는데, 의무공출과 수매량 급증은 1954~1955년 농촌 지역의 식량위기와 불안을 야기하였다.[61]

위험 상황에 직면해서 공산당 정부는 1955년 8월 '삼정정책'(三定政策)을

---

60 마오는 지식인의 역할과 과학기술의 중요성을 무시하고 이념과 저돌적인 군인정신으로 모든 정책을 추진하려 하였다. 가장 대표적인 경우가 대약진으로서, 강철을 제련하는 데에도 마오는 지식, 기술, 과학보다는 군중운동을 이용하려 하였다. 이러한 ㅂ 평에 대해서는 김태성 옮김(2003), pp. 214~216 참조.

61 김태승 옮김(1996), p. 217.

제시하였다. 이 정책에 따라 1955년 봄에 생산량을 확정하고 그에 따라 표준공출량을 정한 뒤 이후 3년간 고정시킴으로써 증산 농가의 부담을 줄여 주고, 식량 부족 농가에게는 공급 요구량을 매년 조정하기로 하였다. 1950년대 초 농민이 감당한 도시인구는 전체 인구의 약 12% 정도였다. 그런데 1952년 도시인구 비중은 12.55%, 1957년에는 15.4%로 증가하였기 때문에 농촌의 식량공급 능력은 한계 상황에 처해 있었다.[62] 특히 1958년에 이어 1959년에도 심각한 자연재해가 발생해서 식량 생산이 급감함으로써 농촌뿐 아니라 도시의 위기도 심화되었다. 위기의 심화 과정이기도 하였던 제2차 계획은 결국 지도층과 인민 모두에게 중국식 사회주의 건설 과업에 대한 근본적인 의문만을 남긴 채 마무리되었다.

위기는 내부만이 아니라 외부에도 있었다. 대약진이 고조되던 시기인 1950년대 말부터 1960년대 초까지 중국은 국내외적으로 난관에 봉착하였다. 위기의식이 도시와 농촌을 감돌고 있을 때 공산당 정부는 1960년대 초 경제에 대한 조정작업과 함께 '농업기초론'을 강조하였다. 여기서 말하는 '조정'은 발전 속도를 조정한다는 의미로서 균형을 파괴하면서까지 무리하게 양적 확대를 하지 않음으로써 균형을 회복하고자 하는 의지를 표현하고 있었다. 농업기초론은 농업을 기초로 하고 공업을 안내자로 한다는 국민경제 발전 방침이다. 1961년 8기 9중전회에서는 당내의 격렬한 논쟁 끝에 대약진의 문제점을 인정하고 국민경제의 균형을 회복시킬 필요가 있다는 점을 역설하였다. 당시 중국은 내적으로는 농촌과 농민의 불만 표출, 노동의 위기를 맞았고, 대외적으로는 중소(中蘇)관계의 악화, 미국의 중국 봉쇄 같은 상황에 직면하였다. 진퇴양

62 김태승 옮김(1996), p. 218.

난에 빠진 마오는 위기를 벗어나기 위한 또 다른 길을 찾고자 하였는데, 그 길은 바로 강력한 중앙집권과 자립적 사회주의 경제 건설을 지향하는 '자력갱생'(自力更生)이었다.

국내외의 난관에 직면하여 선택한 중앙집권과 자력갱생 노선은 제3차 계획기간(1963~1967)을 지배하는 핵심 모토였다. 그러나 자력갱생에 주력하기에는 경제 상황이 너무 열악하였다. 1960년 이래 정부는 중공업의 규모와 발전 속도를 대폭 낮추고, 농업과 경공업 생산의 회복을 꾀하는 '조정정책'을 내놓았다. 정부는 농민 부담을 완화하고 많은 모순을 드러낸 인민공사를 정리하며, 농업 투자를 증가시키고, 도시인구를 축소하며,[63] 공업 규모를 축소하는 등 대안 조치를 내놓았다. 인민공사에 대한 대폭적인 정리는 1961년 5월에 초안이 마련되고 1962년 9월에 수정되었다. 인민공사 정리의 주 내용은 '삼자일포'(三自一包)였다.[64] 삼자(三自)란 자류지(自留地), 자유시장, 자기책임을 가리키며, 일포(一包)는 손익자기책임을 의미한다. 농가 부업을 위해 용인된 자류지(생산대 경지면적의 5~7%)에 대해서는 국가가 농업세를 부과하지 않을 뿐 아니라 통일수매의 대상에도 포함시키지 않았다. 이렇게 해서 농민이 처분할 수 있는 잉여를 거래하는 자유시장이 성립되었다. 1963년부터 1965년 사이에 공산당 정권 수립 이후 총투자 중에서 농업 투자 비중은 18%였는데, 이 비중은 사회주의 정권 수립 이후 역대 농업 투자 중 가장 큰 것이다.[65] 이처럼 여러 조정정책이 실행된 결과 1963년부터 농촌경제는 회복되고 1964년에는 국민경제 전반이 회복국면에 들어설 수 있었다.

63 공산당은 1961년에는 노동가능인구 870만 명을 포함한 총인구 1,000만 명, 1962년에는 각각 1,000만 명과 2,000만 명 등 총 3,000만 명에 달하는 도시인구를 농촌으로 강제 귀향시켰다.

64 뒤에 마오는 삼자일포를 사회주의로부터의 일탈이라고 격렬히 비판하였다.

65 김태승 옮김(1996), p. 251.

큰 틀의 경제조정 실시, 인민공사 정리, 제한적인 자유시장 허용 등에 힘입어 국민경제 상황이 빠르게 회복되었는데, 경제 상황 호전은 다시 정치투쟁의 빌미가 되었다. 1962년 1~2월 전국 당 간부 7,000여 명을 모아 개최한 확대회의에서 류사오치(劉少奇)는 당 중앙을 대표하여 대약진운동의 실패는 지도자의 그릇된 정책과 당 중앙의 책임이라는 내용의 보고서를 제출하였다. 마오도 이 문제에 대해 자신의 책임이 크다는 사실을 인정하였다. 그렇지만 이후 현실인식과 대처방법에 대해 마오와 류사오치, 덩샤오핑, 천윈(陳云) 간에 큰 견해차가 드러났다. 1962년 8~9월에 열린 베이다이허(北戴河) 중앙공작회의에서 농촌공작부장 덩즈화이(鄧子恢)는 농촌의 경작책임제를 마르크스주의에 대한 부정이라고 비판하였다. 1962년 9월에 열린 중공 제8기 10중전회에서는 상황이 급전되어 계급투쟁의 긴급성이 강조되고, 사회주의 교육 강화의 필요성이 제안되었다. 마오의 주도로 1963년 3월부터 1965년 봄까지 전국 현의 1/3에서 사회주의 교육운동이 전개되었다. 1964년 5~6월 공작회의에 출석한 마오는 대중을 동원하여 부패 간부의 상부에 있는 부패 근원인 고위 지도자를 추궁하도록 결의시켰고, 1965년 1월 스스로 주재한 회의에서 드디어 당내 '자본주의의 길을 걷는 실권파(走資派)' 숙청운동을 제창하기에 이르렀다. 마오는 자신이 주도한 대약진이 참담한 결과를 보인 반면 실권파가 제안한 경제조정 조치가 효력을 발휘하자, 이를 자신이 주도한 대약진, 인민공사운동, 나아가서는 자신의 권위에 대한 중대한 도전이자 위협으로 간주하였다. 마오는 불리해진 입지를 만회하고자 추종자들을 이끌고 경제활동의 자유, 경제활성화, 그리고 조정 조치에 찬성한 세력을 자본주의자들로 몰아세우는 정치투쟁을 개시한 것이다.

이처럼 당 지도자들 간의 정치투쟁이 고조될 무렵 투쟁의 불길은 전혀 다른 방향으로 번졌는데, 그것이 바로 '무산자 계급의 문화대혁명(1966~1976)'이라고 불리는 광기어린 대중동원 정치투쟁이다. 우파를 타도한다는 반우파투쟁의 일환으로 등장한 사회주의 교육운동, 그리고 서서히 준비되어 온 문예정풍운동이 한 길로 모이고, 여기에 제3차 세계대전의 가능성에 대한 대응 체제 구축 필요성이 강조되면서 전국적인 폭력적 정치운동이 불붙었다. 이 정치운동은 흔히 '사람에 의해 만들어진 10년 재앙'으로 불릴 만큼 중국 현대사 및 현대경제사에 치명타를 가한 사건으로 남았다. 이렇게 해서 약 20년에 걸친 마오의 대중동원에 기초한 위로부터의 마오식 사회주의 현대화 시도는 빈곤과 낙후라는 비참한 결과로 귀결되었다.

마오가 통치하는 20년 동안 중국공산당의 사회주의 현대화는 청말부터 조금씩 약화되던 국가의 역할을 절대적인 위치로 끌어올렸다. 마오는 사회주의 이념보다는 강력한 조직으로서의 국가를 선호하였는데, 조직의 실질은 당(마오)의 절대권력, 유교적 위계질서, 당원과 인민의 삶에 대한 당의 엄격한 통제의 결합이었다. 사상, 정신, 윤리, 감성이 경제를 포함한 모든 것에 우선한다는 사고방식하에서 마오는 대중동원형 경제현대화를 꿈꾸었다. 물론 쑨원 국민당에서도 소련식 국가 운영, 국가의 경제에 대한 강한 개입 방식이 채택되었고, 장제스 국민당의 국가자본주의 근대화 시도에서 국가의 역할이 강화되기도 하였지만 근대에서 사회주의 국가 건국 이전까지 대체로 국가의 위상은 점감하였다고 할 수 있다. 그러다가 마오의 사회주의 공업화 중심의 현대화 모형에서는 국가 위상이 크게 강화된 것이다. 그러던 것이 개혁개방 시대에 접어들어서 국가의 위상은 적어도 경제 부문에서는 약화되는 길을 걸어왔다.

문화혁명의 불꽃이 잦아들 즈음 1975년 타이완의 최고지도자 장제스가 사망하였다. 1976년에는 총리 저우언라이(周恩來)와 마오가 연달아 사망하였고, 이를 기점으로 문화혁명은 희미한 불씨만 남긴 채 일단 막을 내렸다. 마오가

표 5-7 개혁 전후 부문별 성장률

(단위: %)

	국민소득	농업	공업
제4차 계획기	5.5	3.0	8.5
제5차 계획기	6.1	0.7	9.2
제6차 계획기	10.0	8.5	10.2
제7차 계획기	7.5	4.1	10.2

주: 국민소득은 물적 생산의 순생산액임.
GNP = 국민소득 + 서비스 부문의 생산액 + 고정자본 − 감가상각액.
자료: 國家統計局, 『中國統計年鑑』(1991), p. 34.

사망하면서 농공업의 파탄, 과도한 정치적 주관주의, 격렬한 계급투쟁에 혐오감을 느낀 다수 대중과 젊은이들의 변화에 대한 욕구가 분출하였는데, 이에 힘입어 덩샤오핑(鄧小平)이 다시 지휘권을 잡았다. 덩은 마오의 공과를 균형 있게 평가하면서 정치의 시대를 마감하고 경제 건설에 매진할 것을 주창하였는데, 이것이 바로 중국 현대사의 축을 바꾼 '개혁개방'이다. 덩이 주도한 개혁개방은 정치가 경제에 종속되는 시대로부터 경제 건설이 우선되는 시대로의 전환을 알리는 신호탄이었다. 덩은 사회주의 체제에 시장 요소를 가미한 중국식 사회주의(사회주의 시장경제)라는 새로운 모형을 제시한 것이다. 덩 이후 중국공산당은 당의 강성 권위주의적 통치에 시장을 접목한 형태의 중국식 사회주의 현대화를 시도하게 되었다. 이처럼 덩과 개혁파에 의해 중국은 소아병과 광기의 역사를 마감하고 이성의 시대, 경제의 시대를 맞게 되었다. 〈표 5-7〉은 개혁개방을 전후로 한 시기 중국 경제의 주요 성과를 잘 보여 주고 있다.

5. 근현대 경제적 현대화 모형과 정치문화

중국은 동아시아에서 서양 세계와 가장 오랜 교류 역사를 가지고 있다. 하지만 근대를 통해 중국은 동서 만남에서 동서 충돌, 그리고 반식민지 시대로의 변화를 가장 극적으로 경험한 나라이기도 하다. 자신들이 오랑캐라고 무시하던 서양 세력의 강요, 침입, 약탈에 직면하여 조정, 지배층 및 지식인들은 다양한 형태로 반응하였다. 서양 세력들은 이미 16세기 무렵부터 동아시아 해상에 나타나 교역을 하였으나 당시 그들의 존재는 진기한 물건, 귀중품, 향료를 교역하는 정도였다. 17~18세기 초까지만 해도 폐쇄적인 대외정책에도 불구하고 많은 중국인들이 생존과 교역을 위해 동남아 여러 지역으로 진출하였을 뿐 아니라 동중국해와 남중국해 교역을 주도하였다. 그러나 18세기 후반에 접어들면서 서양 세력은 단순한 교역이나 중계무역을 넘어서 중화세계에 대한 도전을 시작하였다. 특히 아편전쟁이라는 사건은 중국인뿐 아니라 중국의 영향력하에 있던 동아시아 세계 전체에 큰 충격이었다. 서양으로부터 받은 정신적·심리적 충격과 거대한 과학기술의 힘 앞에 중국 사회는 나아가야 할 방향을 찾지 못한 채 장기간의 논쟁과 시도를 이어갔다. 조정과 대다수 지식인이 경제근대화를 통한 부국강병만이 살 길이라는 점은 깨달았지만 신분적 한계, 이해관계, 세계에 대한 이해 정도에 따라 제시하는 근대화 방법이 달랐고 한계도 분명하였다.

비교적 정리된 형태로 등장한 최초의 경제근대화 모형은 19세기 중반에 나온 '중체서용론'이다. 양무파의 대안인 중체서용은 중국 것을 중심으로 하고 열강의 기술과 자본을 활용하고자 한 반식민지 근대화 모형이었으며, 이를 계기로 중국 경제는 실질적으로 세계시장에 편입되기 시작하였다. 이 근대화 시도는 주도 세력의 신분적인 태생적 한계, 군주제에 대한 집착, 서양 자본에 의존한 물질 측면의 개선에만 관심을 두었기 때문에 실패하였다.

다음에 등장한 경제근대화 모형은 무술변법을 주도한 세력이 추진한 민족자본가 중심의 근대화였는데, 양무파의 근대화 모형과 달리 이들은 중국의 것을 중심으로 하되 선진적 기술과 일부 제도를 도입하는 형태의 근대화를 추구하였고, 분명한 한계는 있었지만 일부 자본 축적을 이루었다. 그러나 이 근대화 모형은 여전히 군주제라는 정치 체제에 대한 집착에서 벗어나지 못하고 상부구조에 대한 개혁에 소극적이어서 단명하였다. 이때까지만 해도 구제도 하에서 권력과 부를 축적한 지배세력의 관성이 매우 강하였기 때문에 양무운동, 무술변법 같은 위로부터의 근대화 운동이 폭넓은 지지를 받기 어려웠다.

세 번째로 등장한 경제근대화 모형은 쑨원이 주도한 신해혁명에서 모습이 드러났다. 신해혁명은 군주제를 버리고 공화제를 추구한 최초의 아래로부터의 혁명이었으며, 쑨원의 삼민주의 사상에 근거해 고안되었다. 이 모형은 '광둥 모형'이라고도 부르는데 외국 자본과 민족자본가를 결합한 근대화 시도였다. 그러나 신해혁명은 강력한 반동세력인 군벌에게 권력을 내주어야 하였기 때문에, 혁명이 성공하고 근대화를 구현하기까지는 수년을 더 기다려야 하였다. 쑨원의 국민당은 민족자본가와 외국 자본을 결합한 경제적 현대화를 추구하였는데, 기반시설 건설과 산업화에서 정부는 매우 강력한 역할을 하였다. 쑨원은 매우 중앙집권화되고 군사화된 국민당을 이끌고 삼민주의에 입각한 근대화 모형을 구현하고자 하였다. 그러나 신해혁명이 성공한 뒤 근대화 구상이 구현되기도 전에 쑨원은 요절하였고, 그의 이상은 머지않아 장제스의 쿠데타에 의해 변질된 채 당의 이름만 계승되었다. 장제스의 국민당 정권은 강성 권위주의 정부가 주도하는 지주-매판자본-금융자본 중심의 근대화를 추구하였다. 국가자본주의 또는 관료독점 자본주의적 근대화라고 부를 만한 이 퇴영적 근대화 모형은 대중들이 등을 돌렸을 뿐 아니라 무능과 정책 부재, 부정부패로 실패를 면할 수 없었다. 장제스 국민당은 거의 사회주의 계획 수준의 산업화를 추진하고자 하였으나 결과는 참담하였다.

항일 시기이기도 하였던 국민당과 공산당이 경쟁하던 시기 동안 중국 인민들은 무능과 부패로 얼룩진 장제스의 국민당에 등을 돌렸고, 대신 사회주의 세력에 관심을 돌렸다. 공산당 세력은 항일전쟁, 국민당의 탄압을 피해다니는 대장정 과정에서 빠르게 농민과 노동자들의 지지를 획득하였는데, 공산당의 청렴성과 그들이 내세운 농촌 개혁 조치들은 농민을 포함한 하층 인민들의 호감을 샀다. 공산당 세력은 전통적인 사회주의 혁명이론에 충실하기보다는 중국의 현실을 고려한 중국식 사회주의 혁명의 길을 선택하였는데, 이 길은 농민 중심의 사회주의 혁명의 길이었다. 혁명전쟁을 하는 동안 마오는 먼저 루이진에서 농촌개혁 실험을 하였고, 뒤이어 옌안에서 개선된 개혁 실험을 하였으며, 혁명 성공 이전에는 이전 두 차례의 경험을 기반으로 신민주주의론이라는 나름대로의 근대화 모형을 제시하기도 하였다.

마오가 처음으로 농촌에서 실험한 루이진 모형(1931~1933)은 토지개혁과 협동조합화, 중소 지주 부정, 독립된 재정금융제도 시행 등을 통하여 구현되었다. 루이진의 사회주의식 농촌 근대화는 농민들에게 큰 설득력이 있었다. 국민당의 토벌을 피하면서 진행된 장정이 마무리된 뒤 1935년 옌안 정부는 옌안 모형으로 불리는 새로운 근대화 모형을 제시하였다. 농촌사회를 변혁시키기 위해 고안된 옌안 모형은 농촌의 집단생산을 강조하였는데, 이를 위해 취약한 경제 기반을 감안해 중간 세력을 포용하는 형태의 농촌근대화 실험을 하였다. 명실상부한 최고지도자가 된 뒤 마오는 1947년 '신민주주의론'이라는 근대화 모형을 제시하였다. 마오는 당시 관료자본은 몰수하고 민족자본은 용인하자고 주장하였다. 이 모형에서 경제구조는 크게 국가경제, 집단화 농업경제, 독립된 상공업자와 중소 자본주의 경제 등 세 부분으로 구성되었다. 신민주주의론은 루이진 모형과 옌안 모형에 대한 반성에서 구상된 것이다. 루이진 모형은 사회주의적 농촌현대화를 위해 중간 세력을 부정함으로써 혁명과 사회주의 건설 대열에 참여할 세력을 스스로 축소하는 한계를 보였다. 옌안 모형은 농민, 민족자본가, 중간 세력을 포괄하는 사회주의 근대화를 지향하였으나 도농의 폭넓은 지지를 바탕으로 혁명을 완수해야 하는 혁명운동의 새로운 단계를 수용하기 어려운 한계를 지니고 있었다. 마오가 주도하던 근대화 시도와 달리 유사한 시기인 1948년 동북 지역을 장악한 사회주의 세력도 도시와 농촌을 결합한 근대화 모형을 추구하였는데, 이 근대화 모형을 '동북 모형'이라고 부른다.

공산당은 국민당과의 경쟁에서 최후의 승자가 되었고, 1949년 중화인민공화국을 수립하였다. 1947년 공산당은 국민당의 관료독점 자본과 제국주의 자본을 신민주주의 국가의 소유로 귀속시키기로 확정한 바 있었다. 1949년 말 몰수된 기업은 2,858개, 관련 노동자는 75만여 명에 달하였다. 몰수된 관료자본은 국민경제의 핵심 부문을 구성하였고, 기업의 규모도 컸다. 공산당 정부는 관료 자본가 기업과 제국주의 기업을 몰수함으로써 경제 건설을 위한 물질적 기초를 확립하였다.[66]

그러나 집권 후 공산당 정부는 사회주의식 개조 작업이나 사회주의 공업화보다는 장기간의 반제국주의 전쟁과 국공내전으로 피폐해진 경제를 일으켜

66 양철승·윤정분 옮김(1997), pp. 100~102.

세우는 과업이 시급하였다. 따라서 건국 초기에는 중소지주, 상공업자의 역할을 용인하면서 전후 부흥을 시도하였고, 이 시도는 1952년에 전후 최고 수준을 회복함으로써 성공적으로 마무리되었다. 전후복구가 성공하자 마오와 공산당 정부는 자신감을 얻어 본격적인 사회주의식 현대화, 즉 사회주의식 개조와 사회주의 중공업화 작업에 착수하였다. 초기 사회주의 중공업화는 정치적인 분권화와 함께 추진되었고 상당한 경제적 성과를 거두었으나 양호한 경제 상황은 1950년대 후반 대약진 같은 무리한 대중동원을 통한 성급한 경제 건설 시도와 천재지변으로 위기에 봉착하였다. 과도한 자신감과 대중동원에 의존한 마오의 지나친 이상적 현대화 시도는 경제를 벼랑으로 내몰았다. 마오는 위기 상황에 직면한 공산당의 중앙집중화와 함께 경제조정정책을 펴기도 하였는데, 조정정책은 농민에게 자유경작지, 자유시장을 허용하였다.

이 시기 덩샤오핑을 필두로 한 실무파가 주도한 경제조정정책은 단기간 내에 경제를 회복시켰으나, 양호한 성과는 다른 정치투쟁의 빌미가 되었다. 마오를 지지한 세력들은 실무파를 친자본주의파로 몰아세우면서 계급투쟁을 전개하였고, 급기야는 전국을 광기 속으로 몰아넣었다. 정치와 계급투쟁이 모든 것을 지배하던 문화혁명 시기에는 경제는 완전히 무시된 채 계급투쟁과 정치 지상주의로 치달았다. 사회주의 정권 수립 이후 시도된 사회주의 중공업화는 경제 상황과 정치 상황에 따른 시기별로 변질과 원상복귀를 거듭하는 가운데, 정치와 투쟁에 억압된 경제는 왜곡되었고, 문화혁명 말에 이르면 경제는 일부 거대하고 비효율적인 중공업을 제외하고는 거의 파탄 직전으로 내몰렸다. 마오가 병적으로 고집한 마오식 현대화, 즉 대중동원을 통한 감성적 사회주의 중공업화 시도는 빈곤과 낙후로 귀결되었다.

1970년대 말에 이르러 경제는 위기 상황에 몰리고 마오가 사망하면서 중화인민공화국은 드디어 마오식 현대화 모형을 버리고 새로운 경제현대화의 길에 오를 수 있었다. 덩과 그의 지지자들이 주도한 새로운 현대화 모형은 경제를 우선하였다. 덩은 끊임없는 반대자의 도전에도 불구하고 사회주의 체제와 시장 시스템을 결합한 '중국식 사회주의' 또는 '사회주의 시장경제'라는 형태의 경제현대화 구상을 구현하는 데 힘을 쏟았고, 오랜 정치투쟁과 빈곤에 허덕이던 인민들은 앞다투어 시장화, 경제현대화, 경제발전의 대열에 참여하였다. 중국 특색이 있는 사회주의, 즉 사회주의 시장경제라는 현대화 모형은 40년 이상의 역사를 거쳐 왔고, 경이로운 경제 성과를 이루었다.

그동안 여러 차례의 위기를 잘 극복하였다는 점에서 중국 경제관료들의 경제관리 능력은 우수하다는 평가를 받는다. 공산당은 보수적이나마 시대의 변화에 발맞추어 변신해 왔고, 중국 정부는 느리지만 끊임없이 새로운 제도를 도입하였다. 2010년대 중반 중국은 세계 2위의 경제대국 자리에 올랐고, 경제력에 힘입어서 세계경제에 대한 중국의 영향력은 날로 커지고 있다. 중국의 경제 규모는 구매력평가(PPP)로는 이미 미국의 규모를 추월하였다고 평가받고 있다. 중국은 세계 1위의 교역대국이고, 중국이 1위 교역국인 나라는 120여 개국이 넘는다. 따라서 덩이 추구한 일당 지배와 시장 체제를 결합한 사회주의 현대화 시도는 대성공이었다.

6. 맺음말

지금까지 우리는 19세기 말 아편전쟁 이후 중국에서 경제근대화를 위해 시도된 여러 모형들을 살펴보았다. 상식적 차원에서 볼 때 한 나라의 역사는 대부분 정치사가 중심이고 시대구분도 보통 정치사를 중심으로 이루어진다. 그러나 어느 시기에 정치적 대사건이 발생하였다고 해도 사회경제사 측면에서 볼 때 정치적 대사건과 사회경제적 상황의 변화가 꼭 일치하지는 않는다. 다만 이 장은 중국의 과거 200년을 경제근대화 또는 경제적 현대화라는 관점에서 시기별로 제기되고 실험된 다양한 모형들을 정리하였다.

아편전쟁을 계기로 시작되어 사회주의 정권이 수립되기까지 시기별로 다양한 근대화 모형이 제안되고 실험되었다. 사실상 반식민지 상태에서 시도된 근대화 모형들 대부분은 소아병 속에서 세계의 변화를 바로 보지 못한 데서 나온 것들이었다. 모색기 동안 중국 인민은 자유가 없고 배고팠으며, 외세에 의해 수모를 당하였다. 근대화를 위한 시도들이 나름대로 역사적인 의미를 지니고 있는 것은 사실이지만 진정한 경제근대화를 이루지는 못하였다. 경제근대화로 나아가기 위한 선행조건이 활발한 경제활동에 대한 유인을 제공할 사회제도와 사상이라고 한다면, 전통사회로부터 공산당 정권이 수립 이전까지 중국은 인습과 전통이 경제근대화를 억압하고 있었다. 그러나 일부 모형을 제외하고는 항상 중국의 것은 좋은 것이고, 중국은 최고의 문명을 자랑한다고 믿는 자만심에서 벗어나지 못한 채 제안된 것들이었다. 사회주의 혁명운동 시기에도 대략 세 가지 정도의 마오식 근대화 모형이 실험되었는데, 이것들은 집권 후 마오식 사회주의 현대화 모형을 위한 실험으로서의 성격이 강하였다.

중화인민공화국이 건국되면서 이전의 아이디어와는 매우 다른 사회주의 현대화(사회주의 중공업화) 모형이 채택되고 추진되었다. 아편전쟁 이후 '혁명이냐 개량이냐'를 둘러싼 치열한 논쟁과 경쟁은 사회주의 세력의 최종 득세로 마무리되었고, 마오가 주도한 현대화 모형이 추진되었다.

마오가 시도한 현대화 모형은 내용면에서 자립적 사회주의 중공업화였다. 하지만 건국 후 약 27년 동안 마오가 주도한 현대화 모형은 현실을 무시한 과도한 개인의 이상주의적 성향과 저돌적 추진으로 인해 낙후와 빈곤, 정치혐오로 점철되었다. 사회주의 국가의 건국은 전통 관념에 사로잡힌 소아병의 시대로부터 새로운 광기의 시대로의 전환에 불과하였다. 중화인민공화국 수립 후 현대화를 제약한 요인은 이전의 '전통과 인습'에서 '이념'(마오주의)으로 바뀌었을 뿐 현대화를 성취할 만한 조건은 충족시키지 못하였다. 마오와 그의 추종자들은 이념과 정치가 모든 문제의 위에 있다고 생각하였고, 농민과 노동자 중심의 혁명과 대중동원을 통해서 중국을 일거에 현대화시킬 수 있다고 믿었다. 따라서 마오가 집권하는 동안 마오식 현대화 모형에 대한 어떤 형태의 수정도 명백한 한계가 있을 수밖에 없었다. 이념과잉 시대를 주도한 마오가 제기한 현대화 모형과 시도는 중국을 외세로부터 독립시키고 인민을 일으켜 세우는 데 성공하였는지 모르지만, 인민들은 여전히 배가 고팠고 자유스럽지 못하였으며 수천만 명이 기아와 폭력으로 사망하는 참담한 결과로 귀결되었다.

이에 비하여 덩샤오핑은 경제 건설 또는 경제적 현대화를 이념과 정치보다 우선시하였다. 덩은 마오의 과오를 들추기보다는 공과에 대한 냉철한 평가 위에서 경제의 시대를 펼치고자 하였다. 덩은 정치에 대한 대수술보다 경제를 정치로부터 절연시키고자 하였으며, 우여곡절에도 불구하고 생산성을 높이고 경제력을 키우며 인민들의 생활 수준을 향상시키는 데 성공하였다. 개혁개방 이후 덩의 시장 체제와 강성 권위주의 통치를 결합한 현대화 모형하에서 중국 인민은 배부르게 되었고, 상당한 경제적 자유와 약간의 정치적 자유를 얻었을 뿐 아니라 세계경제 속에서 중국의 영향력도 강화되었다.

다시 말해, 19세기 서양 문명의 도전은 역량에 벅찬 도전이었고, 사회주의라는 이념의 힘을 빌린 자립적 현대화 역시 전통과 인습의 자리에 이념을 대체시켰을 뿐 기본적인 경제현대화를 위한 선행조건은 크게 다르지 않았다. 이에 비해 덩이 추진한 개혁개방은 경제적 동기를 제약하는 사회적·정치적 요인들을 제거함으로써 사회주의 현대화를 위한 선행조건을 충족시킬 수 있었다. 덩이 제기한 근대화 모형인 사회주의 시장경제 모형에 근거한 개혁개방은 파괴적인 혁명의 시대로부터 건설적인 개량의 시대[67]로 대전환하는 기점이었고 놀라운 경제 성과를 기록하였다.

중국은 덩사오핑 이후 장쩌민, 후진타오를 거쳐 현재 시진핑 시대를 맞고 있다. 그러나 덩이 설계한 현대화 모형의 기본 틀은 여전히 유효하다. 덩이 지명한 후계자 장쩌민은 덩이 기대하였던 개혁개방 심화와 고성장 지속이라는 과업을 충실하게 완수하였고, 후진타오는 개혁개방 이후 악화된 분배 문제를 개선하기 위해 질적 성장, 분배, 화합 등을 강조하기도 하였다. 30년에 걸친 지속적 고성장과 경제력 팽창에 자신감을 얻은 시진핑은 점진적인 성장률 하락 추세에도 불구하고, 세계 속에서 중국의 경제 및 정치적 영향력을 확대하는 데 박차를 가하고 있다. 그런데 흥미로운 점은 시진핑 시대에 접어들어서 개혁개방 이후 점차 감소하던 경제정책, 경제적 현대화 정책 및 시장에 대한 국가와 당의 역할이 강화되고 있다는 점이다. 본문에서 보았듯이, 전통 시대부터 시작해서 근대, 현대에 이르기까지 중국 사회, 중국인, 경제정책, 산업화에서 국가의 우위성은 매우 높은 수준을 유지해 왔다. 공화제 혁명으로 세운 쑨원 국민당의 현대화, 산업정책 추진에서조차도 국가의 우위성은 지속되었고, 장제스 국민당 시기에도 국가의 위상은 거의 사회주의나 개발독재 사회보다도 더 높았다. 물론 근대화 모형을 시기별로 보면 국가의 역할이 대체로 약화되는

67 소아병 시대, 광기의 시대, 파괴적인 혁명의 시대, 건설적인 개량의 시대 같은 설명방식은 김태성 옮김(2003)에서 빌린 것이다.

때도 없지 않았지만, 국가의 우위성은 단절되지 않고 유지되어 왔다. 개혁개방 선언 이후 정치와 경제가 어느 정도 분리되고, 그에 힘입어 고성장이 가능하였지만 경제에 대한 국가 또는 당의 위상은 높았다. 그런데 시진핑 시기 들어서 약화되던 국가 또는 당의 역할이 다시 강화되는 중이다. 이처럼 중국 역사, 중국 사회에서 강한 국가의 위상은 중국의 정치문화와 전통으로 이해된다.[68]

요컨대, 19세기 서양 문명이 도전해 오던 시기에 중국은 도전자와 도전 내용을 바로 인식하지 못하였을 뿐 아니라 자기의 처지와 위상도 제대로 파악하지 못하였다. 중화사상이라는 소아병 속에서 고안해 낸 몇 가지 근대화의 모형들은 시대 변화를 전혀 따라가지 못하였다. 20세기 중반에 시작된 중국식 사회주의라는 이념의 힘을 빌린 사회주의 현대화 역시 전통의 중압 대신 그 자리에 이념을 대치시킴으로써 빈곤과 낙후로 마무리되었다. 이에 비해서 덩에 의해 추진된 개혁개방은 정치와 이념이 아닌 경제의 시대의 북소리였고, 사회주의 시장경제는 강력한 정치적 집권과 시장화 및 경제적 분권의 결합 형태의 현대화 모형이다.[69] 지난 두 세기 동안 중국 사회는 소아병의 시대에서 파괴적 혁명 시대(이념과 정치의 시대)로, 그 다음은 다시 파괴적 혁명 시대에서 건설적인 개량의 시대(경제의 시대)를 거쳐 왔으며, 1970년대 말에 들어서야 우리가 말하는 진정한 경제현대화 시대를 맞을 수 있게 되었다. 그리고 적어도 그 경제적 성과는 경이적인 것이라 할 수 있다.

68 Elizabeth C. Economy(2018), pp. 100~104 참조.

69 덩의 근대화 모형은 한국의 박정희 시대 개발모형과 유사한 측면이 있는데, 금융을 장악한 강성 권위주의 정부가 경제개발을 주도하고 정치가 언제든 경제에 개입할 수 있으며, 기본적으로 농민과 노동자의 희생 위에 서 있다는 점에서 '국가자본주의 또는 당자본주의'라고 부를 여지도 있다. 하지만 중국은 이전 시기와 동일한 집권당인 공산당 내부의 각성에 의해 마오식 사회주의 근대화로부터 시장화와 강성 권위주의 정부의 결합 형태의 근대화가 시작된 반면, 한국은 쿠데타로 집권한 군사정권에 의해 경제개발이 주도되었다.

참고문헌

바이두검색엔진 〈https://www.baidu.com/〉.

위키피디아백과 〈https://ko.wikipedia.org/wiki/%EC%9C%84%ED%82%A4%EB%B0%B1%EA%B3%BC:%EB%8C%80%EB%AC%B8〉.

「中華人民共和國土地改革法」(1950. 6)〈https://baike.baidu.com/item/%E4%B8%AD%E5%8D%8E%E4%BA%BA%E6%B0%91%E5%85%B1%E5%92%8C%E5%9B%BD%E5%9C%9F%E5%9C%B0%E6%94%B9%E9%9D%A9%E6%B3%95/2705998?fr=aladdin〉.

김순호 옮김, 히메다 미쓰요시 외(姫田光義 外) 지음, 『20세기 중국사』, 서울: 돌베개, 1995.

김태성 옮김, 리저호우(李澤厚)·류짜이푸(劉再復) 지음, 『고별혁명』, 서울: 북로드, 2003.

김태승 옮김, 이케다 마코토(池田) 외 지음, 『중국공업화의 역사 - 근현대 공업발전의 역사와 전망』, 서울: 신서원, 1996.

김현영 외 옮김, 기시모토 미오(岸本美緖) 외 지음, 『조선과 중국, 근세 오백년을 가다』, 서울: 역사비평사, 2003.

문명기 옮김, 베스타(Odd Arne Westad) 지음, 『잠 못 이루는 제국』(*Restless Empire*), 서울: 까치, 2014.

박상선·최영렬 옮김, 쩡비윈(曾璧鈞)·린무시(林木西) 지음, 『중국현대경제사(1949-1992)』, 서울: 매일경제신문사, 1994.

박원호 옮김, 고지마 신지(小島晋治) 외 지음, 『중국근현대사』, 서울: 지식산업사, 1999.

신서원 편집부 옮김, 가무라(木村尙三郞) 외 지음, 『서양사의 기초지식』, 서울: 신서원, 1990.

신승하 외, 『19세기 중국사회』, 서울: 신서원, 2000.

신일섭 옮김, 다하자마 나오키(狹間直樹) 외 지음, 『데이터로 본 중국근대사』, 서울: 신서원, 1999.

양필승·윤정분 옮김, 리더빈(李德彬) 지음, 『중화인민공화국경제사(1)』, 서울: 교보문고, 1997.

이승휘 옮김, 로이드 이스트만(L. E. Eastman) 지음, 『중국사회의 지속과 변화: 1550-1949』, 서울: 돌베개, 2002.

정철웅 옮김, 수잔 나퀸(Susan Naquin) 지음, 『18세기 중국사회』, 서울: 신서원, 1998.

하세봉 옮김, 이노우에(井上) 외 지음, 『아시아 역사와 문화 5 - 중국근현대사』, 서울: 신서원, 1996.

한철호 외 옮김, 우에하라 카즈요시(上原一慶) 외 지음, 『동아시아 근현대사』, 서울: 옛오늘, 2003.

薛暮橋, 「艱苦創業三十年」, 『當前我國經濟干間島』, 北京: 人民出版社, 1980.

趙效民 主編,『中國革命根據地經濟史(1927-1937)』, 廣東: 廣東人民出版社, 1983.

中國人民銀行上海市分行 編,『上海錢庄史料』, 上海: 上海人民出版社, 1978.

中華人民共和國國家統計局,『中國統計年鑑』, 1991.

Chang, John, "Industrial Development of China, 1912-1949," *Journal of Economic History*, 27(1), March 1967.

Economy, Elizabeth C., *The Third Revolution – Xi Jinping and the New Chinese State*, N.Y.: Oxford University Press, 2018.

Elvin, M., "High-Level Equilibrium Trap: The Causes of the Decline of Invention in the Traditional Chinese Textile Industries," W. E. Willmott, ed., *Economic Organizatin in Chinese Society*, Stanford, CA: Stanford University Press, 1972.

Suinian, Liu et al., *China's Socialist Economy-an Outline History*(1949-1984), Beijing: Beijing Review, 1986.

Tamagna, Frank M., *Banking and Finance in China*, New York: Institute of Pacific Relations, 1942.

Yu, Guangyuan, ed., *China's Socialist Modernization*, Beijing: Foreign Language Press, 1982.

제 6 장

관계중심 문화와 경제성장, 사회경제 발전
-사회적 자본 vs. 사회적 비용

1. 머리말

2. 인간관계 문화와 사회자본, 사회비용

3. 관계중심 문화의 원인

4. 관계중심 문화: 사회적 자본과 사회적 비용 사이

5. 맺음말

1. 머리말

서양 사회에 비해 동아시아 사회에는 부정부패로 인한 사회비용이 훨씬 더 크다고 알려져 있다. 우리의 통념도 그렇고 조사연구 결과도 그러한 주장에 설득력을 실어 주고 있는 것이 사실이다. 서양 선진 사회에서는 일반적으로 거래가 객관적이고 비사적인 계약(impersonal contracts)에 기초해서 이루어지기 때문에 제도와 계약이 중시되며, 동아시아 지역에서는 거래가 주관적이고 사적인 인간관계(personal human relations)에 의해 강한 영향을 받는다고 말한다. 그렇기 때문에 동아시아 사회에서는 법규범이나 제도에 대한 기회주의적 행위가 발생하기 쉬운데, 그 이유는 사적 관계가 사회·경제 질서를 대체하거나 문제 해결의 열쇠로 기능하는 경우가 있다는 믿음 때문이다.

계약이 중시되는 문화를 계약중심 문화(contracts-based culture), 사적 인간관계가 중시되는 문화를 관계중심 문화(networks-based culture)라고 부른다면, 서양 선진국은 전자에 해당되고 동아시아는 후자에 해당된다고 할 수 있다. 이 용어법에 대해서 인류학에서는 좀 다른 각도에서 저맥락 사회(low context society), 고맥락 사회(high context society)라는 말을 사용하기도 한다. 저맥락 사회는 개인을 맥락에 속박되지 않는 독립적이고 자유로운 행위자들의 집단을 말하며, 고맥락 사회는 서로 긴밀하게 연결되어 있는 개인의 집합을 가리킨다.[1] 계약중심 문화의 바탕에는 개인주의가 있고 그 문화를 지탱해 주는 핵심 요소는 '계약'이며, 계약의 이행을 보장하는 것은 법제도이다. 이와 달리 관계중심 문화를 지탱해 줄 뿐 아니라 결과를 보장하는 중심적 요소는 개인적 친분관계 또는 사

1 Edward T. Hall(1976) 참조.

적 인간관계라고 할 수 있다.

이렇듯 개인 간의 관계 네트워크인 관계망에는 주관적이고 사적인 관계와 객관적이고 경험적인 관계가 있는데, 전자를 연줄망, 후자를 연결망으로 부를 수 있다.[2] 연줄망은 기본적으로 주어진 관계[3]에 기초하고 있기 때문에 귀속적 관계(ascribed relation)의 성격이 강하고, 연결망은 반복적 교류와 거래를 통해 형성된 신뢰에 기초한다는 점에서 성취적 관계(achieved relation)의 특징이 강하다.[4]

다른 측면에서 우리는 관계망이 사회경제 질서에 중요한 영향을 미치는 사회를 관계중심 사회 또는 관계망 자본주의(network capitalism)[5]라고 부르며, 그 문화를 관계중심 문화라고 부를 수 있다. 우리가 관심을 두고 있는 대상 지역인 중국을 포함한 동아시아 지역에서 관계중심 문화를 가능케 하는 핵심 고리는 사회에 따라 연줄, 연고, 관시(關系: guanxi) 등으로 부른다.[6] 그리고 주관적이고 사적인 인간관계가 잘 작동하는 관계중심 사회, 관계망 자본주의, 연줄망 사회에서는 공식적인 게임의 규칙이나 사회규범보다는 사적인 관계가 중시된다. 따라서 관계중심 문화는 공적 사회규범이 잘 작동하기 어렵다는 점에서 부

2 연줄망은 주관적이고 사적인 관계를 기반으로 하는 인간관계이고, 연결망은 객관적이고 경험에 의해 형성되는 인간관계라고 할 수 있다. 인간관계망에서 연줄망과 연결망 구분은 김용학(2003), p. 91; 박찬웅(1999), p. 60; 한승완(2005) 참조.

3 가치가 배제된 중립적 개념인 관계망(network)의 기반은 학연, 지연, 혈연, 전우, 직연 등 다양하며, 조사연구에 의하면 한국, 중국, 일본에서 이 요소들의 역할에 다소 차이가 있다. 한국은 학연과 지연, 중국에서는 혈연, 일본에서는 직연이 더 강한 영향을 미친다. 한중일 3국의 관계망 특징 비교에 대해서는 이우관(2005); Sid Lowe(1998), p. 8; 한승완(2005), 특히 p. 151 이후 참조.

4 귀속적 관계, 성취적 관계라는 용어법은 한승완(2005), p. 147 참조. 이우관에 따르면 전통적인 귀속적 연고는 혈연과 지연이고, 성취적 연고는 학연과 직연이다. 이우관(2005), p. 105 참조.

5 관계망 자본주의라는 용어법에 대해서는 Biggart Nicole Woolsey and Gary G. Hamilton(1992), Max Boisot and John Child(1996), Choo Sin Tseng(2002) 참조.

6 주관적이고 사적인 인간관계망을 한국에서는 연줄, 연고 등으로 부르고, 중국에서는 관시(關系)라고 부르며, 일본에서는 즈테(傳, 傳手), 타요리(頼り), 코네 또는 코넥숀(コネ, コネクション) 등으로 부른다.

정부패와 친근하며, 그렇기 때문에 관계중심 문화는 사회비용을 만들어 낼 잠재성을 안고 있다.

동아시아 사회가 서양 선진 사회에 비해 부정부패가 상대적으로 더 심하고, 그로 인한 사회비용이 더 크다는 주장에 동의한다면, 우리는 그 이유에 대해 의문을 갖게 된다. 이와 관련된 논의는 오랫동안 계속되어 왔는데, 크게 문화에서 요인을 찾고자 하는 시도와 제도로부터 요인을 찾으려는 시도, 그리고 윤리도덕으로부터 요인을 찾고자 하는 시도가 있다. 하지만 이 논쟁은 무척 복잡하고 쉽게 답을 내기 어렵다. 이와 관련해서 또 다른 논란은 관계중심 문화가 사회자본(social capital)이냐, 사회비용(social costs)이냐 하는 논란이다.[7] 이 의문은 관계중심 문화가 공적 가치를 증진시키는 기능을 하는 사회자본이냐 아니면 사회에 불공정, 부조리, 불법, 차별과 배제 같은 사회적 비용을 생산해 내느냐를 묻는 의문이다.

이상과 같은 이론적 관점과 문제의식을 가지고 이 글은 다음과 같은 세 가지 의문에 도전하려 한다. 첫 번째는 특수한 인간관계 문화와 사회비용 간에는 어떤 관계가 있고, 관계중심 문화는 사회비용과 어느 정도의 친근성을 가지고 있느냐. 두 번째는 관계중심 문화가 부정부패나 사회비용과 친근성이 있다면, 관계중심 문화의 원인은 과연 무엇이냐. 세 번째는 관계중심 문화의 핵심 요소인 연줄망이 사회비용이냐 아니면 사회자본이냐 하는 의문이다.

7 관계중심 문화가 만들어 내는 사회비용은 여러 측면에서 찾아볼 수 있겠으나, 이 장에서는 논의의 편의상 포괄적 의미로 불공정과 부정부패를 지칭하기로 한다.

2. 인간관계 문화와 사회자본, 사회비용

일반적으로 불확실성이 큰 상황에서 사회경제 질서를 유지하는 방식은 크게 두 가지가 있다. 하나는 객관적인 계약에 기반을 둔 시장(market)이고, 다른 하나는 권위에 의존하는 위계질서(hierarchy)이다. 자본주의의 역사가 길고 시장제도가 비교적 잘 발달된 서양 선진 사회는 고전적 시장이론으로 사회경제 질서와 현상을 어느 정도 효과적으로 설명할 수 있으며, 인간관계망(연결망)과 공개시장 간의 충돌 잠재성은 상대적으로 작다. 이에 비하여 전통사회, 전체주의 사회, 사회주의 사회, 시장화 역사가 짧은 사회는 대체로 강제적인 행정적 힘에 의해 사회경제 질서가 유지되기 때문에 시장이론으로 사회경제 질서와 현상을 효과적으로 설명하기 어렵다. 서양 선진 사회나 전체주의 또는 사회주의 사회와도 분명하게 구분되는 동아시아 사회에서는 시장이나 위계질서 외에도 사적인 인간관계가 사회경제 질서에 강한 영향을 미친다고 알려져 있다.

많은 연구자들은 서양 선진 사회와 비교할 때 동아시아 사회에서는 전통적으로 원자적 개인과 개인 간의 계약보다 '관계'를 중시할 뿐 아니라 사회도 관계의 관점에서 조직되어 왔다고 설명한다. 동아시아 사회에서는 인간을 독립된 개체로서의 개인이 아니라 관계적 존재(relational being)로 보며, 사회생활과 시장거래에서도 '관계'가 중요한 영향을 미친다.[8] 이처럼 동아시아 사회는 개인이나 조직의 사고방식과 행위가 객관적 계약보다는 사적이고 주관적인 인간관계에 의해 강한 영향을 받는다는 점에서 '관계중심 사회'라고 할 수 있고,

8 흔히 관계적 인간관의 전형은 유교의 인간관이고, 이러한 유교의 사상과 철학이 동아시아 지역에 널리 영향을 미쳤다고 일컬어지기도 한다.

그러한 문화를 '관계중심 문화'라고 부를 수 있다. 사적인 인간관계망(연줄망)이 사회경제 질서에 강한 영향을 미치는 사회에서는 자연스럽게 관계에 대한 감각이 섬세하고, 관계와 관련된 어휘도 더 풍부해진다.[9] 그리고 관계중심 사회에서 인간관계는 '친밀과 소원(疏遠)'의 정도에 따라 명확히 구분된다.

동아시아 사회의 관계망을 중시하는 문화 또는 관습이 전통에 의해 만들어진 것인지, 서양 사회에서 언제부터 원자적인 개인의 계약이 사회경제 질서에 강한 영향을 미치게 되었는지에 대한 논의는 이 글의 범위 밖이며, 사실 쉽게 결론을 내기 어려운 주제이다. 하지만 관계망의 영향은 일상생활뿐 아니라 이익이 교환되는 공간과 사회경제 질서 속에서 비교적 뚜렷한 모습을 보인다.

인간관계망(interpersonal relations network)은 특성에 따라 크게 연줄망과 연결망으로 구분할 수 있다. 연줄망은 대체로 생래적으로 형성된 관계망으로서 지연, 혈연처럼 폐쇄성, 제한적 귀속성, 특수성을 특징으로 하고, 연결망은 직연처럼 성취적 성격을 가지면서 객관성, 개방성, 경험성, 보편성을 특징으로 한다.[10] 연줄망과 연결망은 모두 인간의 사회적 관계망을 지칭한다는 점에서 공통적이지만, 연줄망은 주관적·폐쇄적·배타적인 관계에 기반을 두고 있는 데 비하여 연결망은 객관적·개방적·경험적 관계에 기초하고 있다. 연줄망에서는 관계를 맺는 집단의 경계가 명확하기 때문이 내부인(insiders)의 경계를 벗어나서는 관계가 성립되지 않을[11] 뿐 아니라 연줄망의 힘이 작동하지 않는다. 이에 비하여 연결망은 개방적이기 때문에 관계를 맺은 집단의 경계가 유동적이며, 경험적으로 신뢰가 쌓이면 외부인도 누구든 내부인으로 전환될 수 있기는

9 한승완(2005), p. 141.
10 한승완(2005), p. 147.
11 한승완(2005), p. 147.

하지만, 모든 성취적 집단이 꼭 개방적인 연결망이라고 보기는 어렵다. 예를 들어, 학연 집단은 생래적으로 귀속된 관계가 아니라 성취된 집단이면서도 강한 연줄망을 지향하는 특징이 있는데, 한국의 학연 집단이 바로 이렇다.

동아시아 문화의 중요한 특징 중 하나로 지적되는 관계중심 문화는 그것이 연결망이 아니라 연줄망에 기초하고 있는 한 외부인에 대한 배타와 '이분법적 내외 분리'를 특질로 할 수밖에 없다. 이분법적 내외 분리는 독점(내부인 간의 정보독점과 권력독점, 호혜교환)과 배제(외부인 배제)를 기본 속성으로 한다. 따라서 연줄망에서는 내부인에 대한 편애와 외부인(outsiders)에 대한 배타성이 동시에 작동한다.[12] 그런데 조직이나 관계망의 독점과 배제는 독과점이 시장에 미치는 폐해와 마찬가지로 공개, 공정, 기회균등, 공정경쟁을 무력하게 만들기 쉽다. 이처럼 연줄망은 폐쇄성, 배제, 독점을 속성으로 하며, 때로는 부정부패 및 그로 인한 사회비용과 연장선상에서 이해될 잠재성이 충분하다. 연줄망은 연줄로 엮여 있는 내부인끼리는 정보와 힘을 공유할 뿐 아니라 권력-금력, 권력-권력의 교역 같은 호혜적 거래가 이루어지는 반면, 외부인에 대해서는 배타적으로 반응한다. 또한 연줄망은 정보와 권력의 독점을 이용해서 공적 제도 밖에서 사사로운 거래를 선호한다는 점에서 암시장 거래 또는 지대추구(rent-seeking) 행위와 유사하며, 이러한 배타적인 거래는 게임규칙, 사회규범으로부터의 일탈이다. 그렇다고 한다면 관계중심 문화는 부정부패와 친근성(affinity)을 지니고 있을 뿐 아니라 사회비용 발생의 원인이 될 수 있다. 관계중심 문화가 부정부패와 친근성이 있는 이유는, 사적인 인간관계망인 연줄망을 지대추구에 이용함으로써 사회효율을 하락시킴은 물론, 사회규범에 대한 공적

12 윤경우(2005), pp. 335~336.

신뢰 및 구성원 간의 사회적 신뢰를 약화시킨다는 점에 있다.

관계중심 문화와 부정부패의 친근성 내지는 연줄망의 부정부패 친근성에 대해 좀 더 잘 이해하기 위해서는 부정부패에 대한 일반적인 이해가 필요하다. 부패(corruptions)란[13] 일반적으로 공적인 일에 종사하는 사람이 권력이나 권한을 남용하여 사익을 추구하는 행위 전반을 가리키며, 보통 부정부패라고도 부른다. 간단히 말해, 부정부패는 권력과 정보를 자원으로 가지고 있거나 금력을 자원으로 가지고 있는 사람들 간에 이루어지는 제도권 밖의 사적인 거래를 가리킨다. 따라서 부정부패는 구체적으로 권력과 금력의 거래, 권력과 권력의 거래를 통한 사익 추구, 즉 지대추구 행위라고 정리할 수 있다. 권력과 금력의 거래는 정치권력이나 행정권력과 일반인의 금력이 교환되는 경우이며, 권력과 권력의 거래는 정치권력과 행정권력, 또는 행정권력끼리의 이익 교환이다.

중국 비즈니스 문화 전문가인 뤄(Luo Yadong)에 따르면 위와 같이 정의되는 부정부패는 다음과 같은 성격을 갖는다.[14] 첫째, 부정부패는 사회정신과 정치적 이데올로기의 영향을 받기 쉽다. 부정부패가 사회통념상 사회규범으로부터의 일탈행위인 것은 분명하지만, 대중들은 특정한 상황하에서 부정부패라고 불리는 행위가 생존을 위해 어쩔 수 없는 수단이라는 점을 인정하기도 한다. 둘째, 유사한 이유로 부정부패는 상황에 따라 다른 해석이 가능하다. 따라서 우리는 부정부패에 대한 정치 체제의 태도와 대응에 대해 검토해 볼 필요가 있다. 예를 들어, 미국에서 로비행위는 부정부패로 분류되지 않지만 한국에서는 그렇지 않으며, 중국에서 관시를 이용한 크고 작은 호혜교환 행위는 무리 없이 받아들여지기도 한다. 셋째, 부정부패는 권력과 관련이 있다. 부정부패

13 부정부패의 개념에 대해서는 이종원 외(2000), 제1장; K. M. Gibbons(1989); Julia Kwong(1997) 제1장 참조.
14 김정미 옮김(2002), pp. 298~302.

의 당사자 중 한 쪽은 반드시 권력을 쥐고 있어야 한다. 그런데 그 권력은 법에 근거한 것일 수도 있고 그렇지 않을 수도 있으며, 시장이 불완전하거나 권력을 쥔 사람의 재량권이 클수록 그의 권력은 더 커진다. 넷째, 부정부패는 법규범으로부터의 일탈 또는 기회주의적 행위이다. 부정부패의 본질적인 측면은 역시 금전이나 그와 비슷한 대체물을 불법적으로 거래하는 데 있다. 부정부패 행위는 당사자로 하여금 자신이 속한 조직의 목표보다 사익을 우선하도록 유인하며, 당사자들은 공개된 시장 밖에서 또 다른 개인이나 조직을 소개하는 역할을 하기도 한다. 또한 모든 부정부패 행위가 반드시 사회에 해악(비용)을 끼치지는 않는다 해도, 그것이 법이나 제도를 위반한 이익의 교환이기 때문에 순수한 인정(人情: human feelings)의 교환인 선물과는 분명히 다르다. 다섯째, 부정부패에는 의도가 있다. 이 점에서 볼 때 사익이 수반되지 않는다면 불법적인 행위라고 해서 반드시 부정부패라고 보기는 어렵다. 여섯째, 부정부패는 현존 집단을 강화 또는 파괴하는 기능을 한다. 부정부패에 연루된 구성원들은 연줄망을 통해 서로를 도움으로써 집단의 결속력과 사적인 관계망을 강화한다. 하지만 부정부패 행위에 참여하는 것이 구성원 모두의 의도가 아닐 경우, 그 행위는 집단 내의 불화와 불신을 야기함으로써 집단을 파괴하는 힘이 될 수도 있다. 끝으로, 부정부패는 대부분 은밀한 방식으로 표현된다. 그렇기 때문에 부정부패에는 공식적인 문서상의 계약이 존재하지 않는다.

이상에서 서술한 관계중심 문화와 부정부패에 대한 개략적인 이해를 기반으로 동아시아 사회의 특수한 인간관계 문화인 연줄망과 부정부패의 관련성 및 관계중심 문화가 부패로 이어지는 기제를 좀 더 추적해 보자.

이미 지적하였듯이 동아시아 지역에서는 주관적이고 사적인 인간관계망, 즉 연줄망이 사회경제 질서에 상당한 영향을 미친다. 일부 동아시아 사회에서 두드러진 관계망은 연줄망이고, 이것이 부정부패의 요인으로 작용한다고 알려져 있다.[15] 흔히 부정적 의미로 이해되는 동아시아 지역의 관계중심 문화는 유교 전통의 영향 때문이라는 견해도 제기되어 왔다.

동아시아 지역에 널리 영향을 미쳤고 또 부정부패의 한 요인이라고 평가되는 관계중심 문화는 사회경제적 불확실성에 대한 특수한 반응이다. 관계중심 문화에서 구성원들은 법, 제도, 사회규범 및 객관적 계약이 아니라 사적인 관계에 의존해서 불확실성을 제거하고 거래비용을 줄이려 한다. 제도적·공식적 시장이 아닌 비공식적·사적 관계망에 의존하는 거래는 공식적 제도 밖에서 이루어진다. 따라서 연줄망은 부정부패의 한 요인일 뿐 아니라 사회적 비용(social costs)을 생산할 잠재성을 내포하고 있다고 보아야 한다. 한국에서 연줄망은 보통 연고 또는 연줄이라고 불리며 중국에서 연줄망은 흔히 관시라고 불리고 있는데, 이 양자가 전통문화의 영향이냐 아니냐, 그것이 사회자본이냐 사회비용이냐 하는 논란과 함께, 효율성과 정당성에 대한 의문도 함께 제기되어 왔다.

사실 연줄망이 핵심을 이루는 동아시아 사회의 관계중심 문화는 사회비용, 즉 사회적인 차원에서 부정적인 효과인 비효용을 초래할 가능성이 있다. 연줄망이 안고 있는 부정적 효과(사회비용)의 잠재성은 여러 측면에서 읽어낼 수 있다. 첫째, 연줄은 정보와 권력의 독점으로 인해 구조적 부정부패를 낳으며, 이는 사회 효율을 떨어뜨리고 신뢰를 약화시킬 뿐 아니라 도덕적 위기를 불러올 수 있다. 둘째, 연줄의 폐쇄성과 배타성은 공정경쟁과 자원배분의 왜곡을 가져올 수 있다. 셋째, 닫힌 연줄망은 경쟁력 있는 개인의 진입 가능성과

15 한국 사회는 중국이나 일본과 달리 시민사회도 강하고 연줄망도 강한 특이한 면모를 보인다. 하지만 시민사회라는 이름으로 활동하는 조직 내에서도 연줄망이 강한 영향을 미치는 점은 연줄망 사회문화의 일면으로 보인다.

참여 기회를 원천적으로 봉쇄하기 때문에 사회적 비용을 증가시킬 가능성이 있다. 넷째, 연줄망은 내부인끼리만 신뢰를 부여하므로, 신뢰할 만한 외부인의 참여 기회를 배제하면서 비효율적인 내부인에게만 참여 기회를 제공함으로써 경제적 효율과 사회 효율을 저하시킬 수 있다. 뿐만 아니라 강한 연줄망은 법질서와 제도 및 절차에 대한 사회적 신뢰를 약화시켜 공적 제도를 무력화함으로써 결국 사회적 불확실성을 더 높일 가능성이 다분하다.[16]

관계중심 사회 또는 관계망 자본주의에서는 개인과 조직의 행위에 제도보다 사적인 연줄망이 큰 영향을 미친다. 이 현상을 '약한 조직과 강한 관계'(weak organizations and strong linkages)로 설명하는 경우도 있는데, 이는 사회조직은 느슨한 반면 연줄망이 강한 영향을 미친다는 의미이다.[17] 연줄망에서 사적인 인간관계는 제도가 취약하고 법집행이 엄정하지 않으며 불확실성이 큰 상황에서 불확실성을 제거하고 비용을 줄이기 위한 개인과 집단의 기회주의적 행위에 이용된다. 즉, 경제학적 측면에서 볼 때 불확실성이 크고 제도화가 취약하면 연줄망은 불확실성 회피(uncertainty avoidence)를 통해 비용을 절약하기 위한 수단으로 이용된다.

관계중심 사회에서는, 구성원들이 불확실성에 직면하여 제도화 수준을 높이고 투명성을 제고하려는 노력보다는, 문제를 연줄망을 통해 시장 밖에서 사적으로 손쉽게 해결하고자 하는 유인이 발생한다. 따라서 연줄망 사회에서는 공식적인 제도가 경시되거나 무시될 가능성이 상존하며, 이 과정은 규범을 어기고 사익을 추구하는 기회주의 행위의 하나인 부정부패를 낳을 수 있다. 부정부패는 정상적이고 공개적인 시장거래로부터의 일탈로서, 경제학적으로

16 한승완(2005), p. 148.
17 Redding S. Gorden(1991).

볼 때 기회주의적 행위나 부정부패는 제도권 밖의 거래를 통해 얻는 이익이 비용보다 클 때 일어난다. 이러한 의미에서 관계중심 문화, 관계망 자본주의에서 연줄망이 관계의 핵심인 한 그 속에 부정부패의 잠재성은 상존한다. 따라서 계약중심 사회의 계약관계보다 관계중심 사회의 연줄망이 사회비용을 발생시킬 가능성이 매우 크다고 할 수 있다.[18]

3. 관계중심 문화의 원인

이제 이상에서 설명한 이론적 기반 위에서 관계중심 문화 및 그로 인한 부정부패의 원인에 대해 생각해 보자. 우리 논의의 초점은, 관계중심 문화가 동아시아 사회의 중요한 문화적 특징이고 사회경제 질서에 상당한 영향을 미친다고 한다면, 관계중심 문화, 구체적으로 연줄망으로 인한 부정부패가 전통문화의 영향이냐, 제도의 영향이냐, 아니면 윤리도덕의 영향이냐 하는 점이다.

관계중심 문화와 부정부패의 원인에 대한 논의는, 동아시아 경제발전 요인에 대한 설명과 유사하게, 크게 문화 관점의 설명, 제도 관점의 설명, 그리고 윤리도덕 관점의 설명으로 나눌 수 있다. 관계중심 문화와 부정부패의 요인을 문화에서 찾으려는 노력을 문화주의, 제도에서 찾으려는 노력을 제도주의, 윤리도덕에서 찾으려는 시도를 윤리주의라고 부를 수 있다.

먼저, 시장이나 위계질서만으로 잘 설명되지 않는 동아시아 사회의 특수

18 관계망이 사회적으로 부정적인 의미를 지니든 긍정적인 의미를 지니든 일부 동아시아 사회처럼 시장, 위계질서뿐 아니라 비공식적이고 사적인 관계망(informal personal network)이 복합적으로 작동하는 사회에서는 사회경제 질서가 더 역동적이고 다차원적일 수밖에 없다. 따라서 이러한 사회의 사회경제 질서를 바로 이해하기 위해서는 시장-위계질서-관계망을 결합한 복합적이고 입체적인 시각이 동원될 필요가 있다.

한 사회경제 질서에 강한 영향을 미치는 관계망(특히 연줄망) 문화에 관심을 갖는 연구자들이 있다. 어떤 연구자는 관계중심 문화가 영향을 미치는 부분을 문화 영역(C-space)이라고 부르기도 한다.[19] 관계망을 분석의 키워드로 삼는 관계망 분석은 시장이론과 달리 개인주의적이고 원자주의적인 합리적 행위자를 가정하지 않고 행위자가 속한 사회적 맥락에 관심을 두며, 이 영역을 문화 관점에서 설명하고자 한다. 문화주의적 설명은 멀리는 자본주의의 발전 요인에서 시작해서 동아시아의 경제발전 요인에 대한 설명으로까지 설명 범위가 확장되는데, 우리의 관심사인 관계중심 문화와 그로 인한 부정부패의 요인을 설명하는 데에도 응용될 수 있다.

문화주의 관점은 논리적으로 몇 가지 문제점을 안고 있다.[20] 하나는 선후관계 또는 상관관계를 인과관계로 오인하는 문제이다. 앞의 장에서 보았듯이 그들은 자본주의의 발흥과 발전을 설명할 때 자본주의의 성공이 명백해진 뒤 그 성공 가운데 남아 있는 문화 요소를 찾아내려 한다. 이 설명방식은 동아시아 문화와 유교의 관계, 관계중심 문화와 부정부패 간의 상관관계 내지는 인과관계를 설명하는 데 이용되며, 전자의 설명과 유사한 논리적 문제를 내포한다. 다시 말해, 문화주의적 설명은 각각 별도로 존재할 수도 있고, 선택적 친근성이 있을 수도 있는 두 변수의 관계를 인과관계로 보려 한다. 이 설명은 어느 사회의 부정부패가 그 사회의 문화로부터 완전히 자유로울 수 없다고 할지라도, 부정부패가 동아시아 문화와 인과관계가 있다거나 부정부패의 만연이 동아시아 관계중심 문화 때문이라고 보려 한다. 이러한 설명방식은 또한 전통문화의 원형을 그대로 현재로 끌어내서 현상과 비교 설명하는 오류도 함께 범하

19 Max H. Boisot(1986), p. 2.
20 Barry Wilkinson(1996), pp. 3~5.

고 있다. 대부분의 문화 전통 또는 고등 종교의 경전에서는 정직, 근검, 규율, 권위에 대한 순응 같은 교훈을 포함하고 있다. 따라서 어느 정도 부지런한 연구자라면 경전으로부터 자신의 논리를 합리화할 만한 내용을 찾기 어렵지 않다. 어떤 종교문화나 윤리는 역사 과정을 통해 끊임없이 변하며 시기에 따라 변화한 내용이 처음 뜻과 상당히 달라지기도 한다. 따라서 이미 수천 년에 걸쳐 변화와 적응을 거듭해 온 현실 형태가 아니라 고전 수준의 텍스트를 놓고 현상을 설명하는 것은 무리이다. 더구나 고전 속에는 보통 여러 해석이 가능할 만한 언급이나 상황논리에 맞추어 앞뒤 설명이 배치되기까지 하는 설명도 있는데, 이를 편의대로 해석할 가능성도 있다.

이와 달리 제도주의자들은 합리적 행위자를 가정하고 인간과 조직의 행위나 관계는 문화보다 사회적 산물이라는 인식을 공유한다. 문화를 부대 현상으로 보는 제도주의자들은 행위의 사회적 환경을 중시하기 때문에 제도화된 조직적 행위(institutionalized organizational actions)[21]에 관심을 갖는다. 제도주의자들의 설명에 따르면, 상이한 제도 환경은 상이한 개인 및 조직의 행위를 낳고, 그것은 상이한 사회경제 질서, 상이한 효율 체계, 나아가서 상이한 문화를 만들어 낸다.[22] 제도주의자들은, 동아시아 사회에서 관계중심 문화가 사회경제 질서에 강한 영향을 미치고, 또 그로 인해 부정부패가 만연해 있다고 한다면, 이는 시장제도의 불건전, 시장에 대한 국가의 강력한 개입, 느슨한 법제도 집행 같은 제도적 환경이 기회주의 행위를 유인하고 있기 때문이라고 설명한다. 이 설명방식은 유교 윤리가 강한 영향을 미쳤다고 믿는 동아시아 사회의 개인 및 조직의 행위와 서양 사회의 그것 간의 차이를 좀 더 잘 구분할 수 있게 하기 때

21 제도에 대한 이러한 설명은 Oliver Christine(1992), p. 581 참조.
22 Richard Whitley(1992), p. 8.

문에 문화주의적 설명의 한계를 어느 정도 극복할 수 있게 해준다. 더욱이 개선된 제도주의라 할 수 있는 신제도주의는 초기 제도주의에서 말하는 합리적 행위자 가설을 거부하고 문화적 설명을 수용할 뿐 아니라 집합적 특질도 중시한다.[23] 신제도주의적 인식 틀에 의하면 상이한 문화 전통은 상이한 제도적 영역을 만들어 내고, 상이한 제도적 영역은 상이한 인식적 평가 패턴을 낳으며, 상이한 인식적 평가 패턴은 상이한 경제, 조직, 경영 행위에 반영된다. 따라서 신제도주의에 근거하면 동아시아의 특수한 문화 전통은 특수한 제도적 환경을 만들어 내고, 독특한 제도 환경은 개인과 조직의 시장행위에 영향을 미친다고 설명할 수 있다. 우리의 초점에 맞추어 말한다면, 동아시아 사회에서 연줄망을 통해 시장 밖에서 거래하려는 행위는 특수한 제도 환경 때문이고, 특수한 제도 환경은 다시 특수한 문화 전통에 의해 형성되었다는 설명이 가능하다.

제도주의의 시각은 경제발전 요인을 설명할 때도 유사하게 적용할 수 있다. 제도주의 시각에서 경제발전을 설명하고자 하는 설명 틀은 합리적 제도 환경(제도)과 경제발전 간의 정합성을 중시한다. 이 설명에 따른다면 동아시아의 경제발전은 전통적인 신념 체계를 대체하는 합리적인 제도의 도입과 구축에 의해 가능하다. 제도주의자들은 경제발전의 요인을 설명할 때 전통적 신념 체계가 아니라 삶의 방식이나 사회적·정치적 조건이 중요하다고 생각하는데, 이러한 설명방식은 관계중심 문화 및 부정부패에 대한 설명에서도 마찬가지로 적용된다. 이들에 따르면 연줄망을 통한 부정부패는, 동아시아와 서양을 막론하고, 그 사회에 건전한 제도 환경이 구축되어 있다면 보편화되기 어렵다.

23 Sid Lowe(1998), p. 11.

한국, 중국, 말레이시아 등과 달리 유사한 유교문화권에 속해 있으면서도 제도가 비교적 철저하게 구축되고 엄정하게 집행되는 싱가포르, 민주제와 법제도적 환경이 양호한 일본, 그리고 영국의 영향을 강하게 받아 민주제도와 제도 환경이 잘 구비된 홍콩의 부정부패 수준이 다른 사회에 비해 낮다는 사실은 제도주의자들의 설명에 설득력을 더해 준다.

피상적으로 볼 때 제도주의적 설명은 문화주의적 설명보다 더 설득력이 있어 보인다.[24] 그러나 문화주의의 설명과 마찬가지로 제도주의 설명에도 맹점이 있다.[25] 제도주의 시각의 가장 큰 문제점은 제도결정론(institutional determinism)에 빠지기 쉽다는 점이다. 문화주의자들은 개인과 조직의 행위가 문화로부터 영향을 받은 가치지향 행위라고 본다. 제도주의자들은 개인과 조직의 행위는 사회 환경, 즉 제도적 환경과 연관되어 있다고 믿는다. 하지만 제도는 사회 구성원의 잠정적인 합의에 의해 설계되며, 제도 이전에 개인이나 조직의 사고방식 및 행위는 이미 문화의 영향에서 자유롭지 않다. 타이완이나 한국에서 보듯이 상당한 수준의 경제발전이 성취되고 제도 환경도 비교적 높은 수준임에도 불구하고 부정부패 문제가 쉽게 해소되지 않은 현실을 보면, 제도 환경을 곧바로 관계중심 문화, 부정부패, 경제발전 요인에 대한 설명과 연관 지으려는 시도는 좀 성급하다고 생각된다.

24 흥미로운 점은 문화주의자들이나 제도주의자들 모두 근원은 막스 베버(Max Weber)에 두고 있으며, 이 점에서 문화주의와 제도주의는 베버 사회학의 특수한 버전이라고 할 수 있다. 베버는 서양의 자본주의 발흥은 기독교도들로 하여금 모든 행위를 현실적이고 세속적인 경제행위 속에 녹여 넣을 수 있도록 허용한 칼뱅주의 윤리에서 예견되었다고 본다. 동시에 그는 자본주의 발흥을 위해서는 합리적 행위자와 합리적 제도가 중요한데, 합리적 행위자와 제도는 서양에서 먼저 정착되었고, 이에 힘입어 자본주의가 발전할 수 있었다고 설명한다. 베버는 이 설명방식을 동아시아 사회에 확대 적용하면서, 기독교와 달리 유교, 도교는 전통적 가치와 현존 질서의 영구화를 위해 봉사하였다고 평가하였다. 문화주의자들은 베버의 종교 윤리와 문화에 대한 관심에 주목하였고 제도주의자들은 베버의 합리성, 합리적 제도에 대한 관심에 주목한 것이다.

25 Barry Wilkinson(1996), pp. 9~11.

문화주의적 설명과 제도주의적 설명의 한계를 극복하기 위해 좀 더 개선된 설명들이 제기되었는데, 이 시도는 대체로 문화와 제도 두 요소를 동시에 고려하면서 설명하려 한다.[26] 그중에는 문화주의 시각과 제도주의 시각을 결합한 로우(Sid Lowe)의 복합적 설명 틀이 있다. 로우의 설명 틀[27]은 사회 현상은 두뇌와 정신(brain and mind)의 상호 작용에 의해 만들어지기 때문에[28] 제도가 중요하지만 문화도 중요하다는 인식에서 출발한다. 여기에서 두뇌는 제도적 측면이고 정신은 문화적 측면으로 이해할 수 있다.[29] 그에 따르면 행위 결과(부정부패 등)는 두뇌와 정신, 제도와 문화의 복잡한 상호 작용의 결과이다. 따라서 연줄망이 행위에 강한 영향을 미치는 관계중심 문화는 문화, 즉 정신의 한 측면이다.

제도와 문화의 상호적인 관계에 집중한다는 점에서 로우의 설명 틀과 유사하지만, 레셈과 노이바우어(Lessem and Neubauer)는 우리의 관심에 좀 더 근접한 설명 틀을 제시한다. 이들은 제도-문화적 이해와 접근(institutional-cultural understanding and approach)법에 근거해서 나무모형(tree model)을 제시하였다. 이들은 좀 더 합리적인 설명을 위해서는 개인 및 조직 행위의 관계적 측면과 문화적 측면을 동시에 고려해야 한다고 보았는데, 이 중에서 문화의 중요성에 더 무게를 둔다. 레셈과 노이바우어의 나무모형에 따르면 문화는 뿌리이고, 제도

26 문화주의든 제도주의든 그들의 주장을 살펴보면 베버를 편향되게 이해하고 있음을 알 수 있다. 베버는 그의 『프로테스탄트 윤리와 자본주의 정신』에서 자본주의의 출현은 의도되지 않은 결과였으며, 기독교 윤리와 자본주의는 선택적 친근성(elective affinity)이 있다는 인식을 견지하였다. 그는 종교 윤리가 자본주의 발흥이나 경제발전과 인과관계가 있다고 보기보다는 종교나 문화가 이념에 영향을 주며, 이념은 또 의미 있는 사회적 행위, 즉 역사에 영향을 준 사실을 강조하였을 뿐이다. Max Weber(1958); 이종오 옮김(1998), 특히 제1부 pp. 79~80 참조.

27 로우의 설명 틀에 대해서는 Sid Lowe(1998) 참조.

28 Sid Lowe(1998), p. 2.

29 물론 제도와 개인의 윤리의식 모두 문화의 영향권 안에 있기는 하지만, 이 경우 문화를 윤리의식, 도덕성, 정신과 구분해서 이해하는 편이 합리적이다.

와 생각 및 이념은 줄기와 가지이며, 행위·특성·태도 등은 잎에 해당하는데, 뿌리, 줄기, 잎 세 부분은 서로 유기적인 관계를 맺고 있다. 나무모형에 따르면 문화 – 제도 및 이념 – 행위는 상호 유기적인 관계를 맺고 있으나, 뿌리인 문화는 복잡하고 다차원적 현상(complex multi-dimentional phenomenon)이기 때문에 제도, 이념, 행위에 더 깊은 영향을 미친다.[30]

이제 이상의 논의를 정리해 보자. 로우, 레셈과 노이바우어의 설명처럼 개인과 조직의 행위와 사고방식이 정신과 두뇌의 상호작용에 의해 영향을 받는다고 한다면, 문화 또는 가치는 정신과 관련이 있고, 구조와 제도는 두뇌와 관련이 있다고 할 수 있다. 그런데 문화를 일방적으로 정신 속에 포함시키기는 곤란하다. 왜냐하면 문화는 개인과 집단의 의식구조, 현실 속의 제도 및 구조에 모두 영향을 미치는데, 의식구조가 문화의 영향을 받기는 하지만 도덕성이나 윤리의식을 문화의 종속변수로 보기는 어렵기 때문이다. 윤리의식은 제도나 문화와 구분되는 독립변수의 성격이 강하다. 유사한 문화도 상이한 구조(제도)하에서 다양한 형태로 변형됨으로써 상이한 행위와 결과를 가져올 수 있다. 그렇다면 제도와 사회구조가 문화의 형성과 변용에 영향을 미친다고 할 수 있다. 한 시대의 문화는 제도의 영향으로부터 자유로울 수 없으며, 동일한 제도도 다른 문화 조건하에서 개인과 조직의 행위에 다르게 나타날 수 있다. 제도 환경에는 이미 문화적 영향이 내재되어 있다는 점에서 제도는 문화에 의해 영향을 받는다고 말할 수 있다. 이처럼 양자 간에는 얽히는 부분도 있고, 구분되는 부분도 있다.

관계중심 문화와 그로 인한 부정부패, 나아가서 동아시아의 경제 성과를

---

30 Ronnie Lessem and Fred Neubouer(1994), p. 10.

설명하고자 할 때, 우리는 문화결정론을 경계하여야 하지만 문화의 중요성을 부정하기는 곤란하다. 마찬가지로 우리는 제도결정론을 조심해야 하지만 제도의 중요성은 인정해야 한다. 뿐만 아니라 제3의 설명방식인 도덕 및 윤리 결정론은 더욱 주의해야 한다. 법규범에 대한 기회주의 행위인 부정부패는 관계적(제도적) 측면, 문화적 측면 및 윤리 측면을 동시에 지닌 복합적 현상이다. 윤리의식은 문화, 제도, 이념과 무관할 수는 없다 하더라도 비교적 독립변수로서의 성격이 강하다. 왜냐하면 기회주의 행위나 부정부패 행위는 개인의 고양된 윤리의식에 의해서도 어느 정도 통제될 수 있기 때문이다. 또한 만약 제도가 잘 구축되고 문화 전통이 양호하다고 하더라도 기회주의 행위의 비용이 이익보다 작으면, 제도에 대한 순응보다는 기회주의적 행위를 하려는 유인이 커질 수 있다. 부정부패 문제를 생각할 때 개인의 가치 체계인 도덕성이나 윤리의식을 함께 고려한다면 도덕성은 문화라기보다는 정신의 범주에 든다고 할 수 있다.[31] 하지만 개인의 윤리의식 또는 도덕성은 사회과학적 시각으로 말하기 어려울 뿐 아니라 어떤 대안을 마련하고자 할 경우 더 큰 어려움에 직면할 가능성이 있다. 동일한 논리로 동아시아 사회에서 연줄망에 의한 부정부패 현상을 설명할 때, 우리는 문화결정론과 제도결정론에 반대해야 하지만 제도와 문화의 중요성을 간과할 수 없으며, 정신 측면인 윤리의식을 강조하려는 시도는 더 경계해야 한다.

어느 개인이나 조직의 행위가 외부적으로 표출되기까지는 다양한 요인이 복합적으로 영향을 미친다. 그렇기 때문에 관계중심 문화와 부정부패의 원인이 문화냐 제도냐, 그것도 아니면 개인의 윤리의식 문제냐 하는 의문에 명쾌

31 개인의 윤리의식, 도덕성이 부정부패 문제를 이해하는 데 하나의 중요한 요소가 될 수 있기 때문에 중요성을 무시할 수는 없지만 여기에서 다루기는 곤란한 문제이다.

하게 답하기는 쉽지 않다. 다만 일부 동아시아 사회의 사례를 볼 때 우리는 정답에 근접한 설명을 해낼 수는 있다. 싱가포르, 홍콩, 일본의 사례는 경제발전 수준이 높아지면 부정부패가 감소할 수 있다는 주장과 건전한 제도가 구축되고 집행이 엄정하면 부정부패가 감소할 수 있다는 주장에 힘을 실어 줄 수 있다. 동시에 부정부패 정도가 낮은 사회를 관찰할 때 그 사회가 소속된 지역은 유럽, 미주, 동아시아를 가리지 않으며, 종교문화도 매우 다양하다. 따라서 문화가 가장 중요하다는 주장의 설득력은 약화된다. 특히 싱가포르는, 중국문화 또는 유교문화의 강한 세례를 받은 사회라는 주장에 전적으로 동의하기는 어렵지만,[32] 일단 동의한다고 하더라도, 싱가포르 사회는 관계중심 사회, 연줄망이 강한 영향을 미치는 사회, 관계망 자본주의 사회보다는 철저하게 제도화되고 제도의 집행이 엄정한 법치(rule of law) 사회로 보는 게 맞다.

이처럼 동서양의 다양한 사례를 비교하거나 동아시아의 몇 사회를 비교하기만 해도 부정부패를 문화 탓으로 돌리기에는 무리가 있음을 쉽게 알 수 있다. 반면 부정부패가 비교적 심한 나라로 분류되는 한국, 중국, 필리핀, 베트남 등은, 한국을 제외하고는 제도화 수준도 낮고 경제발전 수준도 낮으며, 문화, 종교도 매우 다르다. 그렇다면 문화냐 윤리냐 제도냐에 대한 논의에서 문화나 윤리보다 제도 쪽의 설득력이 더 우위에 있어 보인다.

32 엄격히 말해, 싱가포르와 홍콩은 인종으로는 동아시아인과 동일하지만 식민지 경험을 통해 영국의 가치와 제도를 기반으로 운영된 사회이고, 종교도 유교문화뿐 아니라 기독교와 천주교의 영향을 크게 받은 사회라는 점에서 볼 때 그러한 주장에 동의하기 어렵다.

4. 관계중심 문화: 사회적 자본과 사회적 비용 사이

일각에서는 관계중심 문화가 사회자본(social capital)[33]이라고 주장하기도 한다. 이들의 주장에 따르면, 특히 동아시아 신흥공업경제(NIEs)의 경제개발기에 특수한 인간관계망(연줄망)이 불완전한 시장을 보완하여 불확실성을 감축하고 거래비용을 줄임으로써 효과적으로 경제성장을 가능하게 하였기 때문에 연줄망은 사회자산, 더 나아가서는 사회자본이다. 이들의 주장은 경제개발 초기에는 자원이 부족할 뿐 아니라 합리적인 시장제도도 구축되지 않은 상태이므로, 불확실성이 크고 거래비용도 많이 드는데, 이때 특수한 인간관계가 효율을 높이고 비용을 감축할 수 있게 해준다는 믿음 위에 서 있다. 이들이 말하는 효율성이라는 것이, 다른 모든 측면을 사상하고, 총량의 증대라는 한 측면만을 가리킨다고 한다면 어느 정도 이해할 수 있다. 그러나 이 문제는 생각처럼 단순하지 않은 문제여서 심도 있는 성찰이 필요하다. 다만 이들의 주장과 달리 본문의 논의를 통해서 우리는 관계중심 문화가 부정부패와 상당한 친근성을 지니고 있을 뿐 아니라 외부불경제와 사회비용(social costs)의 원인이 될 잠재성이 충분하다는 사실을 확인하였다.

이제 우리는 관계중심 문화가 과연 사회자본이냐 아니면 사회비용이냐 하는 의문에 대해 논의할 차례가 되었다.

부정부패, 다시 말해 연줄망을 동원한 권력과 정보의 사적인 거래 현상을 불러오는 환경에는 어떤 것들이 있을까? 우리는 외부불경제이자 사회비용인

---

33 사회적 자본은 구성원들이 공동의 목표를 효율적으로 추구할 수 있게 하는 공동의 자산을 가리킨다. 예를 들면, 상호 신뢰, 친사회적 규범, 협력망 등이 사회적 자본의 내용이다. 사회적 자본은 개인이 독점할 수 없는 공공재의 성격이 강하다.

부정부패를 유인하는 일반적인 환경을 생각해 봄으로써 관계중심 문화와 부정부패 및 외부불경제가 어떤 관계에 있는지, 그리고 그것이 사회자본인지 아니면 사회비용인지를 판가름할 근거를 마련할 수 있으리라 생각한다. 먼저 관계중심 문화와 친근성이 있고, 분명히 사회비용의 중요한 부분이기도 한 부정부패의 원인에 대한 이해를 통해 이 문제로 접근해 가자. 단순화의 위험을 감수한다면, 부정부패의 발생조건은 다음과 같이 몇 가지로 정리해 볼 수 있다.[34]

첫째, 인간의 본성 문제이다. 대다수의 인간은 본질적으로 누구나 무임승차(free-rider) 성향이 있을 뿐 아니라 이익이 예상되지만, 처벌이나 징계의 가능성이 낮아서, 지불할 비용이 크지 않다고 판단할 때, 기회주의적인 행위의 유인을 갖는다. 그렇다면 법제도를 벗어난 기회주의적 행위, 즉 시장 밖의 거래인 부정부패는 무엇보다도 인간의 본성에 뿌리를 두고 있다고 보아도 무리가 없다.

둘째, 부정부패가 가능한 사회적 환경(사회구조)을 지적할 수 있다. 먼저, 합리적이고 공정한 제도가 구축되어 있지 않고 법집행도 엄정하지 않은 사회에서는 법제도의 권위는 낮고 제도에 대한 신뢰는 약하다. 이러한 환경에서는 기회주의적 행위의 사후 안정성이 높을 뿐 아니라 법제도 준수에 따른 이익보다 기회주의적 행위로 인한 이익이 더 크다. 이러한 사회환경에서는 자연스럽게 기회주의적 행위에 대한 유인이 발생하며, 부정부패도 바로 여기에서 시작되고 성장한다. 다시 말해, 어느 사회에 법제도가 미비되어 있거나, 건전한 법규범과 시장제도가 정착되지 않았을 뿐 아니라, 책임자의 재량 범위가 크고 법제도로 커버되지 않는 애매한 영역이 넓을수록 부정부패가 배태될 가능성

34 임반석(2003), pp. 66~67.

은 그만큼 커진다.

셋째, 양심과 윤리의식 부족 문제이다. 기회주의적 행위를 감소시키기 위해서는 법치가 매우 중요하지만, 치밀한 법규범만으로 부정부패 문제가 일소되지는 않는다. 기대하기 쉽지는 않지만, 법제도가 미비 상태이고 제도적으로 허점이 많다고 해도 구성원의 양심이 살아 있고 윤리 수준이 높다면 부정부패는 어느 정도 통제될 수 있다. 전통문화 때문이든 아니면 윤리의식 부족 때문이든, 기회주의적 행위는 부정부패의 중요한 요인임에 틀림없다. 그러나 윤리의식 문제는 시공을 초월해 모든 사회에서 지적될 수 있는 문제이다. 또 다른 시각에서 보면, 개인의 윤리의식 부족은 철저하지 못한 사회규범과 자의적인 법집행 환경에 의해 영향을 받는 측면도 있다.

이상의 설명을 단순화시킨다면 다음과 같이 정리할 수 있다. 대부분의 인간은 가능하다면 무임승차하고자 하는 성향을 갖고 있다. 부정부패가 가능한 제도적·사회적 환경은 부정부패와 양의 함수관계를 가지며, 기회주의적 행위의 사후안전성(낮은 비용)도 부정부패와 정비례 관계에 있다. 사후안전성의 수준은 기회주의 행위로 인한 이익과 비용 간의 비교 결과에 따라 결정된다. 여기에서 제도적·사회적 환경이란 허술한 제도, 엄정하지 못한 집행, 관리자의 과도한 재량권 등을 가리킨다.

이상에서 부정부패를 유인하는 일반적 환경에 대해 서술하였는데, 부정부패의 요인은 경제학적 시각에서도 설명할 수 있다. 부정부패는 '독점'(monopoly)이라는 환경에서 쉽게 발생한다. 여기에서 독점은 정보, 권력을 포함한 자원에 대한 독점을 말한다. 정치인이나 관료에 의해 정보나 권한이 독점되거나 그들의 재량권 범위가 큰 환경에서는, 연줄망을 이용한 권력-금력 간, 권력-권력 간 시장 밖의 거래가 발생하기 쉽다. 정보경제학 시각에서 볼 때 독점 상황은 정보가 널리 확산되지 않고 일부 구성원에게 집중되는 현상인데, 정보가 비대칭인 상황에서 정보를 독점한 구성원은 배타적인 권한을 시장 밖에서 거래함으로써 사익을 챙기려는 유인을 갖는다. 정보나 힘을 배타적으로 보유하고 있는 일부 구성원은 그것을 이용해 이익을 볼 수 있는 반면, 정보로부터 배제된 다수는 상대적으로 불리한 위치에 서게 된다. 이러한 정보나 권력 같은 자원을 독점한 사람들의 이익 교환과 사익추구 행위는 사회적 이익으로 이어지기 어렵고, 연줄망 밖에 있는 잠재적 참여자들은 거래로부터 원천적으로 배제된다. 만약 정보와 권력이 어떤 특수한 인간관계망 내부인 간에 사적이고 배타적으로 유통(법규범을 벗어난 암시장에서 거래)된다고 한다면, 연줄망 밖에 존재하는 절대 다수 외부인의 접근은 원천적으로 봉쇄되며, 이 '독점과 배제'의 과정에서 필연적으로 사회비용과 외부불경제가 발생하게 된다. 그리고 연줄망에서 배제된 다수 사회 구성원에게 미칠 비용은 단순한 총량의 변화보다 측정이 불가능할 정도로 클 수 있다는 점은 쉽게 간과된다. 이들의 주장은 배제된 절대 다수에게 기회가 부여되었더라면, 더 큰 사회적 가치가 창출될 수 있었음을 무시하고 있다.

중립적인 개념인 관계망이 사회비용을 낳는지 여부는 단정하기 어렵다. 하지만 제도화되고 공개된 시장에서 작동하는 비사적(impersonal)이고 객관적·경험적인 관계망은 개인이나 조직 간의 연결망으로서 정보의 소통과 확산의 통로가 된다는 점에서 사회자원(social resources)이며, 그렇다면 이 관계망은 특수한 형태의 사회자본(social capital)[35]이라고 할 수 있다. 그리고 이때 특정한 행위

35 사회자산 또는 사회자원이라는 용어는 가치중립적으로 쓰이고 있다. 하지만 그것이 자본으로 기능하는지 비용으로 기능하는지에 따라서 사회자본이나 사회비용 같은 가치가 개입된 용어로 바꿔 불러야 한다. 이러한 의미에서 사적인 관계망은 사회자본이 아니라 사회자원 또는 사회자산의 한 형태로 보아야 하지 않을까 생각된다.

자가 소유하고 있는 자본의 양은 그가 효과적으로 동원할 수 있는 연결망의 크기와 강도, 연결된 각 구성원이 소유하고 있는 경제적·문화적·상징적 자본의 양에 달려 있다.

이미 서술하였듯이 관계망에는 연결망과 연줄망이 있다. 연결망은 객관적이고 경험적인 성격을 가지며, 그 관계는 수평적 관계가 핵심이고 개방적이다. 하지만 연줄망은 개인과 조직의 주관적이고 사적인 관계로서, 그 관계는 수직적 성격과 수평적 성격을 동시에 지닐 뿐 아니라 본질적으로 폐쇄적·배타적이다. 객관적이고 경험적으로 형성되는 인간관계망인 연결망은 폐쇄성이 없고 내부인과 외부인을 특별히 구분하지 않으며, 또 정보가 확장되는 성격을 가지고 있다. 따라서 관계망의 내용이 연결망일 경우, 그 연결망은 개인과 조직 간의 협력적 행위를 촉진시킴으로써 사회적 효율을 향상시키는 선순환에 기여한다. 이처럼 관계망이 사회적 효율을 높일 수 있다면, 그 관계망은 사회자본이 될 수 있다. 사회자본의 형태는 사회적 신뢰, 유용한 정보의 확산과 활용, 일반화된 호혜의 규범, 시민적 참여망 등으로 나눌 수 있다.[36] 다시 말해서, 연결망은 사회 효율과 공적 신뢰를 높이기 때문에 사회자본으로 기능할 가능성이 크다.

'사회자본'의 의미를 사회자원과 같이 가치중립적인 의미로 사용하는 부르디외(Pierre Bourdieu)[37]에 따르면, 사회자본은 지속적인 네트워크 혹은 상호 면식이나 인정(人情)이 제도화된 관계, 구체적으로 말해서 특정 집단의 구성원이 됨으로써 획득되는 실제적·잠재적 자원의 총집합이다. 사회자원으로서의 관계망은 개인과 조직을 포함한 행위자들이 이용할 수 있는 특수한 형태의 자원

---

36 안청시 외 역(2000), p. 281 참조.
37 Pierre Bourdieu(2003), pp. 75~76.

으로서 개인이나 조직으로 하여금 특정한 행위를 하도록 유도 또는 촉진한다. 관계망은 투자한 개인에게 이익이 귀속되는 인적 자본이나 물적 자본과 달리 관계 속에서 공동으로 관리·소유되며 때로는 증폭된다. 그렇기 때문에 연결망처럼 관계망이 사회에서 긍정적인 사회자산으로 기능한다고 한다면, 그 관계망은 사회자본이자 공공재(公共財: public goods)의 성격을 갖는다고 볼 수 있다.

이와는 달리 주관적·사적 관계망인 연줄망은 '독점과 배제'를 기본 속성으로 하기 때문에 정보와 힘의 독점과 그로 인한 절대 다수의 배제, 잠재적 참여의 원천 봉쇄, 사회적 신뢰 저하를 불러온다. 따라서 연줄망은 전반적으로 볼 때 사회 효율을 떨어뜨리고 신뢰를 약화시킨다는 점에서 사회비용일 가능성이 큰데, 우리의 주제에서 관계중심 문화는 '연줄망'을 가리키고 있음을 주의해야 한다.

앞에서 우리는 연줄망이 공개된 시장 밖의 거래(암시장 거래)를 선호하기 때문에 사회비용일 잠재성이 크다고 하였으며, 그 전형적인 현상이 바로 부정부패라고 지적하였다. 그런데 연줄망이 만들어 내는 사회비용의 한 측면인 부정부패는 공해(pollutions)와 매우 유사한 성격을 가지고 있다. 이론적으로 부정부패와 친근한 연줄망이 사회자본인지 사회비용인지는 그것이 사회 속에서 외부경제(external economy)를 만들어 내는지 아니면 외부불경제(external diseconomy)를 만들어 내는지를 보면 쉽게 판정할 수 있다. 연결망은 객관적이고 개방적이기 때문에 외부인의 참여를 배제하지 않고 사회 속에서 정보가 확장되어 공공재로 기능할 가능성이 있다. 연결망은 또한 관계망 외부에 불이익과 비용을 만들지 않고 사회적 신뢰를 높이며 사회 효율을 증진시킬 수 있다. 그러므로 연결망은 외부경제를 만들어 낸다고 할 수 있으며, 이 이유 때문에 연결망은 사회자본 또는 공공재로 취급된다 해도 무리가 없다.

이에 비해서 연줄망은 주관적이고 독점적이며 폐쇄적인 특성을 지니기 때문에, 외부인을 배제하고 공정경쟁을 해칠 뿐 아니라 사회규범에 대한 공적 신뢰를 추락시키고 구성원 간의 신뢰를 약화시킴으로써 결국 사회 효율을 떨어뜨린다. 그러므로 연줄망이 사회경제 질서에 강한 영향을 미친다면 외부불경제, 즉 사회비용(social costs)을 발생시킬 수밖에 없다. 이 점에서 볼 때, 연줄망에서 부정부패로 이어지는 관계는 공해와 매우 유사하다. 따라서 연줄망은 부정부패와 마찬가지로 외부불경제를 낳으며, 외부불경제를 낳는 연줄망, 그리고 연줄망을 이용한 시장 밖의 행위 결과인 부정부패를 사회비용이라고 보는 데는 큰 무리가 없다.

앞서 연줄망과 강한 친근성을 갖는 부정부패는 사회비용을 발생시키기 때문에 공해와 유사하다는 점을 언급한 바 있다. 다만 공해와 부정부패의 차이는 여기에 있다. 공해는 한 사회에서 물리적·기술적 외부불경제를 만드는 반면, 부정부패는 사회적·제도적 외부불경제를 만든다. 공해는 자연을 훼손하고 오염시키며, 보건에 해를 끼치지만, 부정부패는 사회규범에 대한 신뢰를 무너뜨리고 사회경제 질서, 제도 및 구성원의 정신을 오염시킬[38] 뿐 아니라 구성원 간의 신뢰를 깨뜨린다. 다시 말해, 연줄망은 '사회적 공해'(social pollutions)나 마찬가지이다.

앞서 관계중심 문화에서 연줄망이 그 중심 내용을 이룰 때 부정부패 문제가 대두될 수 있다고 하였다. 그런데 연줄망이 사회비용의 근원일 수 있다는 사실을 깊이 이해하기 위해서는 부정부패가 구체적으로 어떤 측면의 외부불

38 이일영 외 옮김(2001), p. 371.

경제와 사회적 비용을 만들어 내는가를[39] 살펴보아야 한다.

부정부패는 구체적으로 다음과 같은 이유로 국민경제 또는 사회에 비용이 된다. 첫째, 부정부패가 없는 경우보다 더 높은 비용을 발생시키고 이윤을 감소시키기 때문에 결국 정부의 재정수입을 감소시킨다. 둘째, 소득분배의 불공정 문제를 야기함으로써 사회갈등을 유발하고 사회신뢰를 약화시킨다. 셋째, 연줄망 내의 소수 구성원들이 사회규범을 벗어난 공정하지 않은 방법으로 이익을 교환함으로써 절대 다수 구성원의 참여기회와 발전 가능성 자체를 박탈한다. 넷째, 정부, 제도, 체제 자체에 대한 구성원의 신뢰를 떨어뜨린다. 다섯째, 대외신인도를 떨어뜨려 대외 교류와 외국인 투자를 감소시킨다. 여섯째, 경쟁을 배제하거나 제한함으로써 공정성을 훼손하고 건전한 시장 질서를 혼란스럽게 한다.

이미 소개하였듯이 연줄망은 시장이 발달되지 않고 또 사회적 불확실성이 큰 사회에서 사회 효율을 높이는 사회자본으로 기능한다는 주장이 있다. 주로 강성 권위주의 또는 전체주의적 정부에 의한 경제개발 방식을 높이 평가하는 사람들이 이러한 시각을 지지하고 있는데, 이 주장은 매우 단편적이고 지나치게 단순한 주장일 뿐 아니라 다분히 이데올로기적이다. 또 부정부패가 반드시 사회비용만을 낳는 것은 아니라는 주장도 있다. 일부 사람들은 시장제도가 잘 구축되지 않고 불확실성이 큰 사회에서 연줄망이 경제성장에 윤활유 역할을 한다고 보는데, 그 주요 이유는 연줄망을 통한 불확실성 회피 행위가 낙후된 사회에서 사회 효율을 높이고 경제성장에 적극적인 기능을 한다고 믿기 때문이다. 그들은 부정부패는 연줄망 내부인의 끈끈한 유대관계를 통해 부실

39 부정부패의 비용과 이익에 대해서는 이일영 외 옮김(2001), p. 383 참조.

하고 허술한 제도를 뚫고 불확실성을 제거하거나 제도 안의 장애물을 제거하여 일의 진행속도를 높일 뿐 아니라 나름대로의 공식적인 시스템을 만들어 낸다고 본다. 이들의 논리에 따른다면, 만약 시장 밖의 거래를 통해 거래비용을 줄이고 사업을 원활하게 영위하는 구성원이 있다면, 그는 또 다른 수익자가 되며, 그의 이익은 고용 증대나 다른 요인 때문에 지역경제에 공헌한다는 의미가 된다. 이러한 피상적인 인식을 받아들인다면, 우리는 일부 동아시아 국가에서 개발 초기에 널리 보이는 연줄과 연고주의, 나아가서는 그 본질적인 모습인 부정부패까지를 사회자본으로 미화해야 하는 난관에 직면한다.

부정부패와 경제 효율의 관계에 관한 실증조사 결과는 양자 간에 상당한 역의 상관관계가 있음을 보여 준다.[40] 그렇다면 시공을 막론하고 사적인 인간관계를 이용한 암시장 거래, 다시 말해 부정부패는 명백히 사회비용이다. 연줄망이 부정부패의 출발점 중의 하나이고 부정부패가 경제 효율, 공정경쟁, 사회신뢰를 저하시키는 요소라고 한다면, 부정부패가 사회비용이듯이 연줄망을 동원한 암시장 거래도 당연히 사회비용이라고 보는 편이 자연스럽다.[41] 요컨대, 연줄망은 부정부패와 가깝고 부정부패는 여러 가지 외부불경제와 사회비용을 만들며 사회후생을 감소시키는 사회적 공해로서의 성격이 짙다.

연줄망이 특수한 시대 배경과 제한적 시기에 사회자본으로 작용할 가능성이 전혀 없는 것은 아니다. 연줄망은 '시장제도'가 형성되어 있지 않거나 사회규범이 정립되어 있지 않고 '위계질서'도 잘 작동하지 않아 불확실성이 매우 큰 사회에서 불확실성을 극복하고 거래를 촉진할 가능성이 없지 않다. 그러

40 Ch. D. Gary and D. Kaufmann(1998).

41 부정부패가 명백히 경제발전과 역의 상관관계가 있다는 조사연구에 동의한다 해도 부정부패의 감소가 경제발전에 순기능을 하는지, 경제발전 수준이 높아지면 부정부패가 감소하게 되는지에 대한 결론은 여전히 유보적이다.

나 이는 단지 특수한 경우, 극히 제한적인 시기에만 적용될 수 있을 뿐이다. 또한 개인 또는 소수가 연줄망을 통해 부정하게 취득한 사익을 사회적 입장에서 비용절약이라고 설명할 수 있을지 매우 의문이다. 무엇보다도 강성 권위주의 또는 전체주의 정부와 리더에 의해 시도된 수많은 경제개발이 대부분 실패하였으며, 성공적인 경제 성과를 보인 경우는 매우 드물다는 역사적 경험은, 특수한 인간관계를 사회자본으로 단정하려는 시도의 설득력을 약화시킨다. 이에 대해서는 좀 더 심도 있는 토론이 필요한데, 이는 우리의 주제와 거리가 있기 때문에 여기서는 더 이상 부연하지 않는다. 다만 연줄망을 통한 암시장 거래나 부정부패가 경제의 성장과 발전에 긍정적인 역할을 한다는 주장은, 부정부패에도 불구하고 성장하였다는 주장보다도 설득력이 현저히 떨어질 수밖에 없으며, 실증연구 결과에 의해서도 지지를 받지 못하고 있다.

이상의 논의를 통해 우리는 관계중심 문화에서 관계망의 핵심이 연줄망인 한 그것은 부정부패와 외부불경제를 불러올 가능성이 크며, 부정부패는 사회비용의 전형적인 경우이기 때문에, 연줄망이 사회비용일 가능성이 매우 높다는 사실을 알 수 있다. 더욱이 이미 빠른 속도로 진행되고 있는 정보화 사회는 자원으로서의 '정보'가 중요한 가치를 가지고 있으며, 사회 속에서 정보는 공개되고 확산될수록 사회적 효율을 높이고 사회 생산성을 높인다. 이렇게 볼 때 폐쇄적이고 배타적인 연줄망은 건전한 시장사회, 공정한 경쟁, 합리적인 사회, 건전한 정보화 사회, 그리고 사회생산력 발전을 위해 어떤 식으로든 극복되어야 할 대상이지 높이 평가해야 할 요소는 아니다. 경쟁과 효율 추구에 집착하는 경제 체제에 대해 회의를 품는 사람들이 적지 않지만, 엄격히 말해서 효율은 자본주의 사회, 시장사회의 중요한 기본 덕목이고 경제성장을 위해 필수적이며, 민주사회의 경제적 기반인 것이 사실이다. 따라서 관계중심 사회에서 연줄망이 사회경제 질서에 강한 영향을 미친다면, 그 연줄망은 사회비용일 가능성이 크기 때문에 사회적 효율뿐 아니라 신뢰의 위기를 불러올 수도 있음에 주의해야 한다.[42]

5. 맺음말

지금까지 우리는 동아시아 사회의 부정부패 정도가 선진 사회보다 상대적으로 심하다는 일반적인 인식과 일부 조사연구 결과를 받아들이면서, 관계중심 문화의 원인, 특수한 인간관계 형태인 관계중심 문화와 부정부패의 친근성, 부정부패와 연줄망의 관계, 관계중심 사회에서 연줄망이 사회자본인지 아니면 사회비용인지에 대해 논의하였다.

동아시아 사회에서는 인간 관계망 중에서도 사적이고 주관적인 연줄망이 사회경제 질서에 중요한 영향을 미친다고 일컬어져 왔다. 어떤 사회에서든 연줄망이 인간관계를 원활하게 하는 윤활유 역할을 하는 데서 멈춘다면, 한 사회의 특색 있는 문화이자 전통이 될 수 있다. 하지만 연줄망은 암시장 거래를 선호하기 때문에, 사회경제 질서 속에 기회주의적 행위를 만들어 낼 잠재성이 크며, 사회공해의 일종인 부정부패와도 매우 친근하다. 계약중심 사회, 연결망 사회와 대비되는 연줄망 사회에서 발생되는 부정부패는 본질적으로 '배타와 배제'를 생리로 하고 '독점'을 특성으로 한다. 그런데 배제와 독점은 개방과 공정경쟁을 무시하며 절대 다수 외부인의 참여를 원천 봉쇄한다는 점에서, 시

42 한승완(2005), p. 148.

장에서 독점 행위자가 야기하는 사회비용과 유사한 사회적 비용을 만들어 낸다. 따라서 연줄망으로 인해 발생되는 사회규범을 벗어난 사사로운 거래는 사회비용 그 자체이다. 연줄망과 부정부패가 만들어 내는 여러 측면의 외부불경제, 부정부패와 그에 대한 사회적 반감, 사회적 신뢰 하락은 그것이 바로 주목해야 할 사회비용임을 증명한다.

연줄망 문화가 동아시아 사회에서 부정부패의 핵심적 원인이냐 아니냐 하는 논의는 앞의 논의보다 더 복잡하다. 이 의문에 대한 답은 바로 대안 마련을 위한 실천 작업과 연결된다. 문화주의자나 제도주의자 또는 윤리주의자들처럼 동아시아 사회의 부정부패 원인을 단순히 문화, 제도 또는 윤리의식 중 어느 한 측면에서 찾으려 한다면, 이는 부정부패 원인의 일면을 보는 데 불과하다. 왜냐하면 기회주의적 행위나 부정부패를 포함한 개인과 조직의 행위는 문화, 제도, 정신의 복합적인 상호 작용에 의해 영향을 받기 때문이다. 지극히 추상적이어서 손에 잡히지는 않지만, 개인과 조직의 의식과 행위에 끊임없이 영향을 미치고 또 흔적을 남기는 것이 바로 문화이다. 이러한 의미에서 개인, 조직, 사회의 의식과 행태 및 행위구조를 이해하는 데 문화가 중요하다는 점에는 이의가 있을 수 없다.[43] 하지만 문화는 어떤 의미에서는 변수라기보다 중단기적으로는 상수의 성격이 강하고, 장기간 매우 보수적으로 변화하기 때문에, 문화의 변화를 예측하거나 문화 자체에 대해 평가를 내릴 때는 조심스러워야 한다. 말하자면, 동아시아 사회에 만연된 부정부패 현상의 요인을 전통문화에서 찾아야 한다는 주장도 그대로 받아들이기는 무리이다.

---

43 한 사회나 구성원 및 조직을 이해하는 데 있어서 문화의 중요성에 대한 논의는 Lawrence E. Harrison and Samuel P. Huntington(2000)에 수록된 논문들을 참조하라. 이 책에 실린 글들은 대체로 문화의 중요성을 인정하고 있으나 문화를 상수로 간주한다는 특징을 지니고 있다.

이 논의는 관계중심 문화와 부정부패의 원인이 제도냐 문화냐 아니면 개인의 도덕이냐 하는 논의로 축소할 수 있다. 본문에서 서술하였듯이, 이에 대한 다양한 설명 틀이 제시되었지만, 명쾌한 답을 기대하기는 사실상 어렵다. 다만 역사와 구체적인 사례, 그리고 중요성의 경중과 대안의 유효성을 생각한다면 제도가 더 중시되어야 하지 않을까 생각한다. 싱가포르 같은 일부 동아시아 사회의 사례를 통해 우리는 건전한 제도 구축과 엄정한 법집행으로 기회주의적 행위, 연줄망의 외부불경제를 어느 정도 감소시킬 수 있음을 보았다. 연줄망을 통해 이루어지는 부정부패 행위는 공개된 시장 밖의 거래이고, 공정경쟁을 해치는 행위이며, 사회규범과 게임 규칙을 파괴하는 기회주의적 행위이다. 그리고 기회주의적 행위는 치밀한 제도 구축과 엄정한 집행, 즉 법치에 의해 상당 부분 해소 가능하다. 하지만 치밀한 제도 구축만이 완벽한 정답일 수는 없다. 타이완이나 한국에서 보듯이 높은 수준의 경제발전과 제도 환경만으로 부정부패 문제가 잘 해소되리라 기대하기 어렵다. 만약 제도화가 사회적 효율을 높이고 부정부패를 줄이기 위한 충분조건이라면 상당 수준의 제도화를 이룬 한국과 대만의 사례, 제도화가 취약한 가운데 놀라운 경제 성과를 보인 중국 경제의 사례를 잘 설명하기 어렵다.

끝으로, 이상의 논의에도 불구하고 몇 가지 문제는 여전히 남는다. 하나의 과제는 부정부패의 만연이 동아시아 사회만의 특징인지, 지역에 상관없이 제도화 수준이 낮고 경제발전 수준이 낮은 사회나 전통사회의 특징인지에 대한 의문이다. 여기에서는 편의상 동아시아 지역의 연줄망과 부정부패 문제를 다루었지만 보편화된 부정부패가 동아시아 사회의 특징인지 여부는 섣불리 말하기 어렵다. 남은 또 하나의 과제는 개별 동아시아 사회의 특수성 문제이다. 동아시아 사회는 보통 유교문화권, 정실자본주의, 유교자본주의, 관계중심 사회, 연고주의 사회, 연줄사회 등으로 특징지어진다. 하지만 개별 동아시아 사회가 중시하는 관계망이 연줄망이라고 하더라도 사회별로 강조하는 측면, 성격, 특징 및 강도에 상당한 차이가 있고,[44] 부정부패의 심각성도 다른데, 이 문제를 어떻게 설명해 낼 것이냐 하는 점도 과제로 남는다.

44 이에 대해서는 권용혁 외(2005), 특히 제3장을 참조하라.

참고문헌

김용학, 『사회연결망이론』, 서울: 박영사, 2003.

김정미 옮김, 뤄야동 지음, 『관계와 비즈니스 - 중국 비즈니스 문화의 심층 구조』, 서울: 다락원, 2002.

박찬웅, 「신뢰의 위기와 사회적 자본」, 『사회비평』, 제19호, 1999.

안청시 외 옮김, 퍼트남(Robert Putnam) 지음, 『사회적 자본과 민주주의』, 서울: 박영사, 2000.

유석춘 외 옮김, 부르디외(Bourdieu, Pierre) 지음, 「자본의 형태」, 『사회자본의 이론과 쟁점』, 서울: 그린, 2003.

윤경우, 「중국 기업에서의 관시와 관계중심주의」, 『한중일 기업문화를 말한다』, 서울: 이학사, 2005.

이우관, 「동아시아 3국의 연고주의 비교」, 『한중일 기업문화를 말한다』, 서울: 이학사, 2005.

이일영 외 옮김, 나카가네 카츠지(中兼和津次) 지음, 『중국경제발전론』, 서울: 나남출판, 2001.

이종오 옮김, 베버(M. Weber) 지음, 『프로테스탄티즘 윤리와 자본주의 정신』(*The Protestant Ethic and the Spirit of Capitalism*), 대구: 계명대 출판부, 1998.

이종원 외, 『부패의 경제』, 서울: 해남, 2000.

임반석, 「중국 부정부패의 정치경제학」, 『한중경상연구』, 2(2), 2003.

한승완, 「연줄망에서 연결망으로」, 『한중일 기업문화를 말한다』, 서울: 이학사, 2005.

Boisot, Max H., "Markets and Hierarchies in a Cultural Perspective," *Organization Studies*, 7, 1986.

Boisot, Max and John Child, "From Fiefs to Clans and Network Capitalism: explaining China's emerging economic order," *Administrative Science Quarterly*, December 1996.

Christine, Oliver, "The Antecedents of Deinstitutionalization," *Organization Studies*, 13(4), 1992.

Gary, Ch. D. and D. Kaufmann, "Corruption and Development," *Finance and Development*, March 1998.

Gibbons, K. M., "Toward an Attitudinal Definition of Corruption," A. J. Heidenheimer et al., eds., *Political Corruption*, New Brunswick: Transaction, 1989.

Gorden, Redding S., "Weak Organizations and Strong Linkages: Managerial Ideology and Chinese Family Business Networks," Gary G. Hamilton, ed., *Business networks and economic development in East and Southeast Asia*, University of Hong Kong, Center for Asian Studies Occasional Papers and Monographs no. 99, 1991.

Hall, Edward T., *Beyond Culture*, New York: Anchor Book, 1976.

Harrison, Lawrence E. and Samuel P. Huntington, *Culture Matters*, New York: Basic Books, 2000.

Kwong, Julia, *The Political Economy of Corruption in China*, New York: M. E. Sharpe, Inc., 1997.

Lessem, Ronnie and Fred Neubouer, *European Management System: towards unity out of cultural diversity*, London: McGraw-Hill, 1994.

Richard, Whitley, *Business Systems in East Asia: firms, markets and societies*, London: Sage,1992.

Sid, Lowe, "Culture and Network Institutions in Hong Kong: a hierarchy of perspectives. a response to Wilkinson: culture, institutions and business in East Asia' ," *Organization Studies*, 3(22), 1998.

Tseng, Choo Sin, "Moral Atmosphere and Moral Influence under China's Network Capitalism," *Organization Studies*, 5(1), 2002.

Wilkinson, Barry, "Culture, Institutions and Business in East Asia," *Organization Studies*, 6(22), 1996.

Woolsey, Biggart Nicole and Gary G. Hamilton, "On the Limits of a Firm-based Theory to Explain Business Networks: the western bias of Neoclassical Economics," Nitin Nohria and Robert G. Eccles, eds., *Networks and Organizations: structure, form, and action*, M.A.: Harvard Business School Press, 1992.

제 7 장

중국 관시문화의 특성과 실천적 의미

1. 머리말

중국을 포함한 일부 동아시아 사회에서는 사회경제 질서에 시장, 권위 이외의 또 다른 요소가 강한 영향을 미친다고 일컬어져 왔다. 이 중에서 중국 사회에서 기능하고 있는 제3의 사회경제 질서 장치는 사적이고 주관적인 인간관계망인[1] 관시(關系: guanxi)[2]라고 부른다. 관시라는 사적이고 주관적인 중국식 연줄망은 문화로부터 영향을 받았다고 설명하는 사람도 있고, 제도 환경의 산물이라고 설명하는 사람도 있으며, 이해관계의 충돌과 타협의 산물이라고 설명하는 사람도 있다. 관시가 개인과 조직의 행위와 그 결과에 어느 정도 영향을 미치는지는 쉽게 말하기 어렵지만, 일부 동아시아 사회에서 특수한 관계망이 중요한 영향을 미친다는 사실은 널리 인정되고 있다.

개인과 조직의 행위에 영향을 미치는 관계망은 한국에서는 연고 또는 연줄로 불리며, 중국에서는 '관시'라고 부르는데, 중국 비즈니스에서 관시는 더 특별한 의미를 갖는다고 알려져 있다. 그래서 "중국 비즈니스에서는 관시가 가장 중요하다," "중국에서 관시는 불가능한 일도 가능케 한다," "관시는 법률과 제도를 뛰어넘는다"는 등의 속설이 널리 퍼져 있고, 심지어는 한두 차례 향응 제공으로 관시를 맺었다고 생각하는 사람이 있을 정도이다.

우리는 상식처럼 굳은 통념, 명제, 언설 등에 대한 성찰에 게으르다. 마찬가지 현상으로 중국에서 관시의 진정한 의미, 관시의 개념과 기원, 관시의 특

---

1 인간관계망은 성격에 따라 두 가지로 구분될 수 있다. 하나는 선험적·주관적·사적인 관계인 연줄망이고, 다른 하나는 경험적·객관적·비사적(非私的) 관계인 연결망이다. 이 장에서 논의하는 중국의 관시는 한국의 연줄이나 연고, 일본의 즈테(傳, 傳手), 타요리(頼り), 코넥숀과 함께 연줄망에 속한다. 연줄망과 연결망 구분에 대해서는 김용학(2003), p. 91; 박찬웅(1999), p. 60; 한승완(2005) 앞 제6장 참조.

2 '관시'는 영문으로 'connection', 'social networking', 'special interpersonal relationship' 등으로 번역되지만 중국적인 특성을 잘 설명하지 못한다고 보기 때문에 직접 중국어 병음표기인 'guanxi'를 사용하는 경우가 많다.

징과 본질, 관시가 던져 주는 사회적 또는 비즈니스적 의미, 다른 사회의 인간관계와의 차이 등에 대한 연구는 부족하다. 서양에서는 중국의 관시문화를 매우 독특한 사회경제 질서 방식으로 보는 연구들이 있고, 개인과 조직의 행위에 영향을 미치는 특수한 관계망으로서 관시에 대한 연구 결과가 제시되기도 하였다. 서양 연구자들이 중국의 관시에 대해 특별한 관심과 의미를 부여하는 이유는, 서양은 주로 계약과 법제도라는 사회규범을 통해 사회경제 질서가 유지되는 데 비해, 중국에서 관시는 그것과 분명하게 대비되는 측면이 있다고 보기 때문이다. 어느 사회를 막론하고 인간관계는 중요한 요소이지만, 서양에서는 경험적·객관적 성격의 연결망이 시장 및 정부 권위와 함께 사회질서 유지의 장치로 작용하고 있고, 중국을 포함한 동아시아 사회에서는 사적·주관적인 연줄망이 사회질서 유지 장치의 하나로 기능한다는 점이 다르다고 할 수 있다.

여기에서 우리의 관심은 중국에서 관시가 일상생활 속의 단순한 인간관계뿐 아니라 사회경제 질서에 상당한 영향을 미치는 '문화'의 하나로 기능한다는 사실이다. 따라서 이러한 문화 환경에 정면으로 대항하거나 무시한다면 인간관계나 비즈니스의 과정과 결과에 중대한 장애가 발생할 수 있다. 그렇다고 한다면 연줄망을 강조하는 관계중심 문화 속에서 문화 영역(C-space)[3]은 통념으로 받아들이기보다는 상식 이상의 관심과 성찰이 필요하다. 중국에서 비즈니스를 포함한 교류를 원활하게 수행하기 위해서는, 관시문화의 영향이 긍정

3 문화 영역(C-space)이라는 개념은 Max H. Boisot(1986)에서 빌린 것이다. 문화를 문화 영역으로 부른다면 다른 사회질서 유지 장치를 시장 영역, 정부 권위 영역이라고 부를 수 있다. 외국인과의 교류, 비즈니스 행위에서 문화에 대한 이해는 말할 것도 없이 중요하다. 특히 시장, 위계질서, 문화가 한 사회의 사회경제 질서에 영향을 미치는 3요소라고 볼 때, 잡히지 않고 명쾌하게 분석해 내기는 어렵지만, 문화라는 요소가 개인과 조직의 사고방식과 의사결정, 시장행위에 분명히 영향을 미친다고 보아야 한다.

적이냐 아니면 부정적이냐와 상관없이, 특수한 중국적 문화 환경에 대한 이해가 필요하다는 점이 인정된다.

외국인과 교류하거나 타국에 진출해서 교역을 할 때 직면하는 장벽으로는 크게 언어장벽과 문화장벽이 있을 수 있다. 언어장벽도 문화장벽의 일부이기는 하지만 의사소통 문제가 해소된 다음에는 문화장벽이 남는다. 각 사회에는 개성적인 역사적·제도적·정치적 환경에서 형성된 특수한 문화 환경이 존재하는데, 나의 생각과 행태가 그 사회의 문화와 충돌할 때 원활한 교류, 원만한 인간관계, 성공적인 비즈니스는 벽에 직면할 수밖에 없다.

이러한 맥락에서 이 글은 이론적 차원에서 중국 관시의 개념과 기원, 그리고 실천적 차원에서 좋은 인간관계 구축과 중국 비즈니스에 대한 관시의 함의에 대해 성찰해 보고자 한다.

2. 관시의 개념과 기원

중국식 인간관계망 또는 연줄망인 관시의 정의는 다양하다. 관시에 관한 활발한 연구자인 뤄(Luo Yadong)는 관시를 "사적 관계 또는 비즈니스 관계에서 이익을 얻기 위한 '관계나 관계망 만들기'"라고 정의한다.[4] 키프니스(A. B. Kipnis)는 좀 더 폭넓은 시각에서 "관시란 '관시만들기' 과정에서 생성되는 느낌이나 감정(feelings)을 통해 형성된 '감정과 의무(obligations)'가 결합된 중국식 사회관계"라고[5] 규정한다. 그는 단순한 호의의 교환(exchange of favors)만으로 형성된 관

4 "The Chinese word guanxi refers to the concept of drawing on connections or networks in order to secure favors in personal or business relations." Luo Yadong(1997), p. 2.

시는 결속력이 취약하기 때문에 감정이 개입되어야 한다는 점을 강조한다. 또 그는 관시망 속에서 의무는 반드시 물질적일 필요는 없으며, 보답해야 하는 기간이 정해져 있는 것도 아니라고 덧붙인다. 여기서 말하는 의무는 다른 말로 관시망 속에서의 부채(負債: debts)라고 할 수 있는데, 의무가 부채인 이유는 관시가 당사자 간의 '지속적인' 호의의 교환이라는 관계윤리 위에 서 있기 때문이다. 관시에서 부채와 의무는 신뢰 또는 신용과 관련되어 있으며, 법제도 같은 사회규범이 아니라 관시윤리의 구속을 받는 특성이 있다.[6]

여기에서 우리의 관심은 중국에서 '사회경제 질서 장치의 하나로 기능하는 관시'에 있기 때문에 관시에 대한 이해도 주로 도구적 측면에서 사고할 필요가 있다. 그렇다면 관시란 "사람 사이의 관계에서 호의를 주고받기 위해 인맥(연줄)을 만들고 동원하는 행위"로 이해할 수 있다. 따라서 관시에는 상호 의무와 신뢰, 서로에 대한 이해와 감정이 내포되어 있으며, 이러한 의미에서 관시는 감정을 바탕으로 한 지속적인 호의 교환관계라 정리할 수 있다.[7]

관시에서 상호 의무란 명시적인 것은 아니고, 구체적인 시기가 정해져 있지도 않으며, 꼭 동등한 가치를 가진 호의를 교환해야 하는 것도 아니다. 관시의 의무는 관시망 내에서 윤리적인 구속력이 있으며, 의무를 잘 완수할 때에만 자신의 체면(面子(미엔쯔): face)이 설 뿐 아니라 상대의 체면도 세워 줄 수 있게 된다. 따라서 관시망의 내부인은 크게 두 가지 의무를 지닌다고 할 수 있는데, 하나는 '호혜교환'이고 다른 하나는 '인정교환'(체면세우기)이다. 여기에서 인정(人情: human feelings)이란 기본적인 인간적 감정이고 사회적 교환이 이루어

---

5 "The definition of guanxi … is one in which ganqing and material obligation are linked together through the generation of ganqing in practices of guanxi production." Andrew Kipnis(2002), p. 27.

6 김정미 옮김(2002), p. 383.

7 김정미 옮김(2002), p. 17.

질 때 이용되는 자원이며, 개인과 관계 내부인이 준수해야 할 보이지 않는 규범이다.[8] 또한 체면은 사회적인 역할을 수행함으로써 타인으로부터 받는 평판이며, 자신의 체면을 잃지 않으면서 타인의 체면을 세워 주는 것이 관시 원동력의 핵심이 된다.[9]

중국의 관시는 발생근원에 따라 크게 자연발생적 관시와 획득적·자발적 관시로 구분할 수 있다. 전자는 혈연, 학연, 지연에 기반을 둔 관시이고, 후자는 사회생활(거래, 사교, 직장 등)을 통해 경험적으로 형성된 관시로서 직연이 대표적이다. 하지만 사적이거나 보이지 않는 관계의 집합인 관시망(guanxi network)의 응집력은 본질적으로 '사적인 감정과 신뢰'에 기반을 두고 있기 때문에, 중국의 관시는 기본적으로 '경험적인 성격'을 포함하고 있음을 주의해야 한다. 따라서 자연발생적 관시와 자발적 관시 중 어느 쪽이 더 긴밀하다고 말하기는 어렵다. 서양의 비사적(impersonal) 거래관계에서도 신뢰는 관계망 생성과 유지의 중요한 근거인 것은 사실이다. 하지만 서양식 인간관계[10]에서 신뢰는 경험적·객관적인 성격이 강하다는 점에서 관시망 내부의 사적이고 주관적인 신뢰와는 본질적으로 달라보이기도 하지만, 경험적 성격 면에서는 유사성도 있다. 관시는 또한 호혜교환, 반대급부 여부에 따라 자발적 참여 관시와 조건부 관시로 구분되기도 한다. 조건부 참여 관시는 이익 수수에 대한 대가를 필요로 하는 관시로서 수단의 성격이 강하다. 반면에 자발적 참여 관시는 신의, 도의적 의무 행위일 뿐 꼭 반대급부는 기대하지 않으며, 자발적 관시를 위해서는 시간, 비용, 인내심이 요구된다고 할 수 있다.

8 金耀基(1988), pp. 49~50.
9 김정미 옮김(2002), p. 35.
10 객관적인 인간관계를 중국에서는 공공관계(公共關係: public relations)라고 부르기도 한다.

중국인의 대인관계는 대응방식에 따라 3개 범주[11]로 구분할 수 있다. 관계 범주의 3단계는 지아런(家人), 수런(熟人), 그리고 성런(生人) 또는 와이런(外人)을 가리킨다. 지아런은 가족 구성원이며, 수런은 친척이나 이웃, 동료, 급우 등이고, 성런은 안면만 있거나 낯선 사람을 가리킨다. 지아런은 강한 혈연적 감정에 기초해 있기 때문에 호의를 교환할 때도 일반적으로 반대급부를 기대하지 않는다. 수런의 경우는 감정과 수단성이 공존하는 관계로서 피상적인 수준에서부터 깊은 수준의 우정까지도 나눌 수 있는 비교적 유동적인 관계를 의미한다. 성런은 수단성이 중심을 이루는 관계이므로 피상적이며 일시적이다. 이 관시의 세 범주는 중심인 나로부터 밖으로 갈수록 중요성과 강도가 약화된다.[12] 황(黃)과 양(Yang)의 구분을 종합하여 형상화한 것이 〈그림 7-1〉이다.

앞에서 서술하였듯이 관시는 관시 기반에 감정이 자리 잡고 있을 때 비로소 형성되는데, 서로에 대한 감정과 호감은 관시의 질을 결정하는 요소이며, 관시에 신의가 결합될 때 견고할 뿐 아니라 지속성도 구축된다. 그런데 관시 기반은 단지 관시가 형성될 가능성을 의미할 뿐 그것들이 모두 협력관계로 발전하지는 않으며, 만약 시간이 흐르거나 환경에 중요한 변화가 발생하면, 주어진 관시 기반의 중요성도 달라지게 된다.

이상에서와 같은 정의와 성격을 가진 중국 관시의 기원은 어디에서 찾을 수 있을까?

뤄[13]에 의하면, 관시는 오랜 역사 과정을 통해 형성된 중국의 독특한 인간

---

11 黃光國(1988), Mayfair M. H. Yang(1994) 참조. 황은 가장 소원한 관계 영역을 와이런(外人)이라고 불렀고, 양은 성런(生人)이라고 불렀다.

12 대인관계에서 3단계 대응방식은 중국 사회가 농경사회로부터 산업사회로 이행하면서 개인의 자유가 더 부각된 반면 집단의 영향력은 약화되었다. 그 결과 낯선 사람이나 안면 있는 사람과의 경험적인 관계가 갈수록 중요해지고 있다.

13 Luo Yadong(1997), p. 3.

그림 7-1 중국에서 관시 기반의 3범주

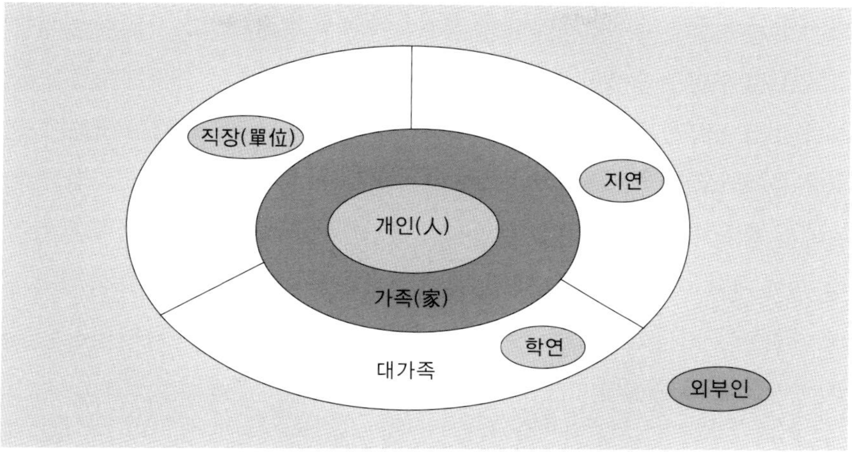

관계 방식이다. 중국의 역사 과정은 정치적 대혼란, 자연재해, 경제적 결핍의 일상화로 요약할 수 있는데, 이러한 환경에서 형성된 개인적 관계는 종종 사회적 혼란 상황을 헤치고 이익을 보장받을 수 있게 해주었다. 오랜 역사 과정과 생활환경 속에서 형성된 좋은 관시는 당사자들에게 불확실성을 줄이고 거래비용을 감축하는 하나의 수단으로 부각될 수밖에 없었다. 장기간의 역사 과정에서 자연스럽게 형성된 중국의 관시는 당초 집단에 대한 충성, 외부인에 대한 배타와 경계를 속성으로 해서 종족을 중심으로 발전하였으나, 종족형으로 발전된 인간관계에서 가족의 개념은 경우에 따라 확장이 가능하도록 되어 있다.

황은 관시가 중국 사회에서 특수한 질서유지 기능을 하게 된 이유를 문화적이고 구조적인 측면에서 찾는다. 그는 이렇게 설명한다. 중국인들은 오랫동안 철저한 위계질서로 조직된 폐쇄된 집단 내에서 생활해 왔는데, 집단의 주요 경제자원은 최종 결정권을 가진 소수가 통제하고 분배하였다. 이러한 환경에서 중국인들은 힘과 관계에 따라 자원을 얻기도 하고 빼앗기기도 하는 상황에 민감할 수밖에 없었다.[14] 더욱이 중국에서는 최근까지도 정부의 엄격한 통제에 의한 상명하달 형태로 자원이 분배되어 왔고, 지금도 그러한 기본적 성격은 유지되고 있다. 법제도가 제대로 정비되지 않은 상황에서 개인적인 친소관계는 희소자원을 얻어 내는 일반적인 방법으로 자리 잡았을 수밖에 없었는데, 이때 사적인 관계인 '관시'가 중요한 역할을 하게 된 것이다.[15] 또한 개혁개방 이후 빠른 시장화에도 불구하고 그에 걸맞는 법제도가 구축되지 못함은 물론 여전히 당과 행정의 역할이 강하기 때문에, 시장의 불확실성도 크다. 따라서 사회 구성원들은 제도나 계약보다는 개인적이고 주관적인 인간관계에 의존해서 자원 문제를 해결하려는 유인을 갖게 되었다. 어떤 측면에서 보면 과거에는 재화와 용역이 매우 희소하였기 때문에 관시가 더 강하게 기능할 수 있었고, 현재는 정보와 권력의 독점, 시장에 대한 당과 행정의 과도한 개입이 여전히 관시의 의미가 약화되기 어렵게 한다고 볼 수도 있다.

이론적으로 볼 때 관시의 기원에 대해서는 크게 문화 관점의 설명과 제도 관점의 설명이 대립하고 있다. 일부 학자들은 관시의 기원을 유교문화나 집단주의(collectivism) 문화 같은 문화 요소에서 찾고자 한다.[16] 그리고 다른 학자들은 관시의 기원을 특수한 제도적 환경에서 찾는다.[17] 많은 사람들이 중국의 영향력 있는 문화 전통으로 유교문화를 들고 있는데, 유교에서는 사회적인 존재, 즉 상호 의존적인 자아를 상정하고 있다. 이에 비해 서양에서는 개인을 독립적

14 E. R. Hwang(1978), pp. 35~41.
15 김정미 옮김(2002), p. 46.
16 S. G. Redding(1990), I. Y. M. Yeung and R. L. Tung(1996) 참조.
17 K. R. Xin and J. L. Pearce(1996) 참조.

인 자아로 본다. 유교의 관념론에서는 관시와 비슷한 개념으로 윤(倫)이 있는데, 이는 인간관계의 질서를 규정한 윤리규범이다. 유교에서 말하는 윤은 친구 사이의 관계를 제외한다면 주로 상하관계를 강조하며 형식을 중시하는 하나의 질서문화 체계이다. 그리고 이 체계 안에서는 개별적 자아보다 사회적 관계가 중요하다. 따라서 이러한 인간관계 틀에서 개인은 개인적인 의지를 드러내기보다는 상황에 맞추어 행동하도록 요구받는다. 많은 연구자들이 중국인들은 사회관계에서 사람들을 여러 범주로 분류해 놓고 그에 따라 대우하는 경향이 있다는 사실을 지적해 왔는데,[18] 이러한 경향과 특성은 바로 관시와 관련이 있다고 생각된다. 그러나 문화가 제도와 구조, 개인과 조직의 사고방식과 행태에 영향을 미치는 것은 부인할 수 없지만, 문화주의적 설명은 자칫 상수에 가까운 문화를 강조한 나머지 문화결정론에 빠질 수 있다.

제도 관점에서는 관시의 기원을 이렇게 설명한다. 시장화가 부진하고 시장의 규칙이 합리적이지 않을 뿐 아니라 재산권이 불분명하고 잘 보장되지 않는 상황에서 이루어지는 교환은 시장과 위계질서 어느 쪽에 의존하더라도 비용이 크다. 미래의 우연적인 사태를 예상하기 어렵고, 법제도적 강제가 부실한 상황에서는 사전적 거래비용이 증가한다. 중국처럼 사회주의 계획경제로부터 시장화의 길을 걸어온 사회에서는 이 문제가 훨씬 뚜렷하게 나타난다. 계획경제하에서는 관료적 통제와 규제가 공식적 법제도의 기능을 대신하였으나 개혁개방 이후에는 관료적 권위에 의한 위계질서의 기능이 상대적으로 약화되었다. 또한 재산권 구분이 불명확하고 제도가 재산권을 잘 보장해 주지 못하는 환경하에서는 사후적 거래비용이 증가한다. 이처럼 사전적 거래비용과 사

18 Fox Butterfield(1981) 참조.

후적 거래비용이 모두 증가하는 환경 속에서는 정상적인 시장접근이 어렵기 때문에 다른 형태의 거래에 대한 유인이 발생한다.[19] 이 제3의 거래 형태는 반복적인 시장게임 과정에서 출현·진화한 것이다. 단순게임에서는 죄수의 딜레마에 빠질 가능성이 있겠지만 반복되는 복잡게임에서 참여자들은 자연스럽게 제3의 거래 형태를 개발하여 비용을 줄이려 한다. 제도화가 부진한 환경에서 복잡게임이 반복되면 정체성 또는 신원(identity)과 평판(reputation)을 통한 사적인 신뢰가 중요해지는데, 중국의 관시도 이러한 배경에서 형성되었다고 볼 수 있다.

문화를 부수적 현상으로 보는 제도적 관점은 행위의 사회적·구조적 환경을 중시하기 때문에 제도화된 조직적 행위(institutionalized organizational actions)[20]에 관심을 갖는다. 이들에 따르면, 상이한 제도 환경은 상이한 개인 및 조직의 행위, 상이한 사회경제 질서, 상이한 효율 체계를 낳고, 나아가서 상이한 문화를 만들어 낸다.[21] 이처럼 제도주의적 설명은 동아시아 자본주의에 대한 문화주의적 설명의 한계를 어느 정도 극복하게 해준다. 진화된 제도 관점인 신제도적 관점은 개인과 조직의 행위를 설명하면서 제도 관점에서 말하는 합리적 행위자 가설을 거부하고 문화적 설명을 수용하며, 초개인적 특성을 지닌 조직의 집단적 특질도 중요시한다.[22] 신제도주의적 설명에 의하면, 상이한 문화 전통은 상이한 제도 공간을 만들고, 상이한 제도적 영역은 상이한 인식적 평가 패턴을 낳으며, 상이한 인식적 평가 패턴은 상이한 경제, 조직, 경영 행위에 반영된다.

---

19 Han Yongliang(2003), p. 13.
20 제도에 대한 이러한 설명은 Oliver Christine(1992), p. 581 참조.
21 Whitley Richard(1992), p. 8.
22 Sid Lowe(1998), p. 11.

제도주의적 설명을 중국의 관시에 적용해 보면, 관시는 심화되는 시장화, 취약한 법제도, 허술한 법집행이라는 환경 속에서 불확실성을 줄이고 비용을 절감하기 위해 고안된 특수한 질서유지 수단이다. 관시의 기원을 제도 환경에서 찾는 연구자 중에는 개인이 아니라 기업을 포함한 조직의 관시는 제도 환경에 기원을 두고 있다고 주장하기도 한다.[23] 왜냐하면 관시가 불확실성이 크고 시장의 거래비용이 높은 상황에서 조직 내의 협력과 타 조직과의 경쟁을 동시에 강화하는 질서 방식의 하나라고 보기 때문이다. 따라서 관시망 내에서 감행되는 기회주의적 행위는 영구적 퇴출 위험성이 크다. 제도주의적 설명 역시 관시의 기원을 설명할 때 제도나 구조의 중요성을 과도하게 강조한 나머지 제도결정론 또는 구조결정론에 빠질 위험성을 안고 있다.

표면적으로 볼 때 관시에 대한 제도주의의 설명은 문화주의의 설명보다 더 구체적이어서 설득력이 커 보인다. 하지만 문화주의와 마찬가지로 제도주의적 설명에도 맹점이 있다.[24] 문화주의자들은 개인과 조직의 행위를 문화의 영향을 받은 가치지향 행위로 보는 반면, 제도주의자들은 개인과 조직의 행위는 사회 환경, 즉 제도적 환경과 연관되어 있다고 믿는다. 하지만 제도는 사회 구성원의 잠정적인 합의에 의해 설계되며, 제도 이전에 개인이나 조직의 사고 방식과 행위는 이미 문화에 의해 영향을 받기 때문에 제도의 의미를 과도하게 강조하는 것도 무리가 있다.

막스 베버(Max Weber)[25]에 근원을 두고 있는 사회 현상에 대한 문화주의나 제도주의 관점은 개인과 조직의 행위에 영향을 미치는 중요한 요소로 각각 전

---

23 Han Yongliang(2003), p. 2. 한용량은 기업 간의 관시를 집중적으로 연구한 뒤 제도 환경의 중요성을 강조한다. 하지만 그는 시장화 수준이 높아갈수록 관시의 중요성과 유효성은 줄어들고 관시의 비용이 증가할 것으로 전망한다.

24 Barry Wilkinson(1996), pp. 9~11.

25 Max Weber(1951).

통가치와 현존 제도에 주목한다. 이러한 베버의 본뜻에 밀착해서 문화주의적 설명과 제도주의적 설명의 한계를 극복하기 위해 좀 더 개선된 설명들이 시도되었는데, 연구자에 따라 강조점은 다르지만 기본적으로 문화와 제도 두 요소를 동시에 고려한 설명이 그것이다. 이 중에서 로우(Sid Lowe)는 문화주의 시각과 제도주의 시각을 결합한 설명 틀을 제시한다. 로우의 설명 틀[26]은 사회 현상은 두뇌와 정신(brain and mind)의 상호 작용에 의해 만들어지기 때문에[27] 제도가 중요하지만 문화도 중요하다고 보는 데서 출발한다. 여기에서 그가 말하는 두뇌는 제도적 측면이고 정신은 문화적 측면으로 이해할 수 있다.[28] 그에 따르면 행위는 두뇌와 정신, 제도와 문화의 복잡한 상호 작용에 의해 이루어진다. 그의 설명에 따르면, 관시는 중국인의 두뇌와 정신, 제도와 문화의 상호 작용에 의해 형성된 사회경제 질서 장치의 하나이다.

제도와 문화의 상호적인 관계에 관심을 집중한다는 점에서 로우의 설명과 유사하지만, 문화에 더 강조점을 둔 설명이 레셈과 노이바우어(Lessem and Neubauer)의 설명이다. 레셈과 노이바우어는 제도-문화적 이해와 접근(institutional-cultural understanding and approach)법에 근거해서 나무모형(tree model)을 제시하였다. 이들은 좀 더 합리적인 설명을 위해서 개인 및 조직 행위의 관계적 측면과 문화적 측면을 동시에 고려해야 한다고 보았는데, 둘 중에서 문화에 더 무게 중심을 두었다. 나무모형에 의하면 문화는 뿌리이고, 제도와 생각 및 이념은 줄기와 가지이며, 행위·특성·태도 등은 잎에 해당하는데, 뿌리와 줄기와 잎은 서로 유기적인 관계를 맺고 있다. 나무모형에서는 문화 - 제도 및 이

26 로우의 설명 틀에 대해서는 Sid Lowe(1998) 참조.
27 Sid Lowe(1998), p. 2.
28 물론 제도와 개인의 윤리의식 모두 문화의 영향권 안에 있기는 하지만, 이 경우 윤리의식이나 도덕성을 정신과 구분해서 이해하는 편이 합리적이라고 생각된다.

념 – 행위는 상호 유기적인 관계를 맺고 있으나, 뿌리에 해당하는 문화는 복잡한 다차원적 현상(complex multidimentional phenomenon)으로서 제도, 이념, 행위에 더 깊은 영향을 미치는 것으로[29] 이해한다.

이상에서 제시한 두 가지 설명 틀을 보면, 로우의 복합적 분석 틀은 제도와 문화의 상호 작용을 강조하고, 나무모형은 제도와 문화가 서로 유기적인 관계를 맺고 있지만 문화가 더 중요한 역할을 한다는 점을 부각시키고 있다. 이러한 새로운 설명방식에 따른다면, 관시는 중국의 전통문화에 뿌리를 두고 있으면서 제도적·구조적 환경의 영향으로 형성된 사회경제 질서 방식이라 할 수 있다.

윌킨슨(Barry Wilkinson)은 위의 두 관점과 좀 다른 측면에서 설명한다. 그는 동아시아 주요국을 대상으로 조직의 행동양식과 특성을 연구한 결과, 조직의 행위는 문화나 제도가 아니라 행위자의 이해관계(interests), 이념(ideology), 권력(power)에 의해 크게 영향을 받는다는 주장을 내놓았다.[30] 그에 따르면, 시장에서 이루어지는 조직의 행위는 주어진 제도 환경과 문화 가운데서 삶의 방식 및 사회적·정치적 조건의 영향을 크게 받는다. 그의 논리를 정리하면 다음과 같다. 이해관계에 따라 이념이 달라지고, 이념은 제도와 생각에 영향을 주며, 제도와 생각은 개인의 행위와 조직의 형태에 영향을 미친다.[31] 행위자는 이해관계가 충돌하는 현장인 시장에서 비즈니스 행위를 한다. 그렇기 때문에 시장행위를 통해 형성되는 조직 형태나 행동양식은 이해관계의 충돌과 협상(conflict and negotiation)의 산물일 가능성이 높다. 이러한 설명을 중국의 관시에 적용해

29 Ronnie Lessem and Fred Neubouer(1994), p. 10.
30 Barry Wilkinson(1996) 참조.
31 Barry Wilkinson(1996), p. 16 참조.

보면, 관시는 주어진 공식적 사회규범과 문화 환경 속에서 행위자의 이해관계, 권력 및 이념이 충돌하고 협상하는 과정에서 형성된 비공식적인 사회경제 질서 방식이라 할 수 있다.

요약하자면, 관시의 기원을 설명할 때 문화주의자들은 키워드가 '문화'라고 보며, 제도주의자는 '제도적 환경'이라고 생각한다. 그리고 양자는 모두 나름대로의 설득력과 함께 약점도 지니고 있다. 이에 따라 양자를 결합한 설명방식이 등장하였다. 로우와 레셈 등의 설명처럼 개인과 조직의 사고방식과 행위가 정신과 두뇌의 상호 작용 또는 유기적 관계에 의해 영향을 받는다고 한다면, 문화 또는 가치는 정신과 관련이 있고, 구조와 제도는 두뇌와 관련이 있다고 할 수 있다. 그런데 이들처럼 문화를 일방적으로 정신 속에 포함시키는 것은 곤란하다. 왜냐하면 유사한 문화도 상이한 구조(제도)하에서 다양한 형태로 변형됨으로써 다른 행위와 상이한 결과를 가져올 수 있기 때문이다. 한 시대의 문화는 크든 작든 제도의 영향으로부터 자유로울 수 없다. 또한 동일한 제도도 다른 문화조건하에서 개인과 조직의 행위에 상이하게 반영되어 나온다. 어느 사회의 제도 환경에는 문화의 영향이 이미 내재되어 있기 때문에 제도는 문화의 영향 안에 있다고 볼 수도 있다. 이렇게 볼 때, 중국의 관시는 문화와 제도, 두뇌와 정신의 복합적인 작용, 그리고 참여자의 구체적인 이해관계의 충돌과 협상 과정에 의해 형성된 중국식 사회경제 질서 장치의 하나라고 할 수 있다.

3. 관시문화의 실천적 의미

자원배분 문제는 크게 위계질서에 의해 해결되는 경우와 시장에 의해 해결되는 경우가 있다. 그런데 위계질서가 제대로 작동하지 못하고 시장의 기능도 불완전한 상황이라면 거래 참여자들은 다른 수단 또는 질서 장치를 필요로 한다. 중국의 관시는 시장도 위계질서도 아닌 제3의 사회경제 질서 장치이자 현실 경제활동에서는 비즈니스 전략의 하나로 기능하는 셈이다.[32] 그러나 관시가 시장과 위계질서의 기능을 대체하는지 보완하는지, 관시의 영향력 강도가 어느 정도인지, 관시가 중국 사회에서 언제까지 중요한 제3의 질서 장치로 기능할 것인지는 답하기 어려운 문제이다.

사회주의 사회에서는 모든 구성원에게 자원이 평등하게 배분된다고 말하지만 실상은 국가, 정부, 또는 당을 정점으로 하는 위계질서가 자원배분에서 핵심 기능을 한다. 자본주의 사회에서는 이론적으로 자원배분에서 시장이 핵심적 역할을 한다고 믿지만 사실상 사유재산에 근거한 위계적 힘이 자원배분에서 강한 역할을 한다는 사실을 부인하기 어렵다. 이에 비해 관계중심 사회, 특히 관시 같은 연줄망 사회에서는 관시망의 넓이와 강도가 자원배분 과정에서 중요한 기능을 한다고 할 수 있다. 불확실성이 크고, 제도화 수준이 낮으며, 법제도의 집행이 엄격하지 못한 환경에서 이해관계가 충돌하고 또 이해관계 조정을 위해 협상해야 하는 현장에서 관시는, 개인과 집단이 필요한 자원에 접근할 수 있느냐 없느냐에 중대한 영향을 미치게 된다. 여러 요인으로 인해 정보 접근이 어렵고 거래의 불확실성이 큰 상황에서 의사결정을 할 때, 정보의 조사 과정과 정보의 통로 선정에서 최대의 효율을 얻기 위해서는, 사적인 관계를 통해 좀 더 확실한 정보를 얻으려는 유인이 클 수밖에 없다.[33]

앞에서 관시에서는 관계나 거래보다는 '감정교환'이 우선된다는 점을 강

---

32 김정미 옮김(2002), p. 146.
33 김정미 옮김(2002), pp. 131~132.

조한 바 있다. 따라서 관시의 기반이 관시로 발전하기 위해서는 관계에 감정이 더해져야 하며, 관시를 강화하기 위해 쌍방은 눈앞의 거래보다는 인내심을 가지고 감정을 일궈 나가는 세심한 주의가 필요하게 된다.[34] 관시 기반에 감정이 더해질 때 그 관계는 관시로 발전하고, 관시에 신뢰가 쌓이면 관시는 공고화되며, 강력하고 지속적인 관시는 상호 이익을 증진시켜 준다. 법률적 계약이나 사회규범을 피해서 이익을 얻으려는 기회주의 행동에 대한 유인은 행동에 따른 대가가 비용보다 클 경우에 생기게 되는데, 관시는 시장화 수준이 낮고 법제도가 잘 정비되지 않은 상황에서 복잡한 기회주의적 행위 유인을 줄이고 거래 상대방에 대한 신뢰를 대신할 수 있다.

그리고 관시가 비공식적 사회질서 장치로 얼마나 긍정적인 역할을 할지, 그것이 상호 이익 증진에 어느 정도 기여할지는 당사자 간의 친밀도, 즉 감정의 깊이가 결정한다. 따라서 신뢰도를 높여 유효하고 좋은 관시를 수립하려면 관시망의 넓이보다는 관시의 질적인 측면이 중요하다고 할 수 있다. 구축된 관시망을 잘 유지하려면 받은 호의에 대한 부채 상환이 필요한데, 호의에 대한 적절한 보답, 체면 세워주기, 중개인에 대한 적절한 대우 등이 부채 상환 행위에 속한다.[35] 관시의 생성에는 감정교환이 중요하고 관시를 유지하기 위해서는 호혜의 교환이라는 '내부적 윤리의 준수'가 중요함은 말할 필요도 없다.[36] 이러한 점에서 볼 때 관시게임에서 핵심 전략은 도구적 사고보다는 윤리적 사고가 우선한다고 볼 수 있다.

중국인의 사회적 행동 특징은 보통 지위 중심의 상하층 의식, 감정에 기초

---

34 김정미 옮김(2002), p. 38.
35 Wilfred R. Vanhonaker(2004), pp. 4~6 참조.
36 김정미 옮김(2002), p. 37.

한 관계망(관시), 그리고 얼굴이라고 한다.[37] 이 중에서 얼굴은 타인의 판단에 의거한 자존심의 한 형태로서, 다른 사람으로부터 좋은 평판을 얻는다면 자신의 얼굴이 보장되는 셈이다. 중국인은 얼굴과 관련해서 두 단어를 쓰는데, 하나는 리엔(臉)이고 다른 하나는 미엔즈(面子)이다. 리엔은 타인의 도덕적 평판 결과 얻어지는 자존심이고, 미엔즈는 평판의 조건인 재력, 권력, 교육, 유력한 친구 등 지위의 부속물을 소유한 데서 얻는 정신적 만족감 같은 것이다. 중국인은 전통적으로 도덕적 행실에 높은 가치를 두기 때문에 항상 얼굴을 잃지(丢臉) 않으려 애쓴다. 중국에서 얼굴을 생각하지 않는다(不要臉)라는 표현은 "뻔뻔하다"는 의미이고, 얼굴을 챙기다(要面子: 야오미엔즈) 또는 얼굴을 아끼다(愛面子: 아이미엔즈)라는 말은 "체면을 차리다"라는 뜻이다. 중국인들은 좋은 도덕적 평판인 리엔을 얻고자 할 뿐 아니라 좋은 미엔즈도 얻기를 열망한다. 만약 거짓말을 하거나 속임수를 쓰면 리엔을 잃게 되며, 형편이 어렵더라도 손님에게 인색한 대접을 함으로써 미엔즈를 잃을까를 염려한다. 이렇게 볼 때 리엔을 얻으면 항상 칭찬받지만, 미엔즈를 구하는 행위는 반드시 긍정적으로 간주되지만은 않을 뿐 아니라 조롱받을 수도 있다. 왜냐하면 미엔즈를 자신의 형편과 지위보다 높은 수준에 맞추려는 속성이 있기 때문이다. 이러한 차이에도 불구하고, 중국의 관시에서는 이 두 요소가 모두 중요하다.

뤄는[38] 전략적·실천적 측면에서 유용한 관시의 생성, 활용, 유지와 관련된 몇 가지 원칙을 정리해 제시하였다. 첫째, 관시는 신뢰할 만한 사람의 소개나 추천을 통해 제3자에게 양도가 가능할 뿐 아니라 개인 차원의 관시가 조직 차원의 관시로 확대될 수도 있다. 관시는 친교관계를 통해 유지·확장되기 때문

37 이승휘 옮김(2002), pp. 61~67.
38 김정미 옮김(2002), pp. 29~32 참조.

에 대체로 당사자 모두와 안면이 있는 중개자를 통해 소개받는 것이 스스로 자신을 소개하는 것보다 더 효과적이다. 따라서 관시에서는 직접적인 당사자뿐만 아니라 관시망 내부의 다른 구성원과 중개인 모두 중요한 자원이다. 따라서 중국의 집단문화에서 실제 결정권자는 어떤 특정인이 아니라 네트워크 전체일 수도 있다.[39] 이 점에서 관시는 우정과 다르며, 한국의 연줄, 연고나 서양의 연결망으로서의 인간관계 구조와도 다르다. 둘째, 관시는 호혜적이어서 상호원칙을 지키면 체면을 세울 수 있을 뿐 아니라 신뢰를 쌓을 수 있다. 하지만 호의의 교환이 꼭 1:1 방식으로 동등한 가치교환 형태로 이루어지지 않으며, 상대적으로 약자에게 더 많은 혜택이 돌아갈 수 있다. 이 점에서 관시는 시장의 계약이나 거래와 다르다. 셋째, 관시는 실체를 구체적으로 파악할 수 없는 무형적인 것으로서 무제한적인 호의를 기대하며 이루어지는 경우도 있다. 넷째, 관시는 본질적으로 감정교환의 바탕 위에서 호의를 주고받는 관계이다. 만약 더 이상 호의를 얻을 수 없거나 상호 교환이 이루어지지 않는 관시는 단절될 가능성이 있다. 따라서 관시를 유지하기 위해서는 감정과 호혜교환이 항상 보완되어야 한다. 다섯째, 관시는 동일한 행동을 하더라도 상황에 따라 다르게 해석될 수 있다. 이런 점에서 관시를 맺고 적용하는 일은 투입과 산출 간의 상관관계가 일정하지 않다는 점에서 과학보다는 기술이나 예술에 가깝다. 여섯째, 관시는 장기적인 관계를 지향한다. 따라서 관시는 단기간의 손익보다는 장기적인 대차대조표 맥락에서 이해될 필요가 있다. 끝으로, 관시는 개인적이며 집단적이지 않다. 따라서 조직 차원의 관시도 개인 차원에서 시작·유지되기 때문에 관시망의 핵심 인물(관시후: 關系戶)[40]이 조직을 떠나면 조직 차원의

39 김정미 옮김(2002), p. 371.

관시도 소멸할 가능성이 있다.

관시를 활용하고 유지하는 데는 이익뿐만 아니라 위험도 있다. 만약 한쪽이 기회주의적인 행동을 할 경우, 관시망 구성원과의 교류가 단절되는 비용을 감수해야 한다. 그렇기 때문에 관시망의 규모가 크고 견고할수록, 그래서 기회주의적 행위로 인해 지불해야 할 비용이 클수록, 관시망 속에서 기회주의적으로 행동할 유인은 줄어들게 된다. 거래비용과 관련해서 관시 중심의 교환이 갖는 장점은 관시가 기회주의적 행위의 문제를 다루는 방식에 있다. 관시망의 내부인은 자신에 대한 평판이 관시망을 통해 신속하게 확산된다는 사실을 인식하고 있다. 따라서 기회주의적 행위를 하는 사람은 관시망에서 추방당하는 큰 위험을 감수해야 한다.[41] 특히 중국에서 관시가 사회경제 질서 장치의 하나로 중요한 기능을 한다는 사실, 관시를 유지하는 데 세심한 노력이 경주되어야 한다는 사실은, 중국 비즈니스에 종사하는 사람들로 하여금 관시의 '개발' 못지않게 관시를 '유지'하는 데 있어서 관시 윤리에 대한 순응이 얼마나 중요한지를 말해 준다. 이렇게 본다면 관시망은 단순한 상징적 의미가 아니라 실용적인 기제이기 때문에, 좋은 관시를 개발하고 유지하기 위한 전략은 유용한 자원이라 할 수 있다. 관시에 포함되어 있는 자산은 경쟁자들에 의해 모방될 수 없기 때문에 가치가 있고 독창적인 자원이며, 이를 소유한 참여자는 경쟁에서 우위를 점할 수 있다.[42]

중국 비즈니스 현장에서 관시가 구체적으로 어떤 도움이 되는지에 대한 뤄야둥, 그리고 펑과 뤄(Peng and Luo)의 연구는 주목할 만한데, 두 연구의 결론

40 관시후란 특별한 관시망의 핵심적 위치에 있는 사람이나 조직, 또는 정부기관을 가리킨다.
41 김정미 옮김(2003), p. 80.
42 R. Burt(1997), pp. 339~365.

은 유사하다. 뤄야둥은 설문조사 결과를 기반으로 관시는 특히 국내 영업(sales force marketing), 신용(credit liberalization) 분야에서 강력한 영향을 미친다고 말한다.[43] 뤄의 주장에 따른다면, 중국 비즈니스에서 관시는 재무와 시장 성과 측면에서 강한 영향을 미치기 때문에, 외국 투자자들은 양호한 관시망 구축을 통해 재무와 영업상의 이점을 누릴 수 있다. 그는, 관시는 중국 사회에서 역동성을 부여하는 주요 힘이자 경제 영역을 순환하는 제2의 통화(second currency)로서, 비즈니스 성공을 위한 열쇠 또는 비밀이라고까지 말한다.[44] 펑과 뤄[45]는 127개 기업을 대상으로 한 조사를 분석한 결과 다음과 같은 결론을 제시하였다. 첫째, 경영자들과의 관시와 정부 관리들과의 관시는 모두 매출 성장과 상당한 상관관계를 갖는다. 둘째, 관시는 매출 성장과 상관관계가 있으나 수익 성장과는 상관관계가 없다. 셋째, 경영자가 다른 기업과 맺는 관시는 매출 성장과 수익 성장에 각각 다른 영향을 미친다. 넷째, 기업실적과 관련해서 경영자들은 제품의 질을 가장 중요시하며, 다음으로는 관시, 결제조건, 배송, 가격 결정, 그리고 최종적으로 광고를 중시한다. 즉, 관시는 기업실적 강화의 충분조건은 아니다.

이 밖에 비즈니스 측면에서 조직의 규모와 경험에 따른 관시의 중요성에 관한 연구도 있다. 상하이 지역에서 비즈니스에 종사한 호주 국적의 화교들에 대한 머레이(G. Murray)의 심층면담 조사 결과를 보면,[46] 초국적 대기업에서 관시의 중요성은 크지 않고 조직의 규모가 작고 비즈니스 경험이 적을수록 관시가 더 큰 영향을 미친다. 이 조사 결과에 의하면, 조직 규모가 크고 학습경험이

43 Luo Yadong(1997), 특히 p. 5 참조.
44 Luo Yadong(1997), p. 2.
45 M. W. Peng and Y. Luo(1999), pp. 259~284.
46 Georgina Murray(2003), 특히 pp. 6, 14 이하 참조.

풍부한 조직일수록 비즈니스 행위에서 관시의 중요성은 감소한다. 머레이에 따르면 중국 비즈니스에서 관시의 중요성은 점감하고 있으며, 기업의 규모가 크고 경험이 많은 조직일수록 관시에 대한 의존성이 감소하기 때문에, 장기적 관점에 볼 때 중국 비즈니스에서 관시의 중요성은 대체로 감소할 것으로 예상할 수 있다. 관시의 중요성의 장래에 대해서 구트리(D. Guthrie)[47]나 키프니스(A. B. Kipnis)[48]도 머레이와 유사한 전망을 내놓고 있다. 이들은, 관시의 영향은 조직의 규모에 따라 영향이 다르며, 대규모 조직일수록 영향력이 감소할 뿐 아니라 그 영향력은 장차 약화될 것으로 예상하고 있다.

시장제도가 치밀하게 구축되어 있고 거래의 불확실성이 상대적으로 작은 안정된 선진 사회에서는 경영자들과의 개인적인 관계(연결망)가 매우 유용하다고 알려져 있다. 이와 달리 중국처럼 체제전환 중이고 시장제도가 잘 구축되지 않을 뿐 아니라 빠른 성장기에 있는 사회에서는 경영자들이 관계를 맺을 때 각별한 신경을 써야 할 대상이 바로 당 간부나 정부 관리들이다. 이들은 경제체제 개혁기의 기업들이 운용해야 하는 복잡한 관계망에서 정보, 재량권, 힘에서 우위를 점하고 있다. 따라서 법제도 환경이 부실하고 집행이 엄격하지 않은 상황에서 당 간부나 정부 관료의 자의적인 시장개입은 비즈니스 참여자, 시장 참여자들에게 지속적인 위험이 된다.[49] 그러므로 당과 정부의 유력한 인사와의 양호한 관시는 불확실성을 줄여 주고 위험을 줄여 줄 수 있다. 특히 중국에서는 재산권이 아직 불명확한 상태이고 생산 요소 거래 시장은 제 기능을 다하지 못하고 있으며, 당과 정부는 언제든 시장과 재산권에 개입할 수 있다.

---

47 D. Guthrie(2002).
48 A. B. Kipnis(1997).
49 김정미 옮김(2002), pp. 137~138.

따라서 중국에서는 체제적 특징, 불명확한 재산권 제도 때문에 기업과 관리 간의 관시가 형성되고, 관시망을 통해 기업과 중앙 및 지방정부 사이에 법제도를 뛰어넘는 기회주의적 행태가 발생하게 된다.[50]

4. 맺음말

우리는 지금까지 관시라고 부르는 중국적 인간관계망의 특징과 기원을 살펴보았고, 사회 속에서 형성되고 작동하는 방식도 살펴보았다. 아울러 우리는 실천적·전략적 관점에서 수단으로서의 관시, 전략으로서의 관시에 대해 토론하였으며, 몇몇 연구자들의 조사연구 결과에 의존해서 구체적인 현실적 의미, 비즈니스적 함의도 살펴보았다.

관시라는 중국의 연줄망은 멀리는 중국의 전통문화, 가깝게는 근현대 역사와 체제전환 사회라는 특수성, 법제도가 치밀하지 않을 뿐 아니라 집행도 엄밀하지 않은 현실 상황에서 불확실성과 위험을 줄이고 이익을 추구하기 위해 형성되고 작동하는 특수한 사회질서 장치의 일종이다. 따라서 중국 사회에서 관시는 시장 및 위계질서와 함께 자원배분에서 중요한 역할을 하며, 비즈니스 특히 영업과 신용 측면에서 강한 영향을 미친다고 할 수 있다.

하지만 중국에서 끊임없는 감정과 호혜교환을 통한 관시망의 구축과 유지가 매우 중요하다는 사실도 확인하였다. 또한 우리는 관시를 구축·유지하려면 인내와 세심한 노력이 필요함을 확인할 수 있었다. 관시망 또는 관시의

50 김정미 옮김(2002), p. 177.

내부 세계에서는 선험적 관시 기반에 대한 맹목적인 신뢰를 기대하기보다는 경험을 통해 신뢰를 증명하여야 한다. 관시는 경험적으로 형성되고 지속적인 윤리 준수를 통해 유지되기 때문에 외부인도 노력 여하에 따라 관시망의 구성원이 될 잠재성이 열려 있다. 이러한 점에서 관시는 선험적 관계의 범주에만 갇혀 있거나 내부인에 대해 맹목적인 편애를 하는 연줄망과 차이가 있으며, 한두 차례의 향응 제공이나 단순한 매수관계와도 다르다. 또한 관시의 특성상 결정권자는 개인이 아니라 집단일 가능성이 크기 때문에 직접적인 당사자뿐 아니라 내부인 모두를 세심하게 대할 필요가 있다. 그리고 관시는 단순게임이 아니라 장기적이고 반복적인 게임을 통해 형성되고 공고화되기 때문에 근시안적 태도보다는 장기적 안목에서 접근할 필요가 있다. 하지만 관시가 중국의 중요한 사회경제 질서 장치의 하나이고, 건전한 관시가 실질적인 이익을 보장하더라도, 중국 비즈니스에서 관시가 만능약이라고 볼 수는 없다. 왜냐하면 중국 사회가 점차 법치 수준이 높아가고 법집행이 더 엄정해지면 사적인 관계망이자 객관적인 법제도를 뛰어넘는 호혜교환 관계인 관시의 역할 공간은 축소될 가능성이 있기 때문이다.

본문에서 살펴본 관시에 대한 이론적 정리, 그리고 관시와 비즈니스 성과의 관계에 대한 조사연구 결과를 놓고 볼 때, 우리는 다음과 같은 실천적이고 전략적인 시사점을 얻을 수 있다.

국유기업처럼 정부의 강한 보호 아래 있는 대기업들은 경쟁의식이나 기업가 정신이 상대적으로 부족하며, 다른 세력들이나 당 또는 정부 유력 인사들과의 관시를 개발해야 할 유인도 크지 않다. 반대로 정부의 지원을 받기 어려운 중소기업들은 열세를 극복하기 위해 외부 세력들과 개인적인 관계나 조직적인 관계를 맺는 데 적극적일 수밖에 없다. 기업 특유의 우위(기술, 상표, 판매경로, 경영능력, 자금 등)가 부족한 기업일수록 경쟁에서 우위를 점하기 위해 외부의 자원이 필요한데, 이때 수단으로서 관시를 동원해야 할 필요성이 대두된다. 그 결과 대기업에게는 관시의 중요성이 작아지고 중소기업에게는 관시의 중요도가 높아지게 된다. 즉, 소규모이며 현장경험이 부족한 조직일수록 관시의 중요성이 상대적으로 더 크며, 여러 측면에서 취약한 입장에서 비즈니스를 수행해야 하는 외국 기업에게도 역시 관시의 의미는 크다고 할 수 있다. 또한 선행 연구는, 관시는 기업이 판매경로와 자금의 우위를 획득하는 데 효과가 있는 반면, 기술, 상표 등에서 우위를 회득하는 데는 효과가 상대적으로 크지 않다고 조언하고 있다. 구체적으로 말해서 중국 비즈니스에서 관시의 활용은 수익성을 추구하는 기업보다는 매출 성과나 신용 획득을 추구하는 기업에 더 효과적일 것으로 판단할 수 있다.

앞으로 중국 사회의, 느린 속도이기는 하지만, 시장화 수준은 높아질 것이고, 제도 구축 단계도 높은 법치 단계로 점차 접근해 갈 것이며, 장기적으로는 핵심적인 사회경제 질서 장치로서 시장의 기능이 강화되어 갈 것이다. 문화는 본질적으로 장기적으로 형성되고 느리게 변할 뿐 아니라 끈질긴 지속성을 갖는다. 이렇게 본다면 중국식 인간관계 문화이자 인간 관계망(연줄망)인 관시의 힘이 중단기에 눈에 띄게 감소하리라고 기대하기는 어렵다. 중국에서 시장행위는, 체제의 성격상 위계질서의 역할도 상당한 수준으로 유지되겠지만, 주로 시장의 규칙에 의해 지배받는 방향을 향해 느리게 변화해 갈 가능성이 높다. 따라서 장기적 관점에서 관시는 분명히 비즈니스에서 만능약이 아니며, 건전한 비즈니스 전략의 대체재라 보기 어렵고, 비즈니스 효과를 높이는 보완재 정도로 이해하는 편이 더 합리적이라고 생각된다.

참고문헌

김용학, 『사회연결망이론』, 서울: 박영사, 2003.

김정미 옮김, 뤄야둥(Luo Yadong) 지음, 『관시와 비즈니스 - 중국 비즈니스 문화의 심층 구조』, 서울: 다락원, 2002.

박찬웅, 「신뢰의 위기와 사회적 자본」, 『사회비평』, 제19호, 1999.

윤경우, 「중국 기업에서의 관시와 관계중심주의」, 『한중일 기업문화를 말한다』, 서울: 이사, 2005.

이승휘 옮김, 이스트만(L. E. Eastman) 지음, 『중국사회의 지속과 변화』, 서울: 돌베개, 2002.

한승완, 「연줄망에서 연결망으로」, 『한중일 기업문화를 말한다』, 서울: 이학사, 2005.

金耀基, 「中國人的人情關係」, 文崇一 · 蕭新煌 編, 『中國人: 觀念與行爲』, 臺北: 巨流圖書公司, 1988.

黃光國, 「人情與面子: 中國人的權力遊戲」, 『中國人的權力遊戲』, 臺北: 巨流圖書公司, 1988.

Boisot, Max H., "Markets and Hierarchies in a Cultural Perspective," *Organization Studies*, 7, 1986.

Boisot, Max and John Child, "From Fiefs to Clans and Network Capitalism: explaining China's emerging economic order," *Administrative Science Quarterly*, December 1996.

Butterfiedl, Fox, *Chinese: Alive in the Bitter Sea*, New York: Time Books, 1981.

Christine, Oliver, "The Antecedents of Deinstitutionalization," *Organization Studies*, 13(4), 1992.

Guthrie, D., "Information Asymmetries and the Problem of Perception: the Significance of Structural Position in Assessing the Importance of Guanxi in China," Gold Thomas et al., eds., *Social Connections in China*, U.K.: Cambridge University Press, 2002.

Han, Yongliang, "Institutional Environment, Transaction Costs, and the Theory of Interfirm Guanxi," *Journal of Academy of Business and Economics*, 4(1), 2003.

Hwang, E. R., "Face and Favor: the Chinese Power Game," *American Journal of Sociology*, 92(4), 1978.

Kipnis, A. B., *Producing Guanxi*, Durham and London: Duke University Press, 1997.

______, "Practices of Guanxi Production and Practices of Ganqing Avoidence," Gold Thomas et al., ed., *Social Connections in China*, U.K.: Cambridge University Press, 2002.

Lessem, Ronnie and Fred Neubouer, *European Management System: towards unity out of cultural diversity*, London: McGraw-Hill, 1994.

Lowe, Sid, "Culture and Network Institutions in Hong Kong: a hierarchy of perspectives. a response to Wilkinson: 'culture, institutions and business in East Asia' ," *Organization Studies*, 3(22), 1998.

Luo, Yadong, "Guanxi and Performance of Foreign-invested Enterprises in China: an empirical inquiry," *Management International Review*, 1(1), 1997.

Murray, G., "Family, Face, and Favours: do the Australians Adjust to Accepted Business Conventions in China," *Singapore Management Review*, 2003. 7.

Peng, M. W. and Y. Luo, "Learning to Compete in a Transition Economy: experience, environment, and performance," *Journal of International Business Studies*, 30(2), 1999.

Ramsey, Bruce, "Guanxi Essential for Business in China," *Seattle Post-Intelligencer*, Seattle, WA, 1996. 9. 25.

Redding, S. G., *The Spirit of Chinese Capitalism*, New York: de Gruyter, 1990.

Richard, Whitley, *Business Systems in East Asia:firms, markets and societies*, London: Sage, 1992.

Vanhonaker, Wilfred R., "Guanxi Networks in China," *The China Business Review*, 2004. 5. 1.

Weber, Max, *The Religion of China: Confucianism and Taoism*, New York: Free Press, 1951.

_____, *The Protestant Ethic and the Spirit of Capitalism*, trans. by Talcott Parsons, New York: Charles Scribner's Sons, 1958.

Williamson, Oliver, *Markets and Hierarchies: analysis and antitrust Implication*, New York: The Free Press, 1975.

_____, "Hierarchies, Markets, and Power in the Economy:an economic perspective," C. Menard, ed., *Transaction Cost Economics*, Cheltenham, UK: Edward Elgar Publishing Ltd., 1997.

Wilkinson, Barry, "Culture, Institutions and Business in East Asia," *Organization Studies*, 6(22), 1996.

Xin, K. R. and J. L. Pearce, "Guanxi: Connections as Substitutes for Formal Institutional Support," *Academy of Management Journal*, 39, 1996.

Yang, Mayfair M. H., *Gifts, Favors, and Banquets: The art of social relationships in China*, New York: Cornell University Press,1994.

Yeung, I. Y. M. and R. L. Tung, "Achieving Business Success in Confucian Societies: the importance of guanxi(connections)," *Organizational Dynamics*, Autumn, 1996.

종장

1. 사례 1

2. 사례 2

3. 텍스트와 해석

4. 문화론의 또 다른 문제

5. 자본주의, 경제발전, 경제적 현대화는 어떻게 시작되고 어떻게 가능한가?

6. 인식의 쳇바퀴 돌기와 진화

1. 사례 1

유교의 핵심 경전 중 하나인 『맹자』에 이런 이야기가 있다. "어진 사람을 높이고 능력 있는 이를 써서 뛰어난 인물들을 벼슬자리에 두면 세상의 인물들이 모두 즐겁게 조정에 서고자 할 것입니다. 시장에서 영업세만 받고 물품세는 거두지 않거나, 법이 있지만 심하게 적용하지 않으면 세상의 장사꾼들이 모두 그 시장에서 장사하기를 원할 것입니다. 세관에서 살피기만 하고 물품세를 받지 않으면 천하의 나그네들이 모두 그 길로 나오고 싶어 할 것입니다. 밭을 가는 이에게 공전(公田)의 일만 돕게 하고 현물세를 받지 않으면 세상의 농사꾼들이 그 땅에서 농사 짓기를 원할 것입니다."[1] 이 이야기는 이익에 관한 언급을 찾아보기 힘든 유교 경전에서 유교와 자본주의의 친근성을 찾는 작업에 이용되기 쉽다. 왜냐하면 여기에는 세금을 감해 주거나 면제해 주면 경제활동의 적극성을 유인하는 데 도움이 된다고 이해될 만한 내용이 들어 있는데, 이 부분이 시장발달, 자본주의 발전, 경제발전과 관련이 있어 보이기 때문이다.

그런데 같은 『맹자』의 앞부분에 이런 이야기도 있다. 어느 날 맹자가 양나라 혜왕을 만났다. 왕이 "어르신께서 이처럼 천리를 멀다 않고 오셨으니, 우리나라에 장차 어떤 이로운 일이 있지 않을까요?"라고 물었다. 맹자가 답하였다. "왕께서는 어찌 꼭 이익만을 말씀하십니까? 인(仁)과 의(義)가 있을 뿐입니다. 왕께서 어찌하면 우리나라를 이롭게 할까를 생각하면, 대부들은 어떻게 하면 내 집을 이롭게 할까만 궁리하고, 선비와 대중들은 어떻게 하면 내 몸을 이롭

1 "孟子曰: 「尊賢使能, 俊傑在位, 則天下之士皆悅而願立於其朝矣. 市廛而不征, 法而不廛, 則天下之商皆悅而願藏於其市矣. 關譏而不征, 則天下之旅皆悅而願出於其路矣. 耕者助而不稅, 則天下之農皆悅而願耕於其野矣. 廛無夫里之布, 則天下之民皆悅而願爲之氓矣." 김정진 옮김(1985), p. 74. 본문은 김정진의 해석을 수정한 것이다.

게 할까만 생각할 것입니다. 이처럼 위와 아래 모두가 서로 이익만을 추구하면, 그 나라는 위태로워집니다. … 인과 의가 중요한데 왕께서는 어찌 이익을 말씀하십니까?"[2] 이 두 이야기는 사실상 다른 이야기가 아니고 하나의 핵심을 다른 각도에서 설명한 것이다. 왕의 관심은 이익과 부강한 나라에 있지만, 맹자의 관심은 인과 의에 있다. 너나 나나 이익만을 생각하면 세상이 혼란스럽고 위태로워진다. 서로 인과 의를 추구해야 세상이 평화로워질 뿐 아니라 부강한 나라가 될 수 있다는 뜻이다. 두 이야기는 공맹(孔孟) 사상, 유교의 핵심 관심사는 이익이 아니라 인과 의에 있음을 말해 주고 있다. 그럼에도 불구하고 유교 경전(텍스트)에서 자본주의 및 경제발전과 친근성을 찾아내려는 의욕이 앞선다면, 말할 것도 없이 본뜻과 문맥을 도외시한 오독이나 왜곡이 시작된다.

2. 사례 2

어떤 이들은 성경을 중심으로, 기독교 정신 또는 성경의 가르침이 사회주의에 가깝다거나 또는 그 반대로 자본주의에 가깝다는 주장을 펴기도 한다. 이러한 정치 성향이 짙은 주장은 수준 낮은 이해이고 견강부회이자 텍스트 악용이다.

「마태복음」 25장에는 달란트 비유가 나온다.[3] 어떤 사람이 여행을 떠나면

2 "孟子見梁惠王, 王曰:「叟不遠千里而來, 亦將有以利吾國乎? 孟子對曰:「王何必曰利? 亦有仁義而已矣. 王曰『何以利吾國』? 大夫曰『何以利吾家』? 士庶人曰『何以利吾身』? 上下交征利而國危矣. … 王亦曰仁義而已矣, 何必曰利?" 「梁惠王章句上」, 『原本孟子集註大典』, 김정진 옮김(1985), pp. 7~8. 본문은 김정진의 해석을 수정한 것이다.

3 「마태복음서」 25:14-30, 대한성서공회(2007), p. 46. 유사한 비유는 누가복음 19장에도 나온다. 「누가복음서」 19:11-27, 대한성서공회(2007), pp. 136~137.

서 세 명의 종을 불러 각각 5달란트, 2달란트, 1달란트를 맡겼다. 5달란트를 받은 종은 그것으로 장사를 해서 5달란트를 더 벌었고, 2달란트를 받은 종도 역시 2달란트를 더 벌었다. 그런데 1달란트 받은 사람은 그 돈을 땅을 파고 묻어두었다. 뒤에 주인이 돌아와서 그동안 종들이 어떻게 하였는지를 점검하였다. 주인은 5달란트 맡긴 사람과 2달란트 맡긴 사람에게 "잘하였다, 착하고 성실한 종아. 네가 작은 일에 성실하였으니 더 많은 일을 너에게 맡기겠다. 나와 함께 기쁨을 누려라" 하고 칭찬한다. 반면에 1달란트를 땅에 숨겨 두었다가 그대로 내놓은 종에게는 "악하고 게으른 종아, 너는 내가 심지 않은 데서 거두고 뿌리지 않은 데서 모으는 줄 알았구나. 1달란트마저 빼앗아 10달란트 가진 사람에게 주어라. 이 쓸모없는 종을 바깥 어두운 데로 내쫓아라!" 고 나무란다. 이 비유는 돈벌이는 좋은 것이니 열심히 일해서 부자가 되라는 의미로 이해한다면 오독이다. 이 이야기로부터 성경은 부자되는 일을 선한 일이라고 가르친다거나 기독교 사상은 자본주의와 가깝다고 이해한다면 그건 넌센스다. 이 비유는 하나님을 믿는 사람은, 하늘이 준 재능이나 재산에 대해서, 분량과 종류를 따지거나 남의 것과 비교하며 불평하지 말고, 받은 재능을 가지고 더 많은 선한 열매를 맺어야 하고, 그게 선이라는 뜻이다.

같은 「마태복음」 20장에는 포도밭의 일꾼 비유가 있다.[4] 어느 날 포도원 주인이 일꾼을 고용하려고 이른 아침 집을 나섰다. 어느 일꾼들에게 하루에 1데나리온을 주기로 약속하고 일을 시켰다. 그리고 나서 아홉 시 쯤 나가 장터에서 빈둥거리는 몇 사람을 발견하고, 포도원에서 일하면 적당한 품삯을 주겠다고 약속하고 일을 시켰다. 주인은 다시 열두 시와 오후 세 시 쯤에 나가서도

4 「마태복음」 20:1-16, 대한성서공회(2007), pp. 34~35.

또 다시 그렇게 하였다. 주인이 오후 다섯 시에 다시 나가보니 여전히 빈둥거리는 사람들이 있었는데, 그들에게 왜 종일 이렇게 할 일 없이 빈둥거리는지 물었다. 그러자 그들은 아무도 일을 시켜 주는 사람이 없어서 그렇다고 하였다. 주인은 그들에게도 포도원에서 일하도록 하였다. 저녁이 되자 포도원 주인은 관리인에게 일꾼들을 모두 불러 품삯을 지불하라고 지시하였다. 오후 다섯 시 쯤부터 일한 일꾼들도 와서 1데나리온을 받았다. 맨 먼저 와서 오랜 시간 일한 사람들은 은근히 좀 더 받지 않을까 생각하였지만, 역시 같은 1데나리온을 받았다. 그들은 주인에게, 마지막에 와서 한 시간 일한 사람들과 찌는 더위 속에서 온종일 수고한 자기들을 똑같이 대우한다면서 투덜거렸다. 주인은 그들에게 이렇게 말하였다. "나는 당신을 부당하게 대우하지 않았소. 나는 당신과 1데나리온으로 합의하지 않았소. 당신에게 주는 것과 마지막에 온 사람에게 당신과 똑같이 주는 것이 내 뜻이오. 내가 후한 사람이라서 당신 눈에 거슬립니까?" 이 비유를 근거로 성경의 가르침과 기독교 정신은 공산주의와 친근하다고 주장한다면 왜곡이다. 이 비유는 세상을 주인으로 섬기던 사람이 회개하고 하나님을 주인으로 섬겨 새 사람이 되면, 그의 조건과 환경(출신, 신분, 민족, 경력, 공로, 재산, 배경, 시기)에 상관없이 똑같이 하나님 나라 시민이 된다(영혼구원)는 의미를 담고 있다.

3. 텍스트와 해석

오랜 역사를 견디어 오고 널리 사랑받는 고전에는 여러 상황에 맞게 설명한 다양한 내용이 혼재해 있고 때로는 서로 상반되어 보이는 언급이 있어서 읽는 이의 처지, 문화, 상태에 따라 다르게 받아들일 여지가 없지 않다. 따라서 오독을 피하려면 텍스트를 읽을 때 문맥을 고려해야 하고, 큰 흐름 가운데서 전달하고자 하는 핵심 메시지에 집중해야 한다. 어느 한 부분에만 집중하거나 문맥을 무시한 이용과 해석은 위험하다.

상당수의 지식인들은 수천 년 전의 텍스트를 중심으로 그 사회의 현재 문화, 인간, 사회구조를 설명하려는 욕구가 강하다. 오랜 역사 속에서 사람이 변하고 사회 환경이 변하고, 한 문화는 수많은 타 문화와 융합된다는 사실을 고려하지 않는다. 세상과 사회는 농경사회에서 산업사회로, 산업사회에서 또 탈산업화 시대로 빠르게 변하였는데도 불구하고, 고전에서 복잡한 현실 문제의 해법을 찾으려는 사람들도 있다. 특히 고전 전문가들 사이에 이러한 경향이 강한데, 서양에도 있고 동아시아에도 있으며 말할 것도 없이 한국에도 있다. 더욱이 시간뿐 아니라 공간마저 상이한 사회를 놓고 고전의 몇 구절로 인간과 사회를 멋지게 설명할 수 있을 뿐 아니라 문제의 해법까지 찾을 수 있다고 생각한다면 정말 순진한 발상이다. 유럽인들이 만들어 낸 사상, 인식, 학문 속의 왜곡된 속살을 통렬하게 비판한 오리엔탈리즘의 대가 에드워드 사이드는 이렇게 말하였다. “인간이란 서로 부닥치면서 앞을 예견할 수도 없이 불확실하고 선명하지 못한 혼란 상태 속에서 살고 있는데, 이 현상을 텍스트가 말하는 내용에 근거해서 이해할 수 있다고 생각하는 것은 엄청난 오류이다. 또 텍스트에서 배운 것을 문자 그대로 현실에 적용하려 한다면 어리석은 파멸적 실패를 감수해야 한다.”[5]

5 박홍규 옮김(2007), p. 171.

4. 문화론의 또 다른 문제

'문화'라는 핵심어를 통해 자본주의 현상 또는 경제발전, 경제적 현대화 현상을 해석하고자 한 태두이자 거장인 막스 베버의 논의는 오리엔탈리즘 관점에서 다시 볼 필요도 있다. 에드워드 사이드는 오리엔탈리즘을 이렇게 요약한다.[6] "오리엔탈리즘은 서양이 동양과 관계하는 방식으로서, 문화적으로나 이데올로기적으로 담론 형태로 표현된 흥미주의, 상업주의, 침략주의 차원에서의 인식이다. 오리엔탈리즘은 유럽인의 동양에 대한 편견에 바탕을 둔 인식과 정치의 유착에 의해 형성되었다." 사이드는 오리엔탈리즘이란 비유럽 지역·문화·인간에 대한 유럽인의 우월성, 자부심, 편견의 결정체로서 식민주의, 제국주의와 밀접한 관련을 맺고 있음을 폭로한다. 베버는 기독교의 일파인 칼뱅교의 윤리가 유럽 자본주의 발흥에 문화적 동기를 제공하였다는 점을 논증하고자 하였다.

베버는 자본주의라는 특수한 현상이 발흥하는 데 다양한 요인이 영향을 미쳤음을 인정하면서, 특히 윤리적 또는 문화적 동기에 관심을 집중하였을 뿐이다. 그럼에도 불구하고 그는 동 시대 대부분의 유럽 지식인들과 유사한 인식적 범주 내에 있었고, 이 점은 그의 시대적 한계, 그 시대의 지적 지평의 한계이다. 베버는 유럽 문화는 자본주의 발흥을 위한 문화적 동기를 제공할 수 있었던 반면, 타 지역 문화는 제공하기 어렵다는 차별의식을 갖고 있었다고 할 수 있다. 그는 기독교, 유대교, 불교 등을 연구하였음에도 불구하고 19~20세기 유럽의 오리엔탈리스트들이 개척하고 주장한 영역에서 벗어날 수는 없었다.

6 박홍규 옮김(2007), pp. 14~16.

그를 포함한 당시 오리엔탈리스트들의 관념은 동양인들은 본질적으로 무역, 통상, 경제적 합리성이 결여되어 있다는 인식 안에 갇혀 있었다.[7]

동아시아 지역에서 경제발전 현상의 요인을 설명하고자 하는 토론에서도 유사한 현상이 발견된다. 그것은 바로 '아시아의 오리엔탈리즘'으로서 중화주의, 천하 관념, 애국주의, 의도된 공자주의의 그림자를 살필 필요성을 제기한다. 동아시아 지역에서 중국은 오랜 동안 지역의 패권국가로 군림하였고, 17~18세기 동안은 팽창주의, 제국주의 시대였다. 중국 문화는 다른 문화에 비해 동아시아 지역에 상대적으로 널리 영향을 미쳤다. 따라서 동아시아 지역에는 전통 시대부터 현재까지 중국 문화에 대한 반복적인 학습을 통해, 알게 모르게 중국 문화에 대한 숭배의식을 갖게 된 사람들이 적지 않다. 화이관에 기반하고 있는 중화사상과 천하 관념은 말할것도 없이 '차별과 배제'의 논리 그 자체이고, 그 바탕에서 중심-주변, 정통-이단 같은 이분법적 사고방식의 전형인 성리학적 세계관이 잘 자리 잡고 있다는 사실을 알면서도 모른 척한다. 고대 중국의 제국성에 대해서도 눈을 감는다.

현대 중국공산당은 과거 중국의 영광을 되살리고자 다양한 자원을 동원하고 있고, 자발적 또는 비자발적으로 중화문화에 주눅 든 주변 사회의 다수 지식인들은 중국 것이면 무엇이든 높게 평가하려는 성향을 버리지 못한다. 한국의 연구자들 중에도 중국식 세계관, 중국식 역사이해에 대해 무감각한 사람들이 많고, 중국 고전을 공부한 사람들이 더 그런 것 같다. 서양 사회에 뿌리 깊고 막스 베버조차도 시대적 한계에서 자유롭지 못하였던 것처럼, 동아시아 지역에도, 모화(慕華)주의자라고 부르기에는 지나치다 해도, 여전히 전통 시대

7 박홍규 옮김(2007), pp. 445~446.

인식 세계에 갇혀 있는 경우가 많다. 서구인을 포함한 다수 세계인들이 유럽인들이 조작해 낸 오리엔탈리즘으로부터 여전히 자유롭지 못한 것처럼, 중국인들은 중화사상, 중화문화를 중심으로 주변을 무시하고 차별해 왔다. 그 뿐만 아니라 주변의 다수 지식인들도 중국식 오리엔탈리즘을 비판적으로 보려 하지 않는 경우가 많다. 이 고질적 현상은 중국의 경제발전, 일본의 경제 부흥, 동아시아 신흥공업국의 경제발전 현상을 설명하려는 토론에서도 흔하게 발견된다. 중국 내에서의 토론은 그 정도가 훨씬 심하다.

5. 자본주의, 경제발전, 경제적 현대화는 어떻게 시작되고 어떻게 가능한가?

사회과학의 중요한 브분인 경제학에서도 자본주의 발흥과 발전, 경제발전, 경제적 현대화라는 현상의 원인에 대한 의문은 사실상 답이 없다. 경제사에서는 오랜 논쟁에도 불구하고 '자본주의'에 대한 정의조차도 명확하게 정해진 게 없다. 다수 사람들 머릿속의 자본주의에 대한 교과서적인 정의는 이렇다. "자본주의는 '사유, 자유, 영리'를 기본으로 하는 경제제도 또는 경제체제이다." 하지만 이 정의는 통념일 뿐 엄밀한 정의는 아니다. 학술적인 차원에서의 자본주의 개념논쟁은 대학원에서 한 학기를 배워도 모자랄 정도로 연구 성과도 많고 내용도 복잡하다. 간단히 말하면 경제사에서는 크게 '임금노동'의 보편화를 중심으로 자본주의를 정의하려는 부류와 시장을 위한 '상품생산'을 중심으로 정의하려는 부류가 있다. 다른 경제체제와의 구분을 위한 개념의 엄밀성을 따진다면 전자가 후자보다 더 앞서지만, 지배적인 개념 정의는 아니다.

그럼에도 불구하고 우리는 편의상 자본주의에 대한 개념 정의 문제를 피하고 전통적 경제 상태로부터 근대적 경제 상태(대규모 공장제 공업과 상품생산 및 임금 노동의 보편화)로의 변화 또는 경제적 현대화 정도로 이해하고 논의를 전개하였다.

또한 자본주의의 개념과 달리 경제성장(economic growth)과 경제발전(economic development) 개념의 구분은 상대적으로 용이하다. 세밀한 차이를 뒤로 한다면 경제성장은 경제 총량의 증가를 의미하고, 경제발전은 양적 증가뿐 아니라 질적 변화를 포함하는 것으로 이해한다. 이 책에서는 자본주의, 경제의 성장과 발전의 개념화 작업 자체에 관심을 두고 있지 않기 때문에 이 정도로 이해하고 논의를 전개하였다. 하지만 학술적인 개념 정의는 우리의 상식과 교과서적 정의로 명확히 이해하기 어려울 만큼 복잡하다.

전통적인 경제 상태로부터 경제적 근대화, 경제성장과 발전, 경제적 현대화가 어떻게 이루어지는지에 대해서는 간단히 답하기 어려우며, 다양한 설명 방식이 혼재해 있다. 먼저, 경제사를 포함한 역사 분야에서 한 견해를 선택하고, 중국을 사례로 삼아 이 의문을 살펴보자. 저명한 중국경제사가인 이스트만(L. E. Eastman)은 경제적 현대화를 완성된 하나의 상품이 아니라 '과정'으로 이해하기를 제안한다. 그는 이렇게 설명한다. 서유럽에서 영국이 산업혁명에 돌입한 뒤 유럽 대륙 나라들이 근대적 산업기술을 받아들이고 발전시키기까지는 수세대를 기다려야 하였으며, 영국에 견줄 수준에 도달하는 데는 그보다 훨씬 긴 시간이 필요하였다. 영국보다 늦게 출발한 유럽 국가들의 상황도 그 시기 중국과 매우 비슷하였다. 수공업과 산업의 수준이라면 중국의 명청 시기가 훨씬 앞섰을지도 모른다. 국토는 넓었고 수송비용이 많이 들었으며 통일적인 국내 시장이 형성되어 있지 않았고 분배는 일부 지배층에게 집중되었다. 뿐만 아니라 사회구조와 가치관도 제조업 발달과 현대화를 저해하였고, 귀족들은 상업을 천시하였으며 야심찬 서민들은 상업이나 제조업보다는 관료가 되기를 선호하였다. 부유한 귀족은 토지에 투자하였고 성공한 상인조차도 신분을 높이려고 재산을 토지, 관직, 작위를 사는 데 사용하였다. 이러한 환경은 말할 것도 없이 공업화, 자본주의 발흥과 발전, 경제발전을 방해하는 조건이며, 당시 서유럽과 중국의 환경에는 큰 차이가 없었다.

그러면 유럽과 중국 간의 경제 성과 차이는 어디에서 온 것일까? 이스트만은 이러한 설명을 제시한다. 전통 사회에서 자본주의의 발흥, 경제발전, 경제적 현대화로의 전환은 한 사회에서 기존의 관습, 제도, 문화 전통, 이해관계를 고수하려는 힘과 새로운 방향을 향한 질적 전환을 선호하는 힘 간의 역학관계에 의해 결정된다. 다시 말해서 '관성의 힘'과 '성장의 힘' 간의 대결에서 힘이 어느 쪽으로 기우느냐에 따라 미래의 운명이 달라진다.[8] 인류 역사에서 상업과 교역의 활성화, 수공업 생산의 발달로 역사에 기록될 만한 사례는 많았는데, 대부분 자본주의 발흥으로 이어지지 못하였다. 르네상스기 피렌체도 있고, 17세기 초 네덜란드도 있으며, 17~18세기 중국의 명청 시기도 이들보다 뒤지지 않는다. 그러나 이 사례들은 근본적인 변화, 질적 변화로 나아가지 못한 채 산업혁명으로 진화할 듯 보이던 힘은 사라지고 보수적인 사고방식과 제도가 압도하였다. 그렇다면 갈림길은 한 사회에 새롭게 등장한 질적 변화 요소들을 포용하는 문화적 다원주의, 사회 구조 및 제도, 정치적 다원주의, 정치안정 같은 배경일 가능성이 크다. 본문에서도 다각도로 살펴보았지만 자본주의 발흥의 요인에 대한 다양한 주장들이 제기되었지만, 지난 100년 이상의 토론에도

8 이승휘 옮김(2002), pp. 256~257.

불구하고 사실상 이렇다 할 지배적인 가설은 없다. 이스트만의 설명은 곱씹어 볼 가치가 있다.

본문에서 경제학자들의 관점과 주장도 검토하였는데, 개선된 관점, 새로운 가설은 계속 등장하고 있다. 경제학에서도 경제의 성장과 발전 요인에 관한 새로운 관점이 계속 제기되어 왔지만 여전히 '이것이다!'라고 할 만한 답은 없다. 비교적 최근에 제기된 관점을 소개하면 이렇다. MIT의 대런 애스모글루는 경제발전의 요인에 대해 흥미로운 관점을 내놓았다.[9] 그는 UCLA의 제러드 다이아몬드가 『총.균.쇠』[10]라는 방대한 책에서 경제성장과 발전에서 지리적 입지의 중요성을 제기한 데 대한 반론 행태로 『국가는 왜 실패하는가』라는 책을 냈다. 자연적 환경과 입지는 인간의 노력과 거리가 멀기 때문에 지리적 입지를 강조하는 관점은 사실상 '운'의 중요성을 말하는 것으로 이해될 수 있다. 이에 대해서 애스모글루는 포용적인 정치경제 제도와 억압적·착취적 제도를 대비하면서 기후, 자원, 종교, 기질이 아니라 '포용적인' 정치경제제도가 발전과 번영을 가져 온다고 주장한다. 반면에 억압적이고 착취적·수탈적인 제도는 다수 대중을 배제한 채 일부 지배 계층을 위한 경제를 운영하기 때문에 빈곤을 낳는다고 그는 주장한다. 그는 대표적인 사례로 남한과 북한의 경제 성과를 든다. 애스모글루의 설명은 제도에 초점을 맞춘 관점이지만 다른 제도 관점의 가설들과는 차별성이 있고 꽤 설득력 있게 들린다. 그의 주장이 정답은 아니라 해도 해석과 이해의 지평을 넓혔다는 점에서 학술적 진보이다.

주류 경제학은 합리적으로 행동하는 '경제인'을 가정하고 이론을 구축한다. 이러한 인식의 바탕에는 경제인을 중심으로 구축한 이론에 기반해서 경제

9 최완규 옮김(2012), pp. 5~6, 111.
10 김진준 옮김(2005) 참조.

를 운영하면 더 나은 경제 상태를 만들 수 있다는 믿음이 있다. 따라서 이들은 경제발전의 요인을 설명할 때도 합리적이고 시장친화적인 제도와 정책을 중요하게 본다. 이 책의 여러 곳에서 경제성장과 발전의 핵심 요인으로 제시하는 '합리적' 정책에 대한 의문을 제기한 바 있다. 먼저, 과연 시공을 초월한 합리적 정책이 있는지 의문이다. 미국에서 널리 활용되고 우리나라에 1990년대 말 금융위기를 계기로 도입된 성과급제도의 결과는 한국이 다르고 중국이 다르다는 점만으로도 합리적 정책의 정체가 불분명함을 알 수 있다. 문제는 정책에만 있는 건 아니다. 경제이론이 가정하고 다수 경제학 교과서에 등장하는 합리적, 합리성, 경제인이라는 개념과 그에 기초한 이론에 대한 의문은 갈수록 더 강해져 왔다. 심리학의 도움을 받은 행동경제학의 발전은 전통 경제학의 오랜 고정 관념에 대한 큰 도전이었으며, 행동경제학은 이미 경제학의 중요한 부분으로 자리 잡았다. 지금은 경제학에서 무관심하였던 다양한 실험을 통해 인간은 비합리적으로 행동하는 경우가 흔하고, 비합리적인 행동에도 일정한 패턴이 있으며, 거기에는 인지구조 및 심리적 근거가 있다는 주장이 널리 받아들여지고 있다.[11] 이들은 인간은 비합리적인 존재라는 사실을 증명하려는 목적이 아니라 경제인 가정, 합리적 행위 모델로 합리적 인간(econ)은 잘 설명할 수 있는지 모르지만 복잡하고 다분히 비합리적인 인간(human)은 제대로 설명할 수 없음을 보이고자 한다.

경제학과 심리학이 만나는 분야의 성과는 매우 흥미 있는 사실을 전해 준다. 이들에 따르면, 인간의 뇌구조, 심리구조, 인지구조는 생존을 담당하는데, 우리의 뇌구조에는 직관적이고 즉각적인 판단과 반응을 하는 시스템1, 그리고

11 이진원 옮김(2012), 박세연 옮김(2016a), 박세연(2016b), 안진환 옮김(2018) 등 참조.

비교하고 분석하고 계산해서 판단하는 이성적 행동을 담당하는 시스템2가 있다. 시스템1은 우리가 만나는 많은 사건이 사실 무작위 사건이라는 사실을 너무 쉽게 거부하고 인과관계를 연상해 낸다.[12] 왜냐하면 우리의 선택은 사실에 기반을 두지 않는데, 이는 시스템1이 사실에 매달리지 않기 때문이다.[13] 행동경제학의 거장이자 노벨경제학상 수상자이기도 한 다니엘 카너만은 합리적 선택을 신봉하는 경제학 이론이 말하는 합리, 합리적 선택이라는 신념에 도전하였다. 그에 따르면, 인간에게는 결과편향성도 있어서 양호한 결과를 보고 쉽게 시작과 의도, 과정이 합리적이었다거나 선하였다거나 지도자가 유능하였다고 간주한다.[14] 이러한 성향이 경제 성과만 양호하면, 그 사회의 전통이나 특징적 요소, 그리고 지도자를 좋게 평가하게 되는데, 우리의 주제에 대한 토론에서도 마찬가지 현상이 다수 발견된다.

심리학의 연구 성과는 사람에게 우연이거나 상관관계가 불확실한 사건을 인과관계로 엮으려는 편향성이 있음을 깨우쳐 준다. 이 발견에 근거한다면 우리는 사실상 운, 우연, 무작위 성격의 사건을 두고 성급하게 적극적인 상관관계, 나아가서는 인과관계를 찾아내려 하는지도 모른다. 예를 들어서 한국의 중화학공업화에 대한 널리 퍼진 인식도 우연적 요소를 강한 상관관계 또는 인과관계로 오인한 측면이 있다. 박정희 정권은 1970년대 초반에서 중반까지 대규모 외자를 조달해서 대대적으로 중화학공업을 건설하였다. 그러나 1970년대 말 중화학공업단지는 가동률이 매우 낮아 밤이면 불 꺼진 신도시였고 외채망국론이 널리 퍼졌으며, 주요 공업 지역에서 노동자들과 시민들의 시위가 빈

12 이창신 옮김(2020), pp. 180~181.
13 이창신 옮김(2020), p. 534.
14 이창신 옮김(2020), pp. 306~311.

발하였다. 한국의 중화학공업화는 실패하였고 동남 해안 지역의 새로운 공업단지는 애물단지였다. 이 사건은 결국 박정희의 최후를 부른 핵심 도화선이었고, 이어서 또 다른 군사정권인 전두환·노태우 정권이 뒤를 이었다. 그런데 흥미롭게도 1980년대 중반부터 점차 중화학공업은 한국의 지주산업으로 변모하였고, 이후 한국은 중화학공업 강국이 되었다. 이 사례를 두고 한국의 중화학공업화는 경공업이 중심이던 시대에 중화학공업화를 주창한 박정희의 혜안에 힘입었다고 하는 사람도 있고, 전두환 정권 때 정치와 경제가 안정되었으니까 전두환의 공로라고 평가하려는 의견이 있다. 그러나 엄격히 말해서 중화학공업화의 성공 사례는 전자·반도체 산업과 마찬가지로 1985년 플라자 합의를 계기로 찾아온 일본 핵심 기업들의 충격, 엔화가치의 급상승에 따른 일본 제품의 교역조건 악화 같은 한국에게 유리한 국제시장 환경을 빼고 말하기 어렵다. 선진 경제 간의 플라자 합의는 그냥 '우연'이었고, 그 덕에 한국 경제는 중화학 강자가 되었으며, 이를 기반으로 전자, 반도체 강국으로 성장할 수 있었다. 코로나19로 인해 천문학적인 이윤을 구가하는 다국적 제약회사들의 사례는 최고경영자의 경영능력이 아니라 우연의 덕인 것도 마찬가지 이치다. 우연한 기회의 활용도 구성원과 지도자의 기본적인 역량이 뒷받침되어야 가능하지만 말이다.

6. 인식의 쳇바퀴 돌기와 진화

제2차 세계대전 이후에도 '문화'라는 창을 통해 자본주의 발흥과 발전, 경제발전, 경제적 현대화라는 현상을 설명하려는 시도는 간헐적으로 부침을 거듭하였다. 여러 학자들이 베버 가설을 보완하거나 비판하였음에도 불구하고 문화 관점은 생각보다 강한 생명력을 유지해 왔다. 이 책에서 보였듯이 문화를 통해 경제 현상을 설명하려는 시도, 나아가서 유교문화를 통해 동아시아 경제 발전 현상을 설명하는 노력은 논리의 치밀함이나 더 설득력 있는 설명 가설로의 진화 등 이렇다 할 진전이 별로 없다. 우리의 주제에 도전하기 위해서는 직관, 감성, 의도에 의존한 거친 논단을 최소화하고 비판적 성찰을 통해 접근할 필요가 있다. 감성이나 의도를 앞세우는 태도는 자기 문화에도 친시장적이고 경제적 현대화에 유리한 요소가 있다고 주장하려는 자민족 우월주의나 대결 의식의 발로일 뿐이다.

또한 중국을 포함한 여러 나라에서 문화논쟁은 십중팔구 전제정치 또는 강성 권위주의 지도자들의 정치적 목적과 밀접한 관련을 맺고 있고, 중국 주변국 연구자들 중에도 중국계 학자들의 주장에 무비판적으로 동조하는 경우가 적지 않다. 이 점에 주의해야 하며, 중국, 한국, 일본에서의 문화론, 아시아식 오리엔탈리즘, 우리 안의 소중화에 대한 성찰도 필요하다. 뿐만 아니라 '수단으로서의 문화' 인식에 대한 비판 정신도 요구된다. 수단으로서의 문화를 중시하며 전통 교육을 통해 권력에 대한 순응을 이끌어 내려는 중국의 공산당이 그렇고, 한국, 타이완, 싱가포르 등의 강성 권위주의 정권이 그랬다. 과거 사례, 특히 사회주의 중국에서 문화논쟁을 보더라도 다수 문화 관점은 학술 차원보다는 수단을 찾는 정치적 계산 차원에서 진행되었다. 그것은 학술도 이성도 아니며 정치이다.

경제발전 현상에 대한 문화적 해석과 무분별한 주장은 일반 대중들의 흥미를 끌 수 있고 권위주의적 권력의 입맛에 맞을 뿐 아니라 때로는 민족적 또는 사회적 감성을 자극한다. 하지만 문화 관점에서 본 자본주의 발흥과 발전,

경제의 성장과 발전, 경제적 현대화에 관한 해석은, 이 문화에서 저 문화로, 그 뒤에는 저 문화에서 또 다른 문화로 대상만 바뀔 뿐 토론에 기여하는 바가 별로 없는 쳇바퀴 돌기에 다름 아니다. 결국 기독교 윤리에도 자본주의와 친근한 측면이 있고 유교에도 경제발전, 경제적 현대화와 친근한 요소가 있고 불교에도 그렇고, 앞으로 상황이 변하면 이슬람교에도 그렇고 …. 이런 식의 평면 확장, 동어 반복은 가능할지 모르지만 인식과 이해의 진보와 진화는 기대하기 어렵다. 그렇다고 해서 문화 관점이 터무니없고 무익하다는 이야기는 아니다. 문화는 개인과 집단의 사고방식과 행동양식에 반영되며, 늘 타 문화와 만나 상호 영향을 주고받으면서 변화하는 성격을 가지고 있다. 그러나 그 이상을 말하기는 곤란하다. 문화는 매우 추상적이고 애매하며, 그 효과를 측정하거나 증명하기 거의 불가능하다. 따라서 문화와 경제 현상을 엮으려는 조급증을 버리고 최대한 객관적인 시각과 엄밀함을 견지해야 한다.

자본주의 현상, 경제발전 현상을 설명하기 위해 다양한 관점이 제기되었고 좀 더 설득력 있는 설명을 위해 개선된 가설들이 개발되어 왔으며, 이러한 노력은 우리의 이해의 지평을 넓이고 깊이를 더하는 데 기여하였다. 하지만 객관성, 냉철한 비판정신이 뒷받침되지 않는 한 문화 관점은 이해와 인식의 진보보다는 제자리걸음에 일조할 가능성이 있다. 뿐만 아니라 현실의 사례는, 문화론에 입각한 설명은 원하든 원하지 않든 정치, 강성 권위주의, 전체주의 정치와 친근하고 십중팔구 절대 권력에 봉사하거나 악용될 가능성이 크다. 이 점이 특히 조심해야 할 부분이다.

참고문헌

김정진 옮김, 『원본맹자집주대전』, 서울: 형설출판사, 1985.

김진준 옮김, 제러드 다이아몬드(Jered Diamond) 지음, 『총.균.쇠』(*Guns, Germs, and Steel*), 서울: 문학사상사, 2005.

대한성서공회, 『새번역성경』, 서울: 대한성서공회, 2007.

박세연 옮김, 리처드 탈러(R. Thaler) 지음, 『똑똑한 사람의 멍청한 선택』, 서울: 리더스북, 2016a.

박세연 옮김, 리처드 탈러 지음, 『행동경제학』(*Misbehabing – The Making of Behavioral Economics*), 서울: 웅진지식하우스, 2016b.

박홍규 옮김, 에드워드 사이드(Edward W. Said) 지음, 『오리엔탈리즘』(*Orientalism*), 서울: 교보문고, 2007.

안진환 옮김, 리처드 탈러·캐스 선스타인(R. Thaler, C. Sunstein) 지음, 『넛지』(*Nudge*), 서울: 리더스북, 2018.

이승휘 옮김, 이스트만(Lloyd E. Eastman) 지음, 『중국사회의 지속과 변화: 1550-1949』, 서울: 돌베개, 2002.

이창신 옮김, 다니엘 카너먼(D. Kahneman) 지음, 『생각에 대한 생각』(*Thinking Fast and Slow*), 서울: 김영사, 2012.

최완규 옮김, 대런 애쓰모글루·제임스 로빈슨(D. Acemoglu, J. Robinson), 『국가는 왜 실패하는가』(*Why Nations Fail*), 서울: 시공사, 2012.

찾아보기

[ㄴ]

[ㄷ]

[ㄹ]

[ㅅ]

[ㅇ]

[ㅈ]

[ㅊ]

[ㅋ]

[ㅌ]

[ㅍ]